Formulaire de géométrie

▷ Quadrilatères

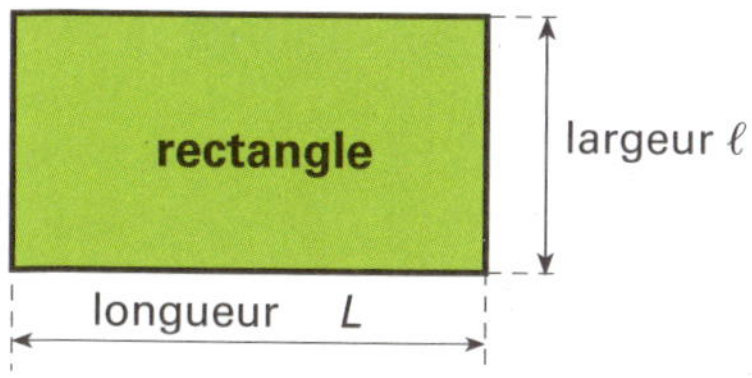

périmètre = $2 \times (L + \ell)$
aire = $L \times \ell$

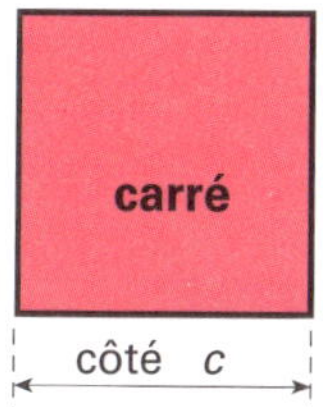

périmètre = $4 \times c$
aire = $c \times c = c^2$

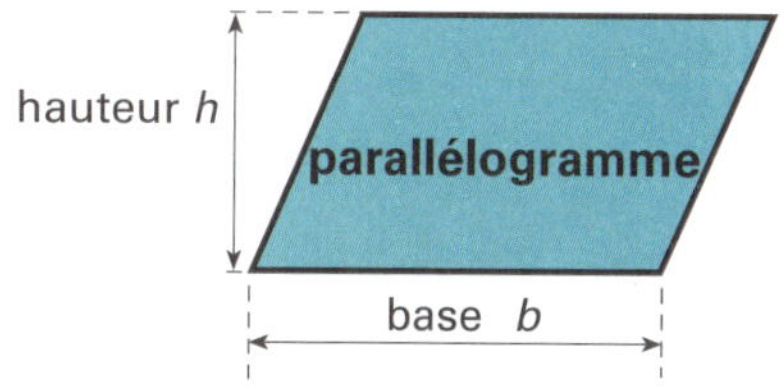

aire = $b \times h$

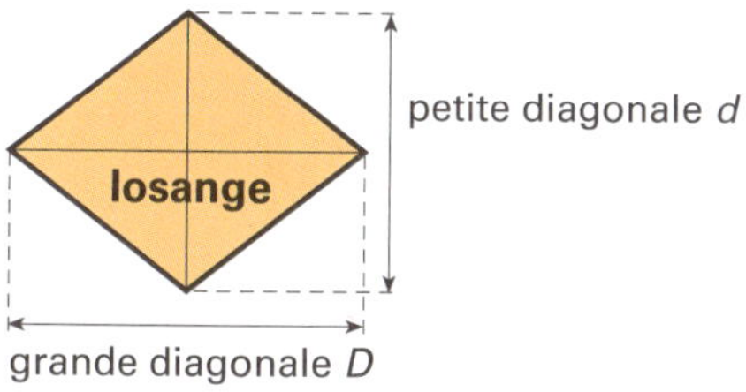

aire = $\dfrac{D \times d}{2}$

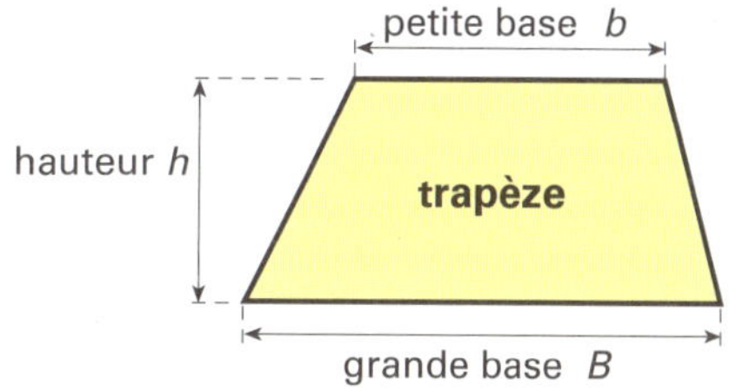

aire = $\dfrac{(B + b) \times h}{2}$

▷ Triangles

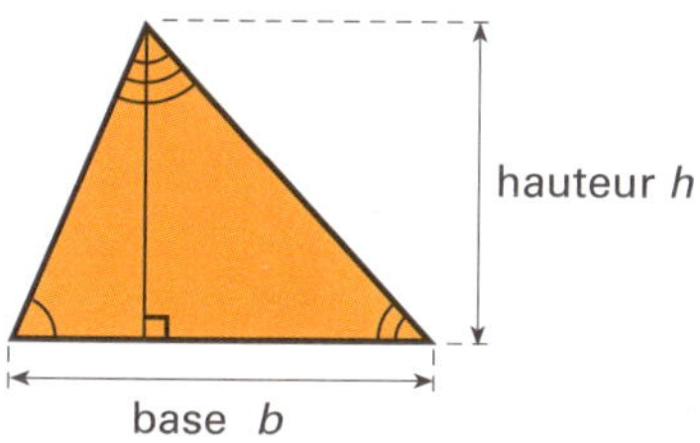

aire = $\dfrac{b \times h}{2}$
somme des angles = 180°

▷ Disques

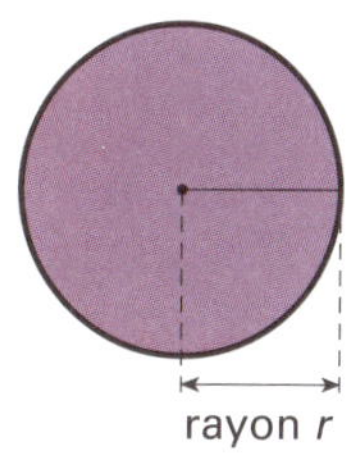

aire = $\pi \times r^2$
périmètre = $2\pi \times r$

▷ Parallélépipèdes et cylindres

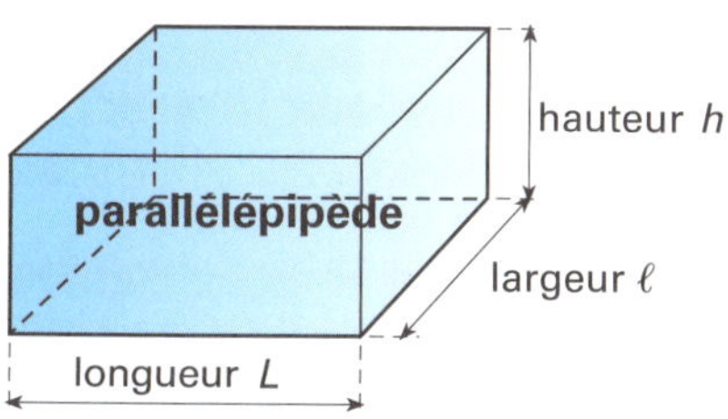

volume = $L \times \ell \times h$
aire totale = $2 \times (L \times \ell + L \times h + \ell \times h)$

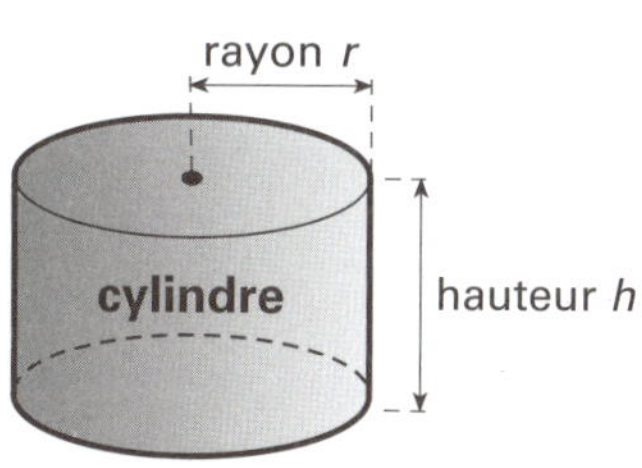

aire de la base = $\pi \times r^2$
volume = $\pi \times r^2 \times h$
aire latérale = $2\pi \times r \times h$

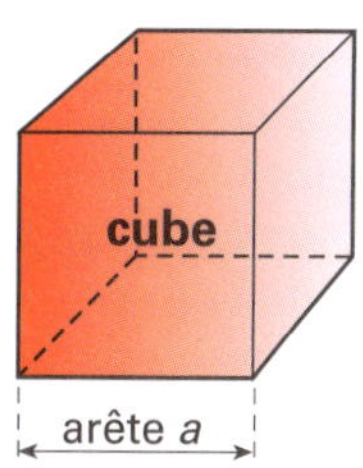

volume = $a \times a \times a = a^3$
aire totale = $6 \times a^2$

UN ENTRAÎNEMENT COMPLET ET EFFICACE !

DANS TON LIVRE

Revois le cours et entraîne-toi.

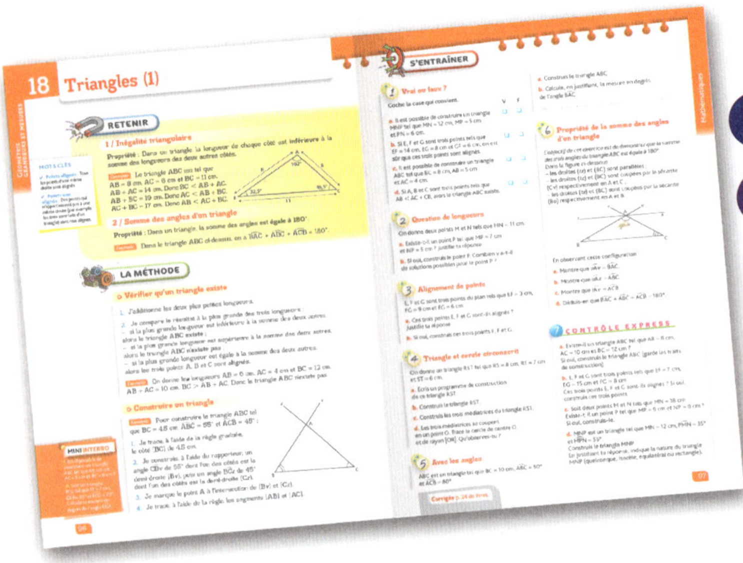

1. Je lis le rappel de **cours**
2. J'observe la **méthode** à appliquer
3. Je m'entraîne avec des **exercices progressifs**
4. Je prépare mon **contrôle**

SUR LE SITE HATIER-ENTRAINEMENT.COM

Révise autrement, en t'amusant.

- Des **jeux** interactifs
- Encore plus d'**exercices** en français et maths
- Des **podcasts** en anglais
- Des **dictées** audio

Pour cela, rendez-vous sur **www.hatier-entrainement.com**
c'est facile et gratuit grâce au mot de passe contenu dans ton livre.

Savoir faire ■ Faire savoir

Hatier

Tout Savoir

5e

Français
Marjorie Champetier

Mathématiques
Moussa Gory, Laurence Lamarche, Victoire Merlin

Histoire-Géographie
Guillaume Joubert

Enseignement moral et civique
Guillaume d'Hoop

SVT
Patrick Vermeulen

Physique-Chimie
Pascal Bihouée

Technologie
Daniel Dupuis

Anglais
Corinne Touati

Espagnol
Maricel Fernandez-Theyras

Hatier

sommaire

Français 4

Grammaire
1. Le nom, les déterminants, les pronoms 6
2. L'adjectif qualificatif et ses degrés 8
3. Le nom et ses expansions 10
4. Sujet et compléments du verbe 12
5. Les compléments de phrase 14
6. La phrase interrogative 16
7. La phrase complexe (1) : coordination et juxtaposition 18
8. La phrase complexe (2) : les subordonnées 20

Orthographe
9. L'accord du verbe avec le sujet 22
10. L'accord du participe passé 24
11. L'accord de l'adjectif qualificatif 26
12. Les homophones grammaticaux 28

Conjugaison
13. Les verbes du 1er groupe 30
14. Les verbes du 3e groupe 32
15. Les temps composés 34
16. Le subjonctif 36
17. Le conditionnel 38
18. Voix active et voix passive 40

Lexique
19. L'histoire des mots 42
20. Le sens des mots 44
21. La formation des mots 46

Lire et écrire
22. Les principaux genres littéraires narratifs 48
23. Analyser un récit 50
24. Écrire un récit 52
25. Écrire un dialogue 54
26. Le théâtre 56
27. La poésie 58

Mathématiques 60

Nombres et calculs
1. Multiples et diviseurs de nombres entiers 62
2. Règles de priorité 64
3. Comparer des fractions 66
4. Nombres relatifs 68
5. Additionner des nombres relatifs 70
6. Soustraire des nombres relatifs 72
7. Calcul littéral 74

Gestion de données
8. Proportionnalité 76
9. Pourcentages et échelles 78
10. Statistiques 80
11. Diagrammes et histogrammes 82
12. Hasard et probabilités 84

Géométrie – Grandeurs et mesures
13. Médiatrice d'un segment 86
14. Symétrie centrale 88
15. Repérer des points 90
16. Axes et centres de symétrie 92
17. Angles et parallélisme 94
18. Triangles (1) 96
19. Triangles (2) 98
20. Parallélogrammes 100
21. Parallélépipèdes, cylindres et sphères 102
22. Périmètres, aires, volumes 104
23. Durées 106

Algorithmique et programmation
24. Écrire et exécuter un programme simple 108
25. Programmer le tracé de figures 110

Histoire-Géographie EMC 112

Histoire
1. Byzance et l'Europe carolingienne 114
2. De la naissance de l'islam à la prise de Bagdad par les Mongols (VIe-XIIIe siècles) 116
3. La Méditerranée, un espace de contacts (VIe-XIIIe siècles) 118
4. La domination des seigneurs (IXe-XVe siècles) 120
5. Le rôle de l'Église en Occident (IXe-XVe siècles) 122
6. L'émergence d'une nouvelle société urbaine en Occident (XIe-XVe siècles) 124
7. L'affirmation du pouvoir royal sous les Capétiens et les Valois 126
8. Le monde au temps de Charles Quint et Soliman le Magnifique (XVe-XVIe siècles) 128
9. Bouleversements culturels et religieux en Europe (XVIe-XVIIe siècles) 130
10. Renforcement du pouvoir royal en France (XVIe siècle) 132
11. Le roi absolu de droit divin en France (XVIIe siècle) 134

Géographie
12. Croissance démographique, gestion des ressources et changement global 136
13. La croissance démographique et ses effets 138
14. Répartition de la richesse et de la pauvreté dans le monde 140
15. L'énergie, des ressources à mieux utiliser et à ménager 142
16. L'eau, une ressource à ménager et à mieux utiliser 144

LE

DÉTACHABLE

GUIDE PARENTS

Infos &

CORRIGÉS

Tout Savoir 5e

- L'organisation de la 5e
- Le programme dans chaque matière
- Tous les corrigés

Hatier

SOMMAIRE

Comment est organisée la 5e depuis la rentrée 2016 ?

- L'esprit des nouveaux programmes 2
- L'emploi du temps de votre enfant 3
- Un nouvel axe : l'interdisciplinarité 4

Quel est le **programme** dans les **matières principales** ?

- Le programme de français 5
- Le programme de maths 6
- Le programme de langues 7
- Le programme d'histoire-géographie et EMC 8
- Les programmes de physique-chimie, de SVT et de technologie 9

Tous les **corrigés**

- Français 12
- Maths 18
- Histoire-géographie et EMC 29
- SVT 34
- Physique-chimie et technologie 37
- Anglais 41
- Espagnol 44
- Vers la 4e 45

*Les explications sur l'organisation de la 5e ont été rédigées par **Denis Peiron**, journaliste spécialisé dans les questions d'éducation.*

L'esprit des nouveaux programmes

Les programmes sont désormais conçus par cycles de trois ans, en lien avec le socle commun de connaissances, de compétences et de culture, qui est le « bagage » que chaque élève doit acquérir avant la fin du collège.

Des programmes de cycles

▶ Longtemps définis de façon annuelle, avec un ensemble de thèmes précis à aborder avant la fin des cours, les programmes se veulent désormais **plus souples**, mieux adaptés au rythme d'apprentissage de l'élève. S'ils continuent de fournir un cadre national, ils sont **pensés par périodes de trois ans**, avec des repères annuels mais aussi et surtout des « attendus » de fin de cycle qui laissent une plus grande latitude aux professeurs, invités à se concerter pour ménager une continuité dans le parcours des élèves.

▶ La 5e est la première année du cycle 4, le « **cycle des approfondissements** », qui mènera votre enfant jusqu'en 3e. Il dispose donc de trois années pour acquérir les connaissances et compétences requises à la fin du collège.

En lien avec le socle commun

▶ Les programmes s'articulent étroitement avec le socle commun de connaissances, de compétences et de culture, qui est le « bagage » commun à tous les élèves à la sortie du collège (fin de la scolarité obligatoire). Chacun de leurs chapitres fait ainsi référence de manière explicite à un ou plusieurs des **cinq grands domaines** du socle.

▶ Ces domaines à valider **vont bien au-delà des stricts savoirs** (*voir l'encadré ci-dessous*). Avec l'idée que les connaissances et les compétences sont les deux jambes qui permettent à l'enfant de marcher sereinement vers son avenir.

Les 5 domaines du socle commun

- ✓ **1. Les langages pour penser et communiquer.** Ce domaine se décline en quatre sous-domaines : langue française ; langages mathématiques, scientifiques et informatiques ; langues étrangères et régionales ; langages des arts et du corps.
- ✓ **2. Les méthodes et outils pour apprendre.** Moyens d'accès à l'information, documentation, projets individuels et collectifs, organisation de son travail.
- ✓ **3. La formation de la personne et du citoyen.** Apprentissage de la vie en société, action collective et citoyenneté.
- ✓ **4. Les systèmes naturels et les systèmes techniques.** Approche scientifique et technique de la Terre et de l'Univers visant à développer la curiosité, le sens de l'observation, la capacité à résoudre des problèmes.
- ✓ **5. Les représentations du monde et l'activité humaine.** Compréhension des sociétés dans le temps et l'espace, interprétation de leurs productions culturelles, connaissance du monde social contemporain.

L'emploi du temps de votre enfant

Une deuxième langue étrangère, un enseignement optionnel de complément en langues anciennes ou régionales, des horaires distincts pour les disciplines scientifiques… La 5e, qui marque l'entrée dans le dernier cycle de la scolarité obligatoire, est placée sous le signe du changement.

Les matières principales

- Avec un volume horaire global quasiment inchangé par rapport à la 6e, l'emploi du temps reste dominé par le **français** (4 h 30) et les **mathématiques** (3 h 30), qui totalisent environ un tiers des cours.
- De même, on continue de consacrer trois heures par semaine à un ensemble regroupant l'**histoire-géographie** et l'**éducation civique et morale**, une discipline qui doit aider les élèves à construire progressivement leur citoyenneté.

De nouvelles matières

- Cependant, à nouveau cycle, nouvelles matières. La 5e voit ainsi l'introduction, à raison de 2 h 30 hebdomadaires, d'une **deuxième langue vivante**. Elle intervient en plus de la première, qui, elle, continue de bénéficier de trois heures de cours. Ceux qui l'ont choisi commencent à suivre aussi un enseignement optionnel de complément en **langues anciennes** ou en **langues régionales** (1 heure).
- Les **sciences** étaient jusqu'ici un ensemble, permettant de mettre l'accent sur l'une d'elles à un moment ou à un autre. Désormais, les sciences de la vie et de la Terre, la physique-chimie et la technologie disposent chacune d'un volume horaire propre (1 h 30).

Et aussi…

- Votre enfant continue de suivre un enseignement en musique et en arts plastiques (2 heures en tout), ainsi qu'en éducation physique et sportive (3 heures au lieu de 4 heures pendant l'année de 6e).
- En plus des cours, il bénéficie toujours d'un **accompagnement personnalisé**, même si, là aussi, l'horaire qui lui est consacré (au minimum une heure par semaine) est moindre afin de dégager du temps pour les **enseignements pratiques interdisciplinaires**.

La semaine type d'un élève de 5e

	Lundi	Mardi	Mercredi	Jeudi	Vendredi
8 h	Français	EPS	Histoire-Géo EMC	Maths	Physique-chimie
9 h	Français	EPS	Maths		
10 h	SVT	Technologie	Français	Français	Espagnol
11 h			Anglais	EPI	Histoire-Géo EMC
12 h					
14 h	Histoire-Géo EMC	EPI		Éduc. musicale	Maths
15 h	Anglais	Arts plastiques		Acc. personnalisé	Anglais
16 h	Acc. personnalisé	Espagnol			EPS
17 h					

Un nouvel axe : l'interdisciplinarité

Mis en place à la rentrée 2016, les enseignements pratiques interdisciplinaires offrent une occasion d'apprendre à travailler dans une logique de projet. De manière complémentaire, les élèves suivent trois parcours éducatifs tout au long du cycle.

Les enseignements pratiques interdisciplinaires

▶ C'est l'une des nouveautés majeures de la classe de 5ᵉ : à partir de maintenant et jusqu'à la fin du collège, votre enfant suit des enseignements pratiques interdisciplinaires (EPI) à raison de trois heures maximum par semaine (sur un volume global de quatre heures à partager avec l'accompagnement personnalisé).

▶ Il s'agit de mener, sous la conduite d'au moins deux professeurs, des projets, collectifs ou individuels, permettant d'aborder **un même objet d'étude à la lumière de différentes disciplines**. On peut par exemple réaliser un magazine sur la machine à vapeur, en s'intéressant à la fois à son fonctionnement et à son rôle dans l'histoire industrielle. Le tout, bien sûr, en sollicitant ses compétences en français.

▶ Entre la 5ᵉ et la 3ᵉ, votre enfant est ainsi amené à réaliser des EPI dans **au moins six des huit thématiques suivantes** :

– « Corps, santé, bien-être et sécurité » ;
– « Culture et création artistiques » ;
– « Transition écologique et développement durable » ;
– « Information, communication, citoyenneté » ;
– « Monde économique et professionnel » ;
– « Sciences, technologie et société » ;
– « Langues et cultures étrangères » (et le cas échéant, régionales) ;
– « Langues et cultures de l'Antiquité ».

S'il s'adresse à tous, ce dernier EPI peut en principe être – contrairement aux autres – suivi de manière continue, de la 5ᵉ à la 3ᵉ, par les élèves qui bénéficient de l'enseignement optionnel de complément en langues anciennes.

▶ Avec ces EPI, dont les contours sont définis au sein de chaque établissement, les professeurs sont invités à conjuguer leurs approches pédagogiques et à apprendre à leurs élèves à travailler différemment, dans une **logique de projet et de coopération**. Les réalisations produites servent de jalons aux trois « parcours » éducatifs que chaque enfant doit emprunter.

Les parcours éducatifs

▶ Commencé en primaire, le **parcours citoyen**, conçu en lien étroit avec l'enseignement moral et civique, ainsi qu'avec l'éducation aux médias et à l'information, doit encourager la participation et les initiatives de l'élève dans la vie sociale du collège.

▶ Le **parcours d'éducation artistique et culturelle**, lui, est défini comme l'ensemble des connaissances acquises par l'élève, des pratiques expérimentales et des rencontres faites dans les domaines des arts et du patrimoine, tant dans le cadre des cours traditionnels que dans ceux des EPI ou encore des sorties et voyages scolaires.

▶ Enfin, le **parcours avenir**, amorcé en 6ᵉ, doit aider votre enfant à se projeter dans sa vie future. Il favorise la compréhension du monde économique et professionnel, afin de l'accompagner dans ses choix d'orientation scolaire et professionnelle.

Le programme de français

Permettre à l'élève de développer une pensée autonome, appuyée sur un usage correct et précis de la langue française, tel est l'objectif général du cycle 4 en français.

Quatre types d'activités

▶ **Lecture, écriture, langage oral.** En 5e, le programme de français est organisé autour d'activités de lecture et d'écriture diversifiées, en lien avec des thèmes de culture littéraire et artistique (*voir ci-contre*). Ce programme met aussi fortement l'accent sur le langage oral. Les élèves apprennent à écouter des interventions, à faire une présentation orale, à interagir dans un débat.

▶ **L'étude de la langue.** Prépondérantes, les activités de lecture, d'écriture et d'oral sont complétées par des activités en grammaire, en orthographe et dans le domaine du lexique, afin de comprendre le fonctionnement de la langue française et d'en acquérir les règles.

Connaissances et compétences

Le programme met en avant les compétences attendues à la fin du cycle. Les connaissances listées **servent à construire ces compétences**. Voici, par exemple, les compétences attendues dans les domaines de la lecture et de l'expression écrite :

▶ Lire des œuvres littéraires, fréquenter des œuvres d'art

▶ Interpréter des textes littéraires

▶ Lire des images, des documents composites (y compris numériques) et des textes non littéraires

▶ Utiliser l'écrit pour penser et apprendre

▶ Adopter des stratégies et des procédures d'écriture efficaces

▶ Exploiter des lectures pour enrichir son écrit

Les thèmes de culture littéraire et artistique en 5e

Le programme de lecture en 5e s'articule autour de ces **cinq thèmes** de culture littéraire et artistique :

Le voyage et l'aventure : pourquoi aller vers l'inconnu ?
▶ Une œuvre en lien avec les Grandes Découvertes ▶ Des poèmes évoquant les voyages
Avec autrui : familles, amis, réseaux
▶ Une comédie du XVIIe siècle ▶ Un récit d'enfance et d'adolescence
Imaginer des univers nouveaux
▶ Un récit relevant du registre merveilleux ▶ Une utopie ou un roman d'anticipation
Héros / héroïnes et héroïsmes
▶ Une œuvre de l'époque médiévale (chanson de geste ou roman de chevalerie) ▶ Un film mettant en scène des héros
L'être humain est-il maître de la nature ?
▶ Une œuvre sur le thème des rapports entre l'homme et la nature

Une approche interdisciplinaire

▶ Le travail en français permet de nombreux croisements entre les disciplines. Le professeur de français veille tout particulièrement à ménager des rapprochements avec **le latin et le grec**, tant sur le plan culturel que sur le plan linguistique.

▶ Il puise aussi dans les thématiques d'**histoire des arts** pour élaborer des projets.

▶ Les ressources du **numérique** sont intégrées au travail ordinaire de la classe, de même que la réflexion sur leurs usages.

▶ Enfin, l'enseignement du français contribue fortement à la **formation civique et morale** des élèves en développant l'esprit critique et la capacité à argumenter.

Le programme de mathématiques

En 5e, le programme de mathématiques aborde de nouveaux thèmes, par exemple le calcul littéral ou la programmation. Les maîtres mots sont la résolution de problèmes, l'initiation à la démonstration et la culture scientifique.

Les grands thèmes du programme

▸ **Nombres et calculs.** Votre enfant utilise les nombres (décimaux, fractions, relatifs) pour comparer, calculer et résoudre des problèmes. Il approfondit la notion de divisibilité. Il apprend les bases du calcul littéral.

▸ **Organisation et gestion de données, fonctions.** Votre enfant poursuit le travail sur la représentation et le traitement des données. Il découvre les probabilités. Il est capable de résoudre des problèmes de proportionnalité. La notion de fonction est introduite, mais ne sera stabilisée qu'en fin de cycle.

▸ **Grandeurs et mesures.** Les grandeurs (périmètre, aire, volume, durée…) sont utilisées pour résoudre des problèmes. Votre enfant apprend à calculer une échelle (maquette, carte…).

▸ **Espace et géométrie.** La représentation de l'espace et les notions de géométrie plane sont approfondies. De nouvelles définitions et propriétés (triangles, parallélogrammes…) permettent petit à petit de s'initier à la démonstration. Votre enfant utilise aussi des logiciels de géométrie ou de programmation.

▸ **Algorithmique et programmation.** C'est une nouveauté en 5e : votre enfant s'initie à la programmation événementielle. Il programme notamment des petits jeux (labyrinthe…).

Le raisonnement scientifique

▸ La **résolution de problèmes** liés à la vie quotidienne et aux autres disciplines occupe une place importante.

▸ La compétence de langage n'est pas oubliée avec la formation au **raisonnement logique** et à la **démonstration**.

▸ À partir de la 5e, l'enseignement s'appuie en partie sur la pédagogie de projet : cela passe par la réalisation de productions collectives, qui apprennent à votre enfant l'**autonomie** et le travail **collaboratif**.

▸ La pratique des mathématiques à travers des **activités de recherche** amènera votre enfant à dépasser les limites des connaissances strictement attendues en fin de cycle.

▸ Dans une perspective **interdisciplinaire**, les mathématiques sont en relation étroite avec les autres disciplines scientifiques, mais aussi avec la formation citoyenne.

L'évaluation en maths

L'évaluation en maths peut prendre la forme :

- ✔ d'un **questionnement oral collectif** ou individuel en début de séance ; le professeur peut ainsi savoir s'il est nécessaire de revoir tel ou tel point qui n'aurait pas été compris ;
- ✔ d'une **interrogation écrite** courte (le plus souvent « surprise ») pour vérifier qu'un point particulier ou une méthode ont bien été compris ;
- ✔ d'un **« contrôle de connaissances » sur le chapitre** qui vient d'être terminé ou d'un **contrôle portant sur différents thèmes.** Les contrôles sont toujours planifiés au moins une semaine à l'avance afin que votre enfant ait le temps de s'y préparer.

Le programme de langues

Les programmes de langues étrangères se caractérisent par l'accent mis sur la communication et la découverte culturelle. En 5e, votre enfant va acquérir davantage d'autonomie dans sa première langue vivante (LV1), mais il va surtout découvrir une deuxième langue vivante (LV2).

L'apprentissage d'une langue

▶ Les programmes de langues s'appuient sur le Cadre européen commun de référence pour les langues (CECRL), qui définit 6 niveaux de compétence, de A1 (« utilisateur élémentaire ») à C2 (« utilisateur expérimenté »).

▶ Le CECRL s'appuie sur cinq **activités langagières** : écouter et comprendre, lire et comprendre, réagir et dialoguer, parler en continu, écrire.

▶ **En LV1**, votre enfant possède le niveau de découverte (A1) et progresse vers le niveau intermédiaire (A2). Il peut parler de son environnement, demander des informations, exprimer une opinion…

▶ **En LV2**, il découvre une nouvelle langue : il apprend à se présenter, demander des nouvelles, exprimer ses goûts… Il découvre une nouvelle culture liée à la langue choisie (pays, monuments, etc.).

Les activités linguistiques et culturelles

▶ La pratique des activités langagières est confortée par des **activités linguistiques** (lexique, grammaire, prononciation) et des activités culturelles.

▶ L'enseignant s'efforce en effet le plus souvent de partir des réalités culturelles des pays pour construire ses séquences de cours : selon le cas, il peut évoquer des modes de vie, des repères historiques ou géographiques, des personnages célèbres, etc. L'objectif est de faire acquérir aux élèves de **premiers repères culturels** et, ce faisant, de développer leur curiosité et leur goût de l'altérité.

L'évaluation en langues

▶ L'évaluation en langues peut prendre la forme :

– d'une interrogation en début d'heure, qui permet de revenir sur la séance précédente et de **vérifier au fur et à mesure les acquis** ;

– d'un contrôle de connaissances en fin de séquence. Selon le cas, ce **contrôle** peut comprendre des exercices grammaticaux et lexicaux, un exercice d'expression écrite, un test de compréhension écrite et/ou de compréhension orale.

▶ Votre enfant est aussi évalué pour sa **participation orale** et reçoit une note par trimestre qui prend en compte la fréquence et la qualité de ses interventions en classe.

Comment se passe un cours de langue au collège ?

✔ Pour construire ses séquences de cours, l'enseignant suit généralement la progression du **manuel** utilisé en classe.

✔ Une séance « type » débute par un retour sur le cours précédent (correction d'exercices, interrogation orale d'un ou de plusieurs élèves…). Commence ensuite la nouvelle leçon.

✔ L'accent est mis sur la **communication à l'oral**. Au cours de la leçon, l'enseignant s'appuie sur les productions des élèves pour écrire certains éléments au tableau. Ils seront recopiés dans le cahier en fin de séance. Cette « **trace écrite** » permet de dégager les principaux points abordés pendant le cours, qu'ils soient culturels, grammaticaux, lexicaux et/ou phonologiques.

Le programme d'histoire-géographie et EMC

En histoire, les élèves travaillent sur une vaste période, du Moyen-Âge à la Renaissance. En géographie, le programme traite de l'occupation humaine des espaces et de la gestion des ressources.

Les grandes lignes de la réforme

▶ Le programme d'histoire est chronologique ; chaque période est étudiée à travers des thèmes qui permettent de rattacher l'histoire de France à un contexte mondial. L'enseignant peut choisir des sujets à approfondir au sein de ces grands thèmes.

▶ C'est également le cas en géographie. Dans cette discipline, le professeur utilise des documents variés et initie les élèves à la cartographie.

▶ L'enseignement moral et civique (EMC) met l'accent sur la formation de la personne comme sur celle du citoyen. Le cours d'histoire-géographie est également l'occasion de renforcer la culture artistique et l'éducation aux médias.

Les thèmes du programme en histoire

▶ **Chrétientés et islam (VIe-XIIIe siècles), des mondes en contact.** Byzance et l'Europe carolingienne ; de la naissance de l'islam à la prise de Bagdad par les Mongols ; des puissances en contact dans l'espace méditerranéen.

▶ **Société, Église et pouvoir politique dans l'Occident féodal (XIe-XVe siècles).** L'ordre seigneurial ; l'émergence d'une société urbaine ; l'affirmation de l'État monarchique.

▶ **Transformations de l'Europe et ouverture sur le monde aux XVIe et XVIIe siècles.** Le monde au temps de Charles Quint et Soliman le Magnifique ; humanisme, réformes et conflits religieux ; du prince de la Renaissance au roi absolu.

Les thèmes du programme en géographie

▶ **La question démographique et l'inégal développement.** La croissance démographique et ses effets ; répartition de la richesse et de la pauvreté dans le monde.

▶ **Des ressources limitées, à gérer et à renouveler.** L'énergie, l'eau : des ressources à ménager ; l'alimentation : nourrir une humanité en croissance démographique.

▶ **Prévenir les risques, s'adapter au changement global.** Le changement global et ses principaux effets ; prévention des risques industriels et technologiques.

Les thèmes du programme en EMC

▶ **La sensibilité.** Identifier et exprimer des émotions et des sentiments, s'estimer et être capable d'écoute et d'empathie, se sentir membre d'une collectivité.

▶ **Le droit et la règle.** Comprendre le fonctionnement de la justice, l'élaboration des lois et les raisons de leur obéir, les grandes déclarations des droits dans une société démocratique.

▶ **Le jugement.** Former son esprit critique et être capable de prendre part à un débat argumenté, autour de thèmes tels que la discrimination, la laïcité, les règles démocratiques, la paix et la guerre.

▶ **L'engagement.** Comprendre la responsabilité individuelle et collective, les droits sociaux, la coopération internationale, la Défense nationale…

Les programmes de physique-chimie, de SVT et de technologie

Ces trois disciplines ont en commun de construire une vision scientifique du monde. Elles ont l'ambition de donner des connaissances et des clés de raisonnement pour comprendre et agir, ainsi que les bases d'une culture scientifique.

La formation scientifique au cycle 4

▸ Il s'agit de développer un **raisonnement scientifique** face aux phénomènes naturels, au monde vivant, à l'environnement technique. Votre enfant est amené à distinguer le fait scientifique de la croyance ; il comprend que des **connaissances** peuvent être approfondies, révisées, remises en cause, et ce tout au long de la vie.

▸ Cela passe d'abord par une **attitude** : on encourage chez votre enfant la curiosité, l'ouverture d'esprit. Il apprend à remettre en question une idée, mais aussi à exploiter une erreur pour progresser dans une recherche.

▸ On cherche également à développer ses **capacités** : observer, expérimenter, mesurer, raisonner, modéliser... En technologie, les outils scientifiques permettent de résoudre des problèmes techniques.

▸ Les thématiques de chaque matière sont **communes de la 5e à la 3e**. Cependant, chaque thème est traité progressivement : par exemple, un élève qui a découvert la tension et l'intensité d'un circuit électrique en 5e étudiera la relation entre ces deux mesures en 4e.

Les compétences communes

▸ Tout d'abord, il s'agit de **pratiquer des démarches scientifiques** : identifier des questions, proposer des hypothèses, observer et mesurer, interpréter, rendre compte.

▸ Pour ce faire, votre enfant apprend à **concevoir**, **créer**, **réaliser** : un dispositif d'observation, un protocole expérimental, un cahier des charges...

▸ L'appropriation d'**outils** et de **méthodes** est un point important : cela concerne aussi bien les outils de recherche que l'organisation de l'espace de travail ou la présentation des résultats.

▸ En termes de **langages**, votre enfant sera capable de lire et de comprendre des documents scientifiques, mais aussi de rendre compte de ses propres recherches, à l'oral comme à l'écrit.

▸ L'utilisation des **outils numériques** n'est pas oubliée, que ce soit pour résoudre un problème ou pour produire des documents.

▸ Un **comportement éthique et responsable** est recherché dans la pratique des règles de sécurité, mais aussi dans la compréhension des interactions entre activité humaine et environnement. Ce thème

trouve des applications dans le domaine de la santé ou de la préservation des ressources.

▶ Enfin, votre enfant apprend à se situer dans l'Univers et dans l'espèce humaine. Il découvre l'**histoire des sciences et des techniques**.

Les thèmes de physique-chimie

▶ **Organisation et transformations de la matière.** Décrire la constitution et les états de la matière ; décrire et expliquer des transformations chimiques ; décrire l'organisation de la matière dans l'Univers.

▶ **Mouvements et interactions.** Caractériser un mouvement ; modéliser une interaction par une force.

▶ **L'énergie et ses conversions.** Identifier les sources, transferts, conversions et formes d'énergie, utiliser la conservation de l'énergie ; réaliser des circuits électriques simples et exploiter les lois de l'électricité.

▶ **Des signaux pour observer et communiquer.** Caractériser différents types de signaux (sonores, lumineux, radio...) ; utiliser les propriétés de ces signaux.

Les thèmes de sciences de la vie et de la Terre

▶ **La planète Terre, l'environnement et l'action humaine.** Phénomènes géologiques ; éléments de météorologie et de climatologie ; impacts positifs et négatifs de l'action humaine sur la planète ; préservation des ressources et comportements responsables.

▶ **Le vivant et son évolution.** Nutrition des animaux et des végétaux ; reproduction et peuplement des milieux ; diversification génétique ; parenté des êtres vivants et évolution.

▶ **Le corps humain et la santé.** Activité musculaire, nerveuse et cardio-vasculaire ; activité cérébrale ; alimentation et digestion ; relations avec le monde microbien ; reproduction et sexualité ; comportement individuel et collectif en matière de santé.

Les thèmes de technologie

▶ **Design, innovation et créativité.** Imaginer des solutions en réponse aux besoins ; réaliser un prototype.

▶ **Les objets techniques, les services et les changements induits dans la société.** Comparer et commenter les évolutions des objets et systèmes ; développer les bonnes pratiques de l'usage des objets communicants.

▶ **La modélisation et la simulation des objets et systèmes techniques.** Analyser le fonctionnement et la structure d'un objet ; utiliser une modélisation et simuler le comportement d'un objet.

▶ **L'informatique et la programmation.** Comprendre le fonctionnement d'un réseau informatique ; écrire, mettre au point et exécuter un programme.

Tous les
CORRIGÉS

Français

MINI INTERRO Pour trouver les réponses aux questions de la « Mini interro », il suffit de relire attentivement la page de gauche du chapitre correspondant.

Chapitre 1 page 7

1 a. mon b. sa c. celui-ci d. la.

2 a. l'aide (F ; S) b. du poivre (M ; S) c. Rome (F ; S) d. les Mongols (M ; P) e. l'expédition (F ; S) f. un ballon (M ; S).

3 Vois sur **ces** (D) canaux / Dormir **ces** (D) vaisseaux / Dont **l'**(D) humeur est vagabonde ; / C'est pour assouvir / **Ton** (D) moindre désir / Qu'**ils** (P) viennent du bout du monde.

4 a. **Ce** récit – **des** bêtises b. **du** retard – **leur** train c. **la** consigne – **ton** travail d. **des** bonbons – **leur** santé e. **tes** souvenirs – **cet** endroit ?

5 a. **Tous** : dét. indéfini ; **de** : art. indéfini b. **les** : art. défini ; **ses** : dét. possessif ; **la** : art. défini c. **Chaque** : dét. indéfini ; **l'** : art. défini ; **au** : art. partitif ; **des** : art. partitif ; **du** : art. partitif ; **certaines** : dét. indéfini d. **Nos** : dét. possessif ; **ce** : dét. démonstratif e. **Cette** : dét. démonstratif ; **leur** : dét. possessif ; **une** : art. indéfini.

6 a. celles-ci b. celui-ci c. cela d. ceux-ci.

7 a. **L'** : art. défini ; **d'** : art. partitif ; **la** : art. défini ; **l'** : art. défini ; **la** : art. défini ; **sa** : dét. possessif ; **Ce** : dét. démonstratif ; **cette** : dét. démonstratif ; **le** : art. défini ; **ses** : dét. possessif ; **un** : art. indéfini ; **certaines** : dét. indéfini ; **ses** : dét. possessif ; **les** : art. défini ; **l'** : art. défini.
b. **il** a étudié – **Cela** a permis – **Nous** savons – **il** découvrit.

Chapitre 2 page 9

1 a. sombres b. tranchant c. menaçante d. ridée e. perçants f. magique.

2 a. [nombreux] [dangereux]
b. longue [passionnante] c. multiples – brave
d. petites – étranges – totale. e. fidèles [fiers].

3 a. entraînés que les précédents b. agréable que son amie c. puissante de toutes d. grande que moi e. sévère de tous f. fort g. entraînée que la nôtre.

4 **plus connu** (comp. de supériorité) – **très célèbre** (superlatif absolu) – **moins connus** (comp. d'infériorité) – **plus retentissant** (comp. de supériorité) – **aussi important** (comparatif d'égalité) – **extrêmement lue** (superlatif absolu) – **plus appréciés** (comp. de supériorité) – **aussi impressionnés** (comp. d'égalité) – **très originaux** (comp. absolu).

5 a. grande (attribut) ; longs (attribut) ; luisants (attribut) ; surmonté (attribut) ; longue (épithète) ; pâle (épithète).
b. La troisième était plus **grande** que les autres : comparatif de supériorité.
c. Cet individu était plus grand que les autres : sa chevelure était longue et luisante, et son heaume était surmonté d'une couronne.

Chapitre 3 page 11

1 a. à pois b. à repasser c. à pain d. à vapeur e. à légumes.

2 a. une liaison d'amour b. un spectacle de musique c. un conte de fées d. une idée de génie.

3 [les aventures] de Tristan et Iseult, [deux jeunes gens] qui tombent amoureux sans le vouloir. [l'épouse] du roi Marc. [Iseult] [femme] aux [cheveux] d'or, qui est la fille du roi d'Irlande. [Tristan] qui est venu la chercher. [les deux héros] auxquels la servante d'Iseult fait boire un breuvage magique, [des sentiments] d'amour.

4 a. à carreaux b. aux cerises c. de timbres d. de confiture(s).

5 a. Iseult, [[que] le roi Marc s'apprête à épouser]. b. son oncle [[qui] lui faisait pleinement confiance]. c. Ce philtre, [[dont] la force est des plus intenses]. d. La servante [[à laquelle] Iseult se confie]. e. Les deux jeunes gens, [[qui] éprouvent une passion soudaine]. f. Cet amour adultère [[qui] va à l'encontre de la loyauté envers le roi]. g. Le roi, [[dont] la confiance a été trahie,] – colère noire [[qu'] auront à subir les deux amoureux.]

6 a. de la jeune fille → le visage ; de faire naître l'amour en Tristan et de le lier à Iseult pour toujours → le plus sûr moyen ; d'argent ciselé → une coupe.
b. de la jeune fille : groupe nominal ; de faire naître… : groupe verbal à l'infinitif ; d'argent ciselé : groupe nominal.
c. [à laquelle] Iseult s'était accoudée → une table ; [qui] a été préparé en Irlande pour le roi Marc → ce breuvage.

Chapitre 4 page 13

1 a. se concertent. b. est vainqueur. c. est vaincue. d. ont été volés. e. sont inutilisables. f. est achevée. g. sont terrassés.

2 *La Chanson de Roland* (nom propre) – le combat (nom commun) – celui-ci (pronom démonstratif) – Cette armée ennemie (GN) – Ganelon (nom propre) – il (pronom personnel).

3 a. grand soin de ses armes. b. l'habitude de reculer devant l'ennemi. c. son épée d. les héros légendaires et les vertus féodales. e. de venger Roland de cette infâme trahison. f. à tous, les petits et les grands.

4 a. Le chevalier **les** affronte. b. Les Sarrasins **la** surprirent. c. Tu me **la** racontes. d. Le chef de l'armée **leur** demande. e. Est-ce que tu **leur** as dit ?

5 a. **en** (COD) b. **y** (COI) c. **les** (COD), **leur** (COI) d. **l'**(COD), **lui** (COI).

6 a. est *prodigieuse* ; devient *générale* ; reste *entière*.
b. Durendal : COD ; Chernuble : COD ; son heaume : COD ; la tête : COD ; tout le corps : COD.
c. Durendal : nom propre ; Chernuble : nom propre ; son heaume : nom commun ; la tête : nom commun ; tout le corps : groupe nominal.

Chapitre 5 page 15

1 a. temps b. lieu c. manière d. moyen.

2 a. à l'école Xanthos (E) chaque matin (F). b. souvent (F) un élève dissipé (E). c. sur une tablette de cire (F). d. Le soir (F), dans mon lit (F), lire des contes (E) pour m'endormir (F). e. La semaine dernière (F), une histoire (E) en classe (F).

3 à Rome : lieu ; y : lieu ; pour l'instant : temps ; sur le mont Esquilin : lieu.

4 a. en raison d'une circonstance grave. b. en ayant fini leurs exercices. c. parce qu'il tente de leur échapper. d. en ayant surpris la conversation. e. pour avoir été insolent. f. pour s'être levé sans autorisation.

5 **que ses élèves le craignent beaucoup** (conséquence; sub. conj.) – **de sorte qu'il est exclu du cours** (conséquence; sub. conj.). En effet, **par moquerie** (cause; GN prépositionnel), – **En lisant cela** (cause; gérondif) – **si bien que le maître les entend et punit Rufus en le renvoyant** (conséquence; sub. conj.). **Comme il craint la réaction de ses parents** (cause; sub. conj.).

6 a., b. et c. **soudain** : adverbe, CC de manière / **tout d'abord** : locution adverbiale, CC de temps / **dans la grotte** : GN prépositionnel, CC de lieu / **Puis** : adverbe, CC de temps / **ce soir** : GN, CC de temps / **jusqu'au fleuve** : GN prépostionnel, CC de lieu / **où il pourra le traverser** : proposition subordonnée relative, CC de lieu / **à la nage** : GN prépositionnel, CC de manière / **sans être vu par les veilleurs des ponts** : grouper verbal infinitif prépositionnel, CC de manière.

➩ Chapitre 6 page 17

1 Totale : a., d., e. Partielle : b., c.

2 a. Est-ce que Sganarelle est un vrai médecin ? b. Combien de pièces Molière a-t-il écrites ? c. Quand penses-tu terminer cet exercice ? d. À quelle heure a-t-il dit qu'il arriverait ? e. Est-ce que tu te décides à venir oui ou non ?

3 SGANARELLE. Eh bien ! [de quoi est-il question ?] [Qu'avez-vous ?] [quel est le mal que vous sentez ?]
SGANARELLE. Eh ! [que dites-vous ?]
SGANARELLE. [Quoi ?]
SGANARELLE, *la contrefaisant.* [...] [Quel diable de langage est-ce là ?]
→ Il s'agit d'interrogations partielles.

4 Familier : a., d. Courant : b. Soutenu : c., e.

5 a. Qui est-ce que tu as rencontré en ville ? b. Qu'est-ce qui t'a réveillé ? c. Qui est-ce qui t'a dit de venir ? d. Qu'est-ce que tu as acheté ? e. Qu'est-ce qui l'a fait fondre ?

6 a. À gauche, se trouvent les deux valets : on les reconnaît aux costumes qu'ils portent, mais aussi à leurs bâtons. À droite, se trouve Sganarelle qui était en train de couper du bois, comme le montrent la hache à ses pieds et les fagots par terre. b. Les deux valets brandissent des bâtons pour menacer Sganarelle à qui ils veulent faire avouer qu'il est un médecin. c. Un couple, Martine et Sganarelle, se dispute et Sganarelle, ivrogne, bat sa femme. Pour se venger, elle indique à deux valets, qui cherchent un médecin pour soigner la fille de leur maître, que Sganarelle est médecin mais qu'il faut lui donner des coups pour qu'il l'avoue...

➩ Chapitre 7 page 19

1 **Horizontalement** : lac, dame, table, Lancelot, Merlin.
Verticalement : royaume, Graal, lance, courage.

2 a. 2 b. 2 c. 4.

3 a. [,] prop. juxt. b. [et] prop. coord. c. [mais] prop. coord. [:] prop. juxt. d. [enfin] prop. coord.

4 a. car (cause) b. or (opposition) c. mais (opposition) d. car (cause). e. et (succession) f. ni (addition).

5 a. [Mais il [le Graal] ne **sera trouvé** et ses merveilles découvertes que par le meilleur chevalier du monde.] [**Et** il est dit] [qu'au nom de la très Sainte Trinité, le roi Artus **doit établir** la table] [qui **sera** la troisième après celle de la Cène et celle du Graal,] [**et** qu'il en **adviendra** de grands biens et de grandes merveilles à ce royaume.] [Cette table **sera** ronde pour signifier] [que tous ceux [qui s'y **devront asseoir**] n'y **auront** nulle préséance] [**et** à la droite de monseigneur le roi **demeurera** toujours un siège vide en mémoire de Notre Seigneur Jésus-Christ.] b. Cette table sera ronde pour signifier que tous ceux qui s'y devront asseoir n'y auront nulle préséance **et** à la droite de monseigneur le roi demeurera toujours un siège vide en mémoire de Notre Seigneur Jésus-Christ. (et = conjonction de coordination) c. Cette table sera ronde pour signifier que tous ceux qui s'y devront asseoir n'y auront nulle préséance ; à la droite de monseigneur le roi demeurera toujours un siège vide en mémoire de Notre Seigneur Jésus-Christ.

➩ Chapitre 8 page 21

1 qui / que / qui / laquelle / auxquelles / dont / qui / qu'.

2 a. **(P)** b. **(I)** c. **(S)** d. [L'amour courtois, [qui codifie les sentiments entre la dame et le chevalier] **(S)**, était un véritable art de vivre] **(P)** [et la courtoisie que nous connaissons en est l'héritière] **(C)**.

3 a. (R) b. (I) c. (C) d. (I) e. (I).

4 a. Guenièvre se demande si Lancelot sortira... b. Lancelot se demandait comment parvenir... c. Yacine cherche à savoir quelles étaient... d. Marie demanda à son professeur qui étaient... e. Le roi se demandait depuis longtemps lequel de ses chevaliers réussirait... f. Yvain se demandait de quelle façon il allait pouvoir réussir...

5 a. et b. que Dieu nous ait jamais donné un chevalier = proposition subordonnée conjonctive, COD du verbe « crois » / qui te fût comparable en valeur ou en renom : proposition subordonnée relative, complément de l'antécédent « un chevalier » / que tu jettes tes coups en arrière : proposition subordonnée circonstancielle, CC de conséquence / que tu combats derrière ton dos ! : proposition subordonnée circonstancielle, CC de conséquence / où tu auras sous les yeux cette tour : proposition subordonnée relative, CC de lieu / qu'il est si doux de regarder : proposition subordonnée relative, complément de l'antécédent « cette tour ».

CORRIGÉS

Chapitre 9 page 23

1 a. beaucoup b. aucun c. Rien d. Beaucoup / peu.

2 a. les connais-tu ? b. Marco Polo ne rédige pas – il le dicte. c. Jean de Léry voyage – il les raconte d. cela vous tente-t-il ?

3 a. fascine b. avons, aimons c. permettent d. nécessite e. adresse.

4 a. tu racontes b. Les Européens qui ne connaissaient pas ces terres c. Un touriste qui ne parle pas d. Toi qui veux e. beaucoup d'explorateurs de l'époque qui voulaient.

5 a. voulez → qui (antécédent : vous tous) ; prenez / faites → verbes à l'impératif présent, pas de sujet exprimé ; trouverez → vous ; contera → notre livre ; décrit → Messire Marco Polo ; a vues → il.
b. et vous tous **qui voulez connaître les différentes races d'hommes**.
c. C'est ainsi que nos ouvrages vous les conteront en clair et bon ordre, tout comme les explorateurs, sages et nobles citoyens de Venise, les décrivent parce qu'ils les ont vues de leurs propres yeux.

Chapitre 10 page 25

1 a. prît b. écrire c. jouèrent d. permit e. crut.

2 passés – Échancré – désespéré – altéré – fait

3 a. Le Renard et le Bouc sont descendus – ils n'ont pas pu. b. Nous avons étudié – des fables qui ont été écrites. c. si la cour a apprécié – dans lesquelles elle était critiquée.

4 a. Un récit passionnant que Margot a terminé. b. Une de ses nombreuses ruses que le renard a utilisée. c. Cette fable que avez apprise par cœur. d. Les célèbres fables que Gustave Doré a illustrées.

5 a. eue b. comprise c. données d. faites e. dénoncés.

6 a. et b. **écrit** : participe passé employé avec *avoir* / **éduquer** : infinitif placé derrière la préposition *pour* / **appelé** : participe passé employé avec *être* et accordé avec « le Dauphin » / **régner** : infinitif placé derrière la préposition *à* / **passées** : participe employé comme adjectif et accordé au féminin pluriel avec « les erreurs » / **critiquer** : infinitif placé derrière un autre verbe / **condamné** : participe employé comme adjectif, accordé au masculin singulier avec « il » / **imaginé** : participe passé employé avec *avoir* / **cachée** : participe employé comme adjectif, accordé au féminin singulier avec « façon » / **permis** : participe passé employé avec *avoir* / **dénoncer** : infinitif placé derrière la préposition *de* / **reprocher** : infinitif placé derrière un autre verbe / **connues** : participe passé employé avec *être* et accordé avec « ses fables » / **étudiées** : participe passé employé avec *être* et accordé avec « ses fables ».

Chapitre 11 page 27

1 a. somptueux b. magnifique c. terrifiante d. sauvage e. apeuré f. passionnée.

2 répandus – vernies – ample et mystérieux, verdoyant – nouvelles.

3 a. roses et bleues – magnifiques. b. franco-américains – haut-placés. c. sucrés-salés – aigre-douce d. vert émeraude – jaune citron – écarlates – mauves e. rouges – noire – ultra-fine.

4 a. **malins** comme des singes. b. **muette** comme une carpe. c. **rusées** comme des renards. d. **têtue** comme une mule.

5 a. Gravure du XIXe siècle. b. Ce sont des animaux, vêtus comme des hommes. c. Le lion, au centre, assis sur le trône. d. À droite, un loup semble **habillé** d'une robe d'avocat : **coiffé** d'une sorte de toque, il paraît **soucieux** et tente de plaider sa cause. **Couché** aux pieds du lion, un chien, **soumis** et **docile**, semble être en train de lécher les pieds du souverain. e. La Fontaine a mis en scène des animaux aux caractéristiques humaines, pour critiquer les travers des hommes.

Chapitre 12 page 29

1 a. Il **n'y** a rien **à** faire : Christine ne veut **ni** nager, **ni** se promener. b. Michaël **la** salue ... mais elle ne **l'a** pas encore remarqué. c. Je **la** gronderai si j'étais toi : elle n'**a** pas **à** faire ça. d. Ils **ont** voulu venir, **on** le leur **a** pourtant déconseillé. e. Rachid est allé voir **son** cousin ... : ils **sont** très proches.

2 a. A-t-il dit à quelle heure... ? b. Tu es sûre d'avoir... et tes gants. c. Bernard l'a vu rentrer... à 22 heures. d. sur son vélo et ils en sont désolés. e. On leur dit... qu'ils ont tort...

3 a. **Dans** 24 h b. Séverine **s'en** va **sans** regrets. c. il convient **d'en** prendre d. Il **s'en** doute – **dans** peu de temps. e. **sans** cet ingrédient – **d'en** avoir.

4 Mon oiseau **a** le ventre tout bleu / Sa tête **est** d'un vert mordoré / Il **a** une tache noire sous **la** gorge / Ses ailes **sont** bleues avec des touffes de petites plumes jaune doré / Au bout de **la** queue il y **a** des traces de vermillon / **Son** dos **est** zébré de noir **et** de vert / Il **a** le bec noir les pattes incarnat **et** deux petits yeux de jais.

5 a. Une tête d'homme, composée d'éléments végétaux. b. Une souche aux branches nues, du lierre, un champigon, le manteau de paille et son air désolé évoquent l'hiver et la rigueur de cette saison. c. Des fleurs diverses (roses, pâquerettes, etc.), fruits, plantes, tout ce qui pousse au printemps.

Chapitre 13 page 31

1 a. je cours b. nous verrons c. ils rugissent d. tu prenais.

2 **s'en va** (s'en aller) – **donne** (donner) – **attacher** – **prenne** (prendre) – **mène** (mener) – **laisse** (laisser) – **se penche** (se pencher) – **veut** (vouloir) – **veut** (vouloir) – **se baisser** – **tire** (tirer) – **entraîne** (entraîner)

3 a. cherchera – donnera b. profitera – gardera c. s'échapperont – se retrouveront d. posséderont – remercieront e. penseront – continueront.

4 a. elles créè**rent** b. nous menaç**âmes** c. vous chang**iez** d. nous place**rons** e. elles s'appuyè**rent**.

5 a. mangeons – partageons b. jettes c. nageons – plongez d. balayent – essuyez.

6 a. et b. Ils s'en retournent : s'en retourner ; entre : entrer ; prend : prendre ; va : aller ; était : être ; écoute : écouter ; dit : dire ; donne : donner ; met : mettre ; jure : jurer ; possèdent : posséder. c. Les paysans lui mettent dans les mains la longe de la vache et ils lui jurent que maintenant leurs femmes et eux ne possèdent plus rien du tout.

➩ Chapitre 14 page 33

1 a. finir b. pouvoir c. rougir d. souhaiter e. couvrir.

2 a. il fit b. nous disions c. ils survinrent d. je tiendrai.

3 a. surpr**îmes** b. aperç**urent** c. b**ut** – alla.

4 Je ne sais (savoir) – Je ne veux (vouloir) (Attention, les auxiliaires *être* et *avoir* n'appartiennent à aucun groupe).

5 a. entendirent – apprirent b. prenaient c. prétend – n'apprenons – surprendrons.

6 a. Peinture à l'huile de Vincent Van Gogh, peintre hollandais qui a connu une célébrité posthume. Il est également l'auteur des *Tournesols* et des *Blés jaunes*. b. Deux chaises, une petite table et des objets de toilette, des tableaux au mur, un miroir, un essuie-mains, une fenêtre, des vêtements accrochés au mur, deux portes. L'élément dominant est le lit. c. Le rouge, le brun et le jaune sont des couleurs dites chaudes tandis que le bleu et le vert sont des couleurs dites froides. Toutefois, dans le tableau, ce sont les couleurs chaudes qui dominent et qui reflètent le climat de la région où se trouve la chambre, un climat chaud, méditerranéen. Elles reflètent peut-être aussi l'état d'esprit du peintre qui a dû passer des moments calmes et heureux dans cet endroit. d. La fenêtre. e. La pièce baignée de lumière donne une impression de repos, de stabilité. Van Gogh a donné une idée du repos forcé pris dans cette chambre où il avait séjourné à la suite d'une crise de folie.

➩ Chapitre 15 page 35

1 a. il a su b. il avait su c. il eut su d. il aura su.

2 a. **a trouvé** (passé composé). b. **avait fermé** (plus-que-parfait) – **avait remarqué** (plus-que-parfait). c. **auront visité** (futur antérieur) – **auront rencontré** (futur antérieur) d. **eut compris** (passé antérieur).

3 a. consent**it** – réjou**it**. b. **dis** – vu – sorti. c. v**it** – entendu d. appris – plu. e. sue – écr**is** – apprise.

4 **Patienter** : j'eus patienté / nous eûmes patienté – **Avoir** : j'eus eu / nous eûmes eu – **Dire** : j'eus dit / nous eûmes dit – **Faire** : j'eus fait / nous eûmes fait – **Être** : j'eus été / nous eûmes été – **Contester** : j'eus contesté / nous eûmes contesté – **Lacer** : j'eus lacé / nous eûmes lacé – **Rire** : j'eus ris / nous eûmes ri – **Connaître** : j'eus connu / nous eûmes connu – **Lire** : j'eus lu / nous eûmes lu – **Taper** : j'eus tapé / nous eûmes tapé – **Articuler** : j'eus articulé / nous eûmes articulé – **Engloutir** : j'eus englouti / nous eûmes englouti – Sésame : **ticket d'or**.

5 a. et b. il l'a fermée : passé composé ; qu'il était : imparfait ; qu'ils devaient : imparfait ; il a fermé : passé composé ; [il] l'a attachée: passé composé ; est devenue : passé composé ; ont cessé : passé composé ; on n'y fabriquait : imparfait ; n'entrait : imparfait ; ne sortait : imparfait ; il disparut : passé simple. c. Mais si, il l'avait fermée. Après avoir dit à tous ses ouvriers qu'il était navré, mais qu'ils devaient rentrer chez eux, il avait fermé la porte cochère et l'avait attachée avec une chaîne. Et soudain, la gigantesque chocolaterie était devenue silencieuse et déserte.

➩ Chapitre 16 page 37

1 a. ils sont b. vous courrez c. je pars d. il mente.

2 a. reçoives b. nagions c. nous réveillions d. prenne.

3 a. (PS) b. (PAS) c. (PAS) d. (PI) e. (PI) – (PS)

4 a. qu'il ait eu b. que j'aie été c. que tu aies pris d. que vous soyez allés.

5 a. (I) b. (O) c. (S) d. (I) e. (O).

6 a. et b. soit (éventualité) / paye (souhait) / poursuive (crainte) / parvienne (éventualité) / ait (possibilité) / soit (souhait) / devienne (souhait) / Puissent (souhait). c. Que Renart ait été / qu'il ait payé / que Renart ait poursuivi / Qu'il soit parvenu / qu'il ait eu / que Renart ait été / soit devenu / Que ses mauvais tours aient pu.

➩ Chapitre 17 page 39

1 a. tu iras b. tu choisirais c. j'aurai d. ils sauront

2 a. il serait b. tu guérirais c. nous vivrions d. vous auriez e. ils croiraient f. on prendrait.

3 a. vous auriez joué b. tu aurais dit c. je me serais réveillé d. ils seraient allés e. elles se seraient écriées.

4 a. (IPa) b. (P) c. (P) d. (IPa) e. (IPr).

5 a. Je préfèrerais b. J'aurai c. Je devrais d. j'aurai e. J'aimerais – je n'aurai.

6 a. se seraient disputés – aurait décidé – aurait été – se serait demandé – n'aurait pas gagné – se serait rendu – aurait prétendu – aurait fait – aurait réussi – aurait donc accepté – auraient conclu – n'aurait jamais récupéré – serait pourtant allé – n'aurait pas compris – se serait joué de lui. b. Dans ce texte, le conditionnel exprime la supposition. c. Si Pathelin était moins paresseux, il pourrait gagner sa vie honnêtement.

➩ Chapitre 18 page 41

1 a. je serai cru b. je suis cru c. je serais cru d. j'étais cru.

2 a. active b. active c. passive d. passive e. active.

3 a. (CC) b. (CA) c. (CA) d. (CC) e. (CC)

4 a. Les contes merveilleux sont adorés des enfants. b. Tous les contes de Charles Perrault ont été lus par lui. c. La Belle est conviée à souper par la Bête. d. Sa fille est retrouvée avec bonheur par le marchand. e. Le monstre a été changé en prince par la fée.

5 a. Le principal l'a convoquée. b. On ne nous a pas punis. c. Nos parents ont envoyé cette carte. d. On a enfin retrouvé le coupable. e. Toute la salle a applaudi la pièce.

6 a. **Voix active** : laissa, avait, auraient eu mangé, eut, eut, eut. **Voix passive** : furent faits, furent appelés. b. Ils firent bientôt les partages, mais ils n'appelèrent point le notaire ni le procureur. c. Le moulin fut donné par le père au fils aîné et l'âne au second.

➩ Chapitre 19 page 43

1 a. *caput* (la tête) b. *fenestra* c. sauter.

2 *auscultare* : écouter, ausculter; *mutare* : muer, muter; *cerebrum* : cerveau, cérébral; *novus* : neuf, nouveau; *ministerium* : métier, ministère.

3 a. liberté b. chanter c. lettre d. doigt.

4 a. spéléo (spéléologie) – photo (photographie). b. moto (motocyclette) – vélo (vélocipède). c. bus (autobus) – pull (pull-over). d. télé (télévision) – ciné (cinématographe)

5 a. acrobate b. grammaire c. épopée d. théâtre e. scène f. mythe.

6 a. best-of : un disque qui regroupe ses meilleures chansons. b. week-end : la fin de la semaine c. shopping : les magasins. d. people : sur les célébrités. e. tchater : à discuter sur Internet.

7 a.

Mot	Langue d'origine	Radical	Sens du radical
lavabo	latin	*lavare*	laver
bibliothèque	grec	*biblios*	livre
spaghetti	italien	*spago*	ficelle
hasard	arabe	*az-zahr*	le dé
pierre	grec	*petra*	pierre

b. Bibliophile, bibliographie / oculaire, oculus. c. Kais adore les spaghettis : c'est son plat favori. Mila a rencontré sa cousine par hasard au cinéma.

➩ Chapitre 20 page 45

1 a. vrai b. faux c. vrai d. vrai e. faux.

2 a. (SF) b. (SF) c. (SP) – (SF) d. (SF) – (SP) e. (SF) – (SP).

3 a. Cet homme qui a gagné au loto est désormais très riche. / Cet enfant a un vocabulaire très riche pour son âge. b. Elle a paru très contente de son cadeau. / Celui-là ce n'est vraiment pas un cadeau! c. Tu dois être plus rapide pour attraper le ballon. / Tu as voulu tricher, mais tu t'es fait attraper. d. Cette robe blanche te va à merveille. / Cet acteur a eu un blanc pendant la pièce.

4 a. être figé comme une pierre. b. être incapable de se supporter. c. avancer sans se préoccuper du danger d. être effrayant. e. accorder une grande importance à.

5 a. félins b. moyens de transport c. classes grammaticales d. bijoux e. conj. de coordination.

6 a. Peinture à l'huile par l'impressionniste français Claude Monet. Une femme en train de peindre et une femme assise en train de lire, en pleine nature. b. Le vert et le blanc. c. La végétation, la couleur verte de l'herbe, les tenues des jeunes filles indiquent que la scène doit se dérouler au printemps. d. Un bois et une végétation assez abondante. Les contours de ces éléments ne sont pas particulièrement nets, il semble que le peintre ait appliqué la peinture par touches éparses pour les représenter. e. Le peintre a peint une personne en train de peindre à son tour : mise en abyme.

➩ Chapitre 21 page 47

1 a. faisan b. corde c. fétiche d. s'écrier.

2 a. joliment b. vraiment c. lentement d. difficilement e. anciennement.

3 a. inutilisable b. irréconciliable c. irréalisable d. invisible e. inaudible f. imbattable g. inefficace.

4 a. histoire – régicides b. claustrophobe c. autobiographie – philosophie d. biologie – géographie – l'archéologie – hétéroclites. e. mythologie – omniscients – polymorphes.

5 a. compréhension b. action c. élection d. progression e. natation f. multiplication.

6 a. voyag**eurs** – passion**nants** – **extra**ordinaires – l'admira**tion** – popula**tions** – parfaite**ment** **in**connues – **com**pagn**ons** – **con**solid**er** – **con**naissances – **é**missions – re**port**ages – poss**ible** – étrang**ers** – habita**tion**.
b.

Préfixe	Radical	Suffixe	Nature du mot
	voyag-	-eurs	nom commun
extra-	-ordin-	-aires	adjectif
	admira-	-tion	nom commun
	popula-	-tion	nom commun
	parfaite-	-ment	adverbe
in-	-connues		adjectif
com-	-pagn-	-ons	nom commun
con-	-solid-	-er	verbe
é-	-missions		nom commun
re-	-port-	-ages	nom commun
	étrang-	-ers	adjectif
	poss-	-ible	adjectif
	habita-	-tion	nom commun

➩ Chapitre 22 page 49

1 a. Lancelot b. Gargantua c. Robinson Crusoé d. Phileas Fogg.

2

Moyen Âge	XVIe siècle	XVIIe siècle	XVIIIe siècle	XIXe siècle
Chrétien de Troyes Marco Polo Christophe Colomb	Rabelais		Daniel Defoe	Jules Verne Jack London

3 *La Chanson de Roland / Le Livre des merveilles / Le Chevalier de la charrette / Voyage au centre de la Terre / L'Île au trésor / Croc-Blanc / Vendredi ou la vie sauvage / Robinson Crusoë.*

4 genres / épopée / Antiquité / poétique / surhumaines / Odyssée / Ulysse / Homère.

5 a. élément perturbateur b. situation finale c. situation initiale d. situation initiale e. péripétie.

6 Exercice faisant appel à l'imagination en respectant les étapes du schéma narratif :
– situation initiale : emploi de l'imparfait; présentation du personnage principal, mais aussi du cadre spatio-temporel (passage descriptif);
– situation finale : emploi de l'imparfait (équilibre retrouvé), fin des péripéties (pas d'action ni de personnage nouveaux), dénouement.

➩ Chapitre 23 page 51

1 a. furieuse et silencieuse.
b. laissés à l'abandon.
c. blonds comme les blés.
d. vaste et sombre.
e. solide et inquiétant.

2 a. descriptif b. narratif c. descriptif d. narratif e. descriptif.

3 a. Elle expliqua rapidement : «Vous devez tourner [...] qui monte.»
b. «Nous préférons aller au cinéma», s'écrièrent en chœur les enfants.
c. «Ne nagez pas trop loin, dit leur mère inquiète, je veux vous voir depuis la plage.»
d. «Si tu veux, ajouta sa grand-mère, je viendrai [...] train.»
e. «Je n'ai jamais lu un livre aussi passionnant!» s'exclama Michèle.

4 Vincent **vint**. Ils **avaient**. Vincent **trouva**. il **frappa**. Celui-ci **ouvrit**.
«**Savez**-vous où se **trouve** Youssef? J'**ai frappé** chez lui à l'instant, mais personne n'**a répondu**, **questionna** Vincent.
– Je **crois** que cela **fait** plusieurs jours qu'il s'**est absenté**, **bougonna** le voisin.
– Ah bon, **pouvez**-vous me dire quand est-ce qu'il **revient**? **continua** Vincent.
– Je n'**ai** pas le temps de discuter avec vous!» **répliqua** le voisin.
Vincent **rentra** chez lui et **plaignit** Youssef.

5 a. est fait chevalier.
b. La description doit être précise, le vocabulaire varié, les indications exactes. Respecter le mouvement de «zoom» pour la description, en commençant par décrire la scène dans son ensemble, puis en s'attachant au personnage principal. L'élève pourra faire appel à ses connaissances en histoire pour décrire cette enluminure.

➩ Chapitre 24 page 53

1 a. une ville romaine b. la ville de Paris c. une île d. un train.

2 c. / e. / g. / b. / d. / a. / f.

3 a. Hier – la veille b. À cet instant c. Dans trois semaines – pendant un mois d. ce jour-là.

4 a. échoua – avait fait b. vécut c. prit – rencontra – prénomma d. sut – serait.

5 a. possède – est aussi propriétaire b. est dotée d'une – sourit en permanence c. accomplit – satisfaire – éprouve d. paraissait – terrorisait

6 a. Il s'agit d'un texte narratif qui sert avant tout à présenter l'un des personnages principaux qui vient de faire son apparition dans le récit : Vendredi. b. Le temps de référence du récit est le passé simple. c. c'était le jour où je lui avais sauvé la vie : ce passage correspond à un retour en arrière dans la narration du récit comme l'indique l'emploi du plus-que-parfait (*avait sauvé*). Ce retour en arrière sert à expliquer l'origine du nom « Vendredi ». d. En peu de temps il commença à lui parler et à lui apprendre à lui parler. D'abord il lui fit savoir que son nom serait Vendredi, c'était le jour où il lui avait sauvé la vie, et il l'appela ainsi en mémoire de ce jour. Il lui enseigna également à l'appeler *maître*, à dire *oui* et *non*, et il lui apprit ce que ces mots signifiaient.

➩ Chapitre 25 page 55

1 a. refuser b. approuver c. susurrer d. tonitruer.

2 a. lui **demanda**-t-elle b. **questionna** l'inspecteur – **répondit**-il c. Ils **s'exclamèrent** d. **supplia**-t-elle e. **murmurèrent**-ils f. **ordonna**-t-il.

3 a. **répliqua**-t-elle. b. lui **demanda**-t-il. c. **supplia**-t-il. d. **se plaignirent**-ils. e. **suggéra**-t-elle. f. **répondit**-il.

4 (Proposition de corrigé)
MONSIEUR A, *avec chaleur* – rencontrer enfin.
MADAME B, *ravie* – vous voir.
MONSIEUR A – nous nous sommes croisés le mois dernier.
MADAME B, *très naturelle* – peindre des natures mortes.
MONSIEUR A – charmant – une activité délicieuse.

5 a. Il s'agit d'un dialogue comme l'indiquent la ponctuation utilisée (guillemets, tirets, points d'exclamation), l'emploi de verbes de parole (*cria, dit*), la proposition incise (*cria-t-elle enfin entre deux hoquets*). b. *cria* (en incise), *dit*. c. Sylvie est une fillette sensible, elle est très affligée car son chien a été donné à d'autres personnes : elle était très attachée à cet animal. Ernestine considère l'animal comme un simple chien et ne comprend pas la réaction de la fillette. Néanmoins, elle est attentionnée envers Sylvie dont elle veut essuyer le visage.

➩ Chapitre 26 page 57

1 a. énoncé que le personnage s'adresse à lui-même sans que les autres n'entendent. b. intervention d'un personnage seul en scène. c. phrase prononcée par un comédien. d. long développement prononcé par un comédien. e. réplique très courte.

2 PATHELIN – Alors, j'en ai ?
GUILLEMETTE – De quoi ?
PATHELIN – Qu'est devenue votre vieille robe, celle qui était à la mode il y a cent ans ?
GUILLEMETTE – C'est bien la peine d'en parler! Qu'est-ce que vous voulez en faire ?
PATHELIN – Rien. Rien du tout! Alors, est-ce que j'en ai ? Je vous l'avais bien dit! (*Il découvre le drap.*) Et ça, est-ce que c'est du drap ?
GUILLEMETTE – Mon Dieu! C'est sûr que vous l'avez eu en trompant un de vos clients!

3

surprise	colère	soulagement	joie	dégoût
Oh! Ciel! Quoi! Hein! Eh!	Parbleu! Fichtre! Diantre! Diable! Peste!	Ah! Ouf!	Youpi! Waouh!	Pouah! Berk! Beuh!

4 **Mots à trouver** : dramaturge; rideau; jeu; aparté; dialogue; costumes; scène; répliques; tirade; comédie; acte; italienne; décor.
Titre retrouvé : *Le Médecin malgré lui*.

5 a. Il s'agit d'un texte théâtral comme l'indiquent : le nom des personnages précédant chaque réplique ; le texte composé entièrement de répliques (dialogues) ; la ponctuation (nombreux points d'exclamation) ; les procédés comiques uti-

CORRIGÉS

lisés ; le paratexte : titre de la pièce, indication de l'acte et de la scène dont provient l'extrait et identité de l'auteur (Molière).
b. Les différents personnages présents dans cette scène sont : Monsieur Jourdain, le héros de la pièce, mais aussi le maître d'armes, le maître de philosophie et le maître à danser : Monsieur Jourdain a fait appel à tous les trois afin que chacun lui enseigne son art car il souhaite acquérir les connaissances et les manières des nobles. c. Les procédés comiques utilisés dans cet extrait sont le **comique de mots** : *infâmes, coquins, la peste l'animal, diantre soit de l'âne bâté*... ; et le **comique de répétition** : « Monsieur le philosophe » répété trois fois, « Messieurs » répété deux fois.

⇨ Chapitre 27 page 59

1 a. faux b. vrai c. vrai d. faux.

2 sentiers – menue – pieds – nue – rien – l'âme – bohémien – femme.

3 a. comparaison ; b. personnification ; c. comparaison ; d. comparaison.

4 a. 4 strophes : les deux premières comptent 4 vers chacune, les deux dernières 3. Oui, c'est un sonnet composé de 2 quatrains et 2 tercets. b. 12 syllabes : ce sont des alexandrins. c. embrassées (ABBA). d. Enjambement entre le 1er et le 2e vers du premier tercet (Les roses comme avant palpitent ; **comme avant,/Les grands lys** orgueilleux se balancent au vent.). e. « Le jet d'eau fait toujours son murmure argentin / Et le vieux tremble sa plainte sempiternelle. » : dans ces deux vers, le poète a recours à la personnification. Le jet d'eau « murmure » et le tremble, un arbre, se plaint. En utilisant le procédé de la personnification, le poète donne vie à la nature et souligne ainsi le fait que ces éléments recréent ses souvenirs passés.

Mathématiques

⇨ Chapitre 1 pages 62-63

MINI INTERRO *1.* $72 = 8 \times 9$, donc 72 est un multiple de 8. *2.* $42 = 6 \times 7$, donc 6 est un diviseur de 42. *3.* 2 015 se termine par 5, donc il est divisible par 5, mais pas par 10.

1 a. V. b. F. c. F. d. V. e. V.

2 a. multiple. b. diviseur. c. divisible. d. n'est pas un diviseur. e. ne divise pas. f. n'est pas un multiple.

3 a. 5. b. 2 ; 3 ; 9. c. 3 ; 9. d. 2 ; 3 ; 5 ; 10.

4 a. $7 + 5 = 12$. 75 n'est pas divisible par 9, Baptiste ne peut pas partager ses stylos en 9 parts.
b. $75 = 15 \times 5$.
75 est divisible par 15. Baptiste peut partager ses stylos en 15 parts. Chacun de ses amis aura 5 stylos.

5 Les tickets 7 841 et 8 457 ne sont pas gagnants puisque les nombres sont impairs. $9 + 8 + 3 + 2 = 22$, donc 9 832 n'est pas divisible par 9.
$5 + 3 + 8 + 6 = 22$, donc 5 386 n'est pas divisible par 9. Donc 6 948 est le ticket gagnant.
En effet, $6 + 9 + 4 + 8 = 27$ et 27 est bien multiple de 9.

6 a. $20 = 1 \times 20 = 2 \times 10 = 4 \times 5$
et $30 = 1 \times 30 = 2 \times 15 = 3 \times 10 = 6 \times 5$.
Les parts doivent être carrées : les diviseurs communs à 20 et 30 strictement supérieurs à 2 sont 5 et 10.
Le gâteau peut donc être découpé en parts de 5 cm ou 10 cm de côté. b. On peut couper le gâteau en 4 lignes et 6 colonnes, soit 24 parts carrées de 5 cm de côté. C'est le nombre maximum de parts. c. On peut couper le gâteau en 2 lignes et 3 colonnes, soit 6 parts carrées de 10 cm de côté, ce sont les parts les plus grandes.

7 Pour que le nombre A soit divisible par 3, il faut que $1 + 2 + \ast$ soit un multiple de 3. 120 convient ($1 + 2 + 0 = 3$), 123 convient ($1 + 2 + 3 = 6$), 126 convient aussi ($1 + 2 + 6 = 9$), ainsi que 129 ($1 + 2 + 9 = 12$).

8 a. 1 619 et 3 ; 4 857 ; 1 619 et 3 ; 1 et 4 857.
b. $72 = 1 \times 72 = 2 \times 36 = 9 \times 8$.
1 ; 72 ; 8 ; 9 et 2 sont, par exemple, des diviseurs de 72.
c. 8 ; 16 ; 24 ; 32... sont des multiples de 8.
d. 1 980 est divisible par 1 ; par lui-même ; par 2 (il est pair) ; par 5 et par 10 (il se termine par 0) ; par 3 et par 9 (puisque $1 + 9 + 8 = 18$).

⇨ Chapitre 2 pages 64-65

MINI INTERRO *1.* $32 - 4 \times 3 + 7 = 32 - 12 + 7 = 20 + 7 = 27$.
2. $45 \div 5 + 12 - 2 \times 7 = 9 + 12 - 14 = 21 - 14 = 7$.
3. $(6 \times 3 + 12) \div 10 = (18 + 12) \div 10 = 30 \div 10 = 3$.

1 a. F. b. V. c. V. d. F. e. V.

2 a. 13. b. 20. c. 3. d. 31. e. 6,6.

3 $A = (5 + 7) \times 3 - 16 = 12 \times 3 - 16 = 36 - 16 = 20$
$B = 42 - (4 \times 3 + 7) = 42 - (12 + 7) = 42 - 19 = 23$
$C = (19 - 2 \times 4) \times (15 \div 3 + 4) = (19 - 8) \times (5 + 4) = 11 \times 9 = 99$

4 a. $9 \times (4 + 3) = 63$. b. $8 + 6 \times 3 = 26$.
c. $20 - (4 + 7) = 9$. d. $(14 + 6) \times (14 \div 7) = 40$.

5 Leila a raison, elle a calculé en priorité les opérations entre parenthèses.

6 a. Le triangle ABC est isocèle en A et AC = 6 cm, donc AB = 6 cm.
$AB + BC + AC = 20$; $2 \times 6 + BC = 20$;
$BC = 20 - 2 \times 6$
Le triangle DEF est isocèle en D et EF = 5,2 cm.
$DE + EF + DF = 20$; $2 \times DF + 5{,}2 = 20$;
$DF = (20 - 5{,}2) \div 2$
b. $BC = 20 - 12 = 8$ cm ; $DF = 14{,}8 \div 2 = 7{,}4$ cm.

7 a. 48×250. b. $5\,000 + 48 \times 250$.
c. $(5\,000 + 48 \times 250) - 16\,000 = (5\,000 + 12\,000) - 16\,000 = 17\,000 - 16\,000 = 1\,000$ €

8 $A = [35 - (32 - 30)] \div 11 = [35 - 2] \div 11$
$= 33 \div 11 = 3$
$B = (45 - 15) \times [(48 + 2) \div 5] = (30) \times [50 \div 5]$
$= 30 \times 10 = 300$

9 $A = 9 \times 6 = 54$
$B = 9 \times 8 - 2 = 72 - 2 = 70$
$C = 5 + 32 - 2 = 37 - 2 = 35$
$D = 5 + (32 - 2) = 5 + 30 = 35$
$E = 5 + 4 \times 6 = 5 + 24 = 29$

➩ Chapitre 3 pages 66-67

MINI INTERRO *1.* $\frac{7}{9} > \frac{2}{9}$. *2.* $\frac{17}{9} < \frac{17}{2}$.
3. $\frac{2}{3} < 1$ et $\frac{5}{4} > 1$, donc $\frac{5}{4} > \frac{2}{3}$.

1 a. V. b. F. c. V. d. V. e. V.

2 a. $\frac{11}{15} > \frac{9}{15} > \frac{7}{15} > \frac{4}{15} > \frac{2}{15}$
b. $\frac{7}{22} < \frac{7}{15} < \frac{7}{10} < \frac{7}{9} < \frac{7}{2}$

3 $\frac{14}{10} = \frac{7}{5} = \frac{21}{15} = \frac{56}{40} = \frac{154}{110}$

4 a. Nombres entourés en rouge : $\frac{45}{61}$; $\frac{78}{100}$; $\frac{6}{7}$.
Nombres entourés en vert : $\frac{14}{9}$; $\frac{25}{3}$; $\frac{10}{9}$.
b. $\frac{35}{35} = 1 = \frac{71}{71}$

5 $\frac{2}{3} = \frac{2 \times 3}{3 \times 3} = \frac{6}{9}$ et $\frac{6}{9} > \frac{5}{9}$, donc l'enveloppe qui contient le plus d'argent est celle contenant deux tiers de 120 €.

6 On compare les fractions avec 1.
$\frac{512}{497} > 1$ et $\frac{652}{783} < 1$, donc $\frac{512}{497} > \frac{652}{783}$.

7 La proportion d'élèves habitant à plus de 10 km du collège est $\frac{60}{150} = \frac{2 \times 30}{5 \times 30} = \frac{2}{5}$.
Donc Sophie a raison.

8 Dans le verre de Martin, il y a 6 cL de sirop dans 36 cL (30 + 6) de liquide. La proportion de sirop est donc de $\frac{6}{36} = \frac{1}{6}$. Dans le verre de Maylis, la proportion de sirop est de $\frac{9}{54} = \frac{1}{6}$. Les deux verres contiennent donc la même proportion de sirop.

9 a. $\frac{3}{4} = \frac{3 \times 9}{9 \times 4} = \frac{27}{36}$. b. $\frac{5}{7} = \frac{5 \times 8}{7 \times 8} = \frac{40}{56}$.

c. $\frac{4}{7} < \frac{9}{7}$; $\frac{8}{13} < \frac{8}{7}$; $\frac{9}{5} = \frac{27}{15}$; $\frac{5}{6} < \frac{13}{12}$; $\frac{174}{100} > \frac{147}{100}$

➩ Chapitre 4 pages 68-69

MINI INTERRO *1.* 17,8. *2.* $-17 < -15$.
3. $1{,}258 < 1{,}259$.

1 a. V. b. F. c. V. d. F. e. V.

2 a. positif. b. négatifs. c. relatifs. d. opposé. e. positif.

3 a. – 150 m. b. 4. c. – 25 °C. d. – 72.

4 $2{,}98 > 2{,}95$; $-6 < 6$; $24{,}7 > -34{,}5$;
$-0{,}023 < 0{,}0005$; $-1{,}256 > -1{,}526$;
$-7{,}5 > -7{,}52$; $-23 > -52$; $-0{,}26 < -0{,}05$;
$-12{,}8 < -12$

5 a. $7{,}2 > 4 > 3{,}8 > -1{,}4 > -2{,}4 > -2{,}6 > -3{,}1$
b. $-73 < -72 < -46 < -21 < 0{,}346 < 6 < 9 < 13$

6 L'aîné est Thalès, né en – 625, le cadet est Pythagore (– 580) et le benjamin est Platon (– 427).

7 Le plus petit nombre est – 15 : l'initiale est S.
$-15 < -11 < -9 < -5 < -2 < 7$
Le prénom est Sophie.

8 a. 23. b. 27. c. décroissant.
d. $-13 < -8$; $-19 > -25$; $0{,}025 > -0{,}025$
e. $-8 < -7{,}5 < -7$; $-4 > -4{,}5 > -5$

➩ Chapitre 5 pages 70-71

MINI INTERRO *1.* – 21. *2.* 5. *3.* – 8. *4.* 0.

1 a. V. b. V. c. V. d. F. e. F.

2 Colonne « $a + b$ » : – 12 ; – 7,4 ; 4,2 ; – 2 ; – 13 ; 0 ; – 4 ; – 7,2.

3

4			
9	– 5		
5	4	– 9	
– 3	8	– 4	– 5

4 a. – 5. b. – 6. c. – 9. d. – 5. e. – 22. f. – 33.

5 a. 13. b. – 4,4. c. 0.

6 a. 3. b. –13. c. 18.

7 $-287 + 75 = -212$
Archimède est mort en 212 avant Jésus-Christ.

8

– 5	+ 10	– 11
– 8	– 2	+ 4
+ 7	– 14	+ 1

9 A = – 24 ; B = – 18 ; C = 0 ; D = 5,2 ; E = – 11,6 ; F = 3,6 ; G = 0.

➩ Chapitre 6 pages 72-73

MINI INTERRO *1.* 9. *2.* ajouter 8. *3.* $20 - (-25) = 20 + 25 = 45$. *4.* $(-17) - (-17) = -17 + 17 = 0$.

1 a. V. b. V. c. F. d. F. e. V.

2 a. ajouter 15. b. ajouter – 18. c. 9. d. – 17.

3 $A = (-18) + (-7) = -25$
$B = 21 + (15) = 36$
$C = -5 + (9) = 4$
$D = 3{,}8 + (-9{,}5) = -5{,}7$
$E = -25 + (25) = 0$

4 $A = -15 + 13 + (+9) + (-7) = -22 + 22 = 0$
$B = 19 + (+15) - 15 + (-12) = 19 - 12 = 7$
$C = -17 + (-15) + (-12) - 12 = -56$
$D = -12 + (+8{,}5) + 6{,}5 + (-3{,}5) = -15{,}5 + 15 = -0{,}5$
$E = 9{,}5 + (+6) + (-5{,}5) + (-7{,}5) = -13 + 15{,}5 = 2{,}5$

5 $A = -35 + 16 = -19$
$B = 6 - 8 = -2$
$C = 86 - 90 = -4$

6 a. $-3{,}5 + (4{,}8 - 8{,}9) = -7{,}6$
b. $7{,}4 - [-7{,}1 + (-5{,}5)] = 7{,}4 - [-12{,}6] = 20$

7 a. $? + (-4) = 3$
$3 - (-4) = 3 + 4 = 7$
b. $? - 7 = -11$
$-11 - (-7) = -11 + 7 = -4$
c. $-8 - ? = 6$
$-8 - 6 = -14$

8 $(-347) - (-427) = -347 + 427 = 80$
Platon a vécu 80 ans.
$(-546) - (-625) = -546 + 625 = 79$
Thalès a vécu 79 ans.
$(-495) - (-580) = -495 + 580 = 85$
Pythagore a vécu le plus longtemps, 85 ans.

9 $A = 5$; $B = -5$; $C = -5$; $D = 2$; $E = 6$; $F = -2$; $G = 0$.

➩ Chapitre 7 pages 74-75

MINI INTERRO *1.* $8^2 = 8 \times 8 = 64$. *2.* $3 \times x = 3x$.

1 a. V. b. V. c. F. d. F. e. F.

2 $A = 3a + 2$; $B = ab - 4$; $C = 7ab$; $D = 5(x - 2)$; $E = 14(2a - 5)$; $F = 2\pi rh$;
$G = 12 \times 8$; $H = 57 - 34 \times 2$.

3 $A = 2 \times 2 + 1 = 4 + 1 = 5$
$B = 3 \times 2 - 4 = 6 - 4 = 2$
$C = 2^2 + 1{,}5 = 4 + 1{,}5 = 5{,}5$

4 a. $7x$. b. $x + 11$. c. $5(3 + x^2)$. d. $3x + 12$.

5 $AB = 4(4 - 2) = 4 \times 2 = 8$ cm
$AC = 4 + 4 = 8$ cm
$BC = 16 - 2 \times 4 = 16 - 8 = 8$ cm
Le triangle ABC est équilatéral.

6 $3 \times 2{,}5 = 7{,}5$ et $2{,}5 + 9 = 11{,}5$
$3 \times 3 = 9$ et $9 + 3 = 12$
$3 \times 4{,}5 = 13{,}5$ et $9 + 4{,}5 = 13{,}5$, donc Julie pense au nombre 4,5.
$3 \times 5 = 15$ et $9 + 5 = 14$

7 a. L'expression G permet de calculer l'aire du rectangle. L'expression F correspond au périmètre du rectangle.
b. $G = (4 \times 2 + 12)(5 \times 2 - 3) = 140$ unités d'aire

8 a. $A = (3x^2 + 5) \div 2$
b. $A = (3 \times 3^2 + 5) \div 2 = (3 \times 9 + 5) \div 2$
$= (27 + 5) \div 2 = 32 \div 2 = 16$

9 a. $A = \dfrac{17 + 3x}{5} = (17 + 3x) \div 5$
b. $B = 5 \times 2^2 + 3 \times 2 - 4 = 22$

c. $6 \times 3 - 5 = 18 - 5 = 13$ et $2 \times 3 + 3 = 6 + 3 = 9$
L'égalité n'est pas vraie pour $x = 3$.
$6 \times 2 - 5 = 12 - 5 = 7$ et $2 \times 2 + 3 = 4 + 3 = 7$
L'égalité est vraie pour $x = 2$.

➩ Chapitre 8 pages 76-77

MINI INTERRO *1.* $3 \times 4 = 12$ €.
2. $\dfrac{75}{25} = 3$; $\dfrac{90}{30} = 3$; $\dfrac{130}{40} = 3{,}25$. Le tableau n'est pas un tableau de proportionnalité.

1 a. 3. b. 8,50 €. c. 22,4.

2 a. Non. b. Oui. c. Non.

3 Coefficient de proportionnalité : $\dfrac{6{,}6}{300} = 0{,}022$.
Prix payé (en €) : 6,6 ; 9,9 ; 12,76 ; 13,64.

4 a. $\dfrac{4{,}9}{35} = 0{,}14$; $\dfrac{8{,}82}{63} = 0{,}14$; $\dfrac{6}{42} \approx 0{,}143$;
$\dfrac{13}{90} \approx 0{,}144$. Les quotients ne sont pas égaux, donc le tableau n'est pas un tableau de proportionnalité.
b. $\dfrac{27}{3} = 9$; $\dfrac{81}{9} = 9$; $\dfrac{126}{14} = 9$; $\dfrac{54}{6} = 9$.
Les quotients sont tous égaux, donc le tableau est un tableau de proportionnalité.

5 a. $\dfrac{50{,}4}{6} = 8{,}4$. Avec 1 L de peinture, je peux peindre une surface de 8,4 m².
b. $8{,}4 \times 3 = 25{,}2$. Avec 3 L, je peux peindre 25,2 m² : ce n'est donc pas suffisant.

6 b. En C2 on doit saisir la formule :
=C1*(B2/B1)
c. On étire la formule dans les autres cellules (en utilisant la petite croix en bas à droite de la cellule C2).

	A	B	C	D	E
1	Volume du réservoir d'eau (en L)	25	37	52	70
2	Temps de remplissage (en min)	4	5,92	8,32	11,2

7 a. 4 fois dans l'année :
– avec abonnement : $20 + 4 \times 4 = 36$ € ;
– sans abonnement : $4 \times 8 = 32$ €.
Ce n'est pas intéressant de prendre l'abonnement.
5 fois dans l'année :
– avec abonnement : $20 + 5 \times 4 = 40$ € ;
– sans abonnement : $5 \times 8 = 40$ €.
Le tarif est le même avec ou sans abonnement.
6 fois dans l'année :
– avec abonnement : $20 + 6 \times 4 = 44$ € ;
– sans abonnement : $6 \times 8 = 48$ €.
Il est plus intéressant de prendre l'abonnement pour 6 séances dans l'année.
b. On déduit qu'à partir de 6 séances dans l'année, l'abonnement est intéressant.
c. On est dans une situation de proportionnalité dans le cas sans abonnement car, pour obtenir le tarif, il suffit de multiplier le nombre de séances par 8.

8

Nombre de pages	32	52	80
Durée (en s)	80	130	200

a. $\dfrac{32}{80} = 0{,}4$. Elle imprime donc 0,4 page en 1 s.
$0{,}4 \times 130 = 52$. Elle imprime donc 52 pages en 130 s.
b. $\dfrac{80}{32} = 2{,}5$. Elle imprime donc 1 page en 2,5 s.
$2{,}5 \times 80 = 200$. Elle imprime donc 80 pages en 200 s.

Chapitre 9 pages 78-79

MINI INTERRO 1. $25 \times \frac{20}{100} = 5$ carrés.
2. $8{,}4 \div 10 = 0{,}84$ cm $= 8{,}4$ mm.

1 a. 240. b. 60 %. c. $\frac{1}{2\,000}$. d. 6,6 cm.

2 $2\,200 \times \frac{40}{100} = 880$.
880 personnes lisent donc plus de cinq livres par an.

3

Nombre de jeux vidéo	120	100
Nombre de jeux d'aventure	72	?

$\times 0{,}6$

Calcul de la quatrième proportionnelle :
$100 \times 0{,}6 = 60$
Il y a 60 % de jeux d'aventure sur ma console.

4 1 cm sur la carte représente 400 000 cm en réalité.
$15 \times 400\,000 = 6\,000\,000$
15 cm mesurés représentent 6 000 000 cm en réalité.
6 000 000 cm = 60 km
60 km séparent Mathoville de Géoville.

5

Nombre d'élèves	210	100
Nombre d'élèves ayant obtenu le brevet	196	?

$\times \frac{196}{210}$

$100 \times \frac{196}{210} \approx 93{,}3$
Avec 93,3 % de réussite, le collège d'Arnaud a le plus haut pourcentage de réussite au brevet.

6 a. $e = \frac{10}{400} = \frac{1}{40} = 0{,}025$
$6 \times 0{,}025 = 0{,}15$ m $= 15$ cm
$4{,}5 \times 0{,}025 = 0{,}1125$ m $= 11{,}25$ cm
Sur le plan, la cuisine est représentée par un rectangle de 15 cm de longueur et de 11,25 cm de largeur.
b. $\frac{14}{0{,}025} = 560$ cm $= 5{,}6$ m
$\frac{8{,}2}{0{,}025} = 328$ cm $= 3{,}28$ m
Les dimensions réelles du salon sont 5,6 m sur 3,28 m.

7 a. $60 \times \frac{15}{100} = 9$.
Le prix du sac baisse de 9 €.
Donc, en avril, le sac coûte 51 €.

b. $51 \times \frac{25}{100} = 12{,}75$
Le prix du sac baisse de 12,75 €.
Donc, en juin, le sac coûte 38,25 €.
c. Au total, le prix du sac a baissé de 21,75 €.

Prix du sac (en €)	60	100
Montant de la baisse (en €)	21,75	?

$\times 0{,}3625$

$100 \times 0{,}3625 = 36{,}25$
Le prix du sac a baissé de 36,25 % entre les mois de février et juin.

8 a. Pourcentage de tirs marqués par Luc :

Tirs	16	100
Tirs marqués	12	?

$\times 0{,}75$

$100 \times 0{,}75 = 75$
Luc a marqué 75 % de ses tirs.

Pourcentage de tirs marqués par Mathieu :

Tirs	21	100
Tirs marqués	17	?

$\times \frac{17}{21}$

$100 \times \frac{17}{21} \approx 80{,}95$
Mathieu a marqué environ 80,95 % de ses tirs.
Il a donc le plus haut pourcentage de tirs marqués.
b. 1 km = 100 000 cm
Échelle : $e = \frac{3}{100\,000}$
c. $53 \times \frac{7{,}5}{100} = 3{,}975$
Le volume augmente donc de 3,975 L.
Le volume de glace sera de 56,975 L.

Chapitre 10 pages 80-81

MINI INTERRO 1. 10. 2. Effectif de la valeur 6 : 3.
Fréquence de la valeur 6 : 0,3.
3. $(6 + 8 + 6 + 10 + 8 + 7 + 10 + 5 + 7 + 6) \div 10$
$= 73 \div 10 = 7{,}3$ km.

1 a. 100. b. 11. c. 20 %. d. 0,19.

2 a. 5 ans.
b. Ligne « Effectif » : 5 ; 9 ; 12 ; 4.
Ligne « Fréquence (en %) » : 16,7 ; 30 ; 40 ; 13,3.
c. $16{,}7 + 30 = 46{,}7$
46,7 % de salariés ont moins de 35 ans.

3 a. Ligne « Effectif » : 3 ; 5 ; 4 ; 2 ; 1.
Ligne « Fréquence (en fraction) » : $\frac{3}{15}$; $\frac{5}{15}$; $\frac{4}{15}$; $\frac{2}{15}$; $\frac{1}{15}$.
b. $3+5+4=12$.
12 amis de Marc ont moins de 3 frères et sœurs.
c. $5+4+2+1=12$.
12 amis de Marc ont au moins 1 frère ou sœur.
d. $m = \frac{23}{15} \approx 2$

4 Effectif total des clients de chacune des boulangeries :
– boulangerie Au bon pain : 400
– boulangerie La baguette dorée : 300
Fréquences d'affluence dans chacune des boulangeries le lundi :
– boulangerie Au bon pain : $\frac{80}{400} = 0{,}2$
– boulangerie La baguette dorée : $\frac{60}{300} = 0{,}2$
On obtient la même fréquence dans les deux boulangeries pour le lundi.

5 a. Il y a 25 élèves dans la classe (25 notes).
b. $m = \frac{158}{25} = 6{,}32$
c. Ligne « Effectif » : 1 ; 1 ; 3 ; 4 ; 5 ; 4 ; 2 ; 3 ; 2.
Ligne « Fréquence en fraction » : $\frac{1}{25}$; $\frac{1}{25}$; $\frac{3}{25}$; $\frac{4}{25}$; $\frac{5}{25} = \frac{1}{5}$; $\frac{4}{25}$; $\frac{2}{25}$; $\frac{3}{25}$; $\frac{2}{25}$.
Ligne « Fréquence en % » : 4 ; 4 ; 12 ; 16 ; 20 ; 16 ; 8 ; 12 ; 8.
d. $4+5+4+2+3+2=20$
20 élèves ont au moins la moyenne.
e. $16\ \% + 8\ \% + 12\ \% + 8\ \% = 44\ \%$
44 % des élèves de la classe ont une note supérieure ou égale à 7.

➩ Chapitre 11 pages 82-83

MINI INTERRO *1.* $30 - (9 + 8 + 7) = 6$.
2. Le carreau.

1 a. V. b. F. c. F. d. V.

2 a. Ligne « Fréquence en fraction » : $\frac{1}{2}$; $\frac{1}{4}$; $\frac{1}{4}$.
Ligne « Fréquence en % » : 50 ; 25 ; 25.
Ligne « Angle (en °) » : 180 ; 90 ; 90.
b. $\frac{1}{2} \times 200 = 100$
100 romans ont été vendus.
$\frac{1}{4} \times 200 = 50$
50 policiers ont été vendus.
De la même manière, 50 livres « autres » ont été vendus.

3 a. $3 + 9 + 14 + 8 = 34$
b. Ligne « Effectif » : 3 ; 9 ; 14 ; 8.
Ligne « Fréquence en % » : 8,8 ; 26,5 ; 41,2 ; 23,5.
c. La moyenne de la classe se situe dans la classe $10 \leqslant n < 15$. C'est la classe qui compte le plus d'élèves.
d. $3 + 9 = 12$
12 élèves ont obtenu moins de 10.
e. $41{,}2\ \% + 23{,}5\ \% = 64{,}7\ \%$
64,7 % des élèves ont eu 10 ou plus.

4 b. $70 + 85 + 120 + 25 = 300$
c. Fréquence des céréales Matinbon : $\frac{70}{300} \times 100$
La formule à entrer dans la cellule B3 est :
=B2/300*100
La fréquence des céréales Matinbon est d'environ 23,3 %.
d.

Marque	Matinbon	Aulait	Chocorégal	Topmuesli
Effectif	70	85	120	25
Fréquence (en %)	23,3333333	28,3333333	40	8,33333333

e. Pour insérer le diagramme :
– sélectionner la ligne des fréquences ;
– cliquer sur l'onglet « Insertion » puis sur « Secteurs » (2D) ;
– le diagramme apparaît automatiquement, les secteurs sont de différentes couleurs ;
– pour ajouter des légendes sur chaque secteur, faire un clic droit sur le disque, puis cliquer sur « Ajouter des étiquettes de données ».

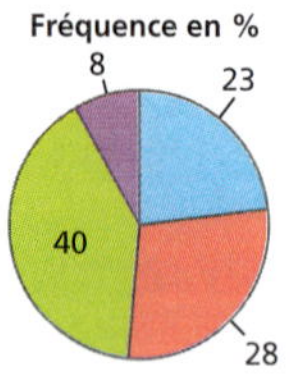

5 a. Ligne « Effectif » : 15 ; 30 ; 5.
Ligne « Fréquence en % » : 30 ; 60 ; 10.
Ligne « Angle (en °) » : 108 ; 216 ; 36.
L'effectif total est de 50.
Coefficient de proportionnalité : $\frac{360}{100} = 3{,}6$
b.

➩ Chapitre 12 pages 84-85

MINI INTERRO *1.* 7 billes. *2.* $\frac{2}{7}$.
3. Probabilité de piocher une bille noire : $\frac{1}{7}$.
Probabilité de piocher une bille blanche : $\frac{3}{7}$.
Il est plus probable de piocher une bille blanche.

1 a. $\frac{1}{12}$. b. $\frac{4}{12}$. c. $\frac{6}{12} = \frac{1}{2}$.

2 a. Il est plus probable que l'agriculteur choisisse une poule dans l'enclos 1 car il y a plus de poules que d'oies. b. Dans l'enclos 2, il y a autant de poules que d'oies. Donc la probabilité de choisir une poule ou une oie est la même.

3 a. Il y a 3 portes et une seule porte gagnante. Donc la probabilité qu'Alice gagne la voiture est : $\frac{1}{3}$.
b. S'il y a 4 portes et 1 seule gagnante, la probabilité qu'Alice gagne la voiture est : $\frac{1}{4}$.

4 a. Il y a 3 tickets gagnants parmi les 720 tickets. Donc la probabilité que l'élève gagne est : $\frac{3}{720}$.
b. Il y a un seul ticket qui permet de gagner le lecteur MP3 parmi les 720 tickets. Donc la probabilité de gagner le lecteur MP3 est : $\frac{1}{720}$.

5 a. Il y a 2 faces portant la lettre A. Donc la probabilité d'obtenir la lettre A est : $\frac{2}{6} = \frac{1}{3}$. b. Sur le dé, il y a 4 faces portant des consonnes. Donc la probabilité d'obtenir une consonne est : $\frac{4}{6} = \frac{2}{3}$. c. Pour avoir une lettre du mot *manche*, il faut tomber sur A ou M. il y a 3 faces avec les lettres A ou M. Donc la probabilité d'obtenir une lettre du mot *manche* est $\frac{3}{6} = \frac{1}{2}$.

6 a. Le genre variété française est le plus probable d'être joué (c'est le genre où il y a le plus de chansons). b. Il y a 20 chansons au total. Il y en a 4 de variété internationale. Donc la probabilité de jouer une variété internationale est : $\frac{4}{20} = \frac{1}{5}$. c. Il y a 10 titres en français. Donc la probabilité de jouer un titre en français est : $\frac{10}{20} = \frac{1}{2}$.

7 Dans le pot rouge, il y a 16 bonbons au total. Il y a 6 bonbons à la fraise. Donc la probabilité de choisir un bonbon à la fraise est : $\frac{6}{16} = \frac{3}{8}$. Dans le pot bleu, il y a 22 bonbons au total. Il y a 8 bonbons à la fraise. Donc la probabilité de choisir un bonbon à la fraise est : $\frac{8}{22} = \frac{4}{11}$. Comme $\frac{3}{8} = 0{,}375$ et $\frac{4}{11} \approx 0{,}363$, alors Antoine a plus de chance de choisir au hasard un bonbon à la fraise dans le pot rouge.

8 a. Il y a 6 boules au total dans l'urne. Il y a 2 boules jaunes. Donc la probabilité de piocher une boule jaune est : $\frac{2}{6} = \frac{1}{3}$. b. Il y a 1 chance sur 6 de piocher la boule numérotée 2. Donc la probabilité de piocher la boule numérotée 2 est : $\frac{1}{6}$. c. Il y a 3 boules portant un numéro impair. Donc la probabilité de piocher une boule portant un numéro impair est : $\frac{3}{6} = \frac{1}{2}$.

➩ Chapitre 13 pages 86-87

MINI INTERRO Voir « La méthode » du chapitre 13.

1 a. V. b. F. c. V. d. F.

2

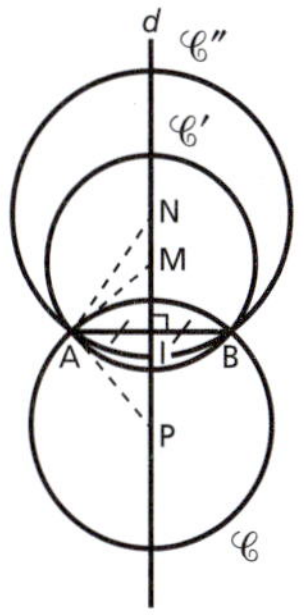

a. Le cercle 𝒞 passe aussi par le point B, car PA = PB.
b. Le cercle 𝒞′ passe aussi par le point B, car MA = MB. Le cercle 𝒞″ passe aussi par le point B, car NA = NB.
c. la médiatrice.

3 a. Programme de construction : marquer deux points distincts A et B ; tracer le segment [AB] ; marquer I le milieu du segment [AB] ; par le point I, tracer la droite *d* perpendiculaire à la droite (AB).

4 a. b. c.

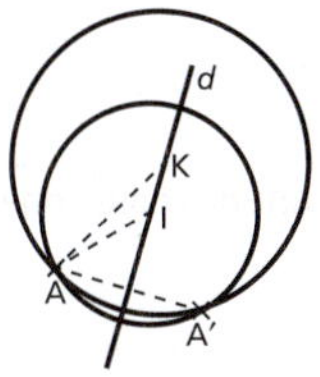

d. équidistant de A et A′ – équidistant de A et A′ – la médiatrice – segment – symétrique– droite *d*.

5 a. Programme de construction : marquer sur le cercle 𝒞 trois points distincts A, B et C ; tracer la droite *d* médiatrice du segment [AB], puis la droite *d′* médiatrice du segment [BC] ; marquer le point O intersection des droites *d* et *d′* ; ce point O est le centre du cercle 𝒞.
b.

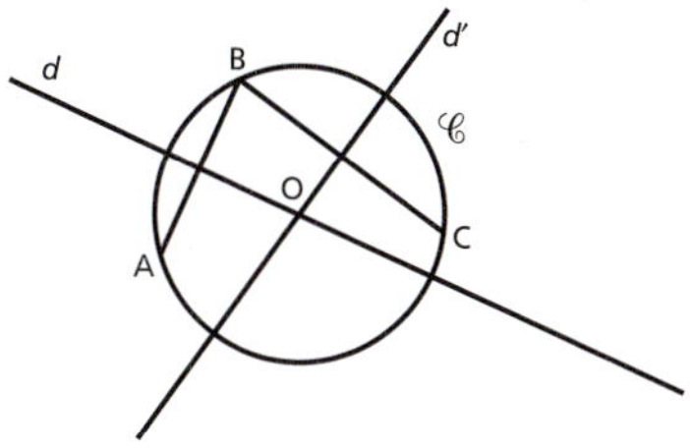

6 a.

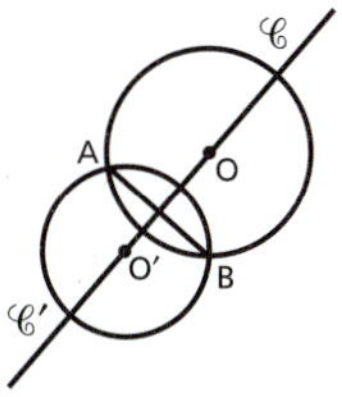

b. Le segment [OA] est un rayon du cercle 𝒞. Le segment [OB] est un rayon du cercle 𝒞. Donc OA = OB, car tous les rayons d'un cercle ont la même longueur. c. Le segment [O′A] est un rayon du cercle 𝒞′. Le segment [O′B] est un rayon du cercle 𝒞′. Donc O′A = O′B. d. On sait que OA = OB. On en déduit que le point O appartient à la médiatrice du segment [AB]. De même, on sait que O′A = O′B. On en déduit que le point O′ appartient à la médiatrice du segment [AB]. Comme O et O′ appartiennent à la médiatrice du segment [AB], on en déduit que la droite (OO′) est la médiatrice du segment [AB], car par deux points distincts, il ne passe qu'une droite et une seule.

➩ Chapitre 14 pages 88-89

MINI INTERRO

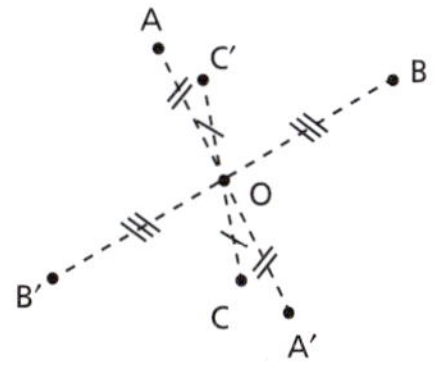

1 a. V. b. V. c. F. d. V. e. F.

2 a. O est le milieu du segment [AA′].

b. *d* est la médiatrice du segment [BB′].

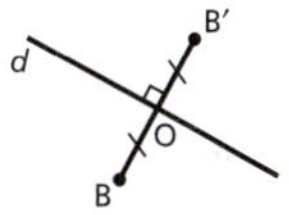

3 a. b.

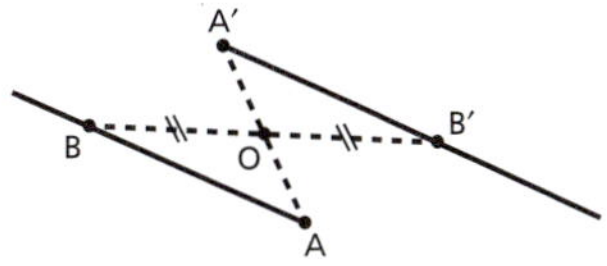

c. Elles sont parallèles et de sens contraires.

4 a.

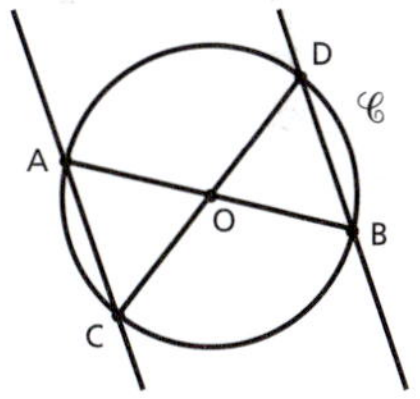

b. Le point O centre du cercle 𝒞 est le milieu de chacun des diamètres de ce cercle.
[AB] est un diamètre de ce cercle, donc A et B sont symétriques par rapport au point O. De même, [CD] est un diamètre de ce cercle, donc C et D sont symétriques par rapport au point O. c. On en déduit que les droites (AC) et (BD) sont symétriques par rapport au point O. Comme la symétrie centrale conserve les directions, on en déduit que (AC)//(BD).

5 a. Le point O est le milieu des segments [AA′] et [BB′]. Donc le point O se trouve à l'intersection de ces deux segments. b. Programme de construction : tracer les segments [AA′] et [BB′] ; marquer O leur intersection ; construire le point C′ symétrique du point C par rapport au point O ; tracer les côtés du triangle A′B′C′ ; tracer les deux demi-cercles de la figure ℱ′ qui ont pour diamètres respectifs les segments [A′B′] et [A′C′].

6 a. Le point I est le milieu des segments [AE] et [BF].

b.

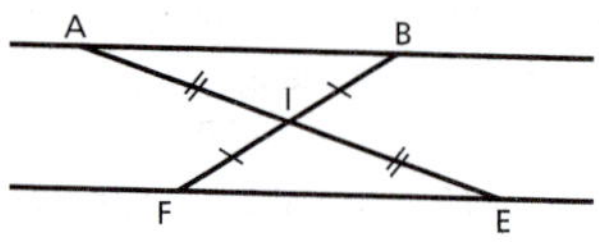

c. Les droites (AB) et (EF) sont parallèles. E est le symétrique de A par rapport à I et F est le symétrique de B par rapport à I. Donc les droites (AB) et (EF) sont symétriques par rapport à I. Or, par symétrie centrale, deux droites symétriques sont parallèles. Donc (AB)//(EF).

d. Les segments [AB] et [EF] sont de même longueur. On sait que E est le symétrique de A par rapport à I et F est le symétrique de B par rapport à I. Donc les segments [AB] et [EF] sont symétriques par rapport à I. Or, par symétrie centrale, deux segments symétriques ont la même longueur. Donc AB = EF.

Chapitre 15 pages 90-91

MINI INTERRO *1.* A(0), B(1), C(– 1), E(2), F(– 2), K(3), M(4), N(– 4), P(– 3). *2.* A(2), B(3), C(1), E(4), F(0), K(5), M(6), N(– 2), P(– 1).

1 a. V. b. V. c. V. d. V. e. V. f. V. g. F. h. V.

2 a.

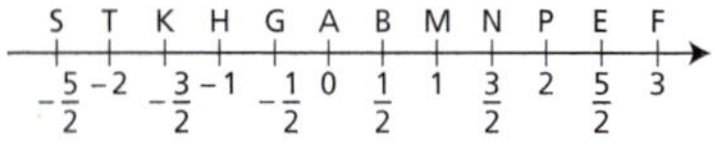

b. A(0), $B\left(\frac{1}{2}\right)$, $E\left(\frac{5}{2}\right)$, F(3), $G\left(-\frac{1}{2}\right)$, H(– 1), $K\left(-\frac{3}{2}\right)$, M(1), $N\left(\frac{3}{2}\right)$, P(2), $S\left(-\frac{5}{2}\right)$, T(– 2).

c. AA = 0 ; $AB = \frac{1}{2}$; $AE = \frac{5}{2}$; AF = 3 ; $AG = \frac{1}{2}$; AH = 1 ; $AK = \frac{3}{2}$; AM = 1 ; $AN = \frac{3}{2}$; AP = 2 ; $AS = \frac{5}{2}$; AT = 2.

3 a.

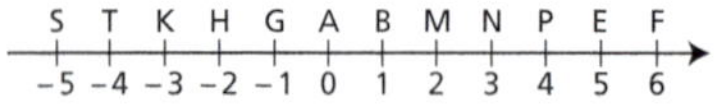

b. A(0), B(1), E(5), F(6), G(– 1), H(– 2), K(– 3), M(2), N(3), P(4), S(– 5), T(– 4).

c. AA = 0 ; AB = 1 ; AE = 5 ; AF = 6 ; AG = 1 ; AH = 2 ; AK = 3 ; AM = 2 ; AN = 3 ; AP = 4 ; AS = 5 ; AT = 4.

4 O(0 ; 0), I(1 ; 0), J(0 ; 1), A(2 ; 3), B(3 ; 2), C(– 3 ; 1), D(– 2 ; – 3), E(5 ; 0), F(0 ; – 2).

5 a. Programme de construction : placer deux points A et B distincts ; tracer la droite (AB) ; graduer (AB) en prenant pour origine du repère A et pour extrémité B ; placer les points M, N, P, E, F, G d'abscisses respectives 2 ; – 1 ; 3 ; – 2 ; – 3 et 4.

b. B et N, P et F, E et M.

c. opposés – distance à zéro.

6 a.

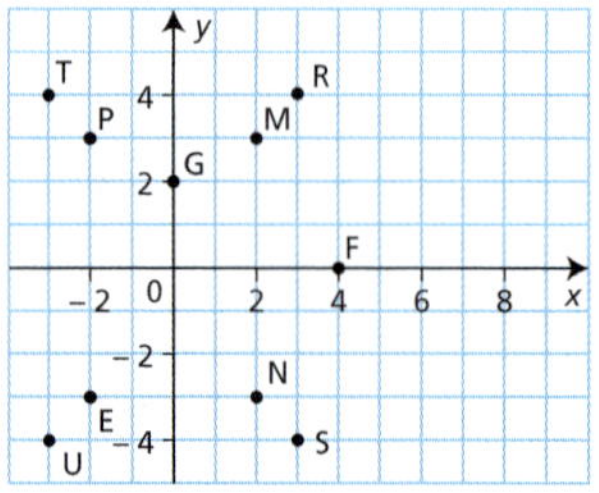

b. des abscisses – des ordonnées – point O.

c. S(3 ; – 4) ; T(– 3 ; 4) ; U(– 3 ; – 4).

Chapitre 16 pages 92-93

MINI INTERRO

1.

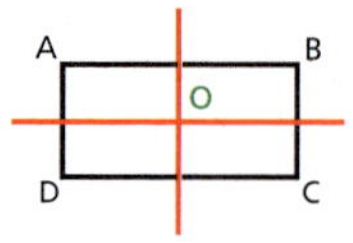

2.

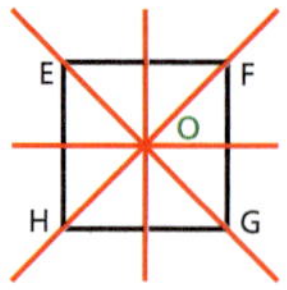

1 a. F. b. V. c. V. d. V. e. V. f. V. g. V.

2 a. A ; B ; C ; D ; E ; H ; I ; K ; M ; O ; T ; U ; V ; W ; X ; Y. b. H ; I ; N ; O ; S ; Z. c. F ; G ; J ; L ; P ; Q ; R.

3 a.

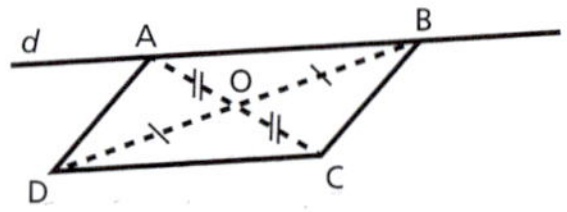

b. Le point O est un centre de symétrie du quadrilatère ABCD.

c. Les points A et C sont symétriques par rapport à O, donc le point O est le milieu du segment [AC]. De même, B et D sont symétriques par rapport au point O, donc O est le milieu de [BD].

d. ABCD est un parallélogramme.

4 a.

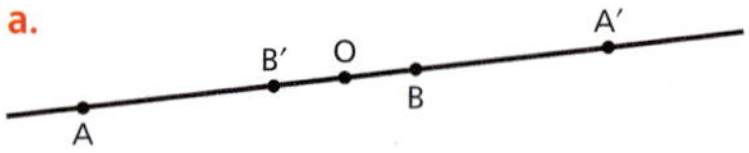

b. Les droites (AB) et (A′B′) sont confondues. On en déduit que le point O est un centre de symétrie de la droite (AB).

c. En déplaçant le point O sur la droite (AB), les droites (AB) et (A′B′) sont toujours confondues. Donc, cela signifie qu'à chaque nouvelle position du point O sur la droite (AB), celui-ci est un centre de symétrie de la droite (AB). On en déduit que chaque point de la droite (AB) est un centre de symétrie de cette droite et, par conséquent, qu'une droite admet une infinité de centres de symétrie.

5

➩ Chapitre 17 pages 94-95

MINI INTERRO **1.** $\widehat{rAu}$ et $\widehat{sAv}$; $\widehat{sAu}$ et $\widehat{rAv}$; $\widehat{tEu}$ et $\widehat{vEz}$; $\widehat{tEv}$ et $\widehat{uEz}$. **2.** $\widehat{rAu}$ et $\widehat{rAv}$; $\widehat{rAu}$ et $\widehat{sAu}$; $\widehat{rAv}$ et $\widehat{sAv}$; $\widehat{sAv}$ et $\widehat{sAu}$; $\widehat{tEu}$ et $\widehat{tEv}$; $\widehat{tEu}$ et $\widehat{uEz}$; $\widehat{uEz}$ et $\widehat{vEz}$; $\widehat{tEv}$ et $\widehat{vEz}$. **3.** $\widehat{rAv}$ et $\widehat{uEz}$; $\widehat{tEu}$ et $\widehat{sAv}$.

1 **a.** V. **b.** F. **c.** V. **d.** V. **e.** F

2 **b.** Après plusieurs expérimentations, on constate que les angles $\widehat{BAE}$ et $\widehat{ABN}$ ont la même mesure en degrés à chaque fois. Donc il semble que lorsque l'on fait couper deux droites parallèles par une même sécante, on obtient des angles alternes-internes égaux. Nous avons ainsi confirmé par l'expérience la propriété 2 du Retenir.

3 **a.** $\widehat{xAu}$ et $\widehat{zDu}$; $\widehat{xAv}$ et $\widehat{zDv}$; $\widehat{yAu}$ et $\widehat{tDu}$; $\widehat{yAv}$ et $\widehat{tDv}$; $\widehat{xBr}$ et $\widehat{zCr}$; $\widehat{xBs}$ et $\widehat{zCs}$; $\widehat{yBr}$ et $\widehat{tCr}$; $\widehat{yBs}$ et $\widehat{tCs}$. **b.** $\widehat{xAv}$ et $\widehat{tDu}$, $\widehat{yAv}$ et $\widehat{zDu}$; $\widehat{yBs}$ et $\widehat{zCr}$; $\widehat{xBs}$ et $\widehat{tCr}$.

c. Les droites (xy) et (zt) sont parallèles et sont coupées par la sécante (rs) respectivement en B et en C. Les deux angles $\widehat{zCr}$ et $\widehat{yBs}$ sont alternes-internes. Donc, ils sont égaux. Comme $\widehat{zCr} = 63°$, on en déduit que $\widehat{yBs} = 63°$. **d.** $\widehat{xBs}$ et $\widehat{yBs}$ sont deux angles adjacents supplémentaires et $\widehat{yBs} = 63°$.
Donc $\widehat{xBs} = 180° - 63° = 117°$.

4 On sait que les droites (AB) et (CD) sont coupées par la sécante (EF), respectivement en M et en N. On sait aussi que A, B et M sont alignés et que C, D et N sont alignés. Donc les deux angles $\widehat{AMF}$ et $\widehat{BMN}$ sont adjacents et supplémentaires. Comme $\widehat{AMF} = 146°$, on déduit que $\widehat{BMN} = 180 - 146 = 34°$. On sait que les deux angles $\widehat{BMN}$ et $\widehat{CNE}$ sont alternes-internes. Or, si les droites (AB) et (CD) étaient parallèles, on aurait $\widehat{BMN} = \widehat{CNE}$. Comme $\widehat{BMN} \neq \widehat{CNE}$, on en déduit que les droites (AB) et (CD) ne sont pas parallèles.

5 **a.** $\widehat{BMN}$ et $\widehat{CNM}$ sont deux angles alternes-internes déterminés par les droites (AB) et (CD) coupées par la sécante (EF), respectivement en M et N. Or, si deux droites sont coupées par une sécante en formant deux angles alternes-internes égaux, alors ces deux droites sont parallèles. Donc, comme $\widehat{BMN} = \widehat{CNM}$, on en déduit que les deux droites (AB) et (CD) sont parallèles.
b. $\widehat{AMN}$ et $\widehat{DNM}$ sont deux angles alternes-internes déterminés par les deux droites parallèles (AB) et (CD) coupées par la sécante (EF), respectivement en M et N. Or, si deux droites parallèles sont coupées par une sécante, alors elles déterminent des angles alternes-internes égaux. Donc $\widehat{AMN} = \widehat{DNM}$.
$\widehat{AMN} = \widehat{DNM} = 180° - 40° = 140°$

6 **a.** $\widehat{ENC}$ et $\widehat{FMB}$ sont deux angles alternes-internes. On en déduit que $\widehat{ENC} = \widehat{FMB} = 55°$.
b. $\widehat{AMN}$ et $\widehat{FMB}$ sont deux angles adjacents et supplémentaires. On en déduit que $\widehat{AMN} = 180° - \widehat{FMB}$ $= 180° - 55° = 125°$.

➩ Chapitre 18 pages 96-97

MINI INTERRO **1.** Oui, car AB est la plus grande longueur et AB < AC + BC.
2. $\widehat{EGF} = 180° - (\widehat{GEF} + \widehat{EFG}) = 80°$.

1 **a.** F. **b.** V. **c.** V. **d.** F.

2 **a.** MN < MP + NP et MN est la plus grande des trois longueurs. Le triangle MNP existe, donc le point P existe. **b.** 2 solutions pour le point P.

3 **a.** Oui, car EF + EG = FG. **b.** E appartient à [FG] et EF = 3 cm.

4 **a.** Tracer un segment [RS] de 8 cm. Tracer un arc de cercle de centre R et de rayon 7 cm. Tracer un arc de cercle de centre S et de rayon 6 cm. Marquer le point T à l'intersection de ces deux arcs de cercle. Tracer les segments [RT] et [ST].
b. c. et **d.**

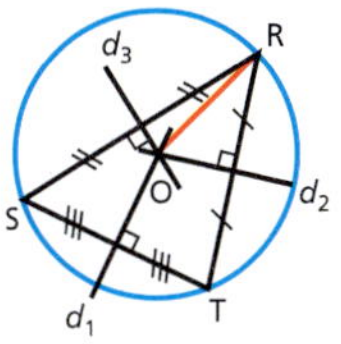

Le cercle de centre O et de rayon [OR] passe aussi par les deux autres sommets du triangle RST : on l'appelle le cercle circonscrit au triangle RST.

5 **a.** Construction du triangle ABC à l'aide d'une règle graduée et d'un rapporteur (*cf.* la seconde méthode page 96).
b. $\widehat{ABC} + \widehat{ACB} + \widehat{BAC} = 180°$
$\widehat{BAC} = 180° - (50° + 80°) = 50°$

6 **a.** $\widehat{uAv} = \widehat{BAC}$, car ce sont deux angles opposés par le sommet.
b. $\widehat{uAz} = \widehat{ABC}$, car ce sont deux angles correspondants déterminés par les deux parallèles (tz) et (BC) sont coupées par la sécante (Bu).
c. $\widehat{tAv} = \widehat{ACB}$, car ce sont deux angles correspondants déterminés par les deux parallèles (tz) et (BC), qui sont coupées par la sécante (tz).
d. $\widehat{uAv} = \widehat{BAC}$; $\widehat{ABC} = \widehat{uAz}$ et $\widehat{ACB} = \widehat{tAv}$.
Or $\widehat{tAv} + \widehat{uAv} + \widehat{uAz} = \widehat{tAz} = 180°$.
On en déduit que $\widehat{BAC} + \widehat{ABC} + \widehat{ACB} = 180°$.

7 **a.** Oui, car BC est la plus grande longueur et BC < AB + AC.
Construction du triangle ABC à l'aide d'une règle graduée et d'un compas.
b. Oui, ces trois points E, F et G sont alignés, car EG = EF + FG. Le point F appartient au segment [EG]. Construction de ces trois points alignés à l'aide d'une règle graduée.
c. Le point P n'existe pas, car MN est la plus grande longueur et MN > MP + NP.
d. $\widehat{MNP} = 180° - (\widehat{PMN} + \widehat{MPN})$
$= 180° - (35° + 55°) = 180° - 90° = 90°$.
Le triangle MNP est un triangle rectangle en N.

➩ Chapitre 19 pages 98-99

MINI INTERRO **1.** et **2.**

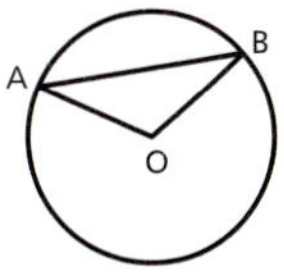

3. OA = OB = rayon du cercle. Donc le triangle OAB est isocèle en O.

1 **a.** V. **b.** V. **c.** F. **d.** V. **e.** V.

CORRIGÉS

2 a. b. *Échelle : 25 %*

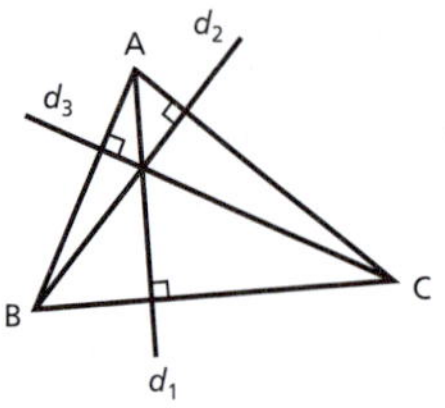

3 a.

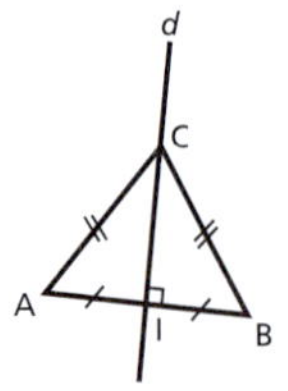

b. On constate que CA = CB et $\widehat{CAB} = \widehat{CBA}$, quelle que soit la position du point C sur la médiatrice du segment [AB].
Les constats semblent indiquer que tout point situé sur la médiatrice d'un segment est équidistant (situé à égale distance) des extrémités de ce segment, donc que le triangle ABC est un triangle isocèle en C et que les deux angles à la base d'un triangle isocèle sont égaux.

4 a.

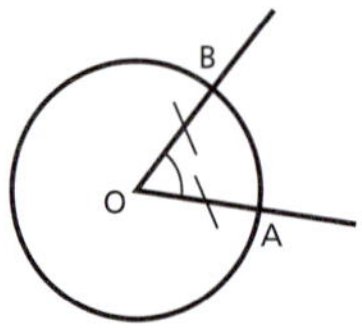

b. OA = OB = *r*. Donc OAB est un triangle isocèle en O. Comme OAB est un triangle isocèle en O, on en déduit que $\widehat{OAB} = \widehat{OBA}$.
Comme $\widehat{AOB} = 60°$, je conclus que $\widehat{OAB} = \widehat{OBA} = 60°$, car (180° – 60°) ÷ 2 = 120° ÷ 2 = 60°.
Donc le triangle OAB est un triangle équilatéral.

5 a. À l'aide du compas, tracer un arc de cercle de centre O et passant par le point A. À l'aide du compas, reporter la longueur OA en marquant un point B sur l'arc de cercle de telle sorte que AB = OA. À l'aide de la règle, tracer la demi-droite [OB). L'angle $\widehat{AOB}$ ainsi obtenu mesure 60°, car le triangle OAB est un triangle équilatéral.
b.

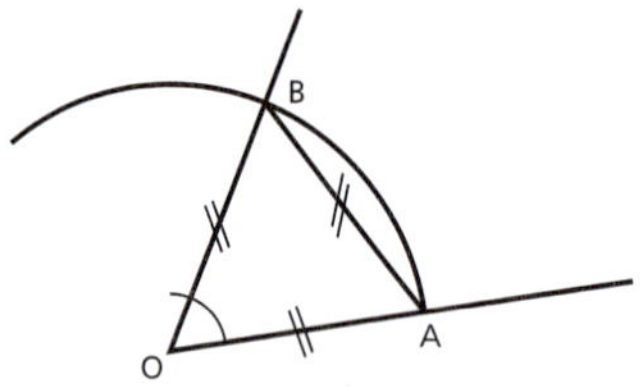

6 a.

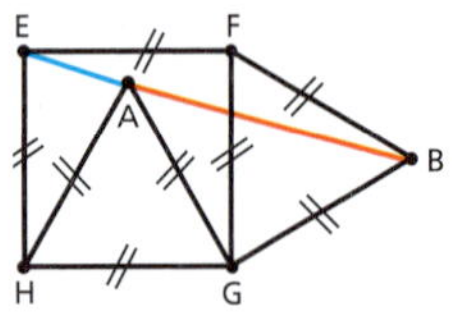

b. AGH est un triangle équilatéral, donc $\widehat{HAG} = 60°$.
c. Dans le triangle équilatéral AGH, on a $\widehat{HGA} = 60°$; dans le carré EFGH, on a $\widehat{HGF} = 90°$; comme $\widehat{HGF} = \widehat{HGA} + \widehat{AGF}$, on en déduit que $\widehat{AGF} = 90° – 60° = 30°$; dans le triangle équilatéral BFG, on a $\widehat{FGB} = 60°$; donc $\widehat{AGB} = \widehat{AGF} + \widehat{FGB} = 30° + 60° = 90°$.
Comme $\widehat{AGB} = 90°$ et GA = GB, on conclut que le triangle AGB est un triangle isocèle et rectangle en G. Comme AGB est un triangle isocèle et rectangle en G, ses deux angles à la base mesurent chacun 45°. Donc $\widehat{GAB} = 45°$.
d. Comme $\widehat{EHG} = 90°$ et $\widehat{AHG} = 60°$, on en déduit que $\widehat{EHA} = 30°$.
EAH est un triangle isocèle en H, car HE = HA.
Donc, on a $\widehat{EAH} = \widehat{AEH} = (180° – 30°) \div 2 = 75°$.
e. $\widehat{EAB} = \widehat{EAH} + \widehat{HAG} + \widehat{GAB} = 75° + 60° + 45° = 180°$. Comme $\widehat{EAB}$ est un angle plat, on en déduit que les points E, A et B sont alignés.

7 a. $\widehat{GEF} + \widehat{GFE} = 38° + 52° = 90°$. On en déduit que $\widehat{EGF} = 90°$, donc le triangle EFG est rectangle en G.
b. Construction du triangle RST à l'aide d'une règle graduée et d'un rapporteur (*cf.* la seconde méthode du chapitre 18).
$\widehat{STR} = 180° – (\widehat{SRT} + \widehat{RST}) = 180° – (55° + 70°) = 55°$.
Comme $\widehat{SRT} = \widehat{STR}$, on en déduit que RST est un triangle isocèle en en S, car sa base est [RT].
c. Comme ABC est un triangle isocèle en A, on en déduit que $\widehat{ABC} = \widehat{ACB}$.
Donc $\widehat{ABC} = \widehat{ACB} = (180° – 80°) \div 2 = 50°$.

➩ Chapitre 20 pages 100-101

MINI INTERRO *1.* Un parallélogramme est un quadrilatère dont les côtés opposés sont parallèles.
2. Les diagonales d'un rectangle ont le même milieu et ont la même longueur. Les diagonales d'un losange ont le même milieu et sont perpendiculaires. Les diagonales d'un carré ont le même milieu, la même longueur et sont perpendiculaires.

1 a. V. b. V. c. V. d. F.

2 a.

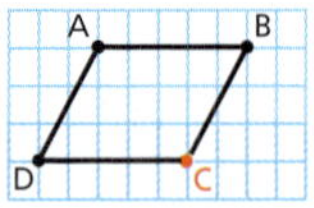

b.

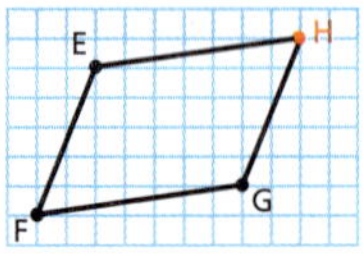

3 a. b.

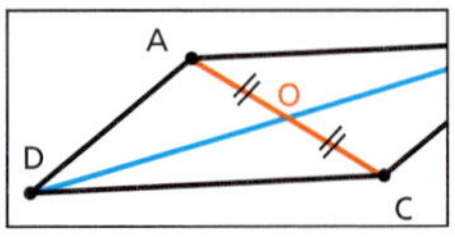

4 Avec la règle graduée, je trace un segment [AC] de 12 cm ; je marque le point O au milieu du segment [AC]. J'obtiens ainsi OA = 6 cm et OC = 6 cm. Je trace un segment [OB] de 4 cm (la moitié de la longueur BD).
Je construis le point D symétrique de B par rapport au point O. J'obtiens ainsi OB = 4 cm et OD = 4 cm. Avec la règle, je trace les segments [AB], [BC], [CD] et [AD], côtés du quadrilatère.
b. Comme la mesure en degrés de l'angle formé par les diagonales n'est pas imposée, il existe plusieurs solutions en fonction de la mesure de cet angle.

5 a. Dans un parallélogramme, deux angles de sommets consécutifs sont supplémentaires. Donc, comme $\widehat{ABC} = 150°$, on en déduit que $\widehat{BCD} = 30°$.

Dans un parallélogramme, les côtés opposés sont de même longueur.
Donc, comme BC = 4 cm et CD = 6 cm, on en déduit que AB = 6 cm et AD = 4 cm.
Échelle : 25 %

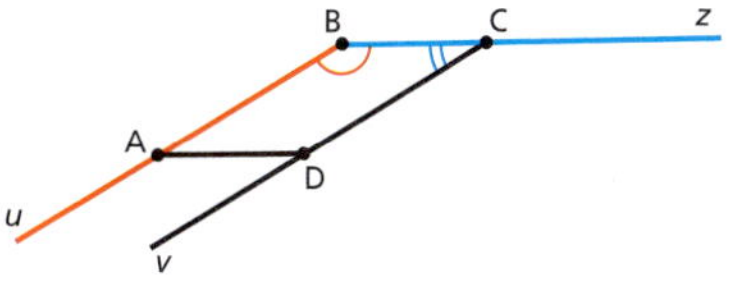

b. Dans un parallélogramme, deux angles de sommets opposés sont égaux et deux angles de sommets consécutifs sont supplémentaires.
Donc $\widehat{ABC} = \widehat{ADC} = 150°$ et $\widehat{BAD} = \widehat{BCD} = 30°$.

6 $\widehat{BAD}$ est un angle droit. Or, si un parallélogramme a un angle droit, alors ce parallélogramme est un rectangle. [AC] et [BD] sont les deux diagonales du quadrilatère ABCD.
On veut que le quadrilatère ABCD soit un rectangle. Or, si un quadrilatère a ses diagonales de même milieu, alors ce quadrilatère est un parallélogramme. Donc pour construire le point C de telle sorte que le quadrilatère ABCD soit un rectangle, il me suffit de construire le parallélogramme ABCD ayant un angle droit en A :
– je marque le milieu du segment [BD] ;
– puis je trace un segment [AC] de même milieu que le segment [BD] ;
– enfin, je trace les segments [AB], [BC], [CD] et [AD], côtés du quadrilatère.

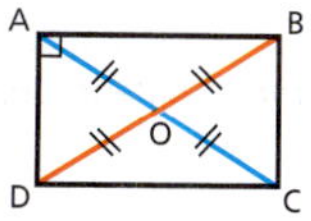

7 A et C sont deux sommets non consécutifs du quadrilatère ABCD. Donc [AC] est une diagonale de ABCD. De même, [BD] est une diagonale de ABCD.
On veut que le quadrilatère ABCD soit un losange.
Or si un quadrilatère a ses diagonales perpendiculaires et de même milieu, alors ce quadrilatère est un losange. Donc pour construire un quadrilatère ABCD dont on connaît la longueur des diagonales, de telle sorte qu'il soit un losange :
– on trace deux segments [AC] et [BD] perpendiculaires et de même milieu avec AC = 8 cm et BD = 6 cm ;
– puis on trace les segments [AB], [BC], [CD] et [AD], côtés du quadrilatère.
Échelle : 25 %

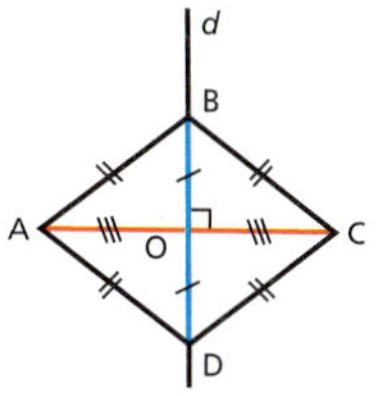

8 [EG] est une des diagonales du carré EFGH, donc l'autre diagonale est [FH].
EG = FH = 8 cm ; [EG] et [FH] ont le même milieu ;
(EG) ⊥ (FH).
Échelle : 25 %

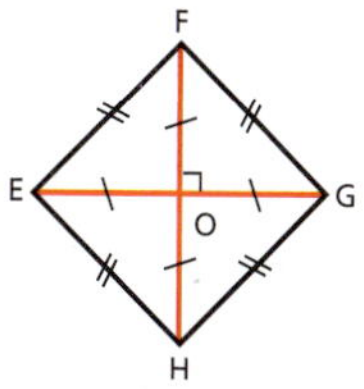

9 Un losange a ses quatre côtés de même longueur. Donc, comme le périmètre de ce losange est égal à 20 cm, on en déduit que son côté mesure 5 cm. D'autre part, ses diagonales sont perpendiculaires et de même milieu.
Échelle : 30 %

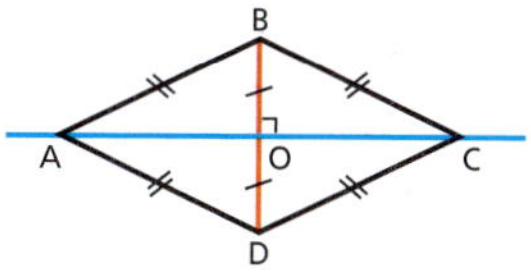

10 Nommons ABCD ce parallélogramme et désignons par O son centre.
Pour construire ce parallélogramme ABCD, on construit le triangle AOB tel que AO = 4,5 cm, $\widehat{AOB}$ = 40° et AB = 3,5 cm, puis on construit les points C et D par la symétrie centrale de centre O.
Échelle : 30 %

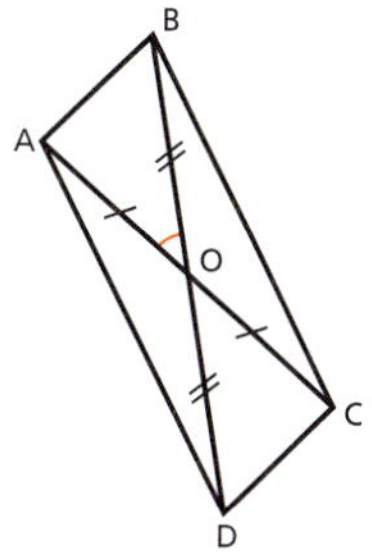

➩ Chapitre 21 pages 102-103

MINI INTERRO $P = 2 \times 3{,}14 \times 3 = 18{,}84$.
Donc on trace un rectangle de 18,8 cm de longueur et 12 cm de largeur.

1 **a.** V. **b.** V. **c.** V. **d.** V. **e.** V.

2 *Échelle : 25 %*

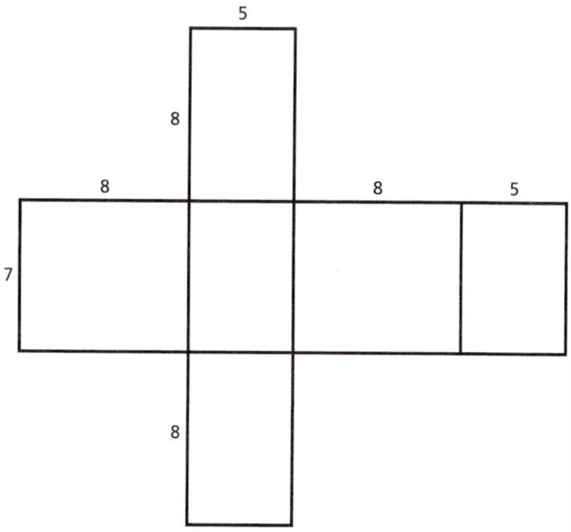

3 **a.** [MM′] et [$M_1M'_1$].
La longueur du segment [OO′] est la hauteur de ce cylindre.
b. [O′M′]. La longueur du segment [OM] est le rayon de ce cylindre.
c. Le quadrilatère OMM′O′ est un rectangle.
d. cylindre droit, appelé cylindre de révolution

4 **a.** Soit T le tour de la Terre, *r* le rayon de la Terre et *d* son diamètre.
$T = 2 \times \pi \times r = d \times \pi \approx 40\,053{,}84$
Donc un tour de la Terre est d'environ 40 000 km.

CORRIGÉS

b. Soit M la longueur d'un méridien terrestre. C'est un demi-cercle de diamètre 12 756 km.
Donc M = 40 053,84 ÷ 2 = 20 026,924
Un méridien terrestre à une longueur d'environ 20 000 km.

5 A(0 ; 0 ; 0), I(1 ; 0 ; 0), J(0 ; 1 ; 0), K(0 ; 0 ; 1), B(7 ; 0 ; 0), D(0 ; 4 ; 0), E(0 ; 0 ; 5).

6 **a.** [BF], [EF], [GF]. **b.** ADHE, CDHG. **c.** [AE], [DH], [BF], [CG]. **d.** AB = DC = EF = HG, donc [DC], [EF], [HG].

Chapitre 22 pages 104-105

MINI INTERRO *1.* $P \approx 31{,}4$ cm *2.* $\mathscr{A} \approx 78{,}5$ cm^2

1 **a.** F. **b.** V. **c.** F. **d.** V.

2 **a.** 1 dm = 0,1 m ; 17 dm = 1,7 m ;
1 cm = 0,01 m ; 38 cm = 0,38 m.
b. On doit convertir 17 dm et 38 cm dans la même unité.
c. 17 dm + 38 cm = 1,7 m + 0,38 m = 2,08 m

3 **a.** 38,52 dm^2 ; 6,37 cm^2 ; 37 500 m^2
b. 2 450 dm^3 ; 7,435 dm^3 ; 39,5 mm^3

4 **a.** $\mathscr{V} = 50 \times 30 \times 25$ cm^3 = 37 500 cm^3
b. $\mathscr{V}$ = 37 500 cm^3 = 37,5 L
c. $37{,}5 \times 80\ \% = 37{,}5 \times \dfrac{80}{100} = \dfrac{37{,}5 \times 80}{100} = 30$
Il faut 30 L d'eau pour remplir cet aquarium jusqu'à 80 % de sa hauteur.

5 **a.** $\mathscr{V} = \pi \times 3^2 \times 15 \approx 3{,}14 \times 9 \times 15 \approx 424$ cm^3
b. Le patron est constitué de deux disques et d'un rectangle.
Longueur du disque de base :
2 × 3,14 × 3 = 18,84 cm.
Soit $\mathscr{A}$ l'aire du patron.
$\mathscr{A} = 18{,}84 \times 15 + 2 \times \pi \times 3^2 \approx 339{,}12$ cm^2

6 **a.** Soit P le périmètre du jardin.
P = AD + BC + DC + AM + BN + la longueur du demi-cercle de diamètre [MN].
MN = AB – (AM + BN) = 124 dm – 2 × 320 cm
= 12,4 m – 2 × 3,2 m = 6 m
Soit L la longueur du demi-cercle.
$L = (6 \times \pi) \div 2 \approx 9{,}42$ m
$P \approx 2 \times 8{,}6 + 12{,}4 + 2 \times 3{,}2 + 9{,}42 = 45{,}42$ m
Pour clôturer ce jardin, il faut acheter au moins 46 m de grillage.
b. 46 × 3,75 = 172,50 €

7 **a.** $P = 65 \text{ cm} \times \pi \approx (0{,}65 \text{ m} \times 3{,}14) = 2{,}041$ m.
$P \approx 2$ m.
b. Soit d_1 la distance parcourue en un tour de pédales :
$d_1 = 2{,}041 \times 3 = 6{,}123 \approx 6$ m
c. Soit d_2 la distance parcourue en 500 tours de pédales :
$d_2 = 6{,}123 \text{ m} \times 500 \approx 3\,062$ m
d. Soit N le nombre de tours de pédales pour effectuer un parcourir de 10 km :
10 km = 10 000 m
$N = 10\,000 \div 6{,}123 \approx 1\,633$
Pour effectuer un parcours de 10 km, il faut environs 1 633 tours de pédales.

Chapitre 23 pages 106-107

MINI INTERRO *1.* 150 min. *2.* 7 h 01 min *3.* 5 h 25 min *4.* 1 h 07 min.

1 **a.** V. **b.** F. **c.** V. **d.** V. **e.** F.

2 25 min + 45 min = 70 min = 1 h 10 min
11 h 17 min + 1 h 10 min = 12 h 27 min.
Il pourra goûter son plat à 12 h 27.

3 18 h 50 min – 17 h 42 min = 1 h 08 min.
Son travail a duré 1 h 08 min.

4 16 h 10 min – 13 h 23 min
= 15 h 70 min – 13 h 23 min = 2 h 47 min.
Le trajet dure 2 h 47 min.

5 7 h 32 min + 5 h 45 min = 12 h 77 min
= 13 h 17 min. Elle est arrivée à 13 h 17.

6 **a.** Pour vérifier les 150 000 fichiers, il faudra 17 × 100 = 1 700 s.
1 700 s = 28 × 60 + 20 = 28 min 20 s.
Au total, la vérification dure 28 min 20 s.
b. Il reste donc 28 min 03 s de vérification.

7 **a.** 30 min = 90 ÷ 3, donc 105 ÷ 3 = 35.
30 min de musique occupent 35 Mo.
Donc 1 h de musique occupe 70 Mo.
2 h 30 min = 2 × 1 h + 30 min occupent :
2 × 70 + 35 = 140 + 35 = 175 Mo.
b. 30 min de musique occupent 35 Mo, donc 3 min occupent 3,5 Mo.
Avec 7 Mo, on peut enregistrer 6 min de musique.
Avec 49 Mo, on peut donc enregistrer 7 fois plus de musique, c'est-à-dire 6 × 7 = 42 min.
245 Mo = 210 + 35 = 3 × 70 + 35. Avec 245 Mo, on peut écouter 3 heures et demie de musique.

8 **a.**

× 10

Nombre de tours	228	456	114	57	570	855
Durée en heures	1	2	0,5 (demi-heure)	0,25 (quart d'heure)	2,5	3,75

× 2 ÷ 2 ÷ 2

Donc en deux heures et quart (2 h 15 min), les pales font 456 + 57 = 513 tours.
En trois heures et demie, elles font :
228 + 456 + 114 = 798 tours.
b. Elles font 570 tours en 10 × 0,25 h = 2,5 h, c'est-à-dire en 2 h 30 min.
Je sais qu'elles font 798 tours en 3 h 30 min = 3,5 h.
855 – 798 = 57, donc 855 = 798 + 57
Elles font 855 tours en 3,5 + 0,25 heures, c'est-à-dire en 3 h 30 min + 15 min = 3 h 45 min.

9 **a.** Tu parcours 45 km en 1 heure, soit 60 min. Donc tu parcours 4,5 km en 6 min. En 48 minutes, tu roules 8 fois plus longtemps et donc tu parcours 8 × 4,5 = 36 km.
b. 20 h 30 min + 2 h 45 min = 22 h 75 min
= 23 h 15 min. Tu sors du cinéma à 23 h 15.
c. 12 h 02 min – 10 h 15 min
= 11 h 62 min – 10 h 15 min
= 1 h 47 min. Le trajet dure 1 h 47 min.

➩ Chapitre 24 pages 108-109

MINI INTERRO Il faut cliquer sur le drapeau vert.

1 a. lutins
b. x
c. « répéter indéfiniment »

2 a. La brique à insérer est « ajouter 5 à y ».

3 a. La brique à insérer est « ajouter – 5 à x ».
b. y correspond à la position verticale ou ordonnée du lutin « chat ».
c. La brique à insérer est « ajouter – 5 à y ».

➩ Chapitre 25 pages 110-111

MINI INTERRO L'instruction « tourner dans le sens horaire de 90 degrés » permet de tourner le stylo d'un angle droit.

1 a. V. b. F. c. V. d. F.

2 a. On obtient un segment (et le chat fait un quart de tour sur lui-même à la fin du tracé).
b. Il faut insérer la brique « tourner dans le sens horaire de 90 degrés » dans la boucle « répéter 4 fois », juste après la brique « avancer de 50 ».

3 a. Il faut écrire le nombre 3 car un triangle équilatéral a 3 côtés.
b. Il faut écrire le nombre 120. En effet, un triangle a trois angles égaux, qui mesurent chacun 60°. Donc, il faut faire tourner le stylo de 120° par rapport au côté précédent du triangle (180 – 60 = 120).
d. Le périmètre du triangle est 450 (150×3).
e. Il faut modifier l'instruction « avancer de... » et écrire à la place « avancer de 100 » $\left(\frac{300}{3} = 100\right)$.

Histoire-Géo EMC

MINI INTERRO Pour trouver les réponses aux questions de la « Mini interro », il suffit de relire attentivement la page de gauche du chapitre correspondant.

➩ Chapitre 1 page 115

1 Voir le tableau ci-dessous.

	En Orient	En Occident
Empire	byzantin	carolingien
Durée	onze siècles	deux siècles
Langue	grec	latin
Religion	christianisme	christianisme
Église	orthodoxe	catholique
Capitale	Constantinople	Aix-La-Chapelle
Titre de celui qui dirige	basileus	empereur

2 a. Lothaire (l'aîné), Charles et Louis. b. Charles le Chauve récupère la Francie occidentale, Louis, la Francie orientale et Lothaire, la Lotharingie.
c. Lothaire conserve Aix-la-Chapelle, la capitale : c'est donc toujours lui l'empereur. d. Lothaire, car les territoires qu'il possède abritent des régions très diverses et qu'ils sont encerclés par ceux de ses frères. e. Le pape dirige les États de l'Église offerts par Charlemagne.

3 a. Le document est une photographie aérienne en vue oblique de la basilique Sainte-Sophie. Elle a été prise récemment. b. De 527 à 565 (VIe siècle).
c. D'une coupole. d. En croix grecque, avec des branches de même longueur. En Occident, on trouve plutôt des églises avec un plan en croix latine, dont une branche est plus longue que les autres. e. De mosaïques dont le fond est doré. f. En 1453. • Istanbul. g. Une mosquée et, de nos jours, un musée. • Les quatre minarets.

➩ Chapitre 2 page 117

1 a. Faux, c'est une religion monothéiste dont Mahomet est le prophète. b. Vrai. c. Vrai. d. Faux, Bagdad est la capitale scientifique du monde entre le VIe et le VIIe siècles. C'est Damas, la capitale de la famille des Omeyyades. e. Vrai. f. Vrai.

2 a. En Syrie. • La dynastie omeyyade. b. Une mosquée est un lieu de prière, d'enseignement et de convivialité, ainsi qu'un tribunal. c. **1.** minaret. **2.** salle de prière. **3.** mur de la *qiblâ*. **4.** cour à portiques.

3 a. Au IXe siècle. b. En arabe. c. L'anatomie de l'œil.

➩ Chapitre 3 page 119

1 a. Espagne. b. 1096. c. Venise. d. européens/chrétiens • musulmans. e. États latins d'Orient. f. de l'Antiquité grecque. g. Averroès.

2 a. Venise, dans le nord de l'Italie. b. Le doge, représenté à droite, agenouillé devant saint Marc. c. Constantinople, Alexandrie et Le Caire.

3 a. Du nord de la Pologne à la Scandinavie où se trouvent de nombreux païens et au Sud, en Espagne, où elle se heurte aux musulmans ; c'est la *Reconquista*. b. La religion musulmane. c. Jérusalem, car c'est un lieu de pèlerinage qui abrite le tombeau du Christ.

Chapitre 4 page 121

1 1. Banalités. 2. Vilain. 3. Péage. A. Taille. B. Abbés (de bas en haut). C. Tenures. D. Blés.

2 a. Ces deux cartes représentent l'évolution de la forêt entre les XIe et XIVe siècles. b. Entre ces deux dates, la superficie de la forêt a diminué.
c. Du XIe au XIIIe siècles, les paysans ont fait de grands défrichements pour transformer la forêt en terres cultivables.

3 a. En rouge : le château. En vert : les deux églises. En bleu : le moulin.

b. Ce sont les tenures des paysans. c. Aux X-XIe siècles. d. Les banalités. e. Le seigneur est propriétaire des terres. Il s'enrichit grâce à une taxe annuelle obtenue en échange des tenures concédées aux paysans et à sa réserve qu'ils cultivent. Les paysans lui doivent des impôts : la taille, contre sa protection, et les banalités, pour l'usage obligatoire du four, du moulin ou du pressoir. Le seigneur a aussi le droit de ban, rend la justice et inflige parfois des amendes. Tout ceci lui permet d'avoir un château, une armée et une vie aisée.

Chapitre 5 page 123

1 a. Vrai. b. Faux, cela signifie aller au Paradis. c. Faux, du clergé régulier. d. Vrai. e. Faux, les laïcs ne sont pas des hommes d'Église.

2 a. Sauver son âme et aller au Paradis après sa mort. b. Au début du XIVe siècle par Giotto, à la demande d'un riche marchand qui veut aller au Paradis. Il fait de cette fresque un cadeau à Dieu pour racheter les mauvaises actions qu'il a pu commettre autrefois. c. 1. le Christ. 2. le Paradis. 3. l'Enfer.
d. Le Christ occupe la place centrale, car il est le personnage le plus important de la fresque.

3 a. L'église est le lieu de culte des chrétiens, où le prêtre dit la messe. • La cathédrale est une église où officie un évêque. b. Les arcs ont une forme demi-circulaire (arcs de plein cintre) dans l'église romane et pointue (arcs brisés) dans l'église gothique. c. Les églises romanes à partir du Xe siècle, et les gothiques à partir de la fin du XIIe siècle et, surtout, au XIIIe siècle. d. 1. rosace. 2. tympan. 3. galerie des rois. 4. portail. e. La façade romane est décorée de sculptures sur le tympan (le jugement dernier) et la façade gothique de sculptures (sur le tympan, ou la galerie des rois) et de vitraux souvent en forme de rosace.

Chapitre 6 page 125

1 a. nombreuse. b. remparts. c. corporations. d. apprentis. e. seigneurs. f. bourgeois.

2 a. L'archevêque d'Arles. b. Un seigneur ecclésiastique. c. Douze consuls choisis parmi les habitants de la ville. d. Ils ont le pouvoir de juger les habitants.

3 a. Le centre politique et religieux se situe sur l'île de la Cité, comme le prouvent le Palais du roi (aujourd'hui Palais de justice) et la cathédrale (église de l'évêque). b. Le Louvre. c. Par la forteresse, la tour de Nesle et une enceinte construite sous Philippe Auguste (1180-1223). d. Au nord, on trouve plutôt les fonctions commerciales (halles) et artisanales, comme le prouvent les noms des rues et la place de Grève. Au sud se situent les fonctions intellectuelles, assurées par l'université.

Chapitre 7 page 127

1 a. Fidélité, aide et conseil. b. Protection et entretien. c. Les petits seigneurs, nombreux et moins puissants, sont en bas ; les grands seigneurs, moins nombreux et plus puissants, sont en haut de la pyramide. d. Le roi se hisse progressivement en devenant suzerain.

2 a. Le roi se trouve au sommet de l'organigramme : c'est lui qui dirige. b. L'administration centrale (Conseil, Parlement, Chambre des comptes). c. Les baillis et les sénéchaux.

3 a. Le roi Philippe Auguste, qui a régné de 1180 à 1223. b. 1. couronne. 2. épée. 3. main de justice. 4. sceptre. 5. fleur de lys. c. La main de justice indique que le roi exerce la justice au nom de Dieu sur tout le royaume. L'épée montre que le roi est aussi un chevalier qui exerce une puissance militaire pour lutter contre l'injustice et le désordre (l'épée est le seul objet remis avant l'onction). La fleur de lys est à l'origine le symbole des Capétiens mais devient par la suite celui de la monarchie française. d. L'onction a une fonction symbolique puisqu'elle fait du roi un être sacré, intermédiaire entre Dieu et les hommes.

Chapitre 8 page 129

1 a. France → Cartier → Amérique du Nord (Canada)
Espagne → Colomb → Amérique (Antilles)
Espagne → Magellan → Tour du monde
Portugal → Dias → Cap de Bonne-Espérance
Portugal → Vasco de Gama → Inde
b. Dias, Colomb, Vasco de Gama, Magellan, Cartier.

2 a. Autriche, Espagne, Sud de l'Italie. • Nouvelle-Espagne (Mexique, conquis par H. Cortès), Pérou (conquis par F. Pizzaro). b. Au centre de l'Europe, le Saint-Empire est divisé en de nombreux États (plus de 350) sur lesquels règne en théorie l'empereur, généralement élu dans la famille des Habsbourg. c. L'Empire ottoman. d. Ils sont extrêmement dispersés et divers, ce qui rend leur gouvernement difficile. Après l'abdication de Charles Quint, les territoires autrichiens et le titre impérial sont confiés à son frère (Ferdinand), tandis que son fils (Philippe II) récupère l'Espagne et les colonies américaines.

3 a. Le sultan ottoman Soliman en 1522. b. Au premier plan à droite. c. Elle est défendue par des chevaliers chrétiens et par de puissantes fortifications. d. Ils creusent des tunnels pour affaiblir les remparts de la ville. e. Elle leur permettrait de s'étendre et de contrôler les routes maritimes méditerranéennes.

➩ Chapitre 9 page 131

1 a. Vrai. b. Faux, puisque de nombreuses églises leur passent commande. c. Faux, elle a débuté en Italie. d. Vrai. e. Vrai. f. Faux, elles apparaissent au début du XVIe siècle. g. Vrai.

2 a. Représentation réaliste. b. Perspective. c. Expression des sentiments des personnages. d. Nombreux détails.

3 a. Catholique, protestant et orthodoxe. b. La Suisse, l'Angleterre, le Saint Empire et la France. c. La France et le Saint Empire (aujourd'hui États de l'Allemagne).

4 a. Un hérétique croit en quelque chose de différent de ce qui est enseigné par l'Église. • L'Inquisition est le tribunal créé par l'Église pour rechercher et juger les hérétiques. b. Galilée est condamné en 1633 parce qu'il défend les thèses de Copernic qui remettent en cause ce que dit l'Église. c. Il est emprisonné et ses livres sont interdits. d. Il a observé les astres avec une lunette astronomique et découvert que Jupiter avait quatre satellites et la Lune, des montagnes.

➩ Chapitre 10 page 133

1 a. Ils agrandissent le domaine royal, développent l'administration, contrôlent la noblesse et le clergé et se font sacrer. b. Les catholiques contre les protestants. c. L'édit de Nantes met fin aux guerres de Religion et autorise le protestantisme en France. d. Les états généraux regroupent les représentants de la noblesse, du tiers état et du clergé et ne sont pas réunis dans la première moitié du XVIe siècle.

2 a. Dans la nuit du 24 août 1572, sous le règne de Charles IX. b. Les agresseurs sont des catholiques (Parisiens et princes sur l'ordre du roi). c. Les victimes sont des protestants (huguenots). • Plus de 7 000 morts.

3 Les mairies.

4 a. De gauche à droite : la France, Henri IV, la religion catholique. b. Règne de Henri IV : 1589 à 1610. c. Il s'appuie sur la religion catholique. d. Avec l'édit de Nantes, il met fin aux guerres de Religion et accorde l'égalité entre catholiques et protestants.

➩ Chapitre 11 page 135

1 a. Faux, c'est le Premier ministre de Louis XIII. b. Faux, il gouverne sans Premier ministre à partir de 1661, mais conserve des ministres. c. Vrai, il souligne la puissance du roi. d. Vrai, Louis XIV vit en public sous le regard de ses courtisans. e. Faux, il fait de nombreuses guerres pour agrandir le royaume et montrer la puissance du roi de France. f. Faux, ils sont nommés par le roi pour le représenter dans les provinces du royaume.

2 a. Un organigramme. b. Ils participent aux conseils, appliquent et font appliquer les décisions du roi. c. Quatre. d. Le roi nomme les intendants, qui exercent leurs activités en province.

3 a. Des affaires de justice. b. Le roi est à gauche, en bout de table. Vêtu de couleurs vives, il est assis sur un fauteuil avec un dossier et des accoudoirs et porte son chapeau alors que les autres courtisans (sauf les conseillers, en uniforme noir) sont découverts. c. Le geste de la main semble vouloir dire « exécutez mon ordre ». d. Le conseil d'en Haut s'occupe des affaires les plus importantes ; le Conseil des dépêches traite des relations avec les provinces du royaume.

➩ Chapitre 13 page 139

1 a. Faux, plus de 7 milliards. b. Faux, elle est faible. c. Faux, ils ont achevé une transition démographique. d. Vrai, avec environ 1,3 milliard d'habitants chacun. e. Faux, c'est un pays émergent. f. Faux, jusqu'à 11 milliards. g. Vrai. h. Faux, il concerne aussi la production économique et le bien-être des populations.

2 a. États-Unis (Amérique), Allemagne (Europe), France (Europe), Chine (Asie), Inde (Asie) et Mali (Afrique). b. Le Mali. c. Il faut nourrir et éduquer cette population. d. L'Allemagne. e. Le financement des retraites et le manque de population active (gens qui travaillent).

3 a. Le gouvernement chinois a autorisé tous les couples à avoir deux enfants. b. Pour éviter le vieillissement de la population et relancer l'économie. c. La fécondité s'élève à 1,7 enfant par femme en moyenne. d. « à partir de 2020-2022, le nombre de Chinois partant à la retraite sera plus important que celui de ceux qui entreront sur le marché du travail. » • « les caisses de retraites dont les besoins financiers risquent d'exploser d'ici là » e. Non, car en Chine, les logements et les études coûtent chers, ce qui peut limiter la volonté d'avoir plusieurs enfants.

➩ Chapitre 14 page 141

1 a. 7,3 milliards. b. 700 millions. c. Le Mali. d. émergents • peuplés.

2 a. C'est vivre avec moins de 1,90 dollar par jour. Ce niveau est fixé par la Banque mondiale, qui dépend de l'ONU. b. En Afrique subsaharienne. c. 35,2 %, soit plus d'un habitant sur trois. d. Asie du Sud (Inde, Pakistan, Afghanistan, Bangladesh...) et Asie de l'Est ou Asie-Pacifique (Chine, Mongolie, Vietnam, Indonésie...).

3 a. Le Mali est environ 8 fois moins riche que la Chine, qui est environ 4 fois moins riche que les États-Unis. b. L'Asie regroupe des pays très riches comme le Japon et des pays plus pauvres comme l'Inde, qui est environ 6 fois moins riche que le Japon. c. La République démocratique du Congo, le Mali et le Nigeria appartiennent à l'Afrique subsaharienne, l'Inde, à l'Asie du Sud, et les Philippines et la Chine, à l'Asie de l'Est. d. Une augmentation du RNB par habitant, ce qui montre que les pays progressent économiquement.

Chapitre 15 page 143

1 a. Dans le monde, la consommation d'énergie augmente. b. Les énergies servent principalement à nous chauffer, nous déplacer, faire fonctionner les activités économiques et nous éclairer. c. Les pays les moins développés consomment peu d'énergie. d. Aujourd'hui, les énergies les plus consommées sont le charbon, le pétrole et le gaz naturel. e. Les énergies fossiles sont en quantité limitée, très polluantes et très utilisées dans le monde. f. Pour les années futures, les enjeux principaux sont de développer les énergies renouvelables et de diminuer la consommation d'énergie.

2 a. **1.** centrale géothermique. **2.** éoliennes. **3.** barrage hydroélectrique. **4.** panneaux solaires. b. Une énergie renouvelable a une ressource qui se constitue sans cesse car elle provient de phénomènes naturels inépuisables. c. **1.** la chaleur de la Terre. **2.** le vent. **3.** l'eau. **4.** le soleil. d. La biomasse est la matière organique (bois, paille...). Elle peut fournir de l'énergie : on la brûle pour produire de la chaleur (cheminée, chaudière à bois, cuisine) ou de l'électricité. C'est la première énergie renouvelable produite en France. Elle participe à la lutte contre le réchauffement climatique : le CO_2 dégagé par la combustion des bioénergies est ensuite absorbé par les végétaux lors de leur croissance.

3 a. Ces deux diagrammes circulaires montrent la part en pourcentage des différents types d'énergie utilisés dans le monde, l'un en 2002, l'autre en 2030 (d'après estimations). b. De près de 10 milliards de tep (tonnes équivalent pétrole) en 2002 à 16 milliards en 2030. c. Elles sont très largement majoritaires (86 % du total) et leur part devrait rester stable en 2030. d. Les mesures pour diminuer la consommation d'énergie sont insuffisantes puisque celle-ci devrait continuer d'augmenter. Le développement des énergies renouvelables est encore trop faible puisque leur part n'augmenterait que de 1 %.

Chapitre 16 page 145

1 a. Faux, elle provient des précipitations, des fleuves et des nappes d'eau souterraines. b. Faux, elle nécessite énormément d'eau pour les cultures. L'un des enjeux de notre époque est justement de mener une agriculture raisonnée. c. Faux, elle augmente. d. Vrai, pour le contrôle des fleuves, par exemple. e. Vrai, les populations sont touchées par la soif et l'agriculture est peu performante. f. Faux, il faut construire des canalisations, des châteaux d'eau, des stations de pompage, etc.

2 a. **1.** captage. **2.** transport dans des canalisations. **3.** usine de production d'eau potable. **4.** stockage et distribution. **5.** collecte et dépollution. b. Dans les cours d'eau ou les nappes d'eau souterraines. c. Les égouts collectent les eaux usées. Les usines de retraitement des eaux permettent de dépolluer les eaux usées. d. Les équipements coûtent cher et les pays en développement n'ont pas les moyens de les installer.

3 a. À l'ouest de l'Asie, dans le bassin méditerranéen. b. Les barrages sont des retenues d'eau artificielles qui servent à l'irrigation ou à la production d'électricité (hydroélectricité). c. Le Tigre et l'Euphrate prennent leur source dans les montagnes turques du Taurus. d. La Turquie contrôle les sources et le débit des deux fleuves qui traversent ensuite la Syrie et l'Irak. Ces deux pays réclament un statut international afin d'éviter que la Turquie ne s'approprie toute l'eau et ne décide seule de la gestion de la ressource.

Chapitre 17 page 147

1 **1.** Subsaharienne. **2.** Inégalités. **3.** Durable. **4.** Calorie. **5.** France. **6.** Sécheresse. **A.** Riz. **B.** Émergent. **C.** FAO. **D.** Agriculture. **E.** Inde. **F.** Engrais.

2 a. 2,2 milliards d'habitants. b. Environ un quart (25 %). c. « une agriculture maraîchère et vivrière raisonnée, c'est-à-dire basée sur des pratiques agro-écologiques utilisant les services rendus par les écosystèmes plutôt que de les remplacer par des engrais et pesticides. Une agriculture plus respectueuse des sols, de la biodiversité et de l'environnement, mais permettant de produire presqu'autant que l'intensif. » d. Il s'agit d'une agriculture durable car elle permet aux pays de créer des richesses économiques tout en respectant l'environnement et en assurant des emplois et de la nourriture à la population. Elle respecte donc les trois aspects du développement durable.

3 a. Cet agriculteur cultive des pommes de terre. Il est en train d'épandre des pesticides sur son champ. b. À l'agriculture moderne intensive. c. L'agriculteur utilise des machines (tracteur) et des produits chimiques (pesticides). d. L'agriculture moderne intensive permet de produire beaucoup. Elle est donc très rentable pour les agriculteurs. e. Car il pollue l'air, les sols et les nappes d'eau. Il consomme beaucoup d'eau pour l'irrigation et de ressources énergétiques pour faire fonctionner les machines.

Chapitre 18 page 149

1 a. Vrai. b. Vrai. c. Faux, une élévation. d. Vrai, comme lors de la COP 21.

2 a. À Paris, en décembre 2015. b. 195 pays et l'UE. c. Limiter le réchauffement climatique à moins de 2 °C et accorder une aide annuelle de 100 milliards de dollars aux pays pauvres. d. Par devoir de solidarité, mais aussi de justice. Les pays riches et leur développement économique depuis le XIXe siècle sont largement responsables du réchauffement, alors qu'en général, ce sont les pays pauvres qui en subissent le plus les conséquences.

3 a. 36,1 milliards de tonnes de CO_2. b. Ces deux pays émettent 15,21 milliards de tonnes de CO_2 à eux seuls, soit plus de 40 % du total mondial. c. Ce sont des pays industriels, gros consommateurs d'énergie, avec une forte production économique (développés comme les États-Unis, le Japon ou l'Allemagne... ou émergents comme la Chine, l'Inde ou la Russie).

4 a. En Océanie, dans l'océan Pacifique. b. Ces îles se situent presque au niveau de l'océan et risquent d'être inondées, voire de disparaître en partie si le réchauffement climatique, qui provoque une montée des eaux, se poursuit. c. « L'île est bordée de digues – sacs de ciment, blocs de coraux ou détritus entassés, gros ouvrages publics ou petits édifices privés. » • « Près de l'aéroport, de jeunes palétuviers bien alignés viennent compléter ce frêle rempart. » d. « plusieurs grandes marées ont inondé les habitations. Fin février, des vagues, surpassant les murs de protection, ont déferlé sur l'hôpital » • « l'eau, passant au travers d'une digue ébréchée, rampe peu à peu entre les habitations. »

➩ Chapitre 19 page 151

1 a. La biodiversité, c'est la richesse des espèces animales et végétales. b. Le Brésil et l'Indonésie sont particulièrement touchés par la déforestation. c. Les États et les ONG cherchent à protéger la forêt. d. La population urbaine est devenue majoritaire en 2007. e. Dans les pays émergents, la croissance urbaine est forte.

2 a. C'est un graphique. b. La population qui vit en ville. c. 73 % de la population en Europe est urbaine ; 27 % est rurale. d. L'Amérique du Nord. • L'Afrique.

3 a. L'Indonésie est un pays transcontinental d'Asie du Sud-Est et d'Océanie. b. Elle a été plus que divisée par deux, passant de 5 millions d'ha en 1982 à un peu moins de 2,1 millions d'ha en 2014. c. Déforestation, maladies respiratoires ou accidents qui entraînent des décès, émissions de GES. d. De grandes entreprises veulent détruire la forêt pour replanter des palmiers qui produiront de l'huile de palme, des hévéas pour obtenir du caoutchouc, ou des acacias, qui servent à la production de papier. e. Des ONG qui dénoncent les agissements des entreprises et le gouvernement, qui crée des parcs naturels.

➩ Chapitre 20 page 153

1 a. Faux, c'est un risque naturel. b. Vrai. c. Vrai. d. Vrai. e. Faux, il est impossible d'éviter toutes les catastrophes. f. Vrai. g. Faux, Fukushima est au Japon.

2 a. Une explosion dans une centrale nucléaire. C'est un risque technologique. b. 1. habitations détruites par l'explosion. 2. habitants respirant des particules radioactives. 3. air pollué. 4. végétations et sols pollués. 5. eau polluée. 6. employés victimes de l'explosion et de l'irradiation massive.

3 a. Le ministère de l'Intérieur, pour les élèves. b. L'accident d'un camion transportant des produits toxiques. c. La préfecture donne l'alerte et déclenche le plan ORSEC pour coordonner l'action des secours. d. Les forces de l'ordre (police, gendarmerie), les pompiers et le SAMU. e. PPMS. f. Cette plaquette prévoit les mesures à prendre en cas d'accident industriel pour en limiter les conséquences (dégâts, victimes).

➩ Chapitre 21 page 155

1 a. Vrai. b. Vrai. c. Faux, car elle se construit au fil des événements de la vie, qu'ils soient prévus ou non. d. Faux, puisque ce sont les individus eux-mêmes qui la renseignent comme ils le souhaitent. e. Faux, parce qu'une fois diffusées en ligne, ces informations peuvent échapper à ceux qui les ont données.

2 Voir le tableau ci-dessous.

	La personne du document
Nom	PIERLE
Prénom	Anaïs
Date de naissance	17/07/1991
Sexe	Féminin
Lieu de naissance	Paris
Nom du père	PIERLE
Prénoms du père	Jean Patrick
Nom de la mère	TAIX
Prénoms de la mère	Brigitte Joëlle
Adresse du domicile	13 avenue de Médicis à Sèvres (Hauts-de-Seine)

3 Il n'y a pas de corrigé pour cet exercice car les élements de l'identité personnelle dépendent de chaque individu.

4 a. On apprend ici son âge, la première lettre de son prénom et qu'il est lycéen. b. Ce garçon maîtrise assez bien son identité numérique puisqu'il donne très peu d'informations sur son identité légale.
c. On apprend qu'il a été amoureux d'une fille, qu'il a changé d'établissement scolaire et qu'il joue beaucoup aux jeux vidéo. d. Le témoignage de N. montre une addiction car il ne semble plus avoir d'autres activités et centres d'intérêt que les jeux vidéo. Il en parle comme d'une drogue (en évoquant une « dose ») dont il n'arrive plus à se passer et qui le coupe du monde extérieur.

➩ Chapitre 22 page 157

1 a. tous les êtres humains. b. sont reconnus dans le monde depuis 1948. c. la liberté • le droit à la vie. d. des droits spécifiques • un statut juridique particulier.

2 a. L'autorité parentale est un ensemble de droits et de devoirs ayant pour finalité l'intérêt de l'enfant. b. Les parents doivent protéger leurs enfants, s'assurer de leur instruction et permettre leur développement. Ils doivent aussi associer leurs enfants aux prises de décisions. c. Les enfants doivent respecter et honorer leurs parents.

3 a. Elle a été adoptée en 1948 par l'ONU. b. La liberté, l'égalité, le droit à la vie, à la sûreté et à l'éducation. c. La situation des enfants-soldats est intolérable car contraire aux droits de l'homme : les enfants soldats se voient nier leurs droits à la vie, à la liberté, à la sûreté et à l'éducation. d. L'article 2 insiste sur la dimension universelle des droits de l'homme en évoquant toute une série de critères (comme le sexe, la langue ou la religion), qui ne doivent pas être utilisés pour distinguer des personnes et leur accorder moins de droits.

➩ Chapitre 23 page 159

1 a. 3. b. 1. c. 4. d. 5. e. 2.

2 1. discrimination raciale (ou racisme). 2. discrimination sexiste (ou sexisme). 3. discrimination homophobe (ou homophobie). 4. discrimination xénophobe (ou xénophobie).

3 Devant une situation d'injustice, plusieurs sentiments peuvent être exprimés, comme la stupéfaction, la tristesse, la colère ou l'indignation. On peut mentionner différents droits de l'homme, comme la liberté et, surtout, l'égalité. On peut aussi se référer à l'article 2 de la Déclaration universelle des droits de l'homme, qui revient à interdire toute forme de discrimination au niveau international (voir p. 157).

4 a. Les femmes sont payées 24 % de moins que les hommes et subissent davantage de temps partiel (elles sont pourtant plus nombreuses que les hommes à l'université). b. Les femmes sont plus nombreuses à vivre dans la pauvreté que les hommes et consacrent quotidiennement beaucoup plus de temps qu'eux aux travaux domestiques (environ une heure et demie de plus par jour).

➩ Chapitre 24 page 161

1 **1.** Tsunami. **2.** Volcan. **3.** Ouragan. **4.** Inondation. **5.** Séisme. **A.** Prévention. **B.** Technologique. **C.** Aléa. **D.** Samu. **E.** Police.

2 **Un aléa naturel** : un séisme d'une magnitude de 7,8 à la confluence de deux plaques tectoniques. • **Les responsabilités humaines** : vallée très peuplée ; constructions fragiles. • **Un bilan lourd** : plus de 5 000 morts et 7 500 blessés ; chaos dans la capitale. • **Pour faire face à la catastrophe** : 19,5 millions d'euros d'aides financières ; nombreuses aides matérielles. • **Pour éviter une nouvelle catastrophe** : construire en suivant les normes antisismiques ; développer économiquement le pays.

3 a. L'État mène des campagnes pour améliorer la sécurité routière. Il s'agit ici d'une affiche, mais il existe aussi des vidéos diffusées à la télévision et sur Internet pour faire réagir les usagers et les inciter à modifier leurs comportements. b. L'affiche s'adresse en particulier aux adolescents (comme le montre le slogan « Un cyclo débridé c'est un ado en danger »), qui sont les principaux utilisateurs de cyclomoteurs débridés. c. Le débridage d'un cyclomoteur est dangereux et interdit par la loi.

SVT

MINI INTERRO Pour trouver les réponses aux questions de la « Mini interro », il suffit de relire attentivement la page de gauche du chapitre correspondant.

➩ Chapitre 1 page 165

1 Vrai : b. ; d. ; e.
Faux : a. ; c. (les séismes sont des phénomènes brutaux).

2 **Volcans** et **séismes**, en limite des **plaques lithosphériques**, sont des **témoins** de l'**activité** interne **du globe**.

3 a. Il n'y a pas de danger immédiat en raison de la faible vitesse de la coulée. b. Il faut évacuer les habitations. c. Il n'y a pas ou peu de risques pour la population, mais les habitations et les biens peuvent être détruits, et tout un village être réduit à la misère.

4 a. L'installation est peu judicieuse car le Japon est situé dans une zone très sismique bien connue. b. La centrale a été installée pour produire de l'électricité. c. Il n'y a pas vraiment d'autre possibilité, toute la région présente un risque sismique élevé. d. Les responsables politiques ont dû prendre en compte la nécessité économique de produire de l'électricité pour le pays et le risque d'accident pour la population.

5 a. Onde sismique : vibration provoquée par le séisme, et se propageant dans les roches. b. Un sismographe ne fait qu'enregistrer les ondes causées par le séisme, il ne les contrôle pas. c. Le recoupement des informations reçues par plusieurs sismographes permet de déceler des modifications dans l'activité interne du globe, et ainsi de prévoir, dans une certaine mesure, l'éventualité d'un séisme.

➩ Chapitre 2 page 167

1 Vrai : a. ; d.
Faux : b. (la formation est si lente que l'Homme ne peut envisager d'utiliser le pétrole qui se forme actuellement) ; c. (les installations de production sont très chères à construire) ; e. (l'eau doit être traitée pour pouvoir être consommée par l'Homme sans risque pour sa santé).

2 L'eau est une source d'énergie (barrage sur les fleuves, usines marémotrices). Elle est aussi indispensable à la vie de tous les êtres vivants (milieu de vie, eau de boisson pour les animaux, développement des végétaux…).

3 Une usine marémotrice fournit une production d'électricité limitée et ne peut être installée qu'en de rares endroits, où la force des marées est maximale. C'est donc pour le moment un procédé d'appoint, qui nécessiterait un grand nombre d'usines pour devenir la principale source d'électricité pour la France.

4 a. **Hydraulique** : énergie tirée du mouvement de l'eau (fleuves, marées). **Éolien** : énergie produite par le vent. **Biomasse** : énergie tirée des végétaux (chauffage au bois, biocarburants…). **Photovoltaïque** : se dit du procédé produisant de l'électricité à partir de la lumière solaire. b. 1er : éolien ; 2e : charbon ; 3e : gaz ; 4e : hydraulique ; 5e : nucléaire.

c. 74,8 %. d. La France achète l'uranium à plusieurs fournisseurs. Ceci constitue un élément de sécurité (avantage), car si l'un fait défaut, les autres peuvent compenser. Par contre, la France ne produisant quasiment pas d'uranium, elle dépend de ces pays étrangers, et donc des relations qu'elle entretient avec eux. C'est donc un élément de risque (inconvénient).

5 a. $\frac{7\,289 \times 66\,000\,000}{4\,000\,000}$
soit environ 120 269 éoliennes.
b. L'installation d'éoliennes nécessite des lieux dégagés, bien exposés au vent, comme en bord de mer ou dans la mer. Un tel nombre d'éoliennes serait donc difficile à implanter actuellement.

⇨ Chapitre 3 page 169

1 Vrai : b. ; d. (pollution chimique, réchauffement) ; e.
Faux : a. (la surpêche d'une espèce pourrait entraîner sa disparition) ; c. (l'entreprise doit réhabiliter le site).

2 a. Il aurait fallu planter des arbres sur les pentes : les racines auraient retenu le sol. b. Pour l'industriel, le lac restant profond, la chute d'eau aurait continué à être forte, et la production d'électricité aurait été plus importante et plus durable. Pour la population, cela aurait permis un aménagement paysager plus agréable.

3 Les espaces séparant les pavés formaient une vaste surface d'infiltration de l'eau de pluie dans le sol. Le revêtement actuel, imperméable, entraîne le ruissellement de l'eau vers les égouts. En cas de forte pluie, ceux-ci sont saturés ; ils ne parviennent plus à évacuer l'eau assez vite. L'eau s'accumule : c'est l'inondation.

4 a. 1960 : – 10 % ; 2000 : – 71 %. b. La disparition des poissons dans les océans. c. La fausse déclaration des quantités de poissons pêchés. d. Les fermes aquacoles sont une solution, car elles permettent de produire en grande quantité certains poissons parmi les plus demandés.

5 Les racines, en s'étendant dans le sol, emprisonnent les grains de sable. Le vent a ainsi moins tendance à les emporter et cela permet de préserver les dunes et le milieu naturel du littoral.

⇨ Chapitre 4 page 171

1 Vrai : a. ; d. ; e. Faux : b. ; c. (c'est le cœur qui met le sang en mouvement).

2 a. dioxygène – nutriments – vaisseaux sanguins – organes – pompe – circulation sanguine.
b.

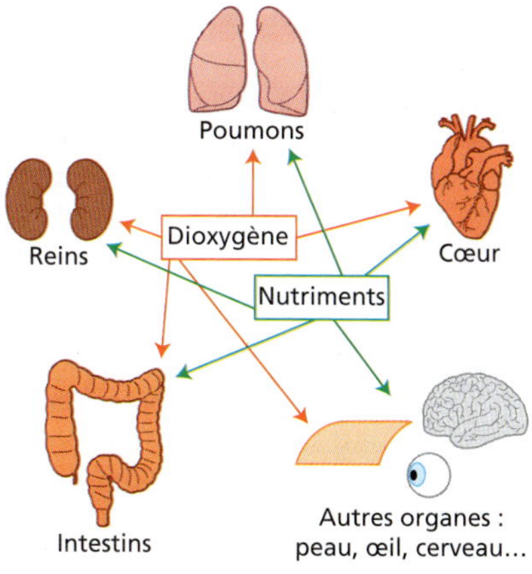

3 Suite à la formation d'un bouchon obstruant les vaisseaux, l'organe sera moins alimenté et fonctionnera moins bien. Si le problème persiste, les cellules qui le composent mourront.

4 Pour obtenir du foie gras, on « gave » l'animal, c'est-à-dire qu'on lui fait ingurgiter de force une grande quantité de nourriture, bien au-delà des besoins de son organisme. La matière en excès s'accumule dans le foie, qui devient très gros. L'animal est alors sacrifié, et le foie, récupéré et cuit, fait les délices de certaines personnes.

5

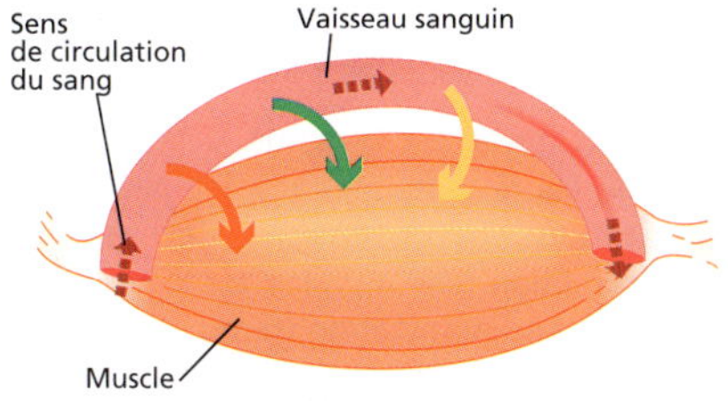

⇨ Chapitre 5 page 173

1 a. Les racines portent des poils absorbants et participent à l'alimentation de la plante. b. Le stockage de matière par la plante se fait au niveau d'organes particuliers.

2 eau – sels minéraux – poils – racines – brute – conducteurs de sève – feuilles – dioxyde de carbone – organique – élaborée – stockée.

3 a. Les feuilles de la plante sont enfermées dans un sachet plastique qui se couvre peu à peu de gouttelettes d'eau. b. Les feuilles. c. La transpiration. d. Titre du document : « Mise en évidence de la transpiration chez un végétal. »

4 a.

	Masse de terre	Masse de l'arbre
Au moment de la plantation	90,99 kg	2,3 kg
Cinq ans plus tard	90,84 kg	76,8 kg

b. Le saule a utilisé une partie des substances contenues dans la terre (sels minéraux) pour se nourrir.

5 a.

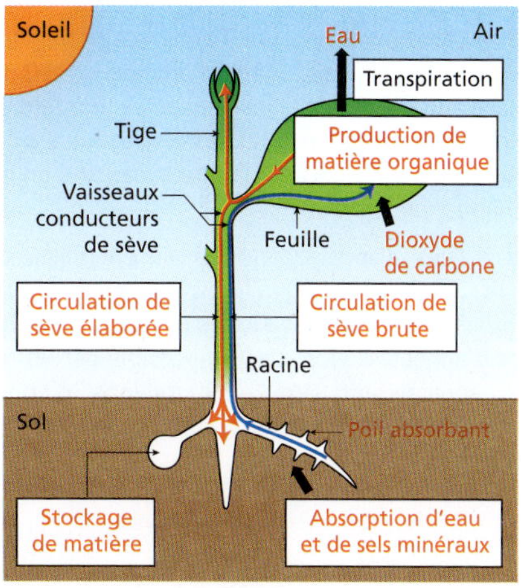

b. Titre du schéma : « Production et circulation de matière dans un végétal chlorophyllien. »

➩ Chapitre 6 page 175

1 Vrai : a. ; c. ; e. (en butinant ainsi, les abeilles sont même indispensables à la reproduction de nombreuses plantes).
Faux : b. ; d. (de nombreux arbres produisent des fruits et des graines légers, parfois munis d'un organe particulier favorisant leur déplacement par le vent).

2 a. Les spores, qui sont des cellules, sont microscopiques. Très légères, elles sont facilement transportées par le plus petit souffle d'air. b. Il s'agit de reproduction asexuée (ou multiplication végétative) car, ici, les gamètes n'interviennent pas.

3 a. Le noyau est la graine. Celle-ci n'a pas été digérée, elle est donc intacte et peut germer en donnant un nouveau cerisier. b. Ceci ne se produira qu'à condition que la graine tombe sur un milieu favorable à sa germination (terre). c. La grive assure le transport de la graine vers un nouveau milieu.

4 À cause des faibles chances de rencontre entre les gamètes, et du risque pour les œufs et les larves d'être mangés par d'autres animaux marins (poissons ou invertébrés). De plus, si elles tombent sur un milieu sableux, les larves ne pourront pas se fixer et mourront.

5 Les tiges aériennes donnent naissance à de nouveaux pieds de trèfle à proximité du pied d'origine par reproduction asexuée ou multiplication végétative : le trèfle colonise le milieu proche.

➩ Chapitre 7 page 177

1 Vrai : a. ; b. ; c. ; d.
Faux : e. (les dinosaures ont disparu il y a 65 millions d'années).

2 a. Bactérie – Dinosaure – Plante à fleurs – Homme b. La vie est apparue dans le milieu aquatique. c. Il s'agit du mécanisme de l'évolution.

3 Les espèces découlent les unes des autres par des transformations successives. Il est donc très difficile de dire à quel moment un animal est suffisamment différent de celui qui lui a donné naissance pour mériter l'appellation d'espèce nouvelle.

4 a. L'Archéoptéryx, qui figure parmi les tout premiers oiseaux, est daté d'environ – 150 millions d'années. b. Les scientifiques se fondent sur les ressemblances entre les fossiles et les espèces actuelles pour déterminer l'appartenance d'un fossile à un groupe.

5 a. Date d'apparition de la vie en milieu terrestre : environ – 500 millions d'années. b. Date d'apparition des plantes à fleurs : environ – 150 millions d'années. c. Non, c'est impossible car les reptiles apparaissent vers – 330 millions d'années tandis que les mammifères n'apparaissent que vers – 220 millions d'années.

➩ Chapitre 8 page 179

1 Vrai : c. ; d.
Faux : a. (ce sont les muscles qui utilisent le plus de dioxygène au cours d'une activité physique) ; b.

2 a. On mesure le rythme respiratoire, c'est-à-dire le nombre de respirations par minute. b. On mesure le rythme cardiaque, c'est-à-dire le nombre de battements du cœur par minute.

3 La nourriture absorbée fournit les nutriments nécessaires à l'effort physique. Elle n'est donc pas stockée mais utilisée pendant l'activité. C'est pour cette raison que les sportifs peuvent absorber de grandes quantités de nourriture sans grossir.

4 a. Pendant un effort intense :

Le débit sanguin augmente	Le débit sanguin diminue
Dans le cœur	Dans les reins
Dans les muscles	Dans l'abdomen
Au niveau de la peau	Dans les autres organes

b. Les muscles, car ce sont les organes les plus sollicités pendant l'effort physique.
c. L'augmentation du débit sanguin permet d'apporter aux muscles le dioxygène et les nutriments dont ils ont besoin pour produire un effort, et de les débarrasser du dioxyde de carbone.

5 Au cours de l'activité, le **rythme respiratoire** et le **rythme cardiaque** augmentent, permettant d'apporter aux organes qui les consomment les **nutriments** et le **dioxygène**, et de les débarrasser du **dioxyde de carbone**.

➩ Chapitre 9 page 181

1 Vrai : a. ; b. ; e.
Faux : c. (les enzymes sont produites par les organes de l'appareil digestif) ; d. (l'eau ne subit aucune transformation et ne produit pas d'énergie ; elle sert en particulier à transporter des substances dissoutes).

2 a. Ce sont les enzymes qui sont à l'origine de la transformation de la viande.
b.

10 heures plus tard

c. Le liquide contenu dans l'estomac contient des enzymes qui assurent la transformation chimique de la viande.

3 Plus les morceaux d'aliments sont mâchés, donc petits, mieux la matière qui les constitue entre en contact avec les enzymes de l'estomac et de l'intestin. La transformation se fait donc mieux et plus rapidement.

4 L'intestin grêle est le lieu de la transformation des aliments en nutriments. S'il manque une partie importante de l'intestin grêle, cette transformation se fait mal et il faut compléter l'apport alimentaire en nutriments prêts à être utilisés sans transformation par l'organisme.

5 a.

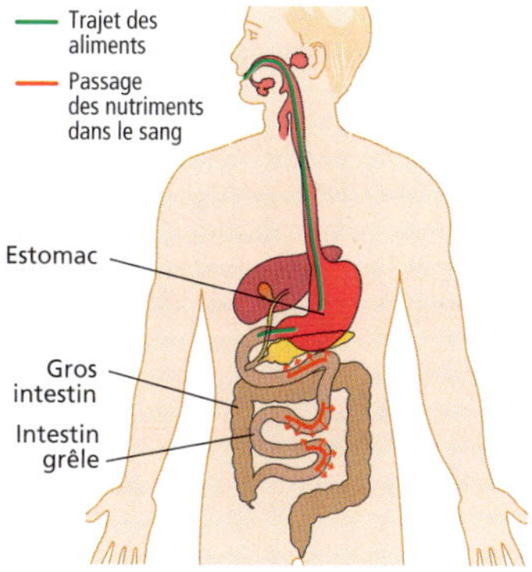

b. Les transformations mécaniques se font au niveau de la bouche. Les transformations chimiques ont lieu dans la bouche (salive), dans l'estomac et dans l'intestin. c. Le passage des nutriments dans le sang se fait au niveau de l'intestin grêle.

➩ Chapitre 10 page 183

1 Vrai : b. ; c. ; e.
Faux : a. (il faut, notamment, qu'un ovule soit présent dans la trompe) ; d. (les échanges entre sang de la mère et sang de l'enfant se font à travers le placenta).

2 La **fécondation**, union d'un **spermatozoïde** et d'un **ovule**, donne une **cellule-œuf**, qui au cours de la **grossesse** se développe en **embryon** puis en **fœtus**, jusqu'à l'**accouchement**.

3 a. La puberté est marquée par l'apparition des poils, en particulier au niveau du pubis. b. L'adolescence est une période au cours de laquelle garçons et filles grandissent rapidement.

4 a. L'alcool et le tabac peuvent traverser le placenta et gagner le sang de l'embryon, risquant, si la quantité est importante ou répétée, de causer des dommages parfois irréversibles chez le futur enfant (malformations, retard mental, fragilité...).
b.

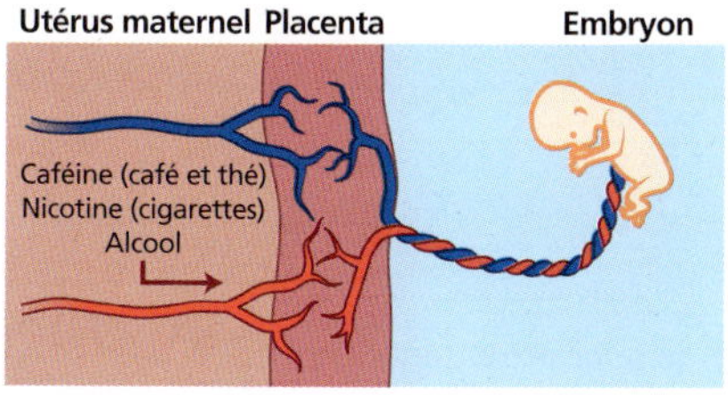

5 **Fabrication des spermatozoïdes** : testicules
Émission du sperme : pénis
Fabrication des ovules : ovaire
Libération des ovules : proximité immédiate de l'ovaire (pavillon)
Fécondation : proximité immédiate de l'ovaire (trompe)
Nidation de l'embryon : utérus
Développement de l'embryon : utérus

Physique-Chimie Technologie

MINI INTERRO Pour trouver les réponses aux questions de la « Mini interro », il suffit de relire attentivement la page de gauche du chapitre correspondant.

➩ Chapitre 1 page 187

1 Solide : neige, grêle, verglas.
Liquide : pluie, buée, rosée.
Gaz : vapeur.

2 Vrai pour a., b. et c. Contrairement aux solides et aux liquides, les gaz occupent tout l'espace. Lorsqu'on transvase un liquide, son volume reste identique, seule sa forme change en fonction du contenant. Un solide, en revanche, conserve sa forme et son volume.

3

Mesures	Propriété physique
100 °C	Point d'ébullition
0 °C	Point de fusion
1 g/cm^3	Densité

Il s'agit de l'eau pure.

4 Je suis un métal.

5 Propriété chimique : inflammable. Les autres sont des propriétés physiques.

6 Les grains de sables sont immobiles les uns par rapport aux autres comme dans un solide. Mais le sable s'écoule comme un liquide. On parle d'état granulaire.

➩ Chapitre 2 page 189

1 Masse, matière, g ou kg ;
volume, espace, m^3 ou L.

2 1,2 L = 1 200 mL ; 450 mL = 0,450 L ;
50 g = 0,050 kg ; 0,3 m^3 = 300 L ;
0,2 kg = 200 g ; 25,6 mL = 25,6 cm^3.

3 a. Méthode 1 : mesurer le rayon r de la bille et appliquer la formule $V = \frac{4 \times \pi \times r \times r \times r}{3}$.

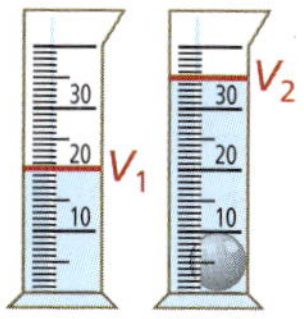

b. Méthode 2 : plonger l'objet dans un liquide ; le volume du solide correspond au volume de liquide déplacé : $V = V_2 - V_1$.

4 Oui, le procédé est correct. La fiole vide a une masse de 220 g. Les balances électroniques ont un bouton Tare qui permet de réinitialiser la balance à zéro avec l'objet vide. La balance affiche ensuite uniquement la masse du liquide contenu dans la fiole.

5 Il faut calculer la masse volumique ρ de chaque liquide avec la formule $\rho = \frac{m}{V}$. C'est l'éthanol qui est le liquide le plus léger (ρ = 0,79).

CORRIGÉS

➩ Chapitre 3 page 191

1 Les trois substances sont des mélanges.

Substance	Corps pur	Mélange
Eau du robinet	Non	Oui
Eau gazeuse	Non	Oui
Air	Non	Oui

L'eau du robinet contient des sels minéraux.
L'eau gazeuse également, avec du gaz en plus.
L'air est un mélange de plusieurs gaz.

2 a. La filtration est une technique de séparation de mélanges hétérogènes, qui permet de séparer les grosses particules solides du liquide.
b. La décantation est une autre technique de séparation d'un mélange hétérogène composé de deux liquides non miscibles.

3

Mélange	Homogène	Hétérogène
Eau-acétone	X	
Eau-huile		X
Huile-acétone	X	

Certains liquides ne sont pas miscibles avec l'eau, mais le sont avec d'autres liquides. C'est le cas de l'acétone qui se mélange facilement avec l'huile.

4 Cette eau n'est pas un corps pur car elle contient beaucoup de sels minéraux. Lorsqu'on chauffe 1 L de cette eau à 180 °C, on recueille 260 mg de ces minéraux.

5 Ce dépôt blanc provient de substances dissoutes dans l'eau, invisibles à l'œil nu et appelées sels minéraux. L'eau du robinet est un mélange homogène, mais n'est pas un corps pur.

6 L'air est un mélange gazeux car il est composé à 78 % de diazote, 21 % de dioxygène et 1 % de gaz rares.

➩ Chapitre 4 page 193

1

	Solide	Liquide	Gaz
Ordonnées	X		
Désordonnées		X	X
Rapprochées	X	X	
Espacées			X
Liées	X		
Non liées			X
Peu liées		X	

2 a. La masse de gaz correspond au nombre de molécules contenues dans les flacons.
D'où : $M_B = M_C < M_A = M_D$.
b. Les volumes des gaz correspondent à l'espace occupé, donc aux dimensions des flacons.
D'où : $V_C = V_D > V_A = V_B$.

3 La distillation est un procédé permettant de séparer les constituants d'un mélange homogène. En chauffant le jus d'orange, l'eau va passer sous forme de vapeur, puis sera récupérée sous forme liquide par liquéfaction au contact du tube réfrigérant. Les produits les moins volatils (colorants...) restent dans le ballon.

4 a. $T_i = -4$ °C. b. 2 min.c. Les derniers cristaux de glace fondent. d. 4 min.

➩ Chapitre 5 page 195

1 Dans l'ordre : accéléré, uniforme, ralenti.

2 a. Mouvement rectiligne uniforme.
b. Mouvement rectiligne accéléré.
c. Mouvement rectiligne ralenti.

3

	A	B	C	Bus	Trottoir
A		Oui	Oui	Non	Oui
B	Oui		Non	Oui	Non
C	Oui	Non		Oui	Non
Bus	Non	Oui	Oui		Oui
Trottoir	Oui	Non	Non	Oui	

4 a. Mouvement non uniforme car il n'a pas gardé une vitesse constante tout au long du trajet.
b. $v_{moyenne} = \frac{350}{3,5} = 100$ km/h.
c. On ne sait pas car il est impossible de connaître les vitesses instantanées du véhicule.

5 a. 0-3 s : rectiligne accéléré ;
3-6 s : rectiligne uniforme ;
6-8 s : rectiligne ralenti ;
8-9 s : rectiligne uniforme ;
9-10 s : rectiligne ralenti.
b. Non, la vitesse n'est jamais nulle tout le long du parcours.

➩ Chapitre 6 page 197

1 Lumière et radio : ondes électromagnétiques.
Vibration et son : ondes mécaniques.

2 Lumière : air, eau, vide.
Son : air, eau, métal.

3 Au signal visuel d'alerte s'ajoute le signal sonore qui se propage à travers les murs.

4

Dispositif	Émetteur	Récepteur
Poste radio		X
Enceinte bluetooth	X	X
Téléphone mobile	X	X
Four micro-ondes	X	
Antenne-relais	X	X
Parabole TV		X

5 Le principe du sonar est d'émettre un son puis de capter son écho. L'analyse des signaux permet de cartographier les fonds marins ou de détecter des bancs de poissons.
Certains mammifères marins (baleines, dauphins...) utilisent également des systèmes similaires au sonar pour localiser leurs proies et leurs prédateurs.

➩ Chapitre 7 page 199

1 Source primaire : TV allumée. Les autres sont des objets diffusants.

2 Voir le schéma du cours.

3

Matériaux	Transparent	Translucide	Opaque
Bois			X
Plastique	X	X	X
Toile		X	
Carton			X
Calque		X	

4 Le spot jaune émet 2 couleurs primaires : rouge et vert.
Le bleu absorbe ces 2 couleurs : il apparaît donc noir.
Le blanc diffuse les 2 couleurs : il deviendra donc jaune.
Le rouge absorbe le vert et diffuse sa propre couleur.

Drapeau français

Drapeau belge

5 a.

Couleur du filtre	Couleurs primaires transmises	Couleurs primaires bloquées
Rouge	Rouge	Vert-Bleu
Bleu	Bleu	Rouge-Vert
Jaune	Rouge-Vert	Bleue

b. Un filtre jaune, car il arrête le bleu. Le ciel deviendra très sombre (presque noir) et les nuages gris clair.

Chapitre 8 page 201

1 En A, il voit la source au-dessus de la balle.
En B, il ne voit pas la source qui est cachée par la balle (zone d'ombre portée).
En C, il voit la source au-dessous de la balle.

2 Ce n'est pas une bonne idée : le réflecteur de cette lampe transforme la source quasi ponctuelle du filament en une source étendue qui génère des zones de pénombre. Il n'y aura pas d'ombres nettes.

3 La lumière est uniquement visible sur l'écran qui diffuse la lumière vers nos yeux. En réalité, c'est un rayonnement invisible. Là où tu crois voir un faisceau lumineux, ce sont en fait les poussières de craie éclairées qui diffusent une partie de la lumière vers nos yeux !

4

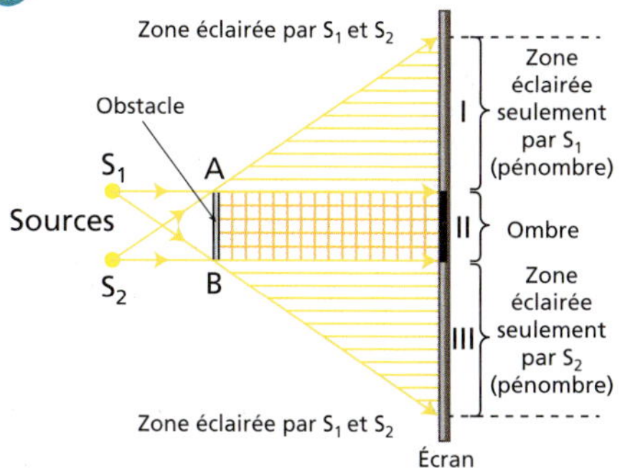

Chapitre 9 page 203

1 Récepteurs : la lampe, le moteur et la résistance. Générateur : la pile.
Remarque : l'interrupteur n'est pas considéré comme un récepteur car il ne transforme pas l'énergie électrique qu'il reçoit.

2 La lampe brille lorsque le circuit est fermé. Le courant circule donc lorsque le matériau est conducteur. Les métaux (fer, aluminium) sont d'excellents conducteurs, le graphite l'est un peu moins, et le bois est un isolant.

3 Le circuit est composé d'une seule boucle de courant : il y a une pile, 3 lampes et 4 fils de connexion.

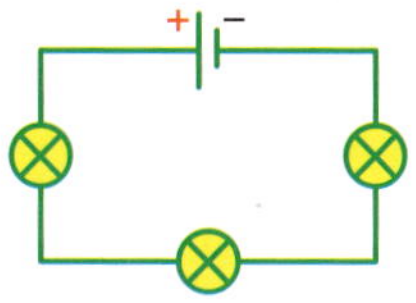

4 a. Lorsque l'interrupteur est fermé, le courant circule dans la boucle de courant : la lampe brille.
b. L'interrupteur peut être placé indifféremment avant ou après la lampe.

5 La diode a pour fonction de protéger l'électronique du robot d'une erreur de branchement de sa source d'alimentation. Si la batterie est mal branchée, le courant arrive dans le mauvais sens et la diode est non-passante : elle ne laisse pas passer le courant.

6

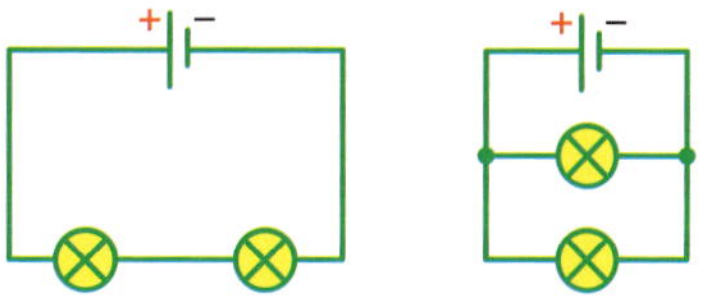

Chapitre 10 page 205

1 a. Série b. Dérivation. c. Dérivation. d. Série.
Les montages **a** et **d** n'ont qu'une seule boucle de courant, contrairement aux montages **b** et **c**.

2 a.

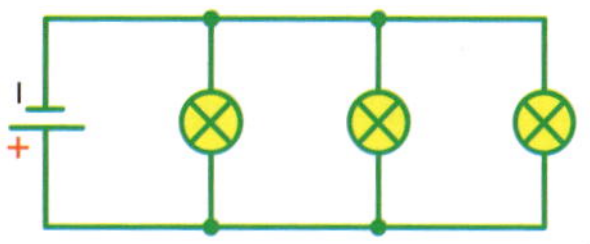

b.

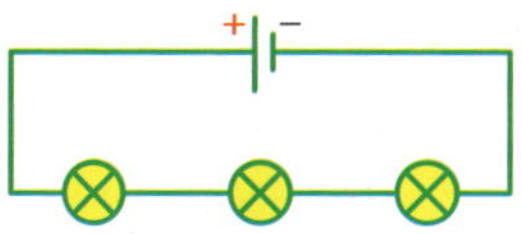

3 Deux solutions possibles :

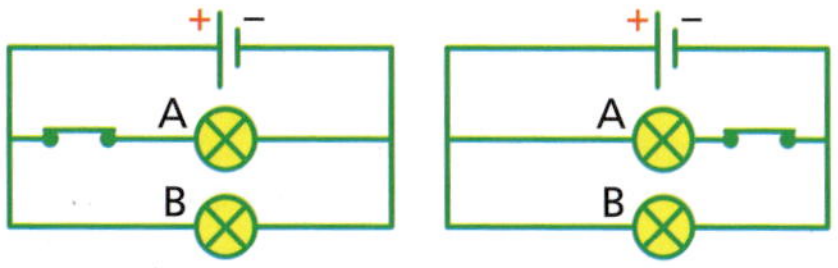

4 Les appareils sont généralement branchés en dérivation pour qu'ils puissent fonctionner indépendamment les uns des autres. S'ils étaient branchés en série, ils seraient donc allumés ou éteints tous ensemble, ce qui ne serait pas très pratique !

5

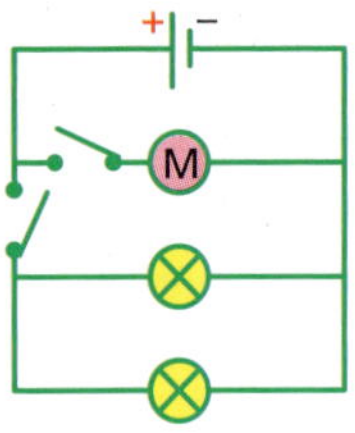

6 Il faut fermer les interrupteurs 1, 4 et 3. Les interrupteurs 2 et 5 restent ouverts.

➩ Chapitre 11 page 207

1 volts ; U ; voltmètre ; dérivation.

2 a. Relis les 5 points du cours.
b. Si on inverse le sens de branchement des deux fils de connexion, le voltmètre affiche une valeur de tension négative. Cela n'endommage pas l'appareil mais signale simplement l'erreur. Il suffit de permuter les deux fils pour retrouver une valeur positive.

3 Les trois voltmètres vont afficher 4,5 V. La lampe, de tension nominale 6 V, sera en sous-tension et brillera faiblement.

4 a. Les résultats sont parfaitement logiques : l'interrupteur est ouvert, la lampe n'est pas reliée à la pile, $U = 0$; interrupteur fermé, $U = U_{pile} = 6$ V.
b. $U_{pile} = U_{lampe} + U_{interrupteur}$;
situation 3 : $U_{pile} = 0\text{ V} + U_{interrupteur}$;
situation 4 : $U_{pile} = U_{lampe} + 0\text{ V}$.
Il faut donc ne jamais oublier que dans un circuit ouvert, il existe des portions du circuit qui restent sous tension.

5 a. $U_{L1} = U_G$: L_1 brille normalement.
b. $U_{L1} = U_{L2} = U_G$: L_1 et L_2 brillent normalement.
c. $U_{L3} = U_G$: L_3 brille normalement ;
$U_{L1} + U_{L2} = 3$ V, d'où $U_{L1} = U_{L2} = 1{,}5$ V : L_1 et L_2 sont en sous-tension et brillent faiblement.

➩ Chapitre 12 page 209

1 intensité ; débit ; ampère ; A ; ampèremètre ; série ; I.

2 L'ampèremètre mesure l'intensité du courant en un point précis du circuit. Il doit être placé sur une boucle de courant et impérativement en série avec le dipôle.

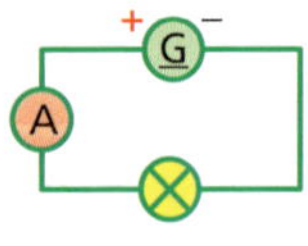

3 a., b. et c. Vrai.

4 a. Interrupteur ouvert : les deux ampèremètres affichent 0 A.
b. $I = I_1 + I_2 = 0{,}2\text{ A} + 0{,}3\text{ A} = 0{,}5\text{ A}$.
c. Si on dévisse la lampe L_1, on a $I_1 = 0$ A et $I = I_2 = 0{,}3$ A : les deux ampèremètres affichent donc 0,3 A.

5 $I = I_1 + I_2$, donc les ampèremètres A_1 et A_4 affichent 0,4 A. Les ampèremètres A_2 et A_3, qui mesurent chacun l'intensité d'une seule lampe, affichent donc 0,2 A.

➩ Chapitre 13 page 211

1 a. des parkings, un fleuve. b. aux contraintes climatiques.

2 a. sur le tracé de la LGV. b. le risque d'inondation. c. le paysage. d. la sécurité des usagers. e. moyens de transport. f. trouver des services et des loisirs.

3

4 a. solutions. b. un accès facile. c. surélevé. d. fermé. e. du vent. f. du soleil.

5 Dans un projet de gare moderne, les contraintes environnementales et les besoins humains doivent être identifiés dans un cahier des charges. Les choix de conception apportent les solutions nécessaires à l'avancement du projet. La gare n'est pas seulement un espace de voyage mais s'intègre dans un paysage et offre des services aux usagers.

➩ Chapitre 14 page 213

1 **Sans fil :** Wi-fi, Bluetooth. **Filaire :** CPL, VPN.

2 a. Un lieu de vie, un lieu de travail. b. Les travailleurs sont reliés par le réseau professionnel qui les connecte à l'entreprise. Les travailleurs utilisent le réseau Internet public pour se connecter au réseau de l'entreprise.

3 a. sécurisé. b. le wi-fi ou le CPL. c. un réseau sécurisé VPN. d. un réseau sécurisé VPN.

4 a. collaboratif. b. réseau sécurisé. c. travailler.

5 Le fait de disposer d'un bureau virtuel permet de travailler à différents endroits tout en restant en contact avec le reste de l'entreprise par l'intermédiaire d'une connexion sécurisée disponible à tout moment.
Pour échanger des informations confidentielles, il est facile de créer une connexion sécurisée à partir d'une liaison Internet publique. Chez soi, il est parfois possible de travailler pour l'entreprise sans installer une connexion filaire dédiée. Pour cela, on peut utiliser une connexion sans fil de type wi-fi. La souris sans fil est connectée à l'ordinateur par une connexion de type Bluetooth dont la couverture est limitée à quelques centimètres.

➩ Chapitre 15 page 215

1 a. Vrai b. Faux c. Faux d. Faux.

2 toit en ardoise breton : aux fortes pluies ; toit bâché kazakh : au mode de vie nomade ; toit en chaume alpin : à la rudesse climatique ; toit en tuile « romaine » : aux exigences esthétiques.

3 précipitations : inclinaison forte ; richesse naturelle locale : composition minérale ou végétale ; vent : extrémités protégées ; nomadisme : structure démontable.

4 a. thermique. b. vers l'extérieur, hors de la zone à protéger. c. fixé ou protégé.

5 a. Vercors, chaume : matériau local et économique ; Kazakhs, feutre : matériau isolant et adapté au nomadisme ; Méditerranéens, terre cuite : matériau local et économique ; Bretons, ardoise : matériau local et imperméable.
b. Le toit végétal garde l'habitation au chaud en hiver et au frais en été.
c. Réponse personnelle.

6 a. solution. b. technique et social. c. locaux. d. renouvelables. e. paysage.

7 Un objet technique est d'autant plus efficace qu'il s'adapte à son environnement. Cela suppose que les réponses techniques aux fonctions à remplir doivent prendre en compte des paramètres climatiques, esthétiques, ergonomiques et d'approvisionnement local. Les constructions qui respectent les objectifs d'un développement durable offrent des réponses techniques utilisant des matières premières disponibles et renouvelables.

Anglais

MINI INTERRO Pour trouver les réponses aux questions de la « Mini interro », il suffit de relire attentivement la page de gauche du chapitre correspondant.

➩ Chapitre 1 page 219

1 a. am, have b. is c. has d. Are, am e. are.

2 a. am b. is c. are d. is e. are.

3 a. has got b. Has Paula got c. has got d. Have you got e. have got.

4 a. he isn't b. they are c. it is d. it is e. we aren't.

5 a. I am lucky. b. My brother has guitar lessons. c. Jane is hungry and thirsty. d. I have a good time with my friends. e. I have dinner early.

6 a. jacket b. shoes c. trousers d. socks e. skirt/blouse

7 a. There is b. There are c. There is d. There are e. There is f. Are there g. There is h. Is there.

➩ Chapitre 2 page 221

1 a. lives b. is having c. am waiting.

2 a. Is Pamela playing the piano? Pamela isn't playing the piano. b. Are her friends drinking tea? Her friends aren't drinking tea. c. Is she taking a picture? She isn't taking a picture. d. Is the athlete running? The athlete isn't running. e. Is your teacher speaking with mine? Your teacher isn't speaking with mine.

3 a. Does Tom like classical music? Tom doesn't like classical music. b. Do you buy the newspaper every morning? You don't buy the newspaper every morning. c. Does Pat often sleep late? Pat doesn't often sleep late. d. Does he speak Chinese? He doesn't speak Chinese. e. Do your friends live in London? Your friends don't live in London.

4 a. I am b. she doesn't c. she is d. they do.

5 a. is running b. wears c. are doing d. love e. calls.

6 a. I don't like onions. b. It's late: I am waiting for the bus. c. My mother is sleeping. d. Peter is often late.

7 a. It's in the bedroom. b. It's in the toilet. c. They're in the kitchen. d. It's in the bathroom. e. It's in the dining-room.

8 a. Are, are b. Does, does c. is d. do e. Do.

➩ Chapitre 3 page 223

1 a. présent b. futur c. présent d. futur e. futur.

2 a. We'll invite the Taubers for Christmas. / We're going to invite the Taubers for Christmas. / We're inviting the Taubers for Christmas. b. She'll take the train tonight. / She's going to take the train tonight. / She's taking the train tonight. c. They'll go to Spain next August. / They're going to go to Spain next August. / They're going to Spain next August.

3 a. Will they be at home later? They won't be at home later. b. Is she having a cello lesson tomorrow? She isn't having a cello lesson tomorrow. **c.** Is Paul going to open the door? Paul isn't going to open the door. **d.** Will you go to the concert next week? You won't go to the concert next week. **e.** Are we coming tonight? We aren't coming tonight.

4 **a.** It's going to rain. **b.** Peter is coming tonight. **c.** I'll travel alone next year. **d.** I'm going (leaving) to London tomorrow. **e.** You'll call me on Thursday.

5 **a.** bacon and eggs, sausages and toast. **b.** ou **c.** fish and chips, peas, ice-cream. **c.** ou **b.** chicken, potatoes, beans, cheese, apple-pie.

6 **a.** No, he isn't. **b.** Yes, she will. **c.** Yes, I am. **d.** No, he isn't. **e.** Yes, they will.

➩ Chapitre 4 page 225

1 **a.** épithète. **b.** attribut. **c.** attribut. **d.** épithète. **e.** attribut.

2 **a.** She is wearing a new pullover today. **b.** My dark-grey skirt is dirty. **c.** It is hot and sunny today. **d.** This American film is interesting. **e.** She looks old and tired.

3 **a.** My dog is the fastest in town. **b.** Bill is the nicest of the class. **c.** These shoes are the most expensive in the shop. **d.** August is the hottest month of the year. **e.** This restaurant is the best in town. **f.** Peter B. is the worst singer.

4 **a.** This restaurant is smaller and more expensive than that one. **b.** My teacher is taller and more elegant than yours. **c.** Mum is slower and more careful than Dad. **d.** Elephants are bigger and more dangerous than birds. **e.** Ellen is younger and more beautiful than Mary.

5 **a.** The English drive on the left. **b.** I like navy blue jackets. **c.** The Italians like to sing. **d.** We must help the poor.

6 Réponses libres.

7 Simon is the slowest. He is the worst. Matt is the best. Paul runs faster than Brian and Simon. Brian runs faster than Simon. He is better than Simon.

➩ Chapitre 5 page 227

1 *Dénombrables :* computer, window, orange, radio, bag, glass, book, chair.
Indénombrables : pepper, milk, sugar, time, money, meat, water, bread.

2 **a.** babies **b.** leaves **c.** feet **d.** men **e.** women **f.** mice **g.** children **h.** matches **i.** brushes **j.** dresses **k.** boxes **l.** teeth

3 *Pluriels réguliers :* mothers, cars, windows, boys, bags, pianos. *Pluriels irréguliers :* buses, babies, matches, potatoes, boxes.

4 **a.** Are **b.** is **c.** is **d.** are **e.** Is.

5 **a.** My trousers are new. **b.** There are many people at the cinema. **c.** My hair is long. **d.** My uncle's sheep are eating in the meadow. **e.** I must buy tomatoes and potatoes.

6 **a.** baker **b.** butcher **c.** cook **d.** mechanic **e.** grocer

7 apple-tree, sitting-room, homework, raincoat, copybook, weekend, newspaper, taxi-driver, armchair.

➩ Chapitre 6 page 229

1 **a.** him **b.** me **c.** her **d.** them **e.** me.

2 **a.** her **b.** their **c.** our **d.** my **e.** his.

3 **a.** No, it isn't. It's the Carters'. **b.** No, they aren't. They're my friends'. **c.** No, it isn't. It's Elton's.

4 **a.** It's Alicia's baby. It's Alicia's. It's her baby. It's hers. **b.** They're John's bikes. They're John's. They're his bikes. They're his. **c.** It's Mr Bond's radio. It's Mr Bond's. It's his radio. It's his. **d.** They're Jessica's flowers. They're Jessica's. They're her flowers. They're hers. **e.** It's Mike's glass. It's Mike's. It's his glass. It's his.

5 **a.** These toys are mine. **b.** My mother is Paula's friend. **c.** John cut himself this morning. **d.** I love her. **e.** Jim will help me tomorrow.

6 The mysterious word is: Computer.

7 **a.** himself **b.** herself **c.** myself **d.** themselves **e.** ourselves.

➩ Chapitre 7 page 231

1 **a.** were **b.** was **c.** were **d.** Was **e.** Were.

2 **a.** Did we buy her a nice present? **b.** Was it too cold there? **c.** Did his parents take the plane? **d.** Did she like the perfume? **e.** Did the tourists visit the castle?

3 **a.** My music teacher wasn't late. **b.** They didn't drive to Dover. **c.** It wasn't too cold to swim. **d.** They didn't enjoy their holidays. **e.** Grandma didn't watch TV late last night.

4 **a.** I washed my bike yesterday. **b.** My brother went to Africa last year. **c.** I was born in March. **d.** My friends didn't call (telephone) me. **e.** It was very hot. **f.** I met my best friend this morning. **g.** I didn't like this present.

5 **a.** nose **b.** ears **c.** legs, feet **d.** hands, fingers **e.** eyes **f.** mouth, tongue, teeth.

6 **a.** did not like **b.** was **c.** arrived **d.** Were **e.** rained. **f.** did not take.

➩ Chapitre 8 page 233

1 **a.** some **b.** any **c.** some **d.** no **e.** any.

2 **a.** someone (somebody). Is there anyone (anybody) at the door? **b.** something. Is there anything for me? **c.** somewhere. Are my sisters anywhere in the house? **d.** something. Is there anything on your nose? **e.** something. Is there anything in the box?

3 **a.** so **b.** What **c.** How **d.** What **e.** so.

4 **a.** How tolerant his parents are! **b.** How fast Sarah runs! **c.** What a lovely house this is! **d.** What an interesting story it was! **e.** How nervous Paul is!

5 **a.** What a fast car! The car is so fast! **b.** What a strong coffee! The coffee is so strong! **c.** What a boring film! The film is so boring! **d.** What interesting teachers! The teachers are so interesting! **e.** What friendly neighbours! The neighbours are so friendly!

6 **a.** the bird **b.** the monkey **c.** the cow **d.** the snake **e.** the bear

7 **a.** much **b.** many **c.** many **d.** many **e.** much **f.** many **g.** much **h.** much **i.** much **j.** many.

➩ Chapitre 9 page 235

1 a. must b. can't c. can d. mustn't / can't e. must.

2 a. needn't b. mustn't c. needn't d. mustn't e. needn't.

3 a. I can't b. he can c. they must d. I must.

4 a. She may be late. b. It may snow. c. I may go to New York. d. They may buy a new house. e. He may get married in June. f. Paul may bring a cake.

5 You must stay in bed. You mustn't go outside. You mustn't catch cold. You must take your temperature. You must call the doctor and you must take medicine.

6 a. We may move out. b. I can't drive my father's car. c. My brother must take a Spanish exam. d. Jane isn't here ; she must be sick (ill). e. I needn't call (telephone) him, he's coming.

7 a. sleep b. run c. fly d. dream e. sings

8 a. incapacité b. capacité c. interdiction d. obligation e. permission f. absence d'obligation g. probabilité.

➩ Chapitre 10 page 237

1 a. No, she wasn't. b. Yes, they were. c. No, she wasn't. d. Yes, they were. e. No, he wasn't.

2 a. were you doing; saw b. were parking; heard c. was doing; saw d. Did you speak e. could; was talking.

3 a. What was Jane wearing? She was wearing a red dress. b. Who was Chris helping? He was helping our neighbour. c. What was Sarah doing? She was swimming.

4 a. I was rollerskating when I fell down. b. I was having dinner when the door opened. c. I was sleeping when my brother woke me up.

5 a. She was waiting for the bus when it started snowing. b. He was driving when a policeman stopped him. c. They were sleeping when the dog jumped on the bed. d. He was having a shower when the phone rang.

6 a. Matthew likes reading and playing chess, he doesn't like skiing. b. Carol likes ice skating, she doesn't like swimming.

7 a. was painting b. were walking c. were visiting d. was looking after e. was washing.

➩ Chapitre 11 page 239

1 a. She's my niece. b. In London. c. 50 euros. d. Fine. e. It's mine.

2 a. Who is Ann's son? b. How often does he go to Rome? c. What have you bought? d. How long does it usually take to go to the airport? e. How far from here does Paul live? f. How much does the bike cost? g. Where did your parents go for Christmas?

3 a. What are they interested in? b. What it she waiting for? c. Where does John come from? d. What are you listening to? e. What are you looking for?

4 a. When were you born? b. Where do you live? c. Why are you sad today? d. How far from the station do you live? e. What is your favourite sport? f. How many friends did you invite at your birthday party?

5 a. 237 b. 31. c. one (a) hundred and thirty-two d. five hundred and eighty-eight e. three hundred and five.

6 a. Whose b. How much c. How many d. How far e. Who f. How long g. Which.

➩ Chapitre 12 page 241

1 a. having b. to stay c. Swimming d. to go e. walking.

2 a. He likes (enjoys, loves) skiing. b. She likes (enjoys, loves) reading. c. They like (enjoy, love) watching television. d. He likes (enjoys, loves) having a bath. e. She likes (enjoys, loves) rollerskating.

3 a. She enjoys driving. b. Paul loves cooking. c. Fred prefers riding his bike to school. d. I hate peeling onions. e. They like playing cards in the evening.

4 a. Don't eat a big cake before dinner! b. Don't watch television late! c. Don't play in the rain! d. Don't climb on the roof! e. Don't park in the garden!

5 a. It's twenty five past eleven. b. It's half past three. c. It's (a) quarter to five.

6 a. Let's go to the concert! b. Let's play tennis! c. Let's ride a bike! d. Let's watch TV! e. Let's paint!

Espagnol

MINI INTERRO Pour trouver les réponses aux questions de la « Mini interro », il suffit de relire attentivement la page de gauche du chapitre correspondant.

➩ Chapitre 1 page 245

1 a. Yo b. Ella c. Usted d. Tú e. Vosotros

2 a. llamarse b. vivir c. comer d. coger e. ducharse

3 a. (Yo) me llamo Sergio. b. (Él) vive en París. c. ¿Cómo te llamas? d. (Nosotros) hablamos español.

4 me llamo – vivo – se llama – se llaman – viven – estudio – trabaja

5 a. mexicano b. español c. inglés d. francés

6 a. La reina de España se llama Letizia. b. El presidente francés habla mucho. c. Soy chilena, de Santiago. d. Vivo en Berlín. e. Eres estudiante en Francia.

➩ Chapitre 2 page 247

1 a. Tiene el pelo largo. b. Es morena y alta. c. Están en su casa. d. Son las cuatro de la tarde. e. Estamos muy tristes.

2 a. es b. están c. es d. Son e. estamos f. es.

3 a. El coche de mi padre es grande y rojo. b. La mesa es de madera, es muy bonita. c. Los niños están comiendo frutas.

4 quién es – es – tiene – es – tiene

5 a. boca b. manos c. ojos d. orejas e. nariz

6 Tiene el pelo (Su pelo es) largo, castaño y ondulado. Tiene los ojos (Sus ojos son) grandes y verdes.

➩ Chapitre 3 page 249

1 *Verbes à diphtongue :* pensar, poder • *Verbes à affaiblissement :* pedir, servir, repetir

2 a. sirven... b. sientes... c. queréis... d. contamos... e. vuelve...

3 a. entender b. perder c. empezar d. vestir

4 Pablo lleva una camiseta roja, pantalones azules y zapatillas verdes. Paloma lleva un vestido violeta y botas negras.

5 ■ rojo – ■ amarillo – ■ verde – ■ azul – ■ violeta – ■ negro

6 a. Valeria porte une robe rouge. b. La chemise de mon père est bleue. c. Je mets un t-shirt blanc. d. Ils portent des pantalons noirs.

➩ Chapitre 4 page 251

1 a. guapa b. inteligentes c. simpáticos d. bueno e. redondas

2 a. Es una chica inteligente y eficaz. b. Eres simpática y paciente. c. La profesora es buena, pero muy exigente. d. Nosotras somos mexicanas.

3 a. masculin : *chat* b. féminin : *maison* c. masculin : *problème* d. masculin : *monsieur* e. féminin : *fleur* f. masculin et féminin : *étudiant(e)*.

4 alta – delgada – guapa – rubia – corto – exigente – seria – amable

5 serio: *sérieux* (④) – malo: *méchant* (①) – alegre: *joyeux* (②) – deportista: *sportif* (③)

6 a. Je veux boire de l'eau. b. Le professeur mange des fruits. c. J'ai des frères et des sœurs. d. Mario met du sucre dans son café.

➩ Chapitre 5 page 253

1 a. camión b. brazo c. amigo d. enfermera

2 a. Son sus abuelos. b. Son vuestros balones. c. Es su secretaria. d. Son nuestras camisetas.

3 a. ¿Cuántos años tienes? b. ¿Dónde vives? c. ¿Eres alto y rubio? d. ¿Cómo se llama?

4 De dónde – padres – hermanos – cuántos hermanos – hermanas

5 los abuelos: *les grands-parents* – el padre: *le père* – la madre: *la mère* – el hermano: *le frère*

6 a. Combien de frères et sœurs êtes-vous ? b. Votre maison est magnifique. c. Ton frère est très agréable. d. Mes livres sont sur la table. e. Avec qui vas-tu au cinéma ?

➩ Chapitre 6 page 255

1 a. ahí b. allí c. aquí d. ahí e. aquí

2 a. ese → esa niña b. esos → esas amigas c. esos → esas estudiantes d. esos → esas profesoras

3 a. Los domingos hay que limpiar la casa. b. Todos los días hay que ir a la escuela. c. Hay que hacer deporte regularmente. d. Si llueve, hay que cerrar las ventanas.

4 bonita – cama – aquí – sillón – allí – ese – ahí – esos

5 a. cama: *lit* b. silla: *chaise* c. mesa: *table* d. armario: *armoire*

6 a. La maison de mon oncle et de ma tante est petite. b. Dans cette chambre il y a beaucoup de lumière. c. Il faut mettre le canapé dans le salon. d. L'ordinateur est là, sur la table.

Chapitre 7 page 257

1 invierno: a. et d. – verano: b. et e. – primavera: c. – otoño: f.

2 a. veintitrés de diciembre b. veintiuno de septiembre c. veintiséis de julio d. veintidós de noviembre e. veintinueve de junio d. quince de enero

3 a. tiene b. vienen c. hago d. salgo e. vienes

4 En Sevilla hace sol y hace veintiocho grados (28°). – En Barcelona está nublado y hace veinticinco grados (25°). – En Madrid está lloviendo y hace veintidós grados (22°).

5

E	M	A	Y	O	N	L	E	E	D
N	A	G	J	N	O	U	N	R	R
L	R	O	Z	U	E	B	E	B	T
I	Z	S	R	U	L	E	R	U	V
R	O	T	J	U	N	I	O	T	K
B	A	O	L	I	F	G	O	C	S
A	O	R	E	R	B	E	F	O	D
E	R	B	M	E	I	T	P	E	S

6 a. Hoy hace quince grados en Madrid. b. Mis amigos vienen a mi casa a las once. c. Su profesor tiene veintisiete años. d. Tu cumpleaños es el treinta de agosto.

Chapitre 8 page 259

1 a. estamos b. han comido c. vacaciones d. visto *(irrégulier)*

2 a. ha abierto b. han salido c. ha ido d. has hecho e. habéis dormido

3 a. Mis amigos *eran* muy divertidos. b. *Pensaba* muchas cosas agradables de él. c. ¿A qué hora *empezabas* tus clases de tenis los sábados? d. Juan *veía* mucho la televisión.

4 hemos ido – esquiábamos – almorzábamos – descansábamos – volvíamos – han sido

5 el tenis: *le tennis* – el fútbol: *le football* – el esquí: *le ski* – el baloncesto: *le basket*

6 a. Diego jouait au tennis tous les week-ends. b. Il a écouté de la musique toute sa vie. c. Nous regardions deux films par jour. d. Je suis allé au concert d'un groupe de rock.

Vers la 4e

Français page 262

1. deux indépendantes coordonnées *2.* complément du nom *3.* a. le subjonctif b. souhaité et donc incertain *4.* étonnés *5.* orange / roses *6.* n'y / à / s'en *7.* pouvoir *8.* ils aillent *9.* Le film a été vu par tous les jeunes. *10.* pyromane *11.* montagnard *12.* les actions au premier plan *13.* des didascalies *14.* Dans un poème, le langage n'est pas seulement un instrument de communication.

Mathématiques page 264

1. divisible par 2 • un multiple de 9 *2.* 270 *3.* $\frac{3}{5} > \frac{14}{25}$ *4.* – 12 *5.* $3x - 8 = 7$ • $5(x + 2) = 35$ *6.* 2,30 € *7.* 7,5 km *8.* 90 % *9.* $\frac{5}{6}$ *10.* appartient à la médiatrice du segment [AB]. • est le centre d'un cercle passant par les points A et B. *11.* le carré • le cercle *12.* 4 paires d'angles correspondants • 2 paires d'angles alternes-internes. *13.* il est équilatéral. • son 3e angle mesure 60°. *14.* losange • parallélogramme. *15.* 270 cm^3 *16.* 50 min.

Histoire-géo / EMC page 266

1. Le basileus *2.* L'hégire, en 622 *3.* L'empire ottoman *4.* style roman *5.* La découverte de l'Amérique par Christophe Colomb *6.* Le protestantisme *7.* Un roi qui ne peut pas être contesté. • Un roi qui a le pouvoir dans tous les domaines. *8.* 7,3 milliards *9.* Le pétrole *10* L'agriculture *11.* Assurer des revenus suffisants aux agriculteurs • Produire suffisamment pour nourrir les populations • Ne pas polluer l'eau, l'air ou les sols *12.* Une augmentation du niveau des océans • Une augmentation du nombre de réfugiés climatiques • Une augmentation du nombre de cyclones *13.* Elle diminue. *14.* L'explosion d'une usine • Une marée noire *15.* L'identité légale *16.* 1789 *17.* raciales • sexistes • homophobes *18.* En sanctionnant les comportements dangereux. • En mettant en place des mesures de prévention.

SVT page 268

1. sont des portions de la croûte terrestre. • se déplacent les unes par rapport aux autres. *2.* sont, pour certaines d'entre elles, considérées comme inépuisables. *3.* en veillant à remettre le site en état après exploitation d'une ressource. • en limitant les prélèvements d'animaux et de végétaux pour permettre leur reproduction. *4.* apporté aux organes par le sang. • indispensable au fonctionnement des organes. *5.* l'eau circule dans des vaisseaux, comme le sang chez les animaux. • l'eau et les sels minéraux puisés dans le sol arrivent jusqu'aux feuilles. • la sève assure le transport de matière dans tous les organes. *6.* peuplent le milieu grâce à la reproduction. *7.* visible, par exemple par le fait que tous sont constitués de cellules. • le résultat de leur transformation progressive au cours des temps géologiques. *8.* nécessite un apport de nutriments et de dioxygène. • varie selon l'activité. *9.* proviennent de l'alimentation. • fournissent de la matière et de l'énergie à l'organisme. 10. les spermatozoïdes sont produits par les testicules, et les ovules, par les ovaires.

➩ Physique-chimie page 270

1. a. compressible • déformable b. invisible c. solide • liquide 2. a. une éprouvette graduée b. grammes 3. a. un mélange b. hétérogène 4. a. espacées b. se conserve 5. a. ralenti b. vitesse instantanée 6. a. mécaniques b. dans la matière • dans le vide 7. a. un objet diffusant b. rouge, vert et bleu 8 a. invisible b. avec une source étendue 9. a. des récepteurs b. de la borne + vers la borne – du générateur 10. a. en dérivation b. reste allumée 11. a. le volt b. en dérivation 12. a. correctement branchés b. la même partout.

➩ Anglais page 272

1. as 2. is 3. hers 4. some 5. How 6. the youngest 7. I work with them. 8. are 9. No, he doesn't. 10. hasn't he 11. Will 12. Were 13. may 14. was playing ... came in 15. leaving 16. It often rains in autumn. 17. Raphael won't come tomorrow. 18. What ... for 19. on 20. Romane speaks English well.

➩ Espagnol page 274

1. Ella • Usted 2. profesora • mesa • casa 3. Como pan. 4. lápices 5. Es su casa. 6. aquí 7. Me gusta esa bicicleta. 8. canta 9. Son las seis. 10. volver • poder • querer • mentir 11. pedir • servir 12. Hay que hacer deporte. 13. venir • poner • hacer • salir 14. partir 15. haber 16. escrito 17. He cambiado el coche. 18. ¿Cuántos años tienes? 19. ¿Dónde vive tu madre? 20. cómo.

DÉTACHABLE

LE GUIDE PARENTS

Infos & **CORRIGÉS**

Tout Savoir 5^{e}

- L'**organisation** de la 5^{e}
- Le **programme** dans chaque matière
- Tous les **corrigés**

Hatier

17. L'alimentation, une ressource à gérer 146
18. Le changement global et ses effets géographiques (1) 148
19. Le changement global et ses effets géographiques (2) 150
20. Prévenir les risques industriels et technologiques 152

Enseignement moral et civique

21. Comment définir l'identité d'une personne ? 154
22. Quels sont mes droits ? 156
23. L'égalité entre les citoyens est-elle une réalité dans la France d'aujourd'hui ? 158
24. Quelles sont nos responsabilités en matière de sécurité ? 160

SVT 162

La planète Terre, l'environnement et l'action humaine

1. La Terre, planète active 164
2. Des ressources naturelles exploitées par l'Homme 166
3. Gérer la planète 168

Le vivant et son évolution

4. Le transport de matière dans un organisme animal 170
5. Le transport de matière dans une plante chlorophyllienne 172
6. Reproductions sexuée et asexuée : le peuplement des milieux 174
7. La parenté des êtres vivants 176

Le corps humain et la santé

8. Activité et fonctionnement de l'organisme 178
9. Les besoins nutritionnels 180
10. Les principaux mécanismes de la reproduction humaine 182

Physique-Chimie Technologie 184

Organisation et transformations de la matière

1. Décrire les propriétés et les états de la matière 186
2. Mesurer le volume, la masse et la température 188
3. Mener des activités expérimentales pour caractériser les mélanges 190
4. Caractériser les changements d'états de la matière 192

Mouvement et interaction

5. Décrire le mouvement d'un objet 194

Des signaux pour observer et pour communiquer

6. Distinguer les différents types de signaux 196
7. Distinguer les sources primaires et les objets diffusants 198
8. Exploiter la propagation rectiligne de la lumière 200

L'énergie et ses conversions

9. Schématiser les circuits électriques 202
10. Distinguer circuit en série et circuit en dérivation 204
11. Mesurer une tension électrique dans un circuit 206
12. Mesurer l'intensité du courant dans un circuit 208

Technologie

13. Construire une gare moderne 210
14. Favoriser le travail collaboratif 212
15. Adapter son habitation à l'environnement 214

Anglais 216

1. *Be, have, there is/there are* 218
2. Présents simple et en « *be + ing* » 220
3. L'expression du futur 222
4. Les adjectifs, comparatifs, superlatifs 224
5. Le nom, dénombrables, indénombrables 226
6. La possession, pronoms personnels et réfléchis 228
7. Prétérit simple, verbes irréguliers 230
8. Quelques quantifieurs indéfinis, l'exclamation 232
9. Les modaux 234
10. Le prétérit en « *was/were + ing* » 236
11. Les mots interrogatifs 238
12. Gérondif, impératif 240

Espagnol 242

1. Le présent de l'indicatif. Les pronoms sujets. Les verbes pronominaux 244
2. *Ser* et *estar* 246
3. Le présent de l'indicatif : les verbes à diphtongue et à affaiblissement 248
4. Les articles. Le genre et le nombre 250
5. Les adjectifs. La phrase interrogative 252
6. Les adverbes de lieu. Les adjectifs démonstratifs. Les emplois de *hay* 254
7. Le présent des verbes en *-go*. La numération jusqu'à 30 256
8. Le passé composé. L'imparfait 258

Vers la 4e 260

Par matière, un test-bilan et la présentation du programme de l'année prochaine

Français

Plus d'entraînement sur

www.hatier-entrainement.com

DATE ÉVALUATION

Grammaire

1	Le nom, les déterminants, les pronoms	6		
2	L'adjectif qualificatif et ses degrés	8		
3	Le nom et ses expansions	10		
4	Sujet et compléments du verbe	12		
5	Les compléments de phrase	14		
6	La phrase interrogative	16		
7	La phrase complexe (1) : coordination et juxtaposition	18		
8	La phrase complexe (2) : les subordonnées	20		

Orthographe

9	L'accord du verbe avec le sujet	22		
10	L'accord du participe passé	24		
11	L'accord de l'adjectif qualificatif	26		
12	Les homophones grammaticaux	28		

Conjugaison

13	Les verbes du 1er groupe	30		
14	Les verbes du 3e groupe	32		
15	Les temps composés	34		
16	Le subjonctif	36		
17	Le conditionnel	38		
18	Voix active et voix passive	40		

Lexique

19	L'histoire des mots	42		
20	Le sens des mots	44		
21	La formation des mots	46		

Lire et écrire

22	Les principaux genres littéraires narratifs	48		
23	Analyser un récit	50		
24	Écrire un récit	52		
25	Écrire un dialogue	54		
26	Le théâtre	56		
27	La poésie	58		

1 Le nom, les déterminants, les pronoms

RETENIR

1 / Le nom et ses déterminants

- Un **nom** est un mot, de genre masculin ou féminin, qui désigne un être, une chose (carte) ou une idée. Variable, il s'emploie soit au singulier (un **voyage**), soit au pluriel (**des voyages**). Il existe différentes catégories de noms :
– un **nom commun** désigne une réalité qui n'est pas unique (une boussole) ;
– un **nom propre** désigne une réalité unique (Marco ; la Mongolie).

- Un nom est en général introduit par un **déterminant**, qui s'accorde avec lui en genre et en nombre (**une** lampe ; **des** lampes). Il existe plusieurs catégories de déterminants, parmi lesquelles :
– les **articles** : définis (*le, la, l'*), indéfinis (*un, une, des*), partitifs (*du, de la…*) ;
– les **déterminants** : démonstratifs (*ce, cette, ces*), possessifs (*mon, leur…*), indéfinis (*chaque, aucun, tout, certain, tel…*), etc.

MOTS CLÉS

✔ **Déterminant :** Le déterminant introduit un nom dans la phrase. Il indique si le nom est au masculin ou au féminin, au singulier ou au pluriel.

✔ **Pronom :** Un pronom remplace généralement un mot cité auparavant. Il existe différentes catégories de pronoms (personnels, démonstratifs, possessifs…).

2 / Les pronoms

- Un pronom remplace en général un mot ou groupe de mots appartenant au contexte : son **antécédent**. Marco Polo est un grand explorateur. **Il** est né à Venise.
→ Le pronom *Il* remplace *Marco Polo*, son antécédent.
Certains pronoms peuvent être employés sans antécédent : **Je** découvre le monde !

- Un pronom peut varier en genre (*celui, celle*), en nombre (*le tien, les tiens*), parfois en personne (*je, tu, il*), selon la fonction occupée (*il, le, lui*).

- Il existe plusieurs catégories de pronoms, parmi lesquelles les :
– **pronoms personnels** : *je, tu, vous…*
– **pronoms possessifs** : *le mien, le nôtre…*
– **pronoms démonstratifs** : *celui, ceux, c'…*
– **pronoms relatifs** : *qui, de laquelle…*

LA MÉTHODE

▷ Reconnaître et employer des démonstratifs

- Les **déterminants démonstratifs** (*ce, cette, ces…*) permettent de désigner des êtres ou des choses que l'on montre (en latin, le verbe *demonstrare* signifie « montrer, désigner »), ou qui ont déjà été évoqués précédemment.

Un voyageur découvre l'Asie. Ce voyageur décrit des merveilles.

- Les **pronoms démonstratifs** peuvent être simples (*celui, celle, ce…*) ou composés (*celui-ci, ceux-ci, celles-là…*). Généralement, ils remplacent un nom introduit par un déterminant démonstratif (**cette** aventure/**celle-ci**).

- Les pronoms démonstratifs invariables (*ce, ça, c', ceci, cela*) reprennent des noms inanimés, des infinitifs ou des propositions entières.

Une estampe, qu'est-ce que c'est que **ça** ?

→ Le pronom démonstratif *ça* reprend le nom inanimé *une estampe*.

MINI INTERRO

1. À quoi sert généralement un pronom ?

2. Quelles sont les différentes catégories de noms ? Comment les différencie-t-on ?

S'ENTRAÎNER

1 Chercher l'intrus

Dans chaque liste de mots, entoure l'intrus.

a. je • lui • mon • nous

b. ce • sa • ces • cette

c. le mien • le nôtre • celui-ci • la leur

d. une • la • des • un

2 Le genre et le nombre

Précise le genre (M ou F) et le nombre (S ou P) des noms ci-dessous, puis souligne les noms propres.

a. l'aide (............) **b.** du poivre (............)

c. Rome (............) **d.** les Mongols (............)

e. l'expédition (............) **f.** un ballon (............)

3 Déterminant ou pronom ?

Dans ce texte, indique si les mots en gras sont des déterminants (D) ou des pronoms (P).

Vois sur **ces** (.....) canaux
Dormir **ces** (.....) vaisseaux
Dont **l'**(.....) humeur est vagabonde ;
C'est pour assouvir
Ton (.....) moindre désir
Qu'ils (.....) viennent du bout du monde.

■ Charles Baudelaire, « L'invitation au voyage », *Les Fleurs du mal*, 1857.

4 Choisir le bon déterminant

Dans les phrases suivantes, entoure le déterminant qui convient. Attention aux accords !

a. (Cet / ce / ces) récit me paraît invraisemblable. Cesse de dire (mes / tes / des) bêtises !

b. Ils ont pris (du / le / des) retard, car (son / leurs / leur) train n'est pas parti à l'heure.

c. Relis mieux (sa / le / la) consigne de l'exercice et corrige (tes / ton / ta) travail ensuite.

d. Ils adorent manger (du / le / des) bonbons, mais ce n'est pas bon pour (sa / leur / leurs) santé !

e. Parmi (tes / leurs / mes) souvenirs, te rappelles-tu être déjà allé dans (ce / le / cet) endroit ?

5 La nature des déterminants

Indique la nature des déterminants soulignés : article défini, indéfini ou partitif, ou bien déterminant possessif, démonstratif ou indéfini.

a. Tous ceux qui aiment voyager apprécient de découvrir de nouvelles cultures.

b. Pour apprécier les voyages, il faut accepter de changer ses habitudes et ne pas craindre la nouveauté.

c. Chaque été, nous partons à l'aventure… Au programme : des surprises, du plaisir et certaines péripéties mémorables !

d. Nos meilleures photos, nous les avons faites au cours de ce safari.

e. Cette croisière a été leur récompense après une année de dur labeur.

6 Les pronoms démonstratifs

Utilise le pronom démonstratif qui convient.

a. Mon oncle a rapporté de nombreuses lampes de ses voyages : .... sont magnifiques !

b. Tous les voyageurs ne sont pas aussi téméraires, ... n'a vraiment peur de rien.

c. Il faut toujours se montrer prudent en mer : .... semble une évidence.

d. Christophe Colomb et son équipage ont navigué sur trois navires : .... s'appelaient la Pinta, la Niña et la Santa Maria.

7 CONTRÔLE EXPRESS

a. Dans le texte ci-dessous, donne la nature des éléments soulignés.

b. Remplace les pointillés par le déterminant ou le pronom qui convient.

L'explorateur vénitien Christophe Colomb a vécu au XVe siècle. Assoiffé d'aventures, ... a étudié la cosmographie, l'astrologie et la géométrie durant sa jeunesse. Ce grand navigateur avait cette habitude de consigner le récit de ses aventures dans un journal. ..... a permis de recueillir nombre d'informations sur certaines de ses découvertes. ..... savons, par exemple, qu'en 1492, pensant découvrir les Indes, ... découvrit l'Amérique.

Corrigés p. 12 du livret.

2 L'adjectif qualificatif et ses degrés

RETENIR

MOTS CLÉS

✓ **Adjectif :** Un adjectif s'accorde en genre et en nombre avec le nom qu'il caractérise ; il peut être épithète ou attribut.

✓ **Degrés de l'adjectif :** L'adjectif qualificatif peut exprimer différents degrés pour caractériser le nom qu'il qualifie. Il peut varier en degrés d'intensité (superlatif…) ou degrés de comparaison (comparatif de supériorité…).

1 / Le rôle de l'adjectif qualificatif

- L'adjectif qualificatif **caractérise** le nom ou le pronom auquel il se rapporte. Il **s'accorde** en genre et en nombre avec ce mot (une **longue** épée ; de **longues** épées). Le participe présent et le participe passé peuvent s'employer comme des adjectifs (des cheveux **luisants** ; des cheveux **séchés**).
- L'adjectif qualificatif est **épithète** lorsqu'il est placé juste à côté du nom ou du pronom qualifié (une couronne **magnifique**).
Il est **attribut du sujet** lorsqu'il se rapporte à un sujet par l'intermédiaire d'un verbe d'état (*être, sembler*…). La troisième <u>était</u> plus **grande** que les autres.

2 / Les degrés de l'adjectif qualificatif

- L'adjectif peut caractériser un nom avec **plus ou moins d'intensité** : il varie en degré avec différents adverbes.

Degré	Formation	Exemple
Comparatif de supériorité	*plus* + adjectif	Il est **plus courageux** que lui.
Comparatif d'infériorité	*moins* + adjectif	L'épée est **moins tranchante** que le poignard.
Comparatif d'égalité	*aussi* + adjectif	Ils sont **aussi gentils** l'un que l'autre.
Superlatif relatif de supériorité	*le plus* + adjectif	Il est **le plus rapide** à la course.
Superlatif relatif d'infériorité	*le moins* + adjectif	Elle est **la moins paresseuse** de tous.
Superlatif absolu	Adjectif précédé d'un adverbe de quantité *(très, extrêmement…)*	Cette histoire est **extrêmement** passionnante.

- Certains adjectifs ont un comparatif et un superlatif **irréguliers.**

bon → meilleur (comp. de supériorité) → le meilleur (superlatif)
mauvais → pire (comp. de supériorité) → le pire (superlatif)

LA MÉTHODE

▷ Reconnaître un adjectif verbal

- On appelle **adjectif verbal** un participe présent fonctionnant comme un adjectif qualificatif. Tous deux se terminent en *-ant*. Mais tandis que l'adjectif verbal s'accorde avec le nom auquel il se rapporte (une chevelure **luisante**), le participe présent reste invariable (une chevelure **séchant** au soleil).
- Pour les distinguer et savoir si on doit accorder, il faut **remplacer le nom par un féminin** de façon à faire entendre l'accord.

Les élèves obéissan**ts** travaillent. → Les filles obéissan**tes** travaillent. (Adj. verbal)
Les élèves, obéissan**t** à leur professeur, travaillent. → Les filles, obéissan**t** à leur professeur, travaillent. (Participe présent)

MINI INTERRO

1. Comment s'accorde l'adjectif qualificatif ?

2. Comment forme-t-on un comparatif de supériorité et un comparatif d'infériorité ? Donne un exemple pour chacun.

S'ENTRAÎNER

1 Quiz

Relie les noms de la colonne de gauche aux adjectifs qui les qualifient.

a. des silhouettes ○	○ magique
b. un poignard ○	○ ridée
c. une ombre ○	○ perçants
d. la main ○	○ menaçante
e. des yeux ○	○ sombres
f. l'anneau ○	○ tranchant

2 Attribut ou épithète ?

Accorde les adjectifs entre parenthèses, puis encadre ceux qui sont attributs du sujet et souligne ceux qui sont épithètes.

a. Les pouvoirs de l'Anneau sont (nombreux), mais aussi très (dangereux).

b. Cette (long) épopée est tout à fait (passionnant).

c. Les (multiple) aventures du (brave) héros ne cessent d'enchanter les lecteurs.

d. Ces (petit) créatures (étrange) souhaitent vivre dans une paix (total).

e. Les (fidèle) compagnons de Frodon sont très (fier) de leur camarade.

3 Comparatif et superlatif

Complète les phrases en ajoutant des adjectifs et des compléments du comparatif ou du superlatif.
Exemple : *Le film est aussi* réussi que le livre.

a. Ces concurrents sont moins ....

b. Cette fillette est plus ....

c. La nouvelle voiture de mon père est la plus ....

d. Ma sœur est aussi ....

e. Notre nouveau professeur est le moins ....

f. Samuel semble le plus ....

g. Pas d'inquiétude : l'équipe adverse paraît moins ....

4 Les degrés de l'adjectif

Dans le texte ci-dessous, indique si les adjectifs soulignés sont employés au comparatif de supériorité, d'infériorité ou d'égalité, ou au superlatif absolu.

John Ronald Reuel Tolkien est plus connu (......................) sous sa signature : J.R.R. Tolkien. Cet auteur a publié la très célèbre (......................) saga du *Seigneur des Anneaux*. Avant lui, d'autres écrivains avaient publié des romans de *fantasy*, mais ils sont moins connus (......................) . Lorsque paraissent *Bilbo le Hobbit* (1937), puis *Le Seigneur des Anneaux* (1954-1955) aux États-Unis, le succès de Tolkien est bien plus retentissant (......................) et, grâce à son œuvre, la *fantasy* devient un genre littéraire aussi important (......................) que d'autres. Parmi les êtres imaginaires qui peuplent cette œuvre extrêmement lue (......................) à travers le monde, les Hobbits sont plus appréciés (......................) que les autres. Les lecteurs sont aussi impressionnés (......................) par les personnages très originaux (......................) que par cet incroyable univers.

5 CONTRÔLE EXPRESS

Lis le texte, puis réponds aux questions.

Deux des formes s'arrêtèrent. La troisième était plus grande que les autres : ses cheveux étaient longs et luisants, et son heaume était surmonté d'une couronne. D'une main, elle tenait une longue épée, de l'autre un poignard ; le poignard et la main qui le tenait rayonnaient tous deux d'une pâle lumière.

■ J.R.R. Tolkien, *Le Seigneur des Anneaux*, tome 1, trad. F. Ledoux, Pocket © Christian Bourgois, 1972.

a. Relève les adjectifs qualificatifs et indique s'ils sont épithètes ou attributs.

b. Entoure un adjectif qui exprime un degré d'intensité et précise de quel degré il s'agit.

c. Réécris la deuxième phrase du texte en remplaçant « la troisième » par « cet individu », et « ses cheveux » par « sa chevelure ».

Corrigés p. 12 du livret.

3 Le nom et ses expansions

RETENIR

1 / Le complément du nom

MOTS CLÉS

✓ **Expansion du nom :** Une expansion du nom est un mot ou groupe de mots qui appartient au groupe nominal ; elle précise le sens du nom noyau.

✓ **Complément du nom :** Le complément du nom est généralement introduit par une préposition (*de*, *à*…) ; il complète un nom et appartient au groupe nominal.

• Le complément du nom est un mot ou un groupe de mots, généralement introduit par une préposition (*à*, *de*, *en*), qui permet de préciser le sens d'un nom (le visage **de la jeune fille**). Il appartient au groupe nominal et fait partie, comme l'adjectif épithète, des expansions du nom.

• Le complément du nom peut être d'autres natures :
- pronom (la joie **des siens**) ;
- verbe à l'infinitif (le moyen **d'envoûter**) ;
- adverbe (les coutumes **d'autrefois**).

■ Dans *Tristan et Iseult*, une servante fait boire à la reine Iseult, mariée au roi Marc, un philtre d'amour qui la rend éperdument amoureuse du jeune Tristan.

2 / La proposition subordonnée relative

• La proposition relative est une proposition subordonnée introduite par un **pronom relatif** (*qui*, *que*, *dont*…). Elle complète un nom (ou un pronom) qui appartient à la principale et qui est l'**antécédent** du pronom relatif.

Reine Iseult, prenez ce breuvage [**qui** a été préparé en Irlande pour le roi Marc] !
(ce breuvage : antécédent ; [qui … Marc] : prop. relative complément de *ce breuvage*)

• Il ne faut pas confondre la fonction de la relative (complément de l'antécédent) et celle du pronom relatif. Celui-ci peut occuper toutes les fonctions du GN dans la relative (sujet, COD, COI…).

Brangien déposa le flacon avec une coupe d'argent ciselé sur une table [**à laquelle** Iseult s'était accoudée]. → La subordonnée relative est complément de l'antécédent *une table*, tandis que le pronom relatif ***à laquelle*** est CC de lieu dans la proposition relative.

LA MÉTHODE

▷ Trouver le nombre d'un complément du nom

MINI INTERRO

1. Comment repère-t-on un complément du nom ?

2. Quelle est la fonction de la proposition subordonnée relative dans une phrase ?

• Un nom complément du nom peut être employé sans déterminant. Pour trouver son nombre, il faut faire attention au **sens de l'expression** et faire preuve de logique… Ainsi, on écrira un fruit **à pépins**, car il y a plusieurs pépins dans un fruit, mais un fruit **à noyau**, car il n'y a qu'un seul noyau.

• Néanmoins, il est parfois difficile de trancher dans certains cas.
Par exemple, on peut écrire une salle **de bain** dans laquelle on prend son bain, mais aussi une salle **de bains**, car on peut y prendre des bains.

S'ENTRAÎNER

1 Quiz

Relie les noms à leur complément.

a. une robe ○	○ à légumes
b. une table ○	○ à pain
c. un four ○	○ à repasser
d. un bateau ○	○ à pois
e. un bac ○	○ à vapeur

2 Trouver le complément du nom

Réécris les GN en remplaçant l'adjectif épithète par un complément du nom.

a. une liaison amoureuse : ....

b. un spectacle musical : ....

c. un conte féerique : ....

d. une idée géniale : ....

3 Compléments et relatives

Souligne dans ce texte les compléments du nom et les relatives, puis entoure les noms qu'ils complètent.

Cette légende celtique raconte les aventures de Tristan et Iseult, deux jeunes gens qui tombent amoureux sans le vouloir. Tristan est chargé de ramener en Cornouailles l'épouse du roi Marc. Iseult, charmante jeune femme aux cheveux d'or, qui est la fille du roi d'Irlande, n'approuve pas ce mariage. Elle éprouve tout d'abord de la colère contre Tristan qui est venu la chercher. Mais les deux héros, auxquels la servante d'Iseult fait boire un breuvage magique, éprouvent soudain des sentiments d'amour très forts.

4 Accorder les compléments

Ajoute, si nécessaire, une marque de nombre aux compléments du nom dans ces GN.

a. une robe à carreau.....

b. un clafoutis au..... cerise.....

c. un carnet de timbre.....

d. des pots de confiture.....

5 Analyser des relatives

Dans chaque phrase, mets la proposition relative entre crochets, entoure le pronom relatif et souligne son antécédent.

a. Iseult, que le roi Marc s'apprête à épouser, aime Tristan en secret.

b. Tristan s'en veut d'avoir trahi son oncle qui lui faisait pleinement confiance.

c. Ce philtre, dont la force est des plus intenses, a le pouvoir d'inspirer l'amour.

d. La servante à laquelle Iseult se confie souhaite venir en aide à sa maîtresse.

e. Les deux jeunes gens, qui éprouvent une passion soudaine, ne sont pas maîtres de leur destin.

f. Cet amour adultère qui va à l'encontre de la loyauté envers le roi est sans issue.

g. Le roi, dont la confiance a été trahie, risque d'entrer dans une colère noire qu'auront à subir les deux amoureux.

6 CONTRÔLE EXPRESS

Lis le texte, puis réponds aux questions.

À cet instant, le visage de la jeune fille s'éclaira d'un sourire furtif : elle tenait en ses mains le plus sûr moyen de faire naître l'amour en Tristan et de le lier à Iseult pour toujours. Brangien déposa le flacon avec une coupe d'argent ciselé sur une table à laquelle Iseult s'était accoudée et elle lui dit d'un air riant : « Reine Iseult, prenez ce breuvage qui a été préparé en Irlande pour le roi Marc ! »

■ Béroul et Thomas, *Tristan et Iseult*, XIIe siècle, adaptation René Louis © Livre de Poche, 1972.

a. Relève les compléments du nom et indique à chaque fois le nom qu'ils complètent.

b. Précise la nature de chacun des compléments du nom relevés.

c. Relève les propositions subordonnées relatives, entoure le pronom relatif et indique l'antécédent de chaque proposition relevée.

Corrigés p. 12 du livret.

4 Sujet et compléments du verbe

RETENIR

1 / Le sujet et l'attribut du sujet

• Le **sujet** précise qui fait l'action exprimée par le verbe : il ne peut être supprimé ; il commande l'accord du verbe (**La bataille** est prodigieuse / **Les combats** sont cruels).

• Le sujet peut être de différentes natures :
– nom ou groupe nominal : **Roland** combat avec courage. **Les coups adverses** ne l'atteignent pas ;
– pronom : **Il** frappe sans relâche ;
– verbe à l'infinitif : **Vaincre** est difficile ;
– proposition subordonnée : **Qu'il lui en veuille** est compréhensible.

La chanson de geste (du latin *gesta*, toujours au singulier) raconte les exploits de héros légendaires.

MOTS CLÉS

✓ **Attribut du sujet :** L'attribut du sujet précise une caractéristique du sujet ; il est introduit par un verbe d'état (*être, sembler, devenir*…).

✓ **Complément du verbe :** Le complément du verbe appartient au groupe verbal et ne peut être supprimé, c'est un complément essentiel. Il peut se construire directement avec le verbe (COD) ou indirectement, avec une préposition (COI, COS).

• L'**attribut du sujet** précise une caractéristique du sujet par l'intermédiaire d'un verbe d'état (*être, sembler, devenir*…). Il appartient au groupe verbal et ne peut être supprimé. La bataille est **prodigieuse**.

2 / Les compléments du verbe : COD, COI et COS

• Le **COD** est introduit directement avec le verbe, sans préposition. Pour le reconnaître, on pose la question « qu'est-ce que… ? ».

Il tire **Durendal** (COD), sa bonne épée. → Qu'est-ce qu'il tire ? « Durendal ».

• Le **COI** est construit indirectement avec le verbe : il est précédé d'une préposition et répond à la question « de qui / à qui / pour quoi… ? ».

Il **lui** (COI) répond. → À qui répond-il ? À « lui ».

• Le **COS** est introduit indirectement par une préposition, dans une phrase qui contient déjà un complément d'objet.

Il donne **son heaume** (COD) au chevalier (COS).

LA MÉTHODE

▷ Remplacer un nom par un pronom personnel

• Pour **éviter des répétitions**, on peut remplacer un nom ou un GN complément du verbe par un pronom personnel de la 3e personne.

Roland tranche la coiffe. → Roland **la** tranche. Le pronom personnel féminin de la 3e personne du singulier remplace *la coiffe*.

• **Attention** à ne pas confondre un pronom personnel placé avant le verbe avec le sujet, au risque de commettre une faute d'accord.

Roland (Sujet) parle **aux autres chevaliers** (COI). → Roland (Sujet) **leur** (COI) parle. (et non : Roland leur ~~parlent~~.)

MINI INTERRO

1. Qu'est-ce qu'un attribut du sujet ? Donne un exemple.
2. Comment distingue-t-on le COD du COI ?

S'ENTRAÎNER

1 Quiz

Relie les sujets de la colonne de gauche aux verbes de la colonne de droite qui conviennent.

a. Les chevaliers	sont terrassés.
b. Roland	est achevée.
c. L'armée ennemie	sont inutilisables.
d. Son heaume et son haubert	ont été volés.
e. Son épée et sa lance	se concertent.
f. La bataille	est vaincue.
g. Les ennemis	est vainqueur.

2 Repérer les sujets

Entoure dans ce texte les sujets auxquels se rapportent les attributs du sujet soulignés, puis indique leur nature.

La Chanson de Roland est un long poème épique qui narre les exploits de ce chevalier. Cette chanson de geste raconte notamment le combat qui s'avéra fatal à Roland. En effet, celui-ci fut surpris avec ses compagnons par une armée maure. Cette armée ennemie semblait particulièrement puissante et elle massacra les Francs au col de Roncevaux. Le récit nous apprend que Ganelon, beau-père de Roland, devint un traître par jalousie envers son beau-fils et il semble responsable de la fin tragique du jeune chevalier.

3 Différents compléments du verbe

Souligne en bleu les COD, en rouge les COI et en vert les COS.

a. Le chevalier prend grand soin de ses armes.

b. Les Francs n'avaient pas l'habitude de reculer devant l'ennemi.

c. Roland conserve son épée dans un coffre.

d. Les chansons de geste célèbrent les héros légendaires et les vertus féodales.

e. Le roi Charlemagne jura de venger Roland de cette infâme trahison.

f. Ce type de récit s'adresse à tous et fascine les petits et les grands.

Corrigés p. 12 du livret.

4 COD et pronoms

Dans chacune des phrases, remplace le COD par un pronom personnel.

a. Le chevalier affronte les ennemis.

b. Les Sarrasins surprirent l'armée de Roland au col de Roncevaux.

c. Tu me racontes souvent cette histoire.

d. Le chef de l'armée demande aux chevaliers de prendre garde aux dangers.

e. Est-ce que tu as dit aux enfants de se coucher ?

5 Identifier COD et COI

Indique, dans chaque phrase, si le pronom souligné est COD ou COI.

a. Les spectateurs en (.....) redemandent.

b. Tu y (.....) as ajouté beaucoup trop de sel.

c. Ne va pas les (.....) déranger, tu leur (.....) poseras la question plus tard.

d. Nous l' (.....) avons aperçue de loin et ne lui (.....) avons pas parlé.

6 CONTRÔLE EXPRESS

Lis le texte, puis réponds aux questions.

La bataille est prodigieuse et devient générale. Le comte Roland ne se ménage pas. Il combat avec sa lance tant que la hampe reste entière, mais après quinze coups, la voilà détruite. Il tire alors Durendal, sa bonne épée, et va frapper Chernuble. Il brise son heaume où brillent les pierreries, il lui fend la tête avec la chevelure, et tout le corps jusqu'à l'enfourchure.

La Chanson de Roland, adapté par Anne-Marie Cadot-Colin, « Œuvres & thèmes » © Hatier, 2010.

a. Relève les trois attributs du sujet et souligne le verbe qui les introduit.

b. Dans les deux dernières phrases, relève les compléments d'objet et précise pour chacun s'il s'agit d'un COD, d'un COI ou d'un COS.

c. Indique la nature de chacun des compléments d'objet que tu as relevés.

5 Les compléments de phrase

RETENIR

1 / Des compléments facultatifs

MOTS CLÉS

✔ **Complément de phrase :** Il précise les circonstances de l'action (lieu, temps, etc.). On peut le déplacer ou le supprimer sans que la phrase ne perde son sens.

✔ **Gérondif :** Le gérondif est un mode verbal non personnel introduit par « en » : *en marchant, en criant…*

• Le complément de phrase précise les **circonstances de l'action** exprimée par le verbe. C'est pourquoi on l'appelle aussi complément circonstanciel (CC). Il est facultatif, il n'appartient pas au groupe verbal et peut être déplacé ou supprimé sans que la phrase ne perde son sens.

l'École Xanthos, qu'il avait fondée **à Rome** → l'École Xanthos qu'il avait fondée

• Certains compléments, qui précisent une circonstance de l'action, appartiennent pourtant au groupe verbal : ils ne peuvent être supprimés.

Ils habitaient tous **sur le mont Esquilin.** → Le CC de lieu dépend du verbe *habitaient* et ne peut être supprimé, sinon la phrase perd son sens.

2 / Différentes circonstances

• Les compléments de phrase ou CC expriment **différentes circonstances** :
- le lieu : Il habite **sur le mont Esquilin** ;
- le temps : Ils ne sont que sept **pour l'instant** ;
- la manière : Il court **rapidement** ;
- le moyen : L'élève écrit **avec un stylet** ;
- la cause : Il râle **à cause des punitions** ;
- le but : Il étudie **pour réussir** ;
- la conséquence : Il est **si** fatigué **qu'il bâille** ;
- la comparaison : Il parle **comme vous.**

Les élèves romains écrivaient sur des tablettes de cire avec un stylet.

• Le complément de phrase ou CC peut être : nom ou GN (à Rome), adverbe (y), gérondif (en courant), proposition subordonnée conjonctive (quand il aura terminé), proposition participiale (une fois l'énigme résolue).

LA MÉTHODE

▷ Exprimer la cause ou la conséquence

• Exprimer **la cause** d'une action signifie préciser ce qui en est à l'origine. Exprimer **la conséquence** d'une action, c'est préciser son effet, son résultat.

Nature du CC	Mots outils à utiliser	Exemples
Nom ou GN	Prépositions : *de, par, à cause de, grâce à…*	Il réussit **grâce à son courage.** (cause)
Infinitif	Prépositions : *pour, à force de, du fait de… à, au point de…*	Il a gagné **à force de s'entraîner.** (cause) Il marche **au point de tomber.** (conséquence)
Gérondif	Pronom adverbial : *en*	Il réussit **en travaillant.** (cause)
Proposition subordonnée conjonctive	Conjonctions de subordination : *comme, parce que, puisque, étant donné que… de sorte que, si…que, au point que…*	Il lui pardonne **parce qu'il s'est excusé.** (cause) Il a **si** peur **qu'il fuit.** (conséquence)

MINI INTERRO

1. À quoi reconnaît-on un complément de phrase ou circonstanciel ?

2. Cite trois circonstances que peut exprimer le complément de phrase et illustre chacune d'elles par un exemple.

S'ENTRAÎNER

1 Quiz

Relie les compléments à leur circonstance.

a. Cette histoire se passe dans l'Antiquité romaine. ○
b. Les patriciens discutent sur le forum. ○
c. Les enfants se concertent en secret. ○
d. Ils prennent des notes avec un stylet. ○

○ manière
○ temps
○ moyen
○ lieu

2 Essentiels ou facultatifs ?

Indique si le mot ou le groupe de mots souligné est essentiel (E) ou facultatif (F).

a. Les élèves se rendent à l'école Xanthos (.....) chaque matin (.....).

b. Caïus est souvent (.....) un élève dissipé (.....).

c. Les écoliers écrivent sur une tablette de cire (.....).

d. Le soir (.....), dans mon lit (.....), je préfère lire des contes (.....) pour m'endormir (.....).

e. La semaine dernière (.....), notre maître nous a lu une histoire (.....) en classe (.....).

3 Analyser la circonstance

Indique la circonstance exprimée par les compléments en gras dans le texte.

Aussi l'École Xanthos, qu'il avait fondée **à Rome**, était-elle l'une des plus chères [...] de la capitale. Seuls, les très riches patriciens pouvaient se permettre d'y envoyer leurs fils. Les élèves **y** étaient toujours en fort petit nombre, et **pour l'instant** ils n'étaient même que sept [...]. Par hasard, il se trouvait qu'ils habitaient tous **sur le mont Esquilin**.

■ *L'Affaire Caïus*, Henry Winterfeld © Le Livre de Poche Jeunesse, 1996.

4 Trouver des CC de cause

Complète ces phrases par un CC de cause en respectant la nature demandée.

a. Les sept copains ont l'habitude de se réunir (groupe nominal prépositionnel) ....

b. Les élèves sont autorisés à sortir en récréation (gérondif) ....

c. Ils se lancent à sa poursuite (proposition subordonnée conjonctive) ....

d. Marcus s'est sauvé (gérondif) ....

e. Rufus a été sévèrement puni (groupe infinitif prépositionnel) ....

f. Caïus s'est fait gronder (groupe infinitif prépositionnel) ....

5 Cause ou conséquence ?

Indique si les compléments soulignés caractérisent la cause ou la conséquence, puis précise la nature de chacun d'eux.

Le maître Xanthos est si sévère que ses élèves le craignent beaucoup. Un jour, l'un d'eux, Rufus, se montre insolent de sorte qu'il est exclu du cours. En effet, par moquerie, il écrit sur sa tablette : « Caïus est un âne ». En lisant cela, Caïus se vexe et il s'énerve si bien que le maître les entend et punit Rufus en le renvoyant. Comme il craint la réaction de ses parents, Rufus n'ose pas rentrer chez lui et s'en va marcher sur le forum.

6 CONTRÔLE EXPRESS

Lis le texte, puis réponds aux questions.

« Rufus doit fuir, déclara soudain Mucius. Nous allons tout d'abord le cacher dans la grotte qui nous sert de lieu de réunions. Puis ce soir, nous lui apporterons des vêtements d'esclave et nous le conduirons jusqu'au fleuve. Je connais un endroit où il pourra le traverser à la nage sans être vu par les veilleurs des ponts. »

■ *L'Affaire Caïus*, Henry Winterfeld © Le Livre de Poche Jeunesse, 1996.

a. Relève les compléments de phrase (circonstanciels).

b. Précise la circonstance exprimée par chacun des compléments que tu as relevés.

c. Indique la nature de chacun de ces compléments circonstanciels.

Corrigés p. 12 du livret.

6 La phrase interrogative

RETENIR

1 / Interrogation totale ou partielle

MOTS CLÉS

✓ **Interrogation totale :** L'interrogation totale porte sur l'ensemble de la phrase ; on peut y répondre par « oui » ou « non ».

✓ **Interrogation partielle :** L'interrogation partielle porte sur une partie de la phrase seulement et commence par un mot interrogatif.

- La **phrase interrogative** permet de poser une question, elle se termine par un point d'interrogation et se caractérise par une intonation montante à l'oral. L'interrogation est :

– **totale**, si elle porte sur la totalité de la phrase et qu'on y répond par *oui* ou *non* ;
– **partielle**, si elle ne porte que sur une partie de la phrase. L'interrogation partielle est introduite par un mot interrogatif.

Est-ce **que** ça va ? → Interrogation totale à laquelle on répond par *oui* ou *non*.
Quel est le mal que vous sentez ? → Interrogation partielle, introduite par *quel*, qui attend une réponse développée.

■ Dramaturge, comédien, metteur en scène et directeur de troupe, Molière est l'auteur de trente-cinq pièces de théâtre.

2 / Les différents registres

- Selon le niveau de langue adopté, l'interrogation totale s'exprime différemment.

Niveau de langue soutenu	Niveau de langue courant	Niveau de langue familier
Le sujet est inversé et se place après le verbe. Te sens-tu bien ?	On emploie la locution « est-ce que… ? ». Est-ce que tu te sens bien ?	Seuls l'intonation montante et le point d'interrogation signalent l'interrogation. Tu te sens bien ?

3 / Les mots interrogatifs

- L'interrogation partielle est introduite par un mot interrogatif. On peut utiliser :

– un **pronom** (*qui, laquelle…*) : **Qui** est venu te soigner ?
– le **déterminant *quel*** accordé avec le nom : **À quelle** heure vient le médecin ?
– un **adverbe** (*quand, comment…*) : **Quand** arrive-t-il exactement ?

LA MÉTHODE

▷ Utiliser la ponctuation selon le type de phrase

- Le **point** marque la fin d'une phrase déclarative ou injonctive (mode impératif).

Lucinde est malade. Va chercher un médecin.

- Le **point d'interrogation** marque la fin d'une phrase interrogative directe.

Est-elle vraiment très malade ?

- Le **point d'exclamation** marque la fin d'une phrase exclamative directe.

Elle semble parfaitement guérie !

MINI INTERRO

1. À quoi reconnaît-on une interrogation totale ?

2. De quelle manière pose-t-on une question : en langage courant ? en langage soutenu ? Donne un exemple à chaque fois.

1 Quiz

Indique si les phrases sont des interrogations totales ou partielles.

a. Aimes-tu cette pièce ?
b. Quelles autres pièces de Molière connais-tu ?
c. Qui as-tu appelé ?
d. As-tu bien dormi ?
e. Lis-tu bien les consignes des exercices ?

- interrogation totale
- interrogation partielle

2 Remettre dans l'ordre

Remets dans l'ordre les éléments donnés afin de retrouver les phrases interrogatives correctes.

a. médecin / Est-ce que / un / Sganarelle / ? / vrai / est

b. pièces / Molière / écrites / Combien / a-t- / ? / de / il

c. penses / cet / Quand / ? / terminer / tu / exercice

d. heure / il / arriverait / il / À / a-t- / ? / qu' / dit / quelle

e. ce / tu / ou / à / Est / ? / que / oui / décides / te / venir / non

3 Les mots interrogatifs

Dans l'extrait suivant, mets entre crochets les phrases interrogatives et entoure les mots interrogatifs. S'agit-il d'interrogations totales ou partielles ?

SGANARELLE. Eh bien ! de quoi est-il question ? Qu'avez-vous ? quel est le mal que vous sentez ?

LUCINDE, *répond par signes, en portant sa main à sa bouche, à sa tête, et sous son menton.* Han, hi, hon, han.

SGANARELLE. Eh ! que dites-vous ?

LUCINDE, *continue les mêmes gestes.* Han, hi, hon, han, han, hi, hon.

SGANARELLE. Quoi ?

LUCINDE. Han, hi, hon.

SGANARELLE, *la contrefaisant.* Han, hi, hon, han, ha. Je ne vous entends point. Quel diable de langage est-ce là ?

Le Médecin malgré lui, II, 4, MOLIÈRE, 1666.

4 Quel niveau de langue ?

Indique à quel niveau de langue appartient chacune de ces interrogations.

a. T'as pas bientôt fini ?

b. Qui est-ce qui vous a répondu ?

c. Avez-vous déjà visité cet endroit ?

d. Tu veux aller au ciné ?

e. Voulez-vous bien ouvrir la fenêtre ?

5 Retrouver les questions

Retrouve la question qui a été posée pour chacune des réponses ci-dessous.
Tu utiliseras « qui est-ce qui » ; « qu'est-ce qui » ; « qui est-ce que » ; « qu'est-ce que ».

a. J'ai rencontré Sébastien en ville.

b. C'est le bruit qui m'a réveillé.

c. C'est Mathilde qui m'a dit de venir.

d. J'ai acheté des fruits et du pain.

e. La chaleur l'a fait fondre.

6 LECTURE D'IMAGE

Fais une recherche sur *Le Médecin malgré lui* si tu ne connais pas bien la pièce. Puis observe l'image pour répondre aux questions.

a. Nomme les personnages. Quels éléments t'ont permis de les reconnaître ?

b. Pourquoi les personnages de gauche brandissent-ils des bâtons ?

c. Tu as sans doute lu en 6e la pièce de Molière *Le Médecin malgré lui*. Résume l'intrigue de cette pièce en trois ou quatre phrases.

Gravure de Sauvé d'après le dessin de Pierre BRISSART pour l'édition du *Médecin malgré lui* de 1682. BN, Paris.

Corrigés p. 13 du livret.

7 La phrase complexe (1) : coordination et juxtaposition

RETENIR

1 / Phrase simple et phrase complexe

■ Le roi Artus réunit les chevaliers autour de la Table ronde.

- La **phrase simple** ne contient qu'un seul verbe conjugué. Elle est constituée d'une seule proposition.

  Aussitôt assis, ils **se sentirent** pleins de douceur et d'amitié.

- La **phrase complexe** contient plusieurs verbes conjugués. Chacun de ces verbes est le noyau d'une proposition. La phrase complexe se compose donc de **plusieurs propositions** qui peuvent être coordonnées, juxtaposées ou subordonnées.

  [...] c'**était** messire Gauvain avec les damoiseaux qui **avaient défendu** le royaume durant l'absence du roi, et les trente-neuf compagnons qui **étaient allés** en Carmélide en compagnie d'Artus et de Merlin.

MOTS CLÉS

✓ **Phrase complexe :** Une phrase complexe contient plusieurs verbes conjugués et donc plusieurs propositions (un verbe conjugué = une proposition).

✓ **Coordination :** Deux propositions sont dites coordonnées lorsqu'elles sont reliées par une conjonction de coordination (*mais, or, car, et*...).

2 / Juxtaposition et coordination

- Dans une phrase complexe, des propositions, séparées par une virgule, un point-virgule ou un deux-points, sont dites **juxtaposées**.

  [Le roi et les chevaliers vinrent prendre place] ; [ils veillèrent à laisser libre le siège périlleux].

- Des propositions reliées au moyen d'une conjonction de coordination (*ou, car, ni*...) ou d'un adverbe de liaison (*alors, puis, enfin*...) sont dites **coordonnées**.

  [Le roi et les chevaliers vinrent prendre place] **et** [ils veillèrent à laisser libre le siège périlleux].

LA MÉTHODE

▷ Utiliser des conjonctions de coordination

- Deux propositions coordonnées sont reliées par un mot coordonnant qui peut être une conjonction de coordination. Il existe **sept** conjonctions de coordination : ***mais, et, or, car, ni, donc, ou***.
- Pour savoir quelle conjonction de coordination utiliser afin de relier deux propositions, il faut veiller à bien identifier la **relation logique** qui existe entre elles. Il peut s'agir de :

– l'addition : Les chevaliers servent le roi **et** défendent le royaume ;
– l'alternative : Les chevaliers défendent le Bien **ou** sont des traîtres ;
– la succession : Artus a réussi à extraire Excalibur du socle de pierre **et** il est devenu roi ;
– l'opposition : Gauvain est le meilleur des chevaliers, **mais** il est tué par Lancelot ;
– la cause : La Table est ronde, **car** les chevaliers sont tous égaux ;
– la conséquence : Les chevaliers combattent pour la paix, **donc** ils sont vertueux.

MINI INTERRO

1. À quoi reconnaît-on une phrase complexe ?

2. Quelle différence y a-t-il entre des propositions juxtaposées et des propositions coordonnées ?

S'ENTRAÎNER

1 Mots mêlés

Retrouve dans cette grille les neuf termes qui se rattachent à l'univers des chevaliers de la Table ronde : *royaume* • *Merlin* • *Graal* • *lac* • *table* • *Lancelot* • *lance* • *courage* • *dame*.

R	U	B	I	L	A	C	S	E	S
O	T	G	H	E	O	Q	T	G	P
Y	E	R	D	A	M	E	P	A	M
A	T	A	B	L	E	U	R	R	G
U	F	A	M	A	B	X	G	U	L
M	O	L	A	N	C	E	L	O	T
E	D	Q	U	C	F	Y	U	C	E
K	J	A	M	E	R	L	I	N	V

2 Compter les propositions

Indique combien chaque phrase contient de propositions.

a. Le roi Arthur a fondé cette assemblée de chevaliers, car Merlin le lui avait conseillé.

b. Les chevaliers, qui combattent pour le Bien, veulent préserver la paix du royaume.

c. Les chevaliers recherchent le Graal, mais cette quête est très difficile, et ils ignorent s'ils parviendront à le retrouver.

3 Juxtaposées ou coordonnées ?

Entoure l'élément qui relie les différentes propositions et précise si elles sont juxtaposées ou coordonnées.

a. Le chevalier se montre vertueux et d'un grand courage, il est donc admiré de tous.

b. Merlin l'enchanteur apparaît lors du banquet et il demande à Arthur de créer une assemblée de chevaliers.

c. Les chevaliers prennent place autour de la Table, mais ils sont tous à égale distance du centre : ils se sentent ainsi tous égaux.

d. Les chevaliers ont longtemps cherché le Graal, enfin Perceval, Bohort et Galahad l'ont trouvé.

4 Les conjonctions de coordination

Rétablis la conjonction de coordination qui manque dans chacune des phrases, puis indique la relation logique entre les deux propositions.

a. Les chevaliers défendent le royaume et ses habitants, ... ils combattent pour le Bien.

b. Lancelot est amoureux de la reine Guenièvre, ... elle est l'épouse d'Arthur.

c. Les chevaliers doivent trouver le Graal, ... personne ne sait si cette quête est réalisable.

d. Les chevaliers de la Table ronde sont liés par l'amitié, ... ils partagent les mêmes valeurs.

e. Le roi établit la table ronde ..... les chevaliers y prennent place.

f. Les chevaliers ne renoncent pas à leur quête ..... ne se battent entre eux.

5 CONTRÔLE EXPRESS

Lis le texte, puis réponds aux questions.

« Mais il [le Graal] ne sera trouvé et ses merveilles découvertes que par le meilleur chevalier du monde. Et il est dit qu'au nom de la très Sainte Trinité, le roi Artus doit établir la table qui sera la troisième après celle de la Cène et celle du Graal, et qu'il en adviendra de grands biens et de grandes merveilles à ce royaume. Cette table sera ronde pour signifier que tous ceux qui s'y devront asseoir n'y auront nulle préséance et à la droite de monseigneur le roi demeurera toujours un siège vide en mémoire de Notre Seigneur Jésus-Christ. »

« Merlin l'enchanteur », *Les Romans de la Table ronde*, ad. de J. Boulenger © Terre de Brumes, 1989.

a. Entoure les verbes noyaux de propositions et isole chacune de ces propositions en la mettant entre crochets.

b. Souligne en bleu deux propositions coordonnées et entoure l'élément qui les coordonne. Quelle est la nature de ce mot ?

c. Réécris la dernière phrase du texte de façon à obtenir deux propositions juxtaposées.

Corrigés p. 13 du livret.

8 La phrase complexe (2) : les subordonnées

RETENIR

1 / Les propositions subordonnées : relatives et conjonctives

- La proposition subordonnée dépend d'une proposition principale. Elle est en général introduite par un **mot subordonnant**.

Fais donc le tour de façon à être du côté [**où** tu auras sous les yeux cette tour].
(proposition principale : « Fais donc le tour de façon à être du côté » ; proposition subordonnée : « [où tu auras sous les yeux cette tour] »)

- Une proposition subordonnée **relative** est introduite par un **pronom relatif**. Elle est complément d'un nom ou d'un pronom de la proposition principale : c'est son antécédent.

Je ne crois pas que Dieu nous ait jamais donné un chevalier [**qui** te fût comparable].
(antécédent : « un chevalier » ; pr. relatif : « qui »)

- Une proposition subordonnée **conjonctive** est introduite par une **conjonction de subordination** qui n'a aucune fonction dans cette proposition. Elle peut être :
  - **complétive :** CO du verbe qui l'introduit ;
  - **circonstancielle :** CC dans la phrase.

Te voilà dans un **tel** embarras [**que** tu jettes tes coups en arrière] ! → La proposition entre crochets est une subordonnée circonstancielle, CC de conséquence.

2 / Les subordonnées interrogatives indirectes

- La subordonnée **interrogative indirecte** permet de poser indirectement une question par l'intermédiaire d'un verbe introducteur *(demander, chercher à savoir...)*.

Guenièvre se demandait [**ce que** signifiait une conduite aussi insensée].
(verbe introducteur : « se demandait » ; subordonnée interrogative indirecte : « [ce que signifiait une conduite aussi insensée] »)

- Elle est introduite par un **mot interrogatif** :
  - l'adverbe interrogatif *si*, lorsque l'interrogative indirecte est totale ;
    Les gens du royaume se demandaient [**si** Lancelot allait remporter le combat].
  - un mot interrogatif : *qui, que, quel, pourquoi, quand*, lorsqu'elle est partielle.
    La reine ignorait [**pourquoi** Lancelot agissait ainsi].

MOTS CLÉS

✔ **Proposition subordonnée :** C'est une proposition introduite par un mot subordonnant et qui dépend d'une proposition principale.

✔ **Subordonnée interrogative indirecte :** Cette proposition est introduite par un mot interrogatif et elle est précédée d'un verbe de parole.

LA MÉTHODE

▷ Transformer une interrogative directe en interrogative indirecte

- On utilise un **verbe introducteur**, on supprime les guillemets et le point d'interrogation, et on veille à respecter la concordance des temps dans l'interrogative indirecte par rapport au temps du verbe introducteur.

Proposition interrogative **directe** : « **Quand** mon adversaire va-t-il enfin céder ? »

→ Propositions interrogatives **indirectes** :
Lancelot se demande **quand** son adversaire va enfin céder.
Lancelot se demandait **quand** son adversaire allait enfin céder.

MINI INTERRO

1. Qu'est-ce qu'une proposition subordonnée conjonctive ?

2. « Veux-tu venir ? » me demande ma cousine. Transforme cette interrogative directe en interrogative indirecte.

S'ENTRAÎNER

1 Quiz

Entoure le subordonnant qui convient.

Au Moyen Âge, la société féodale se composait de trois classes : le clergé (qui/que/dont) regroupait les religieux, la noblesse (dont/que/où) composaient les personnes (qui/quelles/quel) se battaient aux côtés du suzerain, et enfin la bourgeoisie dans (lequel/lesquelles/laquelle) se trouvaient les personnes qui travaillaient, (auxquels/auxquelles/desquels) on ajoutait les paysans.

Les exploits (qu'/dont/quels) on connaît les récits étaient racontés par les troubadours (que/qui/dont) écrivaient des chansons (qui/qu'/quelles) ils chantaient dans les cours seigneuriales.

2 Les types de propositions

Indique le type des propositions entre crochets : indépendante (I), principale (P), coordonnée (C) ou subordonnée (S).

a. En cours de français, [nous étudions les textes] (.....) qui content les exploits des chevaliers.

b. À l'époque, [les chevaliers devaient prouver leur bravoure et leur loyauté en combattant] (.....).

c. Pour la Dame [qu'il aime] (.....), le chevalier est prêt à donner sa vie.

d. [L'amour courtois, [qui codifie les sentiments entre la dame et le chevalier] (.....), était un véritable art de vivre] (.....) [et la courtoisie que nous connaissons en est l'héritière] (.....).

3 Nature des subordonnées

Indique la nature de la proposition subordonnée entre crochets : relative (R), conjonctive (C) ou interrogative indirecte (I). Pour cela, observe bien le mot subordonnant.

a. Le chevalier [qui est amoureux de la reine Guenièvre] (.....) s'appelle Lancelot.

b. J'ignore [quel chevalier a finalement trouvé le Saint Graal] (.....).

c. Je sais [que les combats étaient sans merci] (.....).

d. Il se demande bien [comment il va faire pour déstabiliser son adversaire] (.....).

e. Dis-moi [si tu as bien aimé ce livre] (.....).

4 Interrogatives indirectes

Transforme les interrogations directes ci-dessous en subordonnées interrogatives indirectes.

a. Guenièvre se demande : « Lancelot sortira-t-il vainqueur du combat ? »

b. « Comment parvenir à terrasser Méléagant ? » se demandait Lancelot.

c. Yacine cherche à savoir : « Quelles étaient les qualités principales d'un chevalier ? »

d. Marie demanda à son professeur : « Qui sont les chevaliers de la Table ronde ? »

e. Le roi se demandait depuis longtemps : « Lequel de mes chevaliers réussira-t-il à trouver le Saint Graal ? »

f. Yvain se demandait : « De quelle façon vais-je pouvoir réussir cette ultime épreuve ? »

5 CONTRÔLE EXPRESS

Lis le texte, puis réponds aux questions.

« Ah ! Lancelot ! que signifie une conduite aussi insensée ? [...] Vraiment, je ne crois pas que Dieu nous ait jamais donné un chevalier qui te fût comparable en valeur ou en renom. Et te voilà dans un tel embarras que tu jettes tes coups en arrière et que tu combats derrière ton dos ! Fais donc le tour de façon à être du côté où tu auras sous les yeux cette tour qu'il est si doux de regarder. »

Le Chevalier de la charrette, Chrétien de Troyes

a. Relève les propositions subordonnées et souligne le mot subordonnant.

b. Pour chaque proposition relevée, indique sa nature et sa fonction.

Corrigés p. 13 du livret.

ORTHOGRAPHE

9 L'accord du verbe avec le sujet

RETENIR

1 / L'accord quelle que soit la position du sujet

- Le verbe s'accorde en genre et en nombre avec le sujet. Mais, attention, le sujet n'est pas toujours placé juste avant le verbe.

Cas particulier	Exemple
Inversion sujet-verbe : le sujet est rejeté après le verbe.	Au XIIIe siècle, **eurent lieu** de grandes découvertes. (verbe : eurent lieu ; sujet : de grandes découvertes)
Le sujet est séparé du verbe par une négation ou un pronom personnel COD.	Ils ne le **regretteront** pas. (sujet : Ils ; verbe : regretteront) Notre livre vous les **contera** en clair et bon ordre. (sujet : Notre livre ; verbe : contera)
Le noyau du groupe sujet est séparé du verbe par une expansion.	Messire Marco Polo, sage et noble citoyen de Venise, les **décrit**. (sujet : Messire Marco Polo ; verbe : décrit) Les récits qu'il ne se lasse de raconter **passionnent** tout le monde. (sujet : Les récits ; verbe : passionnent)

→ Pour repérer le sujet, utilise la question « qui est-ce qui… ? ».

2 / L'accord quelle que soit la nature du sujet

- Si le sujet est un GN :
– et que le nom noyau est singulier, le verbe s'accorde au singulier ;

Le **Livre** des merveilles **conte** les aventures de Marco Polo.

– et que le nom noyau est un pluriel, le verbe s'accorde au pluriel.

- Si le sujet est un adverbe de quantité (*beaucoup*, *peu*, *trop*, etc.), le verbe se met au pluriel.

À l'époque, **beaucoup** de gens **ignoraient** l'existence des autres continents.

- Si le sujet est l'un des pronoms indéfinis suivants : *aucun*, *chacun*, *rien*, *on*, le verbe s'accorde au singulier.

Rien ne lui **échappe**.

Le voyageur vénitien Marco Polo parcourt la Chine entre 1275 et 1291.

MOTS CLÉS

✓ **Sujet :** Le sujet exerce l'action exprimée par le verbe. Élément essentiel de la phrase, c'est lui qui régit l'accord du verbe en genre et en nombre.

✓ **Adverbe :** Mot invariable, l'adverbe permet de préciser le sens d'un verbe ou d'un autre mot.

LA MÉTHODE

▷ Accorder le verbe d'une subordonnée relative avec le pronom sujet *qui*

- Il faut **repérer l'antécédent** du pronom, c'est-à-dire le mot ou le groupe de mots représenté par le pronom *qui*.

Les grands explorateurs, [qui **ont découvert** des terres inconnues], ont raconté leurs aventures.
(antécédent du pronom : Les grands explorateurs ; pr. sujet : qui ; verbe : ont découvert)

MINI INTERRO

1. Comment s'accorde le verbe d'une phrase ?
2. Comment accorde-t-on le verbe dont le sujet est « aucun » ?

S'ENTRAÎNER

1 Quiz

Souligne le bon sujet parmi ceux proposés.

a. Ce matin, (beaucoup / aucun / chacun) de gens prennent le métro.

b. À chaque question du professeur, (aucun / chacun / rien) n'ose répondre.

c. (Rien / chacun / on) ne sert de courir, il faut partir à point.

d. (Beaucoup / aucun / on) tentent le concours, mais (aucun / peu / rien) y parviennent.

2 Accord avec le sujet

Dans les phrases suivantes, les verbes sont conjugués au présent. Souligne chaque sujet et accorde le verbe correctement.

a. Les récits des explorateurs, les conn.....-tu ?

b. Marco Polo ne rédig..... pas lui-même son livre, il le dict..... à son compagnon de cellule.

c. Au XVIe siècle, Jean de Léry, citoyen français de religion protestante, voyag..... au Brésil et ses découvertes, il les racont..... dans un livre.

d. Un séjour au Brésil, cela vous tent.....-t-il ?

3 Conjuguer les verbes

Conjugue au présent les verbes en les accordant avec leur sujet.

a. Le récit de tous ses voyages (fasciner) ses auditeurs.

b. Nous, qui (avoir) l'habitude de voyager, (aimer) découvrir différentes cultures.

c. Les récits de voyage, écrits par les grands explorateurs, (permettre) à l'époque de combattre les préjugés des Européens.

d. Ce sujet de rédaction, que votre professeur vous a donné, (nécessiter) de connaître l'époque des grands explorateurs.

e. Christophe Colomb, qui fut l'un des explorateurs les plus célèbres, (adresser) son journal de bord aux souverains espagnols.

4 Dans les relatives

Accorde le verbe de la proposition relative et indique quel est son sujet.

a. Les nombreuses histoires que tu racont...... sans cesse me donnent envie de voyager.

b. Les Européens, qui ne connaissai...... pas ces terres, les ont découvertes par leurs récits.

c. Un touriste qui ne parl...... pas d'autres langues hésitera à partir à l'étranger.

d. Toi qui veu...... travailler dans le tourisme, tu dois bien étudier les langues étrangères.

e. Le récit de beaucoup d'explorateurs de l'époque qui voulai...... informer les peuples de leurs découvertes contenait des éléments de merveilleux.

5 CONTRÔLE EXPRESS

Lis le texte, puis réponds aux questions.

Seigneurs, Empereurs et Rois, Ducs et Marquis, Comtes, Chevaliers et Bourgeois, et vous tous qui voulez connaître les différentes races d'hommes, et être informés de leurs us et coutumes, prenez donc ce livre et faites-le lire ; car vous y trouverez toutes les grandissimes merveilles de la Turquie, des Tartares et de l'Inde […] ; c'est ainsi que notre livre vous les contera en clair et bon ordre, tout comme Messire Marco Polo, sage et noble citoyen de Venise, les décrit parce qu'il les a vues de ses propres yeux.

■ *Le Devisement du monde, Le Livre des merveilles I*, 1298, Marco Polo © Klincksieck, 1998.

a. Relève les verbes conjugués et indique le sujet de chacun.

b. Souligne une proposition subordonnée introduite par le pronom « qui » et entoure l'antécédent du pronom.

c. Réécris la fin de l'extrait (à partir de « *C'est ainsi…* ») en remplaçant « notre livre » par « nos ouvrages » et « Messire Marco Polo » par « les explorateurs ».

Corrigés p. 14 du livret.

10 L'accord du participe passé

RETENIR

1 / Les emplois du participe passé

- Le participe passé peut **s'employer seul** : il fonctionne alors comme un adjectif qualificatif et s'accorde en genre et en nombre avec le nom auquel il se rapporte. Assoiffés, le Renard et le Bouc descendent dans un puits pour y boire. → Le participe passé *assoiffés* se rapporte au GN *le Renard et le Bouc* et s'accorde donc au masculin pluriel.

- Le plus souvent, un participe passé est employé **avec l'auxiliaire *avoir* ou *être*** : il fait partie d'une forme verbale conjuguée à un temps composé (ils ont **bu**) ou à la voix passive (il est **pris** au piège).

MOTS CLÉS

✓ **Auxiliaire :** Employés avec un participe passé, les verbes *être* et *avoir* sont des auxiliaires. Ils servent notamment à construire les formes des temps composés.

✓ **Participe passé :** Le participe passé, associé à un auxiliaire, permet de conjuguer un verbe à un temps composé. Il peut aussi s'employer seul comme adjectif.

2 / Accorder le participe passé employé avec un auxiliaire

- Employé **avec l'auxiliaire *être***, le participe s'accorde en genre et en nombre avec le sujet du verbe. Le Renard était **passé** maître en fait de tromperie. → Le participe passé s'accorde au masculin singulier avec *Le Renard*.

- Employé **avec l'auxiliaire *avoir***, le participe passé ne s'accorde jamais avec le sujet. Il s'accorde avec le COD si celui-ci est antéposé, c'est-à-dire placé devant le verbe :
  – le COD est un pronom personnel (*le, la, l', te, vous*...) : Tu nous as beaucoup **amusés** avec ton histoire. → Le participe *amusés* s'accorde au masculin pluriel avec le pronom *nous* placé devant le verbe ;
  – le COD est un pronom relatif (généralement *que*) : As-tu compris la fable que tu as **lue** ? → Le participe passé *lue* s'accorde au féminin singulier avec le pronom COD *que* dont l'antécédent est *la fable* ;
  – le COD est un GN déterminé par *quel*, dans une phrase interrogative ou exclamative : Quelles histoires incroyables tu as **imaginées** ! → Le participe passé *imaginées* s'accorde au féminin pluriel avec le GN *quelles histoires incroyables* placé devant le verbe.

LA MÉTHODE

▷ Repérer et accorder un participe passé en [e]

- Il ne faut pas confondre la terminaison en *–er* de l'infinitif et celle en *–é* du participe passé. Le Renard a **piégé** le Bouc pour **remonter** du puits.

On ne peut pas dire « le Renard a ~~prendre~~ le Bouc... », mais on peut dire « pour **prendre** le puits » : la première forme est donc un participe passé, la seconde un infinitif.

- Après avoir repéré un participe passé, il faut savoir **quelle règle d'accord appliquer** en se posant les questions suivantes :
  – avec quel auxiliaire, *être* ou *avoir*, le participe est-il employé ?
  – s'il est employé avec *avoir*, y a-t-il un COD placé devant le verbe ?
  – s'il est employé seul, à quel nom se rapporte-t-il ?

MINI INTERRO

1. Quelle est la règle d'accord du participe passé avec l'auxiliaire *être* ?

2. Et avec l'auxiliaire *avoir* ?

S'ENTRAÎNER

1 Chercher l'intrus

Dans chaque liste, entoure la forme qui n'est pas un participe passé.

a. pris • prît • prises • prise

b. écrit • écrits • écrire • écrites

c. joués • jouée • jouèrent • jouées

d. permit • permis • permises • permise

e. cru • crut • crue • crues

2 Auxiliaires et participes

Souligne en bleu les participes passés employés seuls, en rouge les participes employés avec l'auxiliaire *être* et en vert les participes employés avec l'auxiliaire *avoir*.

Deux jours s'étaient passés sans qu'aucun vînt
[au puits ;
Le temps, qui toujours marche, avait, pendant
[deux nuits,
Échancré, selon l'ordinaire,
De l'astre au front d'argent la face circulaire.
Sire Renard était désespéré.
Compère Loup, le gosier altéré,
Passe par là. L'autre dit : « Camarade,
Je veux vous régaler : voyez-vous cet objet ?
C'est un fromage exquis : le Dieu Faune l'a fait.
[…] »

■ « Le Loup et le Renard », *Fables*, 1668-1694, XI, 6, Jean de La Fontaine.

3 Accord du participe passé

Souligne l'auxiliaire puis accorde correctement le participe passé.

a. Le Renard et le Bouc sont descendu..... dans le puits et ils n'ont pas pu..... remonter.

b. Nous avons étudié..... des fables qui ont été écrit..... au XVIIe siècle.

c. J'ignore si la cour a apprécié..... les fables dans lesquelles elle était critiqué.....

4 Modifier des phrases

Réécris les phrases selon l'exemple. Attention à l'accord du participe passé !

Exemple : Tu as organisé une grande fête.
→ La grande fête que tu as organisée.

a. Margot a terminé un récit passionnant.

b. Le renard a utilisé une de ses nombreuses ruses.

c. Vous avez appris cette fable par cœur.

d. Gustave Doré a illustré les célèbres fables de La Fontaine.

5 Écrire les participes passés

Complète chaque phrase avec le participe passé du verbe entre parenthèses. Attention aux accords !

a. Quelle imagination La Fontaine a (avoir) pour écrire toutes ces histoires !

b. La morale de cette fable, l'as-tu (comprendre) ou veux-tu que je te l'explique ?

c. Les leçons que La Fontaine a (donner) dans ses fables sont encore d'actualité.

d. Les erreurs que tu as (faire), essaie de ne pas les reproduire.

e. Les défauts de la société, plusieurs écrivains les ont (dénoncer) dans leurs écrits.

6 CONTRÔLE EXPRESS

a. Écris correctement les formes verbales entre parenthèses.

b. Justifie chacun de tes choix.

Jean de La Fontaine a (écrire) ses *Fables* pour (éduquer) le Dauphin qui était (appeler) à (régner) un jour. L'écrivain souhaitait que le futur roi ne recommence pas les erreurs (passer), mais il ne pouvait pas (critiquer) directement le roi et la cour sous peine d'être (condamner). Il a donc (imaginer) un procédé lui permettant de le faire de façon (cacher) : les animaux dont il raconte les aventures lui ont (permettre) de (dénoncer) les défauts des gens de pouvoir, sans qu'on puisse le lui (reprocher). Ses fables sont extrêmement (connaître) et (étudier) depuis des siècles.

Corrigés p. 14 du livret.

11 L'accord de l'adjectif qualificatif

RETENIR

1 / Les règles générales

• L'adjectif qualificatif s'accorde toujours en genre et en nombre **avec le nom auquel il se rapporte**, quelle que soit sa fonction par rapport à ce nom.

L'aube **tropicale** (épithète) avait fait place à l'aurore.
La lumière jaillissait d'un seul coup, **parée, armée, glorieuse** (apposés).
La nature paraissait **étincelante** (attribut).

• Quand un adjectif qualifie **plusieurs noms**, il se met :
– au même genre que ces noms s'ils sont de même genre : des lions et des guépards **endormis** ;
– au masculin pluriel s'ils sont de genres différents : des lions et des gazelles **endormis**.

MOTS CLÉS

✓ **Adjectif qualificatif :** L'adjectif qualificatif s'accorde en genre et en nombre avec le nom qu'il qualifie. Il peut être épithète ou attribut.

✓ **Épithète :** L'adjectif qualificatif a la fonction d'épithète lorsqu'il est placé directement avant ou après le nom (*un élève attentif*).

2 / Les cas particuliers

• Les **adjectifs de couleur** s'accordent normalement, mais ils restent invariables quand ils sont :
– dérivés d'un nom (*orange, marron, prune*…) sauf les adjectifs *rose, fauve, écarlate, mauve, pourpre qui* varient normalement : des chemises **orange** mais des vestes **mauves** ;
– composés (*bleu marine, vert pomme*…) : des cheveux **noir ébène**.

• Quand ils sont formés de deux adjectifs, les **adjectifs composés** s'accordent normalement en genre et en nombre avec le nom auquel ils se rapportent : un plat **aigre-doux** → des saveurs **aigres-douces**. Mais si l'un des éléments qui compose l'adjectif est un mot invariable, cet élément ne s'accorde pas : un enfant **nouveau-né** → des enfants **nouveau-nés** (= « nouvellement nés » ; *nouveau* fonctionne ici comme un adverbe et ne s'accorde donc pas).

LA MÉTHODE

▷ Accorder un adjectif qualificatif dans un GN complexe

• Pour accorder correctement un adjectif qui qualifie un groupe nominal composé d'un nom et d'un complément du nom, il faut bien **identifier à quel nom se rapporte l'adjectif** en question. Pour cela, il faut s'interroger sur le sens de l'expression.

Des histoires de fantômes **terrifiantes.** → Ce sont les histoires qui sont *terrifiantes*, on accorde donc l'adjectif avec le noyau du GN.

Des pots de sauce **aigre-douce.** → C'est la sauce qui est *aigre-douce*, et non les pots, on accorde donc l'adjectif avec le complément du nom.

MINI INTERRO

Quelle est la règle d'accord :

1. de l'adjectif qualificatif ?
2. des adjectifs de couleur ?

S'ENTRAÎNER

1 Quiz

Relie chacun des noms de la colonne de gauche à l'adjectif qui lui correspond.

a. des paysages	passionnée
b. un spectacle	somptueux
c. une bête	sauvage
d. un cri	apeuré
e. l'aventurier	terrifiante
f. une jeune fille	magnifique

2 Adjectifs épithètes et apposés

Dans cet extrait, souligne en bleu les adjectifs épithètes et en vert les adjectifs apposés.

Sur les arbres répandus alentour de ma hutte, et dont les sommets portaient des épines vernies à neuf, les oiseaux chantaient et jacassaient les singes.

Et devant la véranda, les brumes, les vapeurs se dissipaient une à une pour libérer, toujours plus ample et mystérieux, un verdoyant espace au fond duquel flottaient de nouvelles nuées qui s'envolaient à leur tour.

Le Lion, Joseph Kessel © Éditions Gallimard, 1958.

3 Accord des adjectifs

Accorde correctement les adjectifs entre parenthèses.

a. Les teintes (rose) et (bleu) qui colorent le ciel sont (magnifique).

b. Pierre a des amis (franco-américain) qui sont des gens très (haut-placé).

c. Je n'apprécie pas trop les plats (sucré-salé), mais cette recette (aigre-doux) m'a beaucoup plu.

d. Avec sa robe (vert émeraude), son écharpe (jaune citron), ses ongles (écarlate) et ses mèches (mauve), Inès ne passe pas inaperçue !

e. N'oublie pas ton écharpe et tes gants (rouge) et enfile ta veste (noir) par-dessus cette robe (ultra-fin).

4 Expressions à compléter

Complète l'expression qui fait référence à un animal et accorde l'adjectif.

a. Impossible de les tromper, Paul et Titouan sont malin..... comme ....

b. À cause de sa timidité maladive, en cours, Cybil reste muet..... comme ....

c. Méfiez-vous de Françoise et Odile qui sont rusé..... comme ....

d. Cette personne est têtu..... comme ....

5 LECTURE D'IMAGE

Observe l'image, puis réponds aux questions.

a. De quel type d'image s'agit-il ?

- ❑ Une gravure du XIXe siècle.
- ❑ Une photo du XXIe siècle.
- ❑ Un dessin satirique du XVIIIe siècle.

b. Quel est le point commun à l'ensemble des personnages représentés ? Quelle est leur particularité ?

c. Quel est le personnage principal ? À quoi le reconnaît-on ?

d. Choisis deux personnages et écris pour chacun une phrase qui le décrit en utilisant au moins trois adjectifs.

e. Selon toi, peut-on trouver facilement l'auteur du texte qu'illustre cette image ?

J.-J. Grandville (1803-1847), *Le Lion tient conseil*, illustration pour *Les Animaux malades de la peste* de Jean de La Fontaine, Paris, BNF.

Corrigés p. 14 du livret.

12 Les homophones grammaticaux

RETENIR

Deux outils grammaticaux peuvent être homophones : dans ce cas, seule l'analyse de leur **nature grammaticale** permet de les distinguer.

MOTS CLÉS

✓ **Homophone :** Deux homophones se prononcent de la même façon mais n'ont pas le même sens et s'écrivent de manière différente.

✓ **Préposition :** Une préposition est un mot invariable : *à*, *de*, *dans*, *en*, *par*, etc. Elle sert à introduire un autre mot ou groupe de mots qui remplit une fonction de complément.

1 / Identifier les verbes *être* et *avoir*

	Natures	Exemples
a ≠ à	• *a* : 3e pers. du singulier du verbe *avoir* • *à* : préposition	Elle ***a*** (avait) laissé un mot. Il faut rentrer ***à*** (~~avait~~) la maison.
ont ≠ on	• *ont* : 3e pers. du pluriel du verbe *avoir* • *on* : pronom sujet	Les arbres ***ont*** (avaient) perdu leurs feuilles. ***On*** (~~avaient~~) frappe à la porte.
est ≠ et	• *est* : 3e pers. du pluriel du verbe *être* • *et* : conjonction de coordination	Il ***est*** (était) temps de partir. La pluie ***et*** (~~était~~) l'orage menacent.
sont ≠ son	• *sont* : 3e pers. du pluriel du verbe *être* • *son* : déterminant possessif	Les branches ***sont*** (étaient) désormais nues. Elle a mis ***son*** manteau (sa veste).

2 / Identifier un mot élidé (*l', s', d', n'*)

	Natures	Exemples
la ≠ l'a	• *la* : déterminant ou pronom personnel féminin • *l'a* : verbe *avoir* précédé du pronom personnel *le* ou *la* élidé	Après le vent, ***la*** pluie (le soleil) est arrivée. Je ***la*** (le) vois assise dans l'herbe. Il ***l'a*** (l'avait) salué poliment.
sans ≠ s'en	• *sans* : préposition qui indique un manque ; c'est le contraire d'*avec* • *s'en* : pronom adverbial précédé du pronom personnel réfléchi *se* élidé	Cet individu est vraiment ***sans*** gêne. On a beau lui dire, il ***s'en*** (je m'en) moque éperdument.
dans ≠ d'en	• *dans* : préposition introduisant un CC de lieu ou de temps • *d'en* : pronom adverbial *en* précédé de la préposition *de* élidée	Elle a oublié son sac ***dans*** le bus (à l'intérieur du bus). Tu es dans ton bain depuis une heure : il est temps ***d'en*** sortir (de sortir du bain).
ni ≠ n'y	• *ni* : conjonction de coordination de sens négatif • *n'y* : pronom adverbial *y* précédé de la négation *ne* élidée	Il n'est ***ni*** triste ***ni*** déçu de partir. (≠ Il est triste et déçu…) Ils ***n'y*** pensent plus désormais. (Ils ne pensent plus à cela désormais.)

LA MÉTHODE

▷ Distinguer les noms des verbes

• Certains noms peuvent être homophones de verbes de la même famille. Pour les distinguer, il faut bien **identifier la nature** de chacun des deux termes. Le verbe, par exemple, peut se conjuguer à une personne différente.

Il a enfin terminé son **travail**.

Cela fait plus d'une heure qu'il **travaille** (nous travaillons) sur ce devoir.

→ *Travail* est un nom commun, radical du verbe « travailler » ;
il travaille correspond à la 3e personne du singulier du verbe « travailler » à l'indicatif présent.

MINI INTERRO

1. Par quel moyen peut-on distinguer les formes verbales *a*, *ont*, *est*, *sont* de leurs homophones ?
2. Emploie les homophones *si* et *s'y* dans deux phrases.

S'ENTRAÎNER

1 Quiz

Souligne l'homophone qui convient.

a. Il (ni / n'y) a rien (à / a / as) faire : Christine ne veut (n'y / ni) nager, (n'y / ni) se promener.

b. Michaël (l'a / la / l'as) salue tous les matins, mais elle ne (la / l'a / l'as) pas encore remarqué.

c. Je (l'a / l'as / la) gronderai si j'étais toi : elle n'(as / à / a) pas (as / a / à) faire ça.

d. Ils (on / ont) voulu venir, (ont / on) le leur (as / a / à) pourtant déconseillé.

e. Rachid est allé voir (son / sont) cousin pour les vacances : ils (son / sont) très proches.

2 Homophones d'*avoir* et *être*

Dans chaque phrase, entoure une forme du verbe *avoir* ou *être*, puis souligne un homophone.

a. A-t-il dit à quelle heure il arrivait ?

b. Tu es sûre d'avoir bien pris ton bonnet et tes gants.

c. Bernard l'a vu rentrer hier soir à 22 heures.

d. Ils ont roulé par erreur sur son vélo et ils en sont désolés.

e. On leur dit sans cesse qu'ils ont tort.

3 *Sans ou s'en ? dans ou d'en ?*

Complète ces phrases comme il convient.

a. .... 24 heures, nous serons enfin en vacances.

b. Séverine .... va .... regrets.

c. C'est un produit très puissant : il convient .... prendre un peu seulement.

d. Il .... doute depuis longtemps, mais il saura la vérité .... peu de temps.

e. Cette recette ne peut réussir .... cet ingrédient : il faut être sûr .... avoir avant de la commencer.

4 Choisir le bon homophone

Rétablis le texte en le complétant avec les homophones qui conviennent.

Mon oiseau ...... le ventre tout bleu
Sa tête ...... d'un vert mordoré
Il ...... une tache noire sous ...... gorge
Ses ailes ...... bleues avec des touffes de petites [plumes jaune doré
Au bout de ...... queue il y ...... des traces de [vermillon
...... dos ...... zébré de noir ...... de vert
Il ...... le bec noir, les pattes incarnat ...... deux [petits yeux de jais.

L'Oiseau bleu, Blaise Cendrars, in « Poésies complètes » © 1947, 1963, 2001, 2005 Éditions Denoël, extrait tiré du volume 1 de « Tout autour d'aujourd'hui », nouvelle édition des œuvres complètes de Blaise Cendrars, dirigée par Claude Leroy.

5 LECTURE D'IMAGE

a. Que représente ce tableau ?

- ❑ Une tête d'homme composée d'éléments végétaux.
- ❑ Une tête de monstre composée de parties d'animaux.
- ❑ Une tête d'homme symbolisant le printemps.

b. Justifie son titre.

c. Nomme les éléments que tu choisirais pour composer une image, à la manière du peintre italien, intitulée « Le Printemps ». ....

....

Giuseppe Arcimboldo (vers 1527-1593), *L'Hiver*, huile sur toile, 76 × 63 cm, Paris, musée du Louvre.

Corrigés p. 14 du livret.

13 Les verbes du 1er groupe

RETENIR

1 / Les verbes les plus nombreux

- Les verbes du 1er groupe se caractérisent par leur **infinitif en *-er*** (sauf le verbe *aller* qui appartient au 3e groupe). Ils présentent, en règle générale, un radical unique, que l'on obtient en enlevant la terminaison de l'infinitif (donner → radical : donn-), et se conjuguent tous sur le même modèle.

■ Dans le fabliau « Brunain, la vache au prêtre », un couple de paysans offre sa vache au curé qui a promis que Dieu rendait tout en double…

- Les verbes du 1er groupe sont les plus nombreux. Ils représentent environ **90 %** des verbes du français.

MOTS CLÉS

✔ **Infinitif :** L'infinitif est un mode non personnel, qui ne change pas de personne. Il peut avoir les mêmes fonctions qu'un nom.

✔ **Groupes verbaux :** Il existe trois groupes de verbes : 1er groupe (infinitif en *-er*), 2e groupe (participe présent en *-issant*), 3e groupe (les autres verbes). Au présent de l'indicatif, les terminaisons changent en fonction du groupe auquel appartient le verbe.

2 / Les terminaisons aux temps simples de l'indicatif

Présent	Imparfait	Passé simple	Futur
j'aim**e**	j'aim**ais**	j'aim**ai**	j'aimer**ai**
tu aim**es**	tu aim**ais**	tu aim**as**	tu aimer**as**
il aim**e**	il aim**ait**	il aim**a**	il aimer**a**
nous aim**ons**	nous aim**ions**	nous aim**âmes**	nous aimer**ons**
vous aim**ez**	vous aim**iez**	vous aim**âtes**	vous aimer**ez**
ils aim**ent**	ils aim**aient**	ils aim**èrent**	ils aimer**ont**

Remarque : au futur simple, les terminaisons s'ajoutent à l'infinitif du verbe.

LA MÉTHODE

▷ Conjuguer des verbes avec modification du radical

Certains verbes du 1er groupe présentent une variation de radical.

- Les **verbes en *-cer*** prennent une cédille devant les voyelles *a* et *o*.
  placer → je place, nous placions mais je plaçais, nous plaçons
- Les **verbes en *-ger*** s'écrivent avec un *e* devant les voyelles *a* et *o*.
  manger → je mange, nous mangions mais je mangeais, nous mangeons
- Les verbes ***jeter*** et ***appeler*** (et les verbes dérivés) prennent deux *l* ou deux *t* devant une terminaison avec un *e* muet.
  jeter → je jetais, je jetai mais je jette, je jetterai
  appeler → j'appelais, j'appelai mais j'appelle, j'appellerai
- Les autres **verbes en *-eler*** et ***-eter*** peuvent désormais tous se conjuguer comme *acheter* et *modeler* (rectifications orthographiques de 1990).
  acheter → il achetait mais il achète
  modeler → elle modelait mais elle modèlera
- Dans les **verbes en *-yer***, le *y* se transforme en *i* devant un *e* muet.
  appuyer → nous appuyons, vous appuyez mais j'appuie, tu appuies, il appuie

MINI INTERRO

1. À quoi reconnaît-on les verbes du 1er groupe ?
2. Quelles sont les terminaisons des verbes du 1er groupe au passé simple ?

S'ENTRAÎNER

1 Chercher l'intrus

Entoure l'intrus dans chaque liste.

a. je marche • je saute • je cours • je sautille

b. nous verrons • nous chanterons • nous laisserons • nous parlerons

c. ils rugissent • ils hurlent • ils crient • ils vocifèrent

d. tu jetais • tu mangeais • tu prenais • tu appelais

2 Identifier les verbes

Dans le texte ci-dessous, donne l'infinitif des verbes en gras et souligne ceux qui appartiennent au 1er groupe.

Le paysan **s'en va** et le curé **donne** l'ordre à son clerc d'**attacher** Blérain (pour qu'elle **prenne** de nouvelles habitudes) avec sa propre vache Brunain, une belle vache assez grande. Le clerc la **mène** au pré, attache les deux vaches ensemble, puis il les **laisse**… La vache du curé **se penche**, elle **veut** paître. La vache du paysan, elle, ne **veut** pas **se baisser**, et elle **tire** sur la longe, elle tire tellement fort qu'elle **entraîne** Brunain hors du pré.

« Brunain, la vache au prêtre », Jean Bodel (vers 1165-vers 1210), adapté par P. Gaillard et F. Rachmuhl © Hatier, 2002.

3 Au futur

Dans chacune des phrases, conjugue les verbes entre parenthèses au futur de l'indicatif.

a. Le paysan (chercher) à faire un bon geste : il (donner) son unique vache.

b. Le curé (profiter) de la générosité du paysan et il (garder) la vache dans son pré.

c. Les deux vaches (s'échapper) de leur enclos et (se retrouver) chez le paysan.

d. Le paysan et sa femme (posséder) deux vaches désormais et en (remercier) le ciel.

e. Tous deux (penser) qu'il s'agit d'une récompense et ils (continuer) à se montrer généreux.

4 Du singulier au pluriel

Transpose les formes verbales ci-dessous à la personne du pluriel correspondante.

a. Elle créa → ....

b. Je menaçai → ....

c. Tu changeais → ....

d. Je placerai → ....

e. Elle s'appuya → ....

5 Des verbes particuliers

Conjugue le verbe entre parenthèses au présent de l'indicatif.

a. Nous (manger) ensemble tous les soirs et (partager) nos impressions.

b. Tu (jeter) toujours tes magazines quand tu les as lus ?

c. Nous (nager) plus vite que vous, mais vous (plonger) plus loin.

d. Ils (balayer) le sol pendant que vous (essuyer) la vaisselle.

6 CONTRÔLE EXPRESS

Lis le texte, puis réponds aux questions.

Aussitôt dit, aussitôt fait. Ils s'en retournent chez eux. Le paysan entre dans l'étable, prend la vache par sa longe et va l'offrir au prêtre. Celui-ci était habile, et rusé. Il écoute. « Beau Sire, dit le paysan, les mains jointes, pour l'amour de Dieu je vous donne Blérain. » Il lui met dans les mains la longe de la vache et il lui jure que maintenant sa femme et lui ne possèdent plus rien du tout.

« Brunain, la vache au prêtre », Jean Bodel, adapté par P. Gaillard et F. Rachmuhl © Hatier, 2002.

a. Relève les verbes conjugués et donne leur infinitif.

b. Parmi les formes relevées, souligne les verbes du 1er groupe.

c. Réécris la dernière phrase en remplaçant « il » par « les paysans ».

Corrigés p. 14 du livret.

14 Les verbes du 3e groupe

RETENIR

On distingue **3 groupes** de conjugaison :
– le 1er groupe rassemble les verbes en *-er* (sauf *aller*) ;
– le 2e groupe rassemble les verbes en *-ir* dont le participe présent se termine en *-issant* ;
– le 3e groupe rassemble tous les autres verbes.

1 / Les terminaisons du 3e groupe aux temps simples de l'indicatif

• Les verbes du **3e groupe** présentent une conjugaison irrégulière avec des **variations de radical**. Prenons l'exemple du verbe *croire*, dont le radical peut être *croi-*, *croy-*, *cru-*...

Présent	Imparfait	Passé simple	Futur
je crois tu crois il croit nous croyons vous croyez ils croient	je croyais tu croyais il croyait nous croyions vous croyiez ils croyaient	je crus tu crus il crut nous crûmes vous crûtes ils crurent	je croirai tu croiras il croira nous croirons vous croirez ils croiront

MOTS CLÉS

✓ **Radical :** Le radical du verbe est l'élément qui ne change pas et auquel vient s'ajouter la terminaison verbale.

✓ **Terminaison :** La terminaison est l'élément final du verbe. C'est elle qui indique la personne, le mode et le temps du verbe conjugué.

2 / Des verbes très irréguliers

• Certains verbes du 3e groupe sont particulièrement irréguliers : leur radical change et ils présentent parfois des **terminaisons différentes**.

aller	je vais, tu vas, il va, nous allons, vous allez, ils vont
dire	je dis, tu dis, il dit, nous disons, vous dites, ils disent
faire	je fais, tu fais, il fait, nous faisons, vous faites, ils font

• Les verbes comme : *vouloir*, *pouvoir*, *valoir* ont aussi une conjugaison spécifique. Au singulier du présent, ils prennent les terminaisons *-x*, *-x*, *-t*.

vouloir	je veux, tu veux, il veut, nous voulons, vous voulez, ils veulent
pouvoir	je peux, tu peux, il peut, nous pouvons, vous pouvez, ils peuvent
valoir	je vaux, tu vaux, il vaut, nous valons, vous valez, ils valent

LA MÉTHODE

▷ Conjuguer les verbes en *-dre*

• Au singulier du présent, les **verbes en *-dre*** (sauf ceux qui se terminent par *-indre* ou *-soudre*) prennent les terminaisons *-ds*, *-ds*, *-d*. Ces verbes conservent donc un *d* au singulier qui ne s'entend pas : il prend.

Remarque : tous ces verbes en *-dre* font leur passé simple en *-i-* : j'entendis, tu entendis, il entendit, nous entendîmes, vous entendîtes, ils entendirent.

• Les **verbes en *-indre* et en *-soudre*** perdent le *d* du radical et prennent les terminaisons *-s*, *-s*, *-t* : je peins, tu peins, il peint ; je résous, tu résous, il résout.

MINI INTERRO

1. Quels sont les trois groupes de conjugaison ? Comment les distingue-t-on ?

2. Conjugue au présent de l'indicatif et à toutes les personnes les verbes « aller » et « faire ».

S'ENTRAÎNER

1 Chercher l'intrus

Entoure l'intrus de chaque série.

a. avoir • mentir • sourire • finir • prendre

b. vendre • entendre • pouvoir • rendre

c. dormir • venir • rougir • tenir • appartenir

d. voir • savoir • vouloir • souhaiter • pouvoir

e. obscurcir • couvrir • assombrir • ternir • polir

2 Temps de l'indicatif

Conjugue les verbes suivants au temps de l'indicatif et à la personne demandée.

a. faire (passé simple) → il……………………………………

b. dire (imparfait) → nous ……………………………………

c. survenir (passé simple) → ils……………………………………

d. tenir (futur) → je……………………………………

3 Au passé simple

Conjugue les verbes entre parenthèses au passé simple de l'indicatif.

a. Nous (surprendre) le voleur qui s'enfuyait.

b. Fatima et Killian (apercevoir) une montgolfière qui survolait le lac.

c. Elle (boire) un grand verre d'eau, puis elle (aller) se recoucher.

4 Reconnaître le 3e groupe

Souligne dans le texte les verbes du 3e groupe, puis donne leur infinitif.

Il y a aussi un coucou en bois.
Je ne sais pourquoi il n'a plus de voix.
Je ne veux pas le lui demander.
Peut-être qu'elle est cassée,
la voix qui était dans son ressort,
tout bonnement comme celle des morts.

De l'angélus de l'aube à l'angélus du soir, Francis JAMMES

5 Des verbes en *-dre*

Conjugue les verbes entre parenthèses au temps indiqué.

a. Ils (entendre, passé simple) un grand fracas et (apprendre, passé simple) ensuite qu'il s'agissait d'un accident.

b. Ils (prendre, imparfait) tout leur temps pour arriver.

c. Il (prétendre, présent) que nous n'(apprendre, présent) rien, mais nous le (surprendre, futur) par nos connaissances le moment venu.

6 LECTURE D'IMAGE

Observe l'image et réponds aux questions.

a. Quelle est la nature de l'image et qui en est l'auteur ? Cite deux autres œuvres de l'artiste.

b. Nomme les différents objets qui figurent dans cette chambre. Quel est l'élément dominant ?

c. Quelles sont les différentes couleurs ? S'agit-il plutôt de couleurs chaudes ou froides ? Pourquoi selon toi ?

d. Quelle est la source de lumière ?

e. Selon toi, quelle idée l'artiste a-t-il voulu donner de la pièce représentée ?

Vincent VAN GOGH (1853-1890), *La Chambre à Arles* (1889), huile sur toile, 57,5 × 74 cm, Paris, musée d'Orsay.

Corrigés p. 15 du livret.

15 Les temps composés

RETENIR

1 / La formation des temps composés

- À un temps composé, le verbe se conjugue avec l'auxiliaire ***être*** ou ***avoir***. Cet auxiliaire porte les marques du temps et de la personne ; le verbe est au **participe passé** : j'ai acheté ; nous avons acheté.

Temps simple	Temps composé (auxiliaire + participe passé)
Présent : il fait	Passé composé : il **a** fait
Imparfait : il faisait	Plus-que-parfait : il **avait** fait
Futur : il fera	Futur antérieur : il **aura** fait
Passé simple : il fit	Passé antérieur : il **eut** fait

- L'auxiliaire du temps composé est conjugué au temps simple correspondant.

MOTS CLÉS

✓ **Temps composés :** Les temps composés sont formés à partir d'un auxiliaire (*être* ou *avoir*) et du participe passé du verbe conjugué. Ils expriment une action accomplie.

✓ **Valeur des temps :** Certains temps ont des valeurs différentes selon le contexte. Par exemple, le subjonctif présent peut exprimer un ordre ou un souhait.

2 / La valeur des temps composés

- Employé avec le temps simple qui lui correspond, un temps composé exprime une action qui s'est déroulée avant l'action exprimée au temps simple.

Charlie trouve (présent) un ticket dans la tablette qu'il a achetée (passé composé).

Charlie rentra (passé simple) dès qu'il eut trouvé (passé antérieur) son ticket.

- Employé seul, le temps composé exprime une action accomplie, achevée.

Dans quelques jours, il aura réalisé (futur antérieur) son rêve.

LA MÉTHODE

▷ Orthographier une forme verbale en [i] ou [y]

- Plusieurs formes verbales peuvent se terminer par le **son** [i] :
  - des verbes au présent de l'indicatif ou de l'impératif (je crie, il finit ; lis) ;
  - les verbes du 2ᵉ groupe et certains du 3ᵉ groupe au passé simple (je rougis ; tu entendis) ;
  - le participe passé des verbes du 2ᵉ groupe et de certains verbes du 3ᵉ groupe (appris ; écrit).
- Plusieurs formes verbales peuvent se terminer par le **son** [y] :
  - des verbes du 3ᵉ groupe au présent de l'indicatif ou de l'impératif (il conclut ; conclus) ;
  - des verbes du 3ᵉ groupe au passé simple (je crus, il vécut) ;
  - le participe passé de certains verbes du 3ᵉ groupe (vu, lu).
- Attention à bien distinguer les formes conjuguées des participes passés :
  il **crut**, il **apprit** → verbe à la 3ᵉ personne du passé simple
  il a **cru**, il a **appris** → verbe au participe passé
- Quand on a repéré un participe passé, on peut mettre la forme au féminin : ainsi, on sait si elle se termine par une consonne et, si oui, laquelle.
  pris → prise ; écrit → écrite ; lu → lue ; cru → crue

MINI INTERRO

1. Comment forme-t-on un temps composé ?
2. Quelle est la valeur d'un temps composé employé seul ?

S'ENTRAÎNER

1 Quiz

Associe chaque temps simple de la colonne de gauche au temps composé qui lui correspond à droite.

a. il sait	il aura su
b. il savait	il avait su
c. il sut	il a su
d. il saura	il eut su

2 Quels sont les temps ?

Dans chacune des phrases, entoure l'auxiliaire du verbe souligné, puis indique à quel temps ce verbe est conjugué.

a. Charlie Buckett a trouvé (....................) un ticket d'or alors qu'il ne l'espérait plus.

b. Willy Wonka avait fermé (....................) son usine, car il avait remarqué (....................) qu'on lui volait ses recettes.

c. Bientôt, Charlie et son grand-père auront visité (....................) la fameuse fabrique et ils auront rencontré (....................) son mystérieux propriétaire.

d. Charlie eut bientôt compris (....................) ce qui l'attendait.

3 Compléter les terminaisons

Orthographie correctement chacune des terminaisons verbales suivantes.

a. Son grand-père consenti..... à accompagner Charlie et il s'en réjoui..... à l'avance.

b. Tu di..... que tu as vu..... Willy Wonka, mais il n'est pas sorti..... de son usine depuis des années.

c. Charlie vi..... de ses propres yeux toutes les merveilles dont il avait entendu..... parler.

d. Nous avons appri..... que la visite leur avait beaucoup plu.....

e. Si ta leçon est parfaitement su....., alors écri.....-la de mémoire. Si tu ne peux pas le faire, c'est que tu l'as appri..... trop vite.

4 Mots mêlés

Réécris tous les verbes à l'infinitif que tu auras barrés dans la grille ci-dessous, puis conjugue chacun d'eux à la 1re personne du singulier et du pluriel au passé antérieur. Ensuite, en coloriant les lettres qui restent, tu découvriras le sésame qui permet de visiter la chocolaterie de Mr. Wonka.

T	P	A	T	I	E	N	T	E	R
A	V	O	I	R	I	D	I	R	E
C	F	A	I	R	E	E	T	R	E
C	O	N	T	E	S	T	E	R	K
L	A	C	E	R	E	R	I	R	E
T	C	O	N	N	A	I	T	R	E
L	I	R	E	D	T	A	P	E	R
A	R	T	I	C	U	L	E	R	O
R	E	N	G	L	O	U	T	I	R

5 CONTRÔLE EXPRESS

Lis le texte, puis réponds aux questions.

« Mais si, il l'a fermée. Après avoir dit à tous ses ouvriers qu'il était navré, mais qu'ils devaient rentrer chez eux, il a fermé la porte cochère et l'a attachée avec une chaîne. Et soudain, la gigantesque chocolaterie Wonka est devenue silencieuse et déserte. Les cheminées ont cessé de fumer, les machines de ronronner et, à partir de ce fameux jour, on n'y fabriquait plus un bonbon, plus une bouchée de chocolat. Plus personne n'entrait ni ne sortait. Pas un chat. Quant à Mr. Willy Wonka, il disparut complètement. »

Charlie et la chocolaterie, Roald Dahl, traduit par Elisabeth Gaspar © Éditions Gallimard jeunesse, 1967.

a. Relève les verbes conjugués, puis souligne en noir les verbes conjugués à un temps simple et en bleu ceux conjugués à un temps composé.

b. Indique le temps auquel est conjugué chaque verbe.

c. Réécris le texte (de « Mais si… » jusqu'à « …déserte. ») en conjuguant au plus-que-parfait les verbes au passé composé.

Corrigés p. 15 du livret.

16 Le subjonctif

RETENIR

1 / Les formes du subjonctif

- Pour former le **subjonctif présent** d'un verbe, on ajoute au radical de la 1re personne du pluriel du présent de l'indicatif les terminaisons ***-e***, ***-es***, ***-e***, ***-ions***, ***-iez***, ***-ent***. nous dis-ons → que je dis-e, que tu dis-es, qu'il dis-e...

Attention à la 1re et à la 2e personne du pluriel des verbes en *-yer*, *-iller*, *-ier*, *-gner* : il ne faut pas oublier le *i* de la terminaison (que nous voyions, que vous brilliez).

- Certains verbes sont très irréguliers au subjonctif présent :

être	que je sois, que tu sois, qu'il soit, que nous soyons, que vous soyez, qu'ils soient
avoir	que j'aie, que tu aies, qu'il ait, que nous ayons, que vous ayez, qu'ils aient
pouvoir	que je puisse, que tu puisses, qu'il puisse, que nous puissions, que vous puissiez, qu'ils puissent
vouloir	que je veuille, que tu veuilles, qu'il veuille, que nous voulions, que vous vouliez, qu'ils veuillent
aller	que j'aille, que tu ailles, qu'il aille, que nous allions, que vous alliez, qu'ils aillent
dire	que je dise, que tu dises, qu'il dise, que nous disions, que vous disiez, qu'ils disent
faire	que je fasse, que tu fasses, qu'il fasse, que nous fassions, que vous fassiez, qu'ils fassent

- Le **subjonctif passé** se forme avec l'auxiliaire *avoir* ou *être* au subjonctif présent et le participe passé du verbe conjugué.

Qu'il **ait** quitté le royaume ! Qu'il **soit** parti au plus vite !

2 / Le mode du possible

- Le subjonctif est le mode du possible, de l'éventuel. On l'emploie dans des **propositions indépendantes** pour exprimer : l'ordre (Que Renart **soit** jugé !), le souhait (Que je **puisse** enfin me venger !), l'indignation (Après tous ces crimes, qu'il **s'en sorte** encore !).
- On l'utilise aussi dans des **propositions subordonnées** :
  – conjonctives, derrière des verbes exprimant la volonté, le doute, un sentiment : Je doute qu'il **parvienne** à s'en sortir cette fois ;
  – relatives, pour exprimer un objectif : Je voudrais un procès qui **soit** équitable.

MOTS CLÉS

✓ **Mode :** Il existe quatre modes personnels, qui varient en personne : indicatif, subjonctif, impératif et conditionnel ; et trois modes impersonnels, qui ne varient pas : infinitif, participe et gérondif.

✓ **Subjonctif :** Le terme subjonctif vient du latin *sub* (= sous) et *jungere* (= joindre, unir). Ce mode s'emploie en effet principalement dans des propositions subordonnées dépendant d'une proposition principale.

LA MÉTHODE

▷ Distinguer le subjonctif présent de l'indicatif présent

- Il arrive que la **1re personne du présent de l'indicatif et celle du subjonctif présent** se prononcent de la même manière au singulier (je cours, que je coure).
- Pour éviter de confondre ces formes :
  – on peut remplacer la 1re personne du singulier par la 1re personne du pluriel (nous courons, que nous courions) ;
  – on peut remplacer le verbe conjugué par un autre verbe dont les formes au présent de l'indicatif et du subjonctif n'ont pas une prononciation identique.

Qu'il **coure** pour arriver plus vite → Qu'il **parte**... (mode subjonctif).
Je vois qu'il **court** pour arriver plus vite → Je vois qu'il **part**... (mode indicatif).

MINI INTERRO

1. Comment forme-t-on le subjonctif présent ?
2. Que peut exprimer le subjonctif employé dans une proposition indépendante ?

S'ENTRAÎNER

1 Chercher l'intrus

Entoure l'intrus dans chaque liste de verbes.

a. *je sois • nous soyons • ils sont • il soit*

b. *tu coures • vous courrez • il coure • elles courent*

c. *je pars • nous partions • vous partiez • il parte*

d. *il mente • tu mens • nous mentons • on ment*

2 Le subjonctif présent

Conjugue ces verbes au présent du subjonctif et à la personne demandée.

a. recevoir → que tu ....

b. nager → que nous ....

c. se réveiller → que nous..

d. prendre → que je..

3 Subjonctif ou indicatif ?

Indique si chacun des verbes soulignés est : au présent du subjonctif (PS), au passé du subjonctif (PAS) ou au présent de l'indicatif (PI).

a. Il faut que tu te dépêches (.......) !

b. Margot s'étonne qu'aucune de ses amies ne l'ait encore appelée (.......).

c. Que vous ayez trouvé (.......) porte close me surprend beaucoup.

d. Leur mère observe avec satisfaction que les enfants jouent (.......) calmement.

e. « Qu'ils sont (......) déjà grands ! » constate le grand-père qui aimerait que ses petits-enfants viennent (.......) plus souvent.

4 Le subjonctif passé

Conjugue au passé du subjonctif et à la personne du singulier ou du pluriel correspondante chacun de ces verbes.

a. qu'ils aient → ....

b. que nous soyons → ....

c. que vous preniez → ....

d. que tu ailles → ....

5 Les valeurs du subjonctif

Souligne le verbe au subjonctif et indique si ce mode exprime : un ordre (O), un souhait (S) ou une indignation (I).

a. Malgré son attitude, qu'il soit sélectionné dans l'équipe ! (.....)

b. Je ne veux plus l'entendre, qu'il sorte immédiatement ! (.....)

c. Que les vacances arrivent enfin ! (.....)

d. Après tous nos conseils, que vous persistiez dans l'erreur ! (.....)

e. Qu'ils cessent ce vacarme immédiatement ! (.....)

6 CONTRÔLE EXPRESS

a. Dans le texte ci-dessous, conjugue les verbes entre parenthèses au subjonctif présent.

b. Pour chaque forme au subjonctif, indique la valeur de ce mode.

c. Réécris l'ensemble des verbes au subjonctif présent en les conjuguant au subjonctif passé et en conservant la même personne.

Que Renart (être) .... un être fourbe et rusé, cela n'est un secret pour personne. Tous les autres animaux souhaitent qu'il (payer) .... pour ses ruses et ses crimes.

Le loup Ysengrin craint que Renart (poursuivre) .... ses méfaits, car lui-même en a été victime. Qu'il (parvenir) .... à se venger du goupil : cela paraît peu probable, à moins qu'il (avoir) .... soudain la même habileté que lui.

Nombreux sont ceux qui aimeraient que Renart (être) .... enfin mis en échec et (devenir) .... à son tour victime. (Pouvoir) .... ses mauvais tours s'arrêter enfin : voilà ce qu'espère tout le royaume !

Corrigés p. 15 du livret.

17 Le conditionnel

RETENIR

1 / Les formes du conditionnel

MOT CLÉ

✓ **Conditionnel :** Le mode conditionnel permet d'exprimer une hypothèse, une éventualité, une incertitude. Dans le récit au passé, il évoque une action à venir.

- Pour former le **conditionnel présent** d'un verbe, on ajoute au radical du futur simple de l'indicatif les terminaisons de l'imparfait : *-ais, -ais, -ait, -ions, -iez, -aient.*

  je verr-ai → je verr-ais
  nous fer-ons → nous fer-ions

- Le **conditionnel passé** se forme avec l'auxiliaire *être* ou *avoir* conjugué au conditionnel présent et le participe passé du verbe conjugué :

  j'**aurais** vu ; nous **serions** partis.

Dans *La Farce de Maître Pathelin*, le rusé Pathelin use de sa fourberie et abuse de la naïveté des gens pour obtenir ce qu'il veut sans rien débourser.

2 / Le mode de l'hypothèse

- Le mode conditionnel permet d'exprimer l'hypothèse, c'est-à-dire **une action soumise à une condition**. Selon le cas, l'action :
  – est possible dans l'avenir (potentiel) : Si Pathelin cessait enfin ses tromperies, il pourrait essayer de gagner honnêtement sa vie.
  – est non réalisée dans le présent (irréel du présent) : Si Pathelin avait de l'argent, il obtiendrait plus facilement du tissu.
  – est non réalisée dans le passé (irréel du passé) : Si Pathelin n'avait pas été aussi fourbe, il aurait pu faire une belle carrière.

- On emploie également le conditionnel pour exprimer :
  – la **supposition** : Maître Pathelin serait-il un bon avocat ?
  – l'**atténuation** : Guillemette voudrait que son mari Pathelin soit plus honnête.

LA MÉTHODE

▷ Distinguer l'indicatif futur et le conditionnel présent

- La 1re personne du futur simple de l'indicatif et celle du conditionnel présent **se prononcent de la même manière** : je prendr**ai**, je prendr**ais**.

Pour éviter la confusion, on peut remplacer cette personne par une autre : par exemple, par la 3e personne du singulier.

  Je prendr**ai** mon train demain à 10 h. → Il prendr**a** son train demain à 10 h. (futur)
  Accepter**ais**-tu de m'aider ? → Accepter**iez**-vous de m'aider ? (conditionnel)

- On observe aussi que le futur simple exprime une action dont on est sûr qu'elle se produira dans l'avenir, tandis que le conditionnel exprime une action incertaine.

MINI INTERRO

1. Comment forme-t-on le conditionnel présent ?
2. Que permet principalement d'exprimer le mode conditionnel ?

S'ENTRAÎNER

1 Chercher l'intrus

Entoure l'intrus dans chaque liste.

a. il irait • nous irions • tu iras • ils iraient

b. tu choisirais • vous choisirez • elle choisira • nous choisirons

c. vous auriez • tu aurais • j'aurai • ils auraient

d. je saurais • tu saurais • nous saurions • ils sauront

2 Les verbes au conditionnel

Dans chacune des listes ci-dessous, souligne le verbe conjugué au conditionnel présent.

a. il sera • il était • il serait • il fut • il est

b. tu guérissais • tu guéris • tu guérisses • tu guérirais • tu guériras

c. nous vivons • nous vivions • nous vivrions • nous vivrons • nous vécûmes

d. vous avez • vous auriez • vous aviez • vous aurez • vous eûtes

e. ils croiront • ils croyaient • ils croient • ils crurent • ils croiraient

f. on prenait • on prit • on prendrait • on prendra • on prenne

3 Au conditionnel passé

Conjugue les verbes au conditionnel passé à la personne demandée.

a. jouer → vous ....

b. dire → tu ....

c. se réveiller → je..

d. aller → ils ....

e. s'écrier → elles ....

4 Les valeurs du conditionnel

Pour chacune des phrases suivantes, indique si le conditionnel exprime le potentiel (P), l'irréel du présent (IPr) ou l'irréel du passé (IPa).

a. Si le drapier avait été moins naïf, il ne se serait pas laissé abuser par la ruse de Pathelin. (.......)

b. Si son mari était plus honnête, Guillemette aurait une vie plus heureuse. (.......)

c. Il faudrait punir plus sévèrement les voleurs de son espèce. (.......)

d. Si Pathelin avait eu moins d'audace, il n'aurait pas osé tendre ce piège au drapier. (.......)

e. Si Pathelin était moins sûr de lui, il verrait qu'on peut le tromper à son tour. (.......)

5 *-rai* ou *-rais* ?

Dans les phrases suivantes, remplace le verbe souligné par la 1re personne du singulier en conservant le même temps.

a. Elle préfèrerait que son mari gagne plus d'argent.

b. Nous aurons besoin de tissu pour confectionner de nouvelles robes.

c. Tu devrais savoir qu'il n'est pas honnête depuis le temps !

d. Ainsi, vous aurez plus de temps pour vous préparer.

e. Elles aimeraient toujours avoir raison, mais cette fois-ci, elles n'auront pas le dernier mot.

6 CONTRÔLE EXPRESS

a. Réécris le texte ci-dessous en conjuguant les verbes soulignés au conditionnel passé.

b. Quelle est la valeur du mode conditionnel dans le texte ainsi réécrit ?

c. Rédige une phrase dans laquelle le conditionnel exprimera un irréel du présent.

Alors que sa femme et lui s'étaient disputés pour du tissu, Pathelin avait décidé d'aller en chercher en ville. Guillemette avait été très étonnée et elle s'était demandé comment il allait s'y prendre car il n'avait pas gagné d'argent depuis longtemps.
Pathelin s'était rendu chez un drapier et il avait prétendu bien connaître le père de celui-ci. Il avait fait de nombreux éloges à son sujet et avait réussi à amadouer Guillaume, le drapier. Celui-ci avait donc accepté que Pathelin emporte le tissu chez lui et ils avaient conclu que Guillaume viendrait ensuite récupérer son argent.
Bien entendu, le drapier trompé n'avait jamais récupéré son dû… Il était pourtant allé réclamer son argent en personne chez Pathelin et sa femme mais, naïf, il n'avait pas compris que le couple s'était joué de lui.

Corrigés p. 15 du livret.

18 Voix active et voix passive

RETENIR

1 / La formation de la voix passive

- Seuls les verbes transitifs directs, c'est-à-dire ceux qui se construisent avec un COD, peuvent être mis à la voix passive. La voix passive d'un verbe se forme avec **l'auxiliaire *être***, qui porte la marque du temps et de la personne, suivi de son **participe passé**.

  j'**entend** (voix active, présent) → je **suis** entendu (voix passive, présent)
  il **voyait** (voix active, imparfait) → il **était** vu (voix passive, imparfait)

- Le verbe à la voix passive est généralement accompagné d'un **complément d'agent** indiquant qui fait l'action.

  Une rose (sujet) **fut cueillie** (verbe passif) par le marchand (complément d'agent).

2 / La transformation passive

- Pour transformer une phrase active en phrase passive, il faut faire **plusieurs modifications** :
  - le sujet du verbe actif devient complément d'agent dans la phrase passive ;
  - le verbe actif est mis à la voix passive avec l'auxiliaire *être* ;
  - le COD du verbe actif devient sujet du verbe passif.

  Le marchand (sujet) **prie** (verbe actif) la Bête (COD) de lui laisser la vie sauve.
  La Bête (sujet) **est priée** (verbe passif) par le marchand (complément d'agent) de lui laisser la vie sauve.

MOTS CLÉS

✓ **Phrase active / passive :** Dans la phrase active, le sujet du verbe accomplit l'action. Dans la phrase passive, le sujet subit l'action accomplie par le complément d'agent.

✓ **Complément d'agent :** Le complément d'agent est celui qui accomplit l'action dans la phrase passive. Il se trouve après le verbe et il est introduit par une préposition (généralement *par* ou *de*).

LA MÉTHODE

▷ Identifier un complément d'agent

- Le complément d'agent est celui qui accomplit l'action dans la phrase passive. Il est introduit après le verbe par une **préposition** (*par* ou *de*).

  La Belle est admirée **par tous les gentilshommes**.
  La jeune fille est admirée **de tous**.

- Il se peut que le complément d'agent ne soit **pas exprimé**, notamment lorsque le sujet de la phrase active est le pronom « on ».

  On ne vous a pas prévenus à temps. (phrase active)
  → Vous n'avez pas été prévenus à temps. (phrase passive)

- Il ne faut pas confondre le complément d'agent avec un complément circonstanciel introduit notamment par la préposition *par*. Le complément d'agent ne peut être **ni déplacé ni supprimé**, contrairement au CC.

MINI INTERRO

1. Comment forme-t-on la voix passive d'un verbe ?
2. À la voix passive, que devient le sujet de la phrase active ?

S'ENTRAÎNER

1 Quiz

Relie chaque verbe à la voix active au verbe passif qui lui correspond.

a. je croirai ○	○ je suis cru
b. je crois ○	○ je serais cru
c. je croirais ○	○ je serai cru
d. je croyais ○	○ j'étais cru

2 Voix active ou passive ?

Dans chacune des phrases, le sujet souligné est-il l'auteur de l'action exprimée par le verbe ? Indique s'il s'agit d'une phrase active ou passive.

a. Mme Leprince de Beaumont a écrit le conte de *La Belle et la Bête*.

b. Les filles aînées du marchand sont orgueilleuses.

c. Les trois filles sont courtisées par de riches marchands.

d. La vie du vieux marchand est sauvée par le sacrifice de sa fille.

e. La Bête demande la jeune femme en mariage.

3 CA ou CC ?

Indique si le groupe de mots souligné est un complément d'agent (CA) ou un complément circonstanciel (CC).

a. Le marchand arrive au château par un soir de tempête. (.....)

b. Le Prince a été changé en monstre par un sortilège. (.....)

c. La Belle est admirée de tous. (.....)

d. La jeune femme accepte par générosité. (.....)

e. Les sœurs de la Belle sont punies de leur orgueil. (.....)

4 Vers la voix passive

Transforme chacune des phrases actives suivantes en phrase passive.

a. Les enfants adorent les contes merveilleux.

→ ....

b. Il a lu tous les contes de Charles Perrault.

→ ....

c. La Bête convie la Belle à souper.

→ ....

d. Le marchand retrouve sa fille avec bonheur.

→ ....

e. La fée a changé le monstre en prince.

→ ....

5 Vers la voix active

Transforme chacune des phrases passives en phrase active.

a. Elle a été convoquée par le principal.

→ ....

b. Nous n'avons pas été punis.

→ ....

c. Cette carte a été envoyée par nos parents.

→ ....

d. Le coupable a enfin été retrouvé.

→ ....

e. La pièce a été applaudie par toute la salle.

→ ....

6 CONTRÔLE EXPRESS

Lis le texte, puis réponds aux questions.

Un meunier ne laissa pour tous biens à trois enfants qu'il avait, que son moulin, son âne, et son chat. Les partages furent bientôt faits, ni le notaire, ni le procureur n'y furent point appelés. Ils auraient eu bientôt mangé tout le pauvre patrimoine. L'aîné eut le moulin, le second eut l'âne, et le plus jeune n'eut que le chat.

Charles Perrault, *Le Chat botté*, 1697.

a. Relève les verbes conjugués en distinguant, dans un tableau à deux colonnes, les verbes à la voix active et les verbes à la voix passive.

b. Réécris la deuxième phrase du texte en la transposant à la voix active.

c. « Le père donna le moulin au fils aîné et l'âne au second » : transpose cette phrase à la voix passive.

Corrigés p. 15 du livret.

LEXIQUE

19 L'histoire des mots

RETENIR

1 / Les origines latines du français

MOTS CLÉS

✓ **Étymologie :** On appelle étymologie l'étude des origines des mots. En français, l'essentiel du vocabulaire provient du latin ou du grec.

✓ **Doublet :** Certains mots latins sont à l'origine de deux mots français : l'un d'origine savante et l'autre d'origine populaire. C'est ce que l'on appelle des doublets.

- La langue française s'est formée **progressivement** à partir de mots hérités du latin, mais aussi du gaulois et des langues germaniques. Ces apports donnent naissance, au Moyen Âge, à l'**ancien français** qui évolue, à partir du XVIe siècle, vers le français que nous parlons aujourd'hui.
- Environ 80 % du vocabulaire français provient du latin. Le français est une **langue romane, issue principalement du latin populaire**. Au moment de la conquête romaine, les soldats ont introduit, en Gaule, l'usage du latin à l'oral. Mais les Gaulois, en parlant cette langue, l'ont modifiée et les mots latins ont évolué.
- Au Moyen Âge et à la Renaissance, savants et écrivains ont fait de **nombreux emprunts** au latin et au grec classiques pour enrichir la langue française. Ces mots sont très proches des mots d'origine et ne s'en différencient souvent que par la terminaison : ***voluntas*** → volon**té**. Cet enrichissement se poursuit encore avec notamment l'utilisation de préfixes ou suffixes gréco-latins.
- Certains mots latins ont donné naissance à deux mots : des doublets.

Racine latine	Origine populaire	Origine savante
navigare	nager	naviguer
captivum	chétif	captif
hospital	hôtel	hôpital

2 / Les apports des autres langues

- Le français moderne a également emprunté du vocabulaire :
  - à l'arabe : zéro, chiffre…
  - à l'anglais : e-mail, match…
  - à l'allemand : képi, trinquer…
  - à l'espagnol : sieste, cigare…
  - à l'italien : pantalon, scénario…

- Alors que certains mots sont empruntés tels quels, d'autres sont francisés : leur orthographe est modifiée pour leur donner davantage l'apparence d'un mot français. Cédérom → de l'anglais « *CD-Rom* » ; caméra → de l'italien « *camera* », une chambre claire.

MINI INTERRO

1. D'où provient la majeure partie du vocabulaire français ?

2. Comment peut-on trouver l'étymologie d'un mot ?

LA MÉTHODE

▷ Trouver l'étymologie d'un mot dans le dictionnaire

- Chercher l'étymologie d'un mot, c'est **s'informer sur son origine**. Pour ce faire, il faut utiliser un dictionnaire suffisamment complet. Ainsi le mot « capitale » provient du nom latin *caput* qui signifie « la tête ». Le mot « enfant » provient de l'adjectif latin *infans* qui signifie « qui ne parle pas ».

S'ENTRAÎNER

1 Quiz

Coche la bonne réponse.

a. Le mot « capitale » provient du mot latin :

❑ *captivus* (prisonnier) ❑ *caput* (la tête)
❑ *capere* (prendre)

b. Le mot « fenêtre » vient du mot :

❑ *fenetra* ❑ *fenestra* ❑ *phenestra* ❑ *fenêtra*

c. Le verbe latin *saltare* a donné le verbe français :

❑ saluer ❑ s'attarder ❑ sauter ❑ salir

2 Les doublets

Relie chaque mot latin au mot d'origine populaire et au mot d'origine savante qui lui correspondent.

Mots latins	Mots d'origine populaire	Mots d'origine savante
auscultare mutare cerebrum novus ministerium	neuf muer métier écouter cerveau	muter ausculter nouveau ministère cérébral

3 Du latin au français

Retrouve quels mots français ont été formés à partir de ces termes latins.

a. libertas : ....

b. cantare : ....

c. littera : ....

d. digitus : ....

4 Les mots abrégés

Dans chaque phrase, souligne les mots abrégés et réécris-les en entier.

a. Mon cousin est passionné de spéléo, mais moi je préfère la photo.

b. Plus tard, je rêve d'avoir une moto, mais pour le moment je circule à vélo.

c. Comme il était en retard pour prendre le bus, Samuel a oublié de mettre un pull.

d. Éteignez cette télé et allons plutôt au ciné !

5 Du grec au français

Retrouve le mot français qui provient de chacun des mots grecs ci-dessous.

a. akrobates → ....

b. grammatike → ....

c. epopoila → ....

d. theatron → ....

e. skéné → ....

f. muthos → ....

6 Les emprunts à l'anglais

Dans chacune des phrases ci-dessous, souligne les mots qui proviennent de l'anglais, puis réécris les phrases en les remplaçant par des mots ou expressions français.

a. J'adore ce chanteur, je viens d'acheter un best-of de ses chansons.

b. Quelle chance : il va passer le week-end à la mer !

c. Marie-Christine et Laurence ont passé leur après-midi à faire du shopping.

d. Sarah aime beaucoup lire des magazines people.

e. Ils passent leur soirée à tchater.

7 CONTRÔLE EXPRESS

a. Complète le tableau ci-dessous en t'aidant d'un dictionnaire.

b. Trouve deux mots construits sur le même radical que « bibliothèque » et « oculiste ».

c. Utilise, dans une phrase de ton choix, les mots qui ne sont ni d'origine latine ni d'origine grecque.

Mot	Langue d'origine	Radical	Sens du radical
oculiste	*latin*	*oculus*	*œil*
lavabo			
bibliothèque			
spaghetti			
hasard			
pierre			

Corrigés p. 16 du livret.

LEXIQUE

20 Le sens des mots

RETENIR

1 / Les mots polysémiques

- La plupart des mots ont **plusieurs sens** : ils sont polysémiques (du préfixe grec *poly-* signifiant « plusieurs » et du radical *sémie* signifiant « sens »).

Elle a rédigé une longue **lettre**.
→ courrier, message.
Épelle les **lettres** de ton prénom.
→ caractères, ensemble des consonnes et voyelles.
Il est susceptible : il prend tout au pied de la **lettre**.
→ sens strict d'un mot, d'un texte.
Elle a choisi de faire des études de **lettres**. → littérature.

L'ensemble des différents sens d'un mot correspond à son **champ sémantique**. On le trouve dans le dictionnaire.

Remarque : attention, il ne faut pas confondre le champ sémantique et le champ lexical (= ensemble de mots se rapportant à un même thème).

- Certains mots en revanche n'ont qu'**un seul sens** : un stylo, une étable.

MOTS CLÉS

✓ **Sens figuré :** Le sens figuré correspond au sens second d'un mot. Il s'agit souvent d'un sens imagé, contrairement au sens propre.

✓ **Mot polysémique :** Un mot polysémique est un mot qui peut avoir plusieurs sens en fonction du contexte dans lequel il est utilisé. Par exemple, le mot « lettre ».

2 / Sens propre et sens figuré

- Le **sens propre** d'un mot est son sens premier, généralement concret, qui désigne une réalité. C'est le premier sens que donne le dictionnaire.

Un **âne** : mammifère sauvage ou domestique, à grosse tête et longues oreilles, dont la robe est généralement grise. → sens propre.

- Un mot peut avoir un ou plusieurs sens figurés. Le **sens figuré** est un sens secondaire, plus imagé, que l'on obtient par comparaison avec le sens propre.

Un **âne** : personne bornée, stupide, incapable de comprendre. → sens figuré.

- C'est le **contexte** qui indique si le mot est employé au sens propre ou au sens figuré.

LA MÉTHODE

▷ Employer des mots génériques

- Un mot générique est un terme qui englobe **une catégorie** de personnes, d'animaux ou d'objets. Par exemple, le mot « capitale » est un terme générique qui peut être utilisé pour désigner de nombreuses grandes villes.

Paris, Vienne, Athènes, Bruxelles…

- Les mots génériques s'emploient notamment pour **éviter les répétitions**.

Isabelle a visité Londres. Elle a adoré cette capitale qu'elle a trouvée fascinante.

MINI INTERRO

1. Qu'appelle-t-on le sens propre et le sens figuré d'un mot ? Donne un exemple.
2. À quoi sert d'employer des termes génériques ?

S'ENTRAÎNER

1 Vrai ou faux ?

Coche la case qui convient.

	V	F
a. Le mot « cœur » est un mot polysémique.	❑	❑
b. « Elle fait encore sa tête de cochon » : le mot « cochon » est ici employé au sens propre.	❑	❑
c. « Nous venons de parler des mammifères en cours de biologie » : cette phrase contient un terme générique.	❑	❑
d. « Il retient tout, il a vraiment une mémoire d'éléphant » : cette phrase contient un mot employé au sens figuré.	❑	❑
e. « Le chien est le meilleur ami de l'homme » : cette phrase contient un mot au sens figuré.	❑	❑

2 Sens propre ou figuré ?

Indique si le mot souligné est employé au sens propre (SP) ou au sens figuré (SF).

a. Il n'a pas fini sa récitation : il a eu un trou (.....) !

b. Cette robe rose bonbon (.....) te va à ravir.

c. Cesse de manger des bonbons (.....), tu auras mal au cœur (.....) !

d. Merci, mon trésor (.....), de m'apporter ton aide (.....) !

e. Cet enfant est un ogre (.....) : il dévore (.....) tout ce qu'on lui donne.

3 Des mots polysémiques

Emploie chacun des mots suivants dans deux phrases afin qu'il ait un sens différent dans chacune.

a. riche b. cadeau c. attraper d. blanc

4 Au sens figuré

Précise le sens exact des mots ou expressions soulignés. Aide-toi d'un dictionnaire au besoin.

a. En entendant ce bruit assourdissant, elle est restée pétrifiée.

b. Impossible de les laisser ensemble : ils s'entendent comme chien et chat.

c. Il ne se préoccupe pas des risques éventuels, c'est un fonceur.

d. Ce film d'horreur nous a fait dresser les cheveux sur la tête !

e. Vos parents sont très à cheval sur la politesse.

5 Termes génériques

Trouve quel terme générique correspond à chacune des listes suivantes.

a. lion, chat, panthère, tigre → ....

b. train, avion, vélo, tramway → ....

c. adjectif, verbe, adverbe, conjonction de subordination → ....

d. bague, bracelet, collier, broche → ....

e. mais, ou, et, donc, or, ni, car → ....

6 LECTURE D'IMAGE

Observe l'image et réponds aux questions.

a. Quelle est la nature de l'image ? Qui en est l'auteur ? Que représente-t-elle ?

b. Quelles sont les couleurs dominantes ?
❑ bleu et jaune ❑ vert et blanc ❑ noir et rouge

c. À quelle saison se déroule la scène représentée ? Quels sont les éléments qui te permettent de répondre ?

d. Décris le cadre de la scène représentée. Les contours sont-ils nets ? Comment définirais-tu la méthode employée par l'artiste pour représenter notamment l'arrière-plan ?

e. En quoi réside l'originalité de la scène représentée ?

Claude MONET (1840-1926), *Suzanne lisant et Blanche peignant*, 1887, huile sur toile, 1,30 × 0,97 m, Los Angeles, County Museum of Art.

Corrigés p. 16 du livret.

LEXIQUE

21 La formation des mots

RETENIR

1 / Les mots dérivés, les mots composés

• Un **mot dérivé** est formé d'un radical auquel on ajoute un préfixe ou un suffixe.

Préfixe	Radical	Suffixe
Élément placé devant le radical : il ne modifie pas la nature du mot mais son sens.	Élément de base qui exprime le sens principal du mot et ne change pas.	Élément placé derrière le radical qui peut modifier la nature du mot (nom, verbe...).
trans-port	-port-	port-**able** → (adjectif)

• Un **mot composé** est formé de plusieurs mots ou radicaux, qui peuvent être : juxtaposés (compte rendu), accolés (portemanteau), reliés par un trait d'union (bloc-notes) ou une préposition (fer à repasser).

MOTS CLÉS

✓ **Radical :** C'est l'élément de base du mot, porteur du sens. Il ne change pas.

✓ **Préfixe :** Le préfixe est un élément qui se fixe devant le radical. Il peut modifier le sens du mot mais pas sa classe grammaticale.

✓ **Suffixe :** Le suffixe est un élément qui se fixe derrière le radical. Il peut modifier la classe grammaticale du mot.

2 / Les préfixes et suffixes usuels

Préfixe	Sens	Exemple
a-, ac-, ad-, al-, as-, at-	vers	amerrir, atteindre
a-, an-	sans, privé de	apatride, amnésique
en-, em-, in, im-, il-	dans	enterrer, immerger
il-, im-, in-, ir-	le contraire de	impossible, irrécupérable

Suffixe	Permet de former un...	Exemple
-eur/-euse, -teur/-trice	nom désignant une activité	instituteur, danseuse
-et/-ette, -ot/-otte	adj. à valeur diminutive	pauvret, vieillotte
-ment	adverbe de manière	rapidement, correctement
-té, -ité, -eté	nom abstrait	liberté, simplicité

3 / Les éléments d'origine grecque ou latine

Radical grec ou latin	Sens	Exemple
aqua-, aqu-	eau	aqueduc, aquarium
multi- / omni-	nombreux / tout	multiplier, omnivore
auto- / bio-	soi-même / vie	autobiographie, biographie
philo- / -phobe	qui aime / qui déteste	philosophe, claustrophobe
poly-	plusieurs	polythéiste, polychrome

LA MÉTHODE

▷ Identifier les variations orthographiques de certains préfixes

• Quand un préfixe se terminant par une consonne est ajouté à un radical qui commence par une **consonne**, celle-ci est **doublée** : dis-facile → difficile.

• Pour les mots construits avec les préfixes *in-*, *dés-*, *en-*, *re-*, il faut penser au radical du mot : inaccessible → in-accessible (avec un seul *n*) • inné → in-né (avec deux *n*) • déshabiller → dés-habiller (ne pas oublier le *h* du radical).

MINI INTERRO

Comment forme-t-on un mot dérivé ?

S'ENTRAÎNER

1 Chercher l'intrus

Dans chaque liste, souligne le mot qui n'a pas le même radical.

a. défaire • malfaisant • parfaire • faisan

b. ordinateur • ordonner • ordonnance • corde

c. festif • festival • fête • festivité • fétiche

d. décrire • inscrire • souscrire • s'écrier

2 Des adverbes avec *-ment*

Ajoute à chacun des adjectifs le suffixe *-ment* pour former un adverbe. Attention à l'orthographe de certains.

a. joli → ……………………

b. vrai → ……………………

c. lent → ……………………

d. difficile → ……………………

e. ancien → ……………………

3 Former des adjectifs

Trouve l'adjectif, construit à partir du préfixe signifiant « le contraire de », qui correspond à chacune des définitions suivantes.

a. Qui ne peut être utilisé → ……………………

b. Qui ne peut se réconcilier → ……………………

c. Qui ne peut être réalisé → ……………………

d. Qui ne peut être vu → ……………………

e. Qui ne peut être entendu → ……………………

f. Qui ne peut être battu → ……………………

g. Qui n'est pas efficace → ……………………

4 Grec ou latin ?

Dans les phrases ci-dessous, souligne en bleu les mots qui viennent du latin et en vert les mots qui viennent du grec.

a. Au cours de l'histoire, il y eut de nombreux régicides.

b. Thaïs est claustrophobe : elle ne prend jamais l'ascenseur.

c. Cet auteur a publié une autobiographie dans laquelle il explique sa philosophie de vie.

d. Rokhaya aime la biologie, la géographie, l'archéologie : elle a des goûts très hétéroclites.

e. Depuis qu'il a découvert la mythologie, il est fasciné par les dieux omniscients et polymorphes.

5 *-tion* ou *-sion* ?

Ajoute, à chacun des verbes suivants, le suffixe *-tion* ou *-sion* pour former un nom d'action. Attention à l'orthographe des mots obtenus. Aide-toi d'un dictionnaire au besoin.

a. comprendre → ……………………

b. agir → ……………………

c. élire → ……………………

d. progresser → ……………………

e. nager → ……………………

f. multiplier → ……………………

6 CONTRÔLE EXPRESS

a. Dans le texte ci-dessous, complète les mots en utilisant les préfixes et suffixes qui conviennent.

Je trouve les récits des grands voyag...... vraiment passion...... ! Les aventures ......ordinaires qu'ils ont vécues forcent l'admira...... À l'époque, pour les popula......, ces contrées étaient encore parfait...... ......connues. Christophe Colomb et ses ......pagnons ont permis de ......solider les connaissances de tous. De nos jours, des ......missions de télévision avec des report...... rendent poss...... la découverte de pays étrang...... depuis son habita......

b. Classe chacun des mots construits par dérivation dans le tableau en indiquant, pour chaque mot, le préfixe et/ou le suffixe qui le composent, son radical et sa nature.

Préfixe	Radical	Suffixe	Nature du mot

Corrigés p. 16 du livret.

22 Les principaux genres littéraires narratifs

RETENIR

1 / L'épopée (Antiquité et Moyen Âge)

- L'épopée (du grec *epos*, le vers) est un **récit poétique** qui narre des actions extraordinaires et démesurées, accomplies par des héros surhumains. Dans ces récits versifiés, l'histoire se mêle à la légende, le réalisme au **merveilleux**. Ainsi, dans *L'Iliade*, Homère fait le récit de la guerre de Troie où le héros grec Achille affronte le héros troyen Hector.

MOT CLÉ

✓ **Genre littéraire :** Les genres littéraires sont des catégories permettant de classer les textes. On distingue principalement le roman, la poésie et le théâtre. Il existe également des sous-genres comme la nouvelle, le roman policier, etc.

2 / Le roman (depuis le Moyen Âge)

- Le roman est tout d'abord une **langue issue du latin populaire**. Par la suite, le roman désigne tout texte écrit dans cette langue.
- Au XIIe siècle, les premiers romans s'inspirent des **légendes celtiques et irlandaises**, comme la légende du roi Arthur racontée par Chrétien de Troyes. Ces romans, dits **courtois**, sont écrits en vers généralement lus à voix haute par des conteurs.
- Le sens moderne du mot « roman » n'apparaît qu'au XVIIe siècle : il désigne alors une **œuvre de fiction** relativement longue.

3 / Le roman d'aventures (XIXe siècle)

- Le roman d'aventures devient un genre à part entière à partir de 1850, avec les œuvres de Robert Louis Stevenson, Jules Verne ou encore Jack London.
- Certaines caractéristiques définissent le genre : un récit **centré sur l'action** et les **péripéties** vécues par le héros, un **exotisme** géographique et historique. Le lecteur va s'identifier au héros confronté souvent à une civilisation différente, à d'autres peuples, et notamment à ceux considérés comme « sauvages ». Le roman d'aventures connaît son apogée entre 1850 et 1950.

LA MÉTHODE

▷ Identifier les étapes du schéma narratif

- Les récits ont souvent une construction similaire : le **schéma narratif**.

Étapes	Description
Situation initiale	Début du récit : description du cadre spatio-temporel et présentation des personnages. La situation du héros est alors stable. (Imparfait)
Élément perturbateur	Événement inattendu qui vient perturber la situation initiale. (Passé simple)
Péripéties	Actions qui s'enchaînent, mettant à l'épreuve le héros, qui apprend et évolue. (Passé simple)
Résolution	Le héros surmonte ses difficultés et achève sa quête. (Passé simple)
Situation finale	Retour à la stabilité : la situation du héros est apaisée. (Imparfait)

MINI INTERRO

1. Quelles sont les différentes étapes du schéma narratif ?
2. Que désigne le mot « roman » à l'origine ?

S'ENTRAÎNER

1 Quiz

Relie chaque auteur au héros qu'il a créé.

a. Chrétien de Troyes ○	○ Robinson Crusoé
b. Rabelais ○	○ Lancelot
c. Daniel Defoe ○	○ Phileas Fogg
d. Jules Verne ○	○ Gargantua

2 À chaque auteur son époque

Classe les auteurs dans le tableau en fonction de l'époque à laquelle ils appartiennent. Aide-toi au besoin d'un dictionnaire des noms propres.

Chrétien de Troyes • Rabelais • Marco Polo • Daniel Defoe • Christophe Colomb • Jules Verne • Jack London

Moyen Âge	
XVIe siècle	
XVIIe siècle	
XVIIIe siècle	
XIXe siècle	

3 Titres mêlés

Retrouve les titres de romans qui ont été mélangés et réécris-les correctement.

La Chanson des merveilles • Le Chevalier au centre de la Terre • Le Livre au trésor • Croc ou la vie sauvage • L'Île de Roland • Robinson de la charrette • Voyage Blanc • Vendredi Crusoé

4 L'épopée antique

Complète le texte ci-dessous avec les mots qui conviennent.

Ulysse • poétique • Antiquité • Homère • genres • épopée • surhumaines • Odyssée

En littérature, il existe plusieurs .... narratifs qui correspondent à différentes catégories d'œuvres. L'...................... est un genre littéraire apparu dans l'...................... . Récit ...., elle raconte les aventures de héros dotés de capacités .... L'une d'elles, l'......................, raconte les exploits du héros grec .... ; elle a été écrite par ....

5 Étapes du schéma narratif

Indique à quelle étape du schéma narratif correspond chaque extrait.

a. « Donc, il y a un an à l'automne dernier, je fus pris tout à coup de malaises bizarres et inexplicables. » (Maupassant, *Le Horla*)

→ ....

b. « Les grâces dites et les époux bénits, Agnès et Guy quittèrent l'abbaye. Depuis la porterie, frère Jérôme les regarda partir en souriant et il pensait que les meurtres qui sont assurément l'œuvre du diable, avaient parfois aussi du bon. » (Jacqueline Mirande, *Double meurtre à l'abbaye* © Castor Poche)

→ ....

c. « Arthur, le noble roi de Bretagne, dont la vie excellente nous enseigne à être preux et courtois, tenait un jour sa cour plénière. C'était à Carduel en Galles, pendant cette fête coûteuse qu'on appelle la Pentecôte. » (Chrétien de Troyes, *Yvain ou le Chevalier au lion*)

→ ....

d. « J'étais, sans le savoir, un enfant heureux, relativement heureux, il est vrai. Mais ce n'était qu'une impression d'ensemble. Car ma vie, même alors, ne manquait pas de petits malheurs auxquels je n'arrivais pas à m'habituer. Il faut remonter à novembre 1944. J'avais treize ans. » (Bruce Lowery, *La Cicatrice*)

→ ....

e. « Le sénéchal revint chez lui où il trouva Lancelot qui était revenu se constituer prisonnier dans son manoir. Il envoya un messager qui refit le chemin inverse pour annoncer à Méléagant le retour de Lancelot. » (Chrétien de Troyes, *Lancelot ou le Chevalier de la charrette*)

→ ....

6 CONTRÔLE EXPRESS

Rédige la situation initiale et la situation finale d'un récit dont l'élément perturbateur serait le suivant. Chacun de tes deux paragraphes fera environ quatre ou cinq lignes.

Soudain, les vents se levèrent, rejetant l'embarcation vers le large. L'équipage commença à s'affoler, malgré les conseils du commandant de bord qui tentait de garder son calme et de maîtriser la frayeur de ses hommes face à l'arrivée prochaine de la tempête. Notre jeune héros contemplait les eaux déchaînées et essayait de ne pas se laisser gagner par la panique.

Corrigés p. 16 du livret.

23 Analyser un récit

RETENIR

1 / Narration et description

- Le **texte narratif** raconte une histoire : des événements se succèdent dans le temps et sont vécus par des personnages évoluant tout au long du récit. Ce texte peut avoir pour temps de base le présent de l'indicatif, mais souvent il est au passé simple.

- Le **texte descriptif** représente comme une pause dans la narration : il donne les caractéristiques d'un personnage, d'un lieu ou d'un objet. Il est à l'imparfait dans le récit au passé. La description suit généralement une **progression logique** : soit de haut en bas (visage, buste, jambes, etc.), ou du plus éloigné au plus proche (effet de zoom), ou encore de la vue d'ensemble au détail (notamment pour un objet). La description peut être statique (portrait d'un personnage immobile) ou en action (personnage en train d'agir).

MOTS CLÉS

✓ **Narrateur :** Dans un récit, le narrateur est celui qui raconte l'histoire. Il se distingue de l'auteur, la personne réelle qui écrit l'histoire. Le narrateur peut être un personnage du récit ou il peut être extérieur au récit.

✓ **Portrait :** Le portrait consiste à décrire un personnage à travers ses caractéristiques physiques mais aussi morales.

2 / Narration et dialogues

- L'insertion de passages dialogués rend le récit **plus vivant** et apporte des éléments pour **caractériser les personnages**.

- Le dialogue se repère facilement par la **ponctuation** :
– les deux-points (:) introduisent le dialogue après le verbe de parole ;
– les guillemets (« ») sont placés au début, devant les paroles du premier interlocuteur, et à la fin, après les paroles du dernier interlocuteur ;
– les tirets (–) indiquent chaque changement d'interlocuteur ;
– les virgules (,) séparent, à l'intérieur du dialogue, les paroles prononcées des éléments de narration et notamment des verbes de parole.

La reine Guenièvre s'exclama : « Lancelot est le plus courageux des chevaliers ! »
« Quelle vaillance ! », s'écrièrent les spectateurs en voyant les chevaliers s'affronter.

LA MÉTHODE

▷ Analyser le statut du narrateur

- L'auteur écrit le récit et charge le narrateur de raconter l'histoire. Pour analyser le statut du narrateur, il faut **repérer s'il est ou non un personnage** de l'histoire :
– si le récit est à la 1re personne, le narrateur est un personnage de l'histoire ;
– si le récit est à la 3e personne, il n'est pas un personnage de l'histoire.

- Parfois le narrateur n'est pas un personnage de l'histoire, mais il peut **intervenir dans le récit** pour faire des commentaires (à la 1re personne du singulier ou du pluriel) ou s'adresser au lecteur. C'était le cas dans les récits médiévaux racontés à l'origine par des troubadours.

N'oublions pas de décrire son physique pour ceux qui s'intéressent à la beauté des enfants. Il avait une admirable carnation, ni tout à fait blanche, ni tout à fait brune [...].

MINI INTERRO

1. À quoi reconnaît-on un texte descriptif dans un récit au passé ?
2. Quel est l'intérêt d'insérer des passages de dialogue dans un récit ?

S'ENTRAÎNER

1 Quiz

Relie les noms de la colonne de gauche aux éléments de description à droite.

a. une reine ○	○ solide et inquiétant
b. des champs ○	○ vaste et sombre
c. des enfants ○	○ blonds comme les blés
d. un château ○	○ furieuse et silencieuse
e. un homme ○	○ laissés à l'abandon

2 Narration et description

Indique si chacun de ces extraits du roman de Lancelot est un passage narratif (N) ou descriptif (D).

a. « Il fronçait le nez, comme un cheval, dans ses accès de colère, serrait les dents jusqu'à les faire grincer atrocement et il semblait que le souffle qui sortait de sa bouche fût vermeil. »

b. « Mais quand les faibles ne purent plus accepter les vexations des forts, ils établirent pour se protéger des garants et des défenseurs pour s'assurer paix et justice et pour mettre fin aux torts et aux outrages dont ils étaient l'objet. »

c. « Il était d'un sens si lucide et de sentiments si droits qu'il n'accomplissait guère d'actes contraires à une honnête éducation. »

d. « La demoiselle lui donna un précepteur qui lui enseigna la manière de se comporter en homme de noble origine. »

e. « Il chevauchait ainsi autour du lac, sur les bords et sur les hauteurs, sans s'éloigner, jamais seul, mais avec une agréable compagnie de valets, grands et petits, et de gentilshommes. »

3 Ponctuer un dialogue

Rétablis la ponctuation afin de distinguer le dialogue du récit.

a. Elle expliqua rapidement Vous devez tourner à gauche, puis prendre la rue qui monte.

b. Nous préférons aller au cinéma s'écrièrent en chœur les enfants.

c. Ne nagez pas trop loin dit leur mère inquiète je veux vous voir depuis la plage.

d. Si tu veux ajouta sa grand-mère je viendrai te chercher à la sortie du train.

e. Je n'ai jamais lu un livre aussi passionnant ! s'exclama Michèle.

4 Les temps du récit

Conjugue au temps qui convient les verbes entre parenthèses. (Attention, le récit est au passé.)

Un jour, Vincent (venir) frapper à la porte de Youssef. Ils (avoir) en effet l'habitude de jouer au foot ensemble tous les mercredis. Mais ce jour-là, Vincent (trouver) porte close. Inquiet, il (frapper) chez le voisin. Celui-ci (ouvrir) brusquement.
« (Savoir)-vous où (se trouver) Youssef ? J' (frapper) chez lui à l'instant, mais personne n'(répondre), (questionner) Vincent.
– Je (croire) que cela (faire) plusieurs jours qu'il (s'absenter), (bougonner) le voisin.
– Ah bon, (pouvoir)-vous me dire quand est-ce qu'il (revenir) ? (continuer) Vincent avec un grand sourire.
– Je n'(avoir) pas le temps de discuter avec vous ! » (répliquer) le voisin en claquant la porte.
Vincent (rentrer) chez lui et (plaindre) Youssef d'avoir un voisin si peu aimable.

5 LECTURE D'IMAGE

Observe l'image, puis réponds aux questions.

a. Que représente cette image ?

☐ Lancelot tue un ennemi ☐ Lancelot est fait chevalier

b. Rédige une description de l'image. Tu commenceras par décrire la vue d'ensemble, puis tu t'intéresseras particulièrement au personnage central de la scène et tu décriras : sa position, ses gestes, ses vêtements, son expression, etc.

Adoubement de Lancelot, enluminure extraite de « La Quête du Saint Graal » (XVe siècle), Paris, BNF.

Corrigés p. 17 du livret.

24 Écrire un récit

RETENIR

1 / Décrire les circonstances, les personnages

MOTS CLÉS

✔ **Cadre du récit :** Il correspond au lieu et à l'époque dans lesquels va se dérouler le récit. C'est le cadre spatio-temporel.

✔ **Temps de référence :** Dans le récit au passé, le temps de référence est le passé simple. Il sert à exprimer les actions de premier plan.

- Un récit débute souvent par la présentation du **cadre spatio-temporel**, c'est-à-dire la description du lieu (espace) et de l'époque (temps) de l'histoire.
- Les **portraits** des personnages sont **plus ou moins détaillés**, selon leur importance. Par exemple, il est possible de faire un portrait complet du héros : son origine, son physique, son caractère, etc., afin que le lecteur ait l'impression de le connaître.
- Les personnages peuvent aussi être présentés tout au long de l'histoire : à leur **première apparition** ou lorsqu'ils accomplissent certaines **actions caractéristiques**. Ainsi, dans un récit de chevalerie, le héros, dont on veut évoquer la vaillance, peut être décrit lors d'un combat.

2 / Faire progresser le récit

- Après la description du cadre et des personnages, il s'agit de faire progresser le récit : ce sont les **péripéties**. Les actions doivent s'enchaîner de manière logique et chronologique. On utilise des indicateurs de temps pour mettre en évidence cette chronologie : adverbes (hier, plus tard, ensuite…), GN (le lendemain, toute la nuit…), propositions subordonnées circonstancielles (dès que le jour parut…).
- Il arrive parfois que la chronologie du récit soit bouleversée, notamment à l'occasion d'un **retour en arrière** : le récit revient sur un événement du passé, par exemple pour expliquer la personnalité d'un personnage ; ou lors d'une **anticipation**, qui annonce des événements à venir, par exemple pour créer un effet de suspense.

LA MÉTHODE

▷ Écrire un récit au passé

- Dans le récit au passé, le temps de référence est le **passé simple** : il sert à exprimer les actions situées au premier plan qui font avancer le récit. L'**imparfait** s'emploie pour relater les faits situés à l'arrière-plan, notamment dans les descriptions.
- Le **plus-que-parfait** et le **passé antérieur** sont utilisés pour formuler une antériorité par rapport à une action exprimée au passé simple ou à l'imparfait.
- Le **conditionnel** évoque une action future dans le passé.

Je lui <u>fis</u> savoir que son nom <u>serait</u> Vendredi, c'<u>était</u> le jour où je lui <u>avais sauvé</u> la vie.

fis : action de 1er plan — serait : action future — était : imparfait de description — avais sauvé : action antérieure

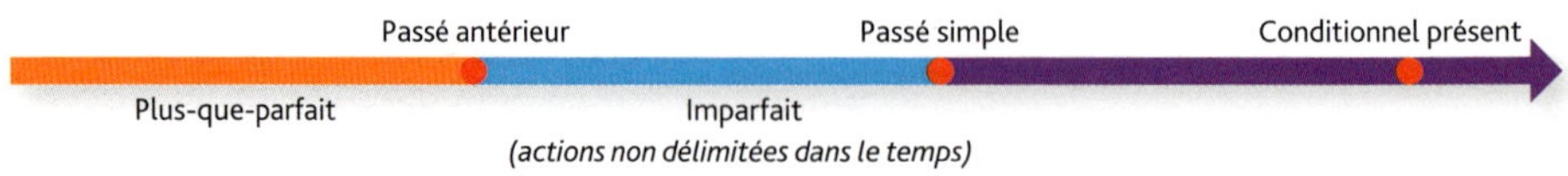

MINI INTERRO

1. Dans un récit au passé, comment exprime-t-on l'antériorité ?
2. Quels sont les principaux bouleversements de la chronologie d'un récit au passé ? À quoi servent-ils ?

S'ENTRAÎNER

1 Quiz

Relie chaque titre de roman au lieu principal dans lequel se déroule l'action.

a. *Le dernier jour de Pompéi* ○	○ une île
b. *Les Misérables* ○	○ une ville romaine
c. *Robinson Crusoé* ○	○ un train
d. *Le Crime de l'Orient-express* ○	○ la ville de Paris

2 Progression d'une description

Remets dans l'ordre ces éléments de description.

a. En effet, elle resplendissait comme un joyau posé sur une couronne.

b. Les vagues venaient s'y fracasser dans un bruit assourdissant et régulier.

c. La vaste demeure imposante surplombait l'île.

d. La demeure, elle, était illuminée de mille feux.

e. Cette île semblait inoccupée.

f. Pourtant l'atmosphère environnante donnait à ce palace un aspect inquiétant.

g. Elle n'était entourée que de rochers quasi impraticables.

3 Les indicateurs temporels

Complète les phrases à l'aide des indicateurs de temps suivants : *à cet instant* • *pendant un mois* • *hier* • *dans trois semaines* • *la veille* • *ce jour-là*.

a. ...., nous sommes allés à la piscine et ...., nous nous étions promenés en forêt.

b. ...., il sut que tout était fini.

c. ...., je partirai en Inde ....

d. Elle se réveilla .... convaincue qu'un événement majeur allait se produire.

4 Le récit du passé

Réécris ces phrases au passé, en employant le passé simple comme temps de référence.

a. Robinson échoue sur une île déserte alors que son navire a fait naufrage.

b. Il vit seul sur cette île durant de longues années.

c. Il a pris l'habitude de vivre seul, mais un jour il rencontre un sauvage qu'il prénomme Vendredi.

d. Robinson sait aussitôt que Vendredi sera pour lui un fidèle compagnon.

5 Précision du vocabulaire

Remplace les verbes *avoir* et *faire* par des verbes différents et plus précis. Attention, tu devras parfois réécrire les phrases en partie.

a. Le roi de ce pays a une fortune colossale et il a aussi un immense château.

b. Cette jeune princesse a une beauté radieuse et elle a un sourire permanent.

c. Le chevalier fait de nombreux exploits et il espère ainsi faire plaisir à la dame pour laquelle il a beaucoup d'amour.

d. L'ogre avait une apparence monstrueuse et il faisait peur à tout le monde.

6 CONTRÔLE EXPRESS

Lis le texte, puis réponds aux questions.

En peu de temps je commençai à lui parler et à lui apprendre à me parler. D'abord je lui fis savoir que son nom serait Vendredi, c'était le jour où je lui avais sauvé la vie, et je l'appelai ainsi en mémoire de ce jour. Je lui enseignai également à m'appeler *maître*, à dire *oui* et *non*, et je lui appris ce que ces mots signifiaient. […] Je demeurai toute la nuit avec lui ; mais dès que le jour parut je lui fis comprendre qu'il fallait me suivre et que je lui donnerais des vêtements ; il parut charmé de cela, car il était absolument nu.

■ *Robinson Crusoé* (1719), Daniel Defoe © Pocket.

a. De quel type de texte s'agit-il ? À quoi sert principalement ce passage ?

b. Quel est le temps de référence du récit ?

c. Repère un passage exprimant un retour en arrière. Justifie ton choix. À quoi sert ce retour en arrière ?

d. Réécris le début du texte (jusqu'à « ce que ces mots signifiaient. ») en remplaçant la 1re personne du singulier par la 3e personne du singulier.

Corrigés p. 17 du livret.

25 Écrire un dialogue

RETENIR

1 / Le rôle d'un dialogue

• Le dialogue sert à **rapporter les paroles directement**, telles qu'elles ont été prononcées. Il exprime les sentiments, les idées d'un personnage, mais aussi sa manière d'être à travers sa façon de parler.

• Le dialogue permet également de **raconter** des faits, d'**expliquer** certains événements. Par exemple, au théâtre, tout passe par le dialogue.

2 / La présentation d'un dialogue

• Le dialogue se caractérise par une **ponctuation spécifique** : des guillemets au début et à la fin, puis des tirets à chaque changement d'interlocuteur.

• Il progresse essentiellement par une alternance de questions et de réponses entre les interlocuteurs qui réagissent aux propos tenus par les autres. Ainsi trouve-t-on souvent une **ponctuation expressive** dans les passages de dialogue : des points d'interrogation (?), d'exclamation (!), de suspension (…).

3 / Les temps utilisés

• Dans un dialogue, le temps de référence est le **présent**, même dans un récit au passé, puisqu'il rapporte les paroles dites au moment où elles ont été prononcées. On y trouve principalement le mode indicatif, mais aussi l'impératif et le subjonctif, notamment pour exprimer l'ordre et la défense.

« Ne te mets pas dans un état pareil ! », répliqua-t-elle.

MOTS CLÉS

✓ **Verbe de parole :** Le verbe de parole fait partie du récit et permet de préciser l'intonation, mais aussi les sentiments des interlocuteurs. Il renseigne également sur la situation de communication.

✓ **Proposition incise :** La proposition incise se trouve après une virgule, elle contient un verbe de parole et un sujet inversé. Par exemple : « Je trouve, **dit-il**, que ce tableau est magnifique. »

LA MÉTHODE

▷ Utiliser les verbes introducteurs

• Le dialogue est introduit par un verbe de parole qui fait partie du récit et se met donc au **temps de référence du récit** (présent ou passé simple).

• Le verbe de parole peut se placer :
– **avant** les paroles rapportées, suivi d'un deux-points puis des guillemets :
Sylvie **s'écria** : « Elle n'avait pas le droit de donner mon chien ! » ;
– **après** les paroles rapportées entre guillemets, précédé d'une virgule :
« Elle n'avait pas le droit de donner mon chien », **s'écria** Sylvie.

On peut également le placer entre virgules, au milieu des paroles, il est alors **en incise** : « Elle n'avait pas le droit de donner mon chien, **s'écria** Sylvie, je la déteste ! »

• Certains verbes de parole permettent de préciser les sentiments, l'intonation des différents interlocuteurs : crier, hurler, murmurer, gémir, s'esclaffer, bégayer…
D'autres verbes de parole servent à préciser la situation de communication : répondre, questionner, répliquer, interroger, refuser, demander, supplier…

MINI INTERRO

1. Quel est le temps de référence du dialogue ?
2. Qu'est-ce qu'un verbe en incise ?

S'ENTRAÎNER

1 Chercher l'intrus

Entoure l'intrus de chaque liste.

a. questionner • interroger • demander • refuser

b. nier • approuver • infirmer • désapprouver

c. vociférer • susurrer • s'égosiller • hurler

d. murmurer • tonitruer • souffler • chuchoter

2 Les verbes de parole

Complète chacune des phrases suivantes avec l'un des verbes de parole proposés. Pense à le conjuguer correctement au passé simple.
s'exclamer • supplier • répondre • demander • questionner • ordonner • murmurer

a. « N'as-tu pas froid ? », lui ....-t-elle inquiète.

b. « Qu'avez-vous à me dire à ce sujet ? .... l'inspecteur. – Je n'ai rien à vous apprendre de plus », ...-il.

c. Ils .... : « Quelle magnifique toile ! »

d. « Peux-tu me rendre ce service, s'il te plaît ? », ...-t-elle.

e. « Il ne faut surtout pas faire de bruit, pour ne pas les réveiller… », ... -ils.

f. « Asseyez-vous en silence ! », ... -t-il.

3 Un vocabulaire précis

Dans chacune de ces phrases, remplace le verbe *dire* par un autre plus précis.

a. « Tu n'as pas d'ordre à me donner ! », dit-elle.

b. « Veux-tu du sucre dans ton café ? », lui dit-il.

c. « Je te promets de ne pas recommencer, mais ne me prive pas de sortie… », dit-il.

d. « Nous en avons assez de toujours faire la même chose… », dirent-ils.

e. « Nous pourrions partir en croisière cet été », dit-elle.

f. « Non merci. Je n'en veux plus », dit-il.

4 « Finissez vos phrases ! »

L'auteur Jean Tardieu a écrit un texte intitulé « Finissez vos phrases ! ou Une heureuse rencontre ».

Dans cet extrait, amuse-toi à compléter les phrases des interlocuteurs.

MONSIEUR A, *avec chaleur*. – Oh ! chère amie. Quelle chance de vous… (................................).
MADAME B, *ravie*. – Très heureuse, moi aussi. Très heureuse de… (................................). vraiment oui !
MONSIEUR A. – Comment allez-vous depuis que… (................................) ?
MADAME B, *très naturelle*. – Depuis que ? Eh bien ! J'ai continué, vous savez, j'ai continué à… (................................).
MONSIEUR A. – Comme c'est… ! (........................ ....). Enfin, oui vraiment, je trouve que c'est… (................................).

« Finissez vos phrases ! » in *Le professeur Froeppel*, Jean TARDIEU © Éditions Gallimard, 1978.

5 CONTRÔLE EXPRESS

Lis le texte, puis réponds aux questions.

« Elle n'avait pas le droit de donner Toby ! cria-t-elle enfin entre deux hoquets. C'était le chien de grand-père, de papa, de maman, c'était mon chien à moi, pas le sien !
– Vous n'allez pas vous mettre dans des états pareils pour une bête ! dit Ernestine.
Et, avec un coin de son tablier, elle tenta d'essuyer le visage de l'enfant, mouillé de larmes. Sylvie la repoussa :
– Toby, c'était tout pour moi ! Tout ! Tout ! »

Viou, Henri TROYAT © Flammarion, 1980.

a. De quel type de texte s'agit-il ? Justifie ta réponse.

b. Souligne les verbes de parole et encadre un verbe de parole placé en incise.

c. Qu'apprend-on des personnages (situation, traits de caractère) à travers ce texte ?

Corrigés p. 17 du livret.

26 Le théâtre

RETENIR

1 / Les caractéristiques d'un texte de théâtre

MOTS CLÉS

✔ **Didascalie :** C'est une indication scénique donnée par l'auteur. Elle permet de préciser le décor, les déplacements, les gestes et le ton des personnages.

✔ **Tirade :** Une tirade est une longue suite de répliques prononcées par un même personnage.

• Le texte théâtral est avant tout écrit pour être joué et regardé. Il se compose de **dialogues** constitués des répliques que prononcent les personnages. Lorsqu'une réplique d'un seul personnage est particulièrement longue, on parle de **tirade**.

■ Dans *Le Bourgeois gentilhomme*, Molière met en scène le personnage de Monsieur Jourdain, un bourgeois qui souhaite adopter le mode de vie et les manières des nobles, mais qui ne parvient qu'à se ridiculiser.

• Les dialogues sont complétés par des indications scéniques appelées **didascalies**. Généralement en italique et entre parenthèses, elles contiennent toutes les indications de l'auteur sur le décor, le ton, les gestes et les déplacements des personnages. Au metteur en scène et aux comédiens de traduire ensuite ces indications, selon leur propre vision de la pièce.

2 / Les caractéristiques d'une comédie

• Héritière des farces du Moyen Âge et de la *commedia dell'arte* italienne, la comédie est avant tout destinée à faire **rire**. Les personnages, bourgeois, entrent en conflit du fait, le plus souvent, d'une querelle domestique (amour contrarié, opposition entre mari et femme…), mais le conflit est finalement désamorcé et le dénouement heureux.

• Molière a développé ce genre. Il a enrichi les intrigues empruntées aux farces et créé de vrais personnages. Dotées d'une réelle force comique, ses pièces présentent également une **dimension satirique** : elles dénoncent les mœurs de son temps, les défauts de ses contemporains.

LA MÉTHODE

▷ Distinguer les principaux procédés comiques

• Dans une comédie, différents procédés comiques provoquent le rire :
– **comique de mots** : emploi d'insultes, de jeux de mots, d'interjections, mais aussi des malentendus lorsqu'un personnage comprend l'autre de travers ;
– **comique de gestes** : forme héritée de la farce, elle correspond aux coups de bâton, gifles et coups en tous genres ;
– **comique de situation** : placer le personnage dans une situation ridicule ou inattendue, c'est le cas dans les quiproquos (prendre quelqu'un pour un autre), les renversements de situation (« l'arroseur arrosé »), les coups de théâtre…
– **comique de répétition** : répétition d'un même mot, expression ou situation ;
– **comique de caractère** : la façon de se comporter d'un personnage (manies, pitreries…) ou sa façon d'être (naïveté excessive, bêtise…).

MINI INTERRO

1. À quoi servent les didascalies dans le texte théâtral ?

2. Cite deux procédés comiques et indique en quoi ils consistent.

S'ENTRAÎNER

1 Quiz

Relie chaque terme à sa définition.

a. aparté	phrase prononcée par un comédien
b. monologue	long développement prononcé par un comédien
c. réplique	réplique très courte
d. tirade	intervention d'un personnage seul en scène
e. stichomythie	énoncé que le personnage s'adresse à lui-même sans que les autres personnages n'entendent

2 Ponctuation d'un dialogue

Rétablis la ponctuation dans cet extrait de théâtre (points, points d'interrogation et d'exclamation, parenthèses).

PATHELIN – Alors, j'en ai

GUILLEMETTE – De quoi

PATHELIN – Qu'est devenue votre vieille robe, celle qui était à la mode il y a cent ans

GUILLEMETTE – C'est bien la peine d'en parler Qu'est ce que vous voulez en faire

PATHELIN – Rien Rien du tout Alors, est-ce que j'en ai Je vous l'avais bien dit Il découvre le drap Et ça, est-ce que c'est du drap

GUILLEMETTE – Mon Dieu c'est sûr que vous l'avez eu en trompant un de vos clients

■ *La Farce de Maître Pathelin* (scène 3), anonyme, adapté par Françoise Rachmuhl, « Œuvres & thèmes » © Hatier, 2004.

3 Les interjections

Classe ces interjections dans cinq colonnes selon le sentiment qu'elles expriment : surprise, colère, soulagement, joie, dégoût.

Ah ! • Parbleu ! • Oh ! • Ciel ! • Ouf ! • Fichtre ! • Pouah ! • Diantre ! • Berk ! • Youpi ! • Quoi ! • Diable ! • Waouh ! • Hein ! • Peste ! • Eh ! • Beuh !

4 Mots mêlés

Retrouve dans la grille ci-dessous treize mots qui appartiennent au lexique théâtral. Une fois que tu auras barré tous les mots, colorie les cases restantes et tu verras apparaître le titre d'une comédie de Molière.

D	R	A	M	A	T	U	R	G	E
R	I	D	E	A	U	L	E	M	E
E	T	D	I	A	L	O	G	U	E
P	A	E	A	P	A	R	T	E	D
L	L	C	O	S	T	U	M	E	S
I	I	O	E	S	C	E	N	E	J
Q	E	R	C	I	N	A	C	T	E
U	N	M	A	L	G	R	E		U
E	N	L	C	O	M	E	D	I	E
S	E	U	I	T	I	R	A	D	E

5 CONTRÔLE EXPRESS

Lis le texte, puis réponds aux questions.

MONSIEUR JOURDAIN. – Monsieur le philosophe !

MAÎTRE DE PHILOSOPHIE. – Infâmes ! coquins ! insolents !

MONSIEUR JOURDAIN. – Monsieur le philosophe !

MAÎTRE D'ARMES. – La peste l'animal !

MONSIEUR JOURDAIN. – Messieurs.

MAÎTRE DE PHILOSOPHIE. – Impudents !

MONSIEUR JOURDAIN. – Monsieur le philosophe !

MAÎTRE À DANSER. – Diantre soit de l'âne bâté !

MONSIEUR JOURDAIN. – Messieurs.

■ *Le Bourgeois Gentilhomme* (I, 2), 1670, MOLIÈRE.

a. De quel type de texte s'agit-il ? Quels sont les éléments qui te permettent de répondre ?

b. Quels sont les différents personnages de la scène ? Quels sont leurs liens ?

c. Quels sont les procédés comiques utilisés dans cette scène ? Justifie ta réponse.

Corrigés p. 17 du livret.

27 La poésie

RETENIR

1 / Histoire de la poésie française

• La poésie apparaît en France au XIIe siècle avec les **troubadours**. Au XVe siècle, Charles d'Orléans crée des **poèmes à forme fixe**. Le mouvement humaniste survient dans la seconde moitié du siècle. L'un de ses représentants, Clément Marot (1496-1544) introduit la forme du **sonnet**.

• Au XIXe siècle, apparaît le **romantisme**. Ses principaux représentants sont Lamartine (1790-1869), Vigny (1797-1863) et Musset (1810-1857). Son écrivain emblématique reste Victor Hugo (1802-1885), à la fois lyrique dans ses *Contemplations* et épique dans *La Légende des siècles*. Charles Baudelaire (1821-1867) introduit le **poème en prose** avec ses *Petits poèmes en prose*.

• Au XXe siècle, le **mouvement surréaliste** survient en pleine période d'après-guerre. Parmi les surréalistes, figurent notamment Éluard (1895-1952), Desnos (1900-1945), et Aragon (1897-1982) qui, pendant la Seconde Guerre mondiale, tentent de résister à l'occupant allemand grâce à leur plume.

MOTS CLÉS

✓ **Poème :** Un texte poétique se caractérise par une mise en page particulière (vers regroupés en strophes) et généralement des rimes. Le langage poétique donne à entendre de nouveaux rythmes et sonorités.

✓ **Figure de style :** C'est une façon imagée d'utiliser le langage. Elle permet de décrire une réalité différente ou de rendre concret quelque chose d'abstrait (émotion, sentiment).

2 / Un usage particulier du langage

• Le terme « poésie » vient du grec *poiein* (« créer, fabriquer »). Le langage n'est pas seulement un instrument de communication, mais un matériau artistique.

	Procédés	Exemples
Le rythme	– le découpage en **vers** réguliers ou non – la **ponctuation** – la **coupe à l'hémistiche** (après la 6e syllabe) dans l'alexandrin	Oui, la vie est un bien,/ la joie est une ivresse. La césure met le terme « bien » en évidence et crée un balancement régulier.
Le son	– la **rime** des sons en fin de vers – l'**allitération** : répétition de sons consonantiques – l'**assonance** : répétition de sons vocaliques	Il est doux d'en user sans crainte et sans soucis. L'allitération en [s] donne une impression de douceur et de sérénité.

LA MÉTHODE

▷ Comprendre les images dans un poème

• La **comparaison** rapproche deux éléments qui ont des points communs, en utilisant un outil de comparaison (*comme, de même que, ressembler à...*). Et j'irai loin, bien loin, **comme** un bohémien. (Rimbaud, « Sensation », *Poésies.*)

• La **métaphore** rapproche deux éléments qui ont des points communs, sans outil de comparaison, ce qui rend l'image plus forte. [...] la lampe de la terre / Qui ne peut s'allumer qu'au ciel (Victor Hugo, « Luna », *Les Châtiments.*)

• La **personnification** attribue des caractéristiques humaines à des animaux, des êtres inanimés, des notions abstraites. Les mots ne savent plus où donner de la tête. (Claude Roy, « Supposons une supposition », *Enfantasques.*)

MINI INTERRO

1. À quelle époque la poésie apparaît-elle en France ?
2. Qu'est-ce qu'une personnification ?

S'ENTRAÎNER

1 Vrai ou faux ?

Coche la case qui convient.

	V	F
a. L'écrivain emblématique du romantisme est Clément Marot.	❑	❑
b. Pendant la Seconde Guerre mondiale, les poètes surréalistes utilisent la poésie comme moyen de résistance contre l'occupant.	❑	❑
c. L'assonance consiste à faire entendre une répétition de voyelles.	❑	❑
d. « La terre est bleue comme une orange. » (P. Éluard) : ce vers contient une métaphore.	❑	❑

2 Poème à compléter

Replace chaque mot proposé ci-dessous à l'endroit qui convient dans le poème de façon à faire rimer les vers. Attention au sens des mots.
pieds • femme • l'âme • sentiers • nue • bohémien • menue • rien

Par les soirs bleus d'été, j'irai dans les ....
Picoté par les blés, fouler l'herbe .... :
Rêveur, j'en sentirai la fraîcheur à mes ....
Je laisserai le vent baigner ma tête ....
Je ne parlerai pas, je ne penserai .... :
Mais l'amour infini me montera dans ....
Et j'irai loin, bien loin, comme un ....
Par la Nature, – heureux comme avec
[une ....

■ « Sensation », *Poésies*, Arthur Rimbaud.

3 Des figures de style

Quelles sont les figures de style utilisées par le poète dans les extraits ci-dessous (personnification ou comparaison) ?

a. « Je suis comme le roi d'un pays pluvieux, / Riche, mais impuissant, jeune et pourtant très vieux » (« Spleen », *Les Fleurs du mal*, Charles Baudelaire)

b. « Tout à coup l'orage accourt / avec ses grosses bottes mauves / il piétine les bégonias les blés les prés » (*Battre la campagne*, Raymond Queneau.)

c. « Sous les ifs noirs qui les abritent, / Les hiboux se tiennent rangés, / Ainsi que des dieux étrangers » (« Les Hiboux », *Les Fleurs du mal*, Charles Baudelaire)

d. « Les pigeons semblent, sur les tuiles, / Des bouquets de fleurs de pommiers. » (*Le Mât de cocagne*, Maurice Carême.)

4 CONTRÔLE EXPRESS

Lis le texte, puis réponds aux questions.

Ayant poussé la porte étroite qui chancelle,
Je me suis promené dans le petit jardin
Qu'éclairait doucement le soleil du matin,
Pailletant chaque fleur d'une humide étincelle.

Rien n'a changé. J'ai tout revu : l'humble tonnelle
De vigne folle avec les chaises de rotin…
Le jet d'eau fait toujours son murmure argentin
Et le vieux tremble[1] sa plainte sempiternelle.

Les roses comme avant palpitent ; comme avant,
Les grands lys orgueilleux se balancent au vent.
Chaque alouette qui va et vient m'est connue.

Même si j'ai retrouvé debout la Velléda[2]
Dont le plâtre s'écaille au bout de l'avenue,
– Grêle, parmi l'odeur fade du réséda[3].

■ « Après trois ans », *Poèmes saturniens*, (1866), Paul Verlaine.

1. Tremble : arbre de la famille des peupliers.
2. Velléda : statue d'une prêtresse de Germanie.
3. Réséda : plante.

a. Combien de strophes ce poème contient-il ? Combien de vers chacune des strophes compte-t-elle ? S'agit-il d'un poème à forme fixe ou non ? Si oui, laquelle ?

b. Combien de syllabes chaque vers contient-il ? Comment nomme-t-on ces vers ?

c. Les rimes sont : ❑ plates (AABB)
❑ croisées (ABAB)
❑ embrassées (ABBA) ?

d. Indique où se trouve un enjambement.

e. Relève une figure de style dans ce poème, nomme-la et explique en quoi elle consiste.

Corrigés p. 18 du livret.

Mathématiques

Plus d'entraînement sur
www.hatier-entrainement.com

			DATE	ÉVALUATION
NOMBRES ET CALCULS				
1	Multiples et diviseurs de nombres entiers	62		
2	Règles de priorité	64		
3	Comparer des fractions	66		
4	Nombres relatifs	68		
5	Additionner des nombres relatifs	70		
6	Soustraire des nombres relatifs	72		
7	Calcul littéral	74		
GESTION DE DONNÉES				
8	Proportionnalité	76		
9	Pourcentages et échelles	78		
10	Statistiques	80		
11	Diagrammes et histogrammes	82		
12	Hasard et probabilités	84		
GÉOMÉTRIE – GRANDEURS ET MESURES				
13	Médiatrice d'un segment	86		
14	Symétrie centrale	88		
15	Repérer des points	90		
16	Axes et centres de symétrie	92		
17	Angles et parallélisme	94		
18	Triangles (1)	96		
19	Triangles (2)	98		
20	Parallélogrammes	100		
21	Parallélépipèdes, cylindres et sphères	102		
22	Périmètres, aires, volumes	104		
23	Durées	106		
ALGORITHMIQUE ET PROGRAMMATION				
24	Écrire et exécuter un programme simple	108		
25	Programmer le tracé de figures	110		

1 Multiples et diviseurs de nombres entiers

RETENIR

Définitions

MOTS CLÉS

✔ **Multiple :** Le multiple est le résultat dans une table de multiplication.

✔ **Diviseur :** Un diviseur est un nombre qui divise un autre nombre.

m, *a* et *b* sont des nombres entiers.

$$m = a \times b$$

multiple de *a* et de *b* ← *m* ; *a* et *b* → **diviseurs** de *m*

Remarques : 1 divise tout nombre entier.
Tout nombre est divisible par lui-même : $m = 1 \times m$.

Exemple $35 = 5 \times 7$
35 est un **multiple** de 5 et de 7.
Les nombres 5 et 7 divisent 35 : les nombres 5 et 7 sont des **diviseurs** de 35.
35 est **divisible** par 5 et par 7.

LA MÉTHODE

▷ Utiliser les critères de divisibilité

- **Divisibilité par 2.** Je regarde si le nombre est pair, c'est-à-dire s'il se termine par 0 ; 2 ; 4 ; 6 ou 8.

Exemples 694 est pair : il est divisible par 2. En effet, $694 = 2 \times 347$.
853 est impair : il n'est pas divisible par 2. En effet, $853 = 2 \times 426 + 1$.

- **Divisibilité par 3.** Je calcule la somme des chiffres composant le nombre. Je vérifie que le résultat est un multiple de 3.

Exemple 594 est-il divisible par 3 ?
Je calcule $5 + 9 + 4 = 18$. Or 18 est un multiple de 3 ($18 = 3 \times 6$).
Donc 594 est divisible par 3. En effet, $594 = 3 \times 198$.
Remarque : 198 est aussi un diviseur de 594 ; 594 est aussi divisible par 198.

- **Divisibilité par 5.** Je regarde si le nombre se termine par 0 ou 5.

Exemple 12 575 est divisible par 5. En effet, $12\,575 = 5 \times 2\,515$.

- **Divisibilité par 9.** Je calcule la somme des chiffres composant le nombre. Je vérifie que le résultat est un multiple de 9.

Exemple 582 192 est-il divisible par 9 ?
Je calcule $5 + 8 + 2 + 1 + 9 + 2 = 27$. Or 27 est un multiple de 9 ($27 = 3 \times 9$).
Donc 582 192 est divisible par 9. En effet, $582\,192 = 9 \times 64\,688$.

- **Divisibilité par 10.** Je regarde si le nombre se termine par 0.

Exemple 940 est divisible par 10. En effet, $940 = 10 \times 94$.

MINI INTERRO

1. 72 est-il un multiple de 8 ?
2. 6 est-il un diviseur de 42 ?
3. 2 015 est-il divisible par 5 ? par 10 ?

S'ENTRAÎNER

1 Vrai ou faux ?

Coche la case qui convient.

	V	F
a. 32 est un multiple de 8.	☐	☐
b. 4 est un diviseur de 21.	☐	☐
c. 32 est divisible par 3.	☐	☐
d. 5 est un diviseur de 230.	☐	☐
e. 7 divise 35.	☐	☐

2 Vocabulaire

Complète les phrases en utilisant les mots suivants : *diviseur* • *multiple* • *divisible* • *divise*.

a. 65 est un .... de 5.

b. 5 est un .... de 65.

c. 65 est .... par 5.

d. 7 n'est pas un .... de 65.

e. 5 ne .... pas 49.

f. 65 n'est pas un .... de 7.

3 Critères de divisibilité

Par quoi ces nombres sont-ils divisibles ? Coche les cases qui conviennent.

	2	3	5	9	10
a. 115	☐	☐	☐	☐	☐
b. 108	☐	☐	☐	☐	☐
c. 297	☐	☐	☐	☐	☐
d. 1 020	☐	☐	☐	☐	☐

4 Un partage

Baptiste a gagné 75 stylos à une loterie. Il veut en faire profiter certains de ses amis en offrant à chacun le même nombre de stylos sans en garder pour lui.

a. Explique pourquoi Baptiste ne peut pas choisir 9 amis.

....

....

b. Explique pourquoi Baptiste peut choisir 15 amis et donne le nombre de crayons offerts à chacun.

....

....

5 La loterie

Pour gagner à la loterie, le ticket doit avoir un numéro multiple de 2 et de 9.

Entoure le ticket gagnant.

7 841 — 9 832 — 5 386 — 8 457 — 6 948

6 Parts de gâteau

On veut découper un gâteau rectangulaire de 30 cm de longueur et de 20 cm de largeur, en faisant des parts carrées toutes de la même taille. La longueur des côtés des parts doit être un nombre entier de centimètres strictement supérieur à 2.

a. Donne deux façons de découper ce gâteau.

b. Précise le découpage donnant le plus grand nombre de parts et le nombre de parts obtenues dans ce cas.

c. Précise le découpage donnant les plus grandes parts et le nombre de parts obtenues dans ce cas.

7 Nombre caché

A = 12✶ est un nombre entier à trois chiffres.

Remplace l'étoile par un chiffre pour que le nombre A soit un multiple de 3. Donne toutes les possibilités.

8 CONTRÔLE EXPRESS

a. On donne $4\,857 = 1\,619 \times 3$.

Complète les phrases suivantes.

4 857 est un multiple de .... et de ....

1 619 est un diviseur de ....

4 857 est divisible par .... et par ....

Deux autres diviseurs de 4 857 sont ....

b. Donne cinq diviseurs de 72.

....

c. Donne trois multiples de 8.

....

d. Explique quels critères de divisibilité peuvent s'appliquer au nombre 1 980.

....

Corrigés p. 18 du livret.

2 Règles de priorité

RETENIR

Règles

Dans un calcul, on effectue :
– en **priorité** les multiplications et les divisions ;
– ensuite les additions et les soustractions dans l'ordre (de gauche à droite).

Remarque : Les calculs entre parenthèses sont prioritaires sur les autres.

Exemples $5 \times 8 - 3 = 40 - 3 = 37$

$26 - 18 \div 3 = 26 - 6 = 20$

$3 \times (18 - 5 \times 2) = 3 \times (18 - 10) = 3 \times 8 = 24$

MOTS CLÉS

✓ **Priorité** : C'est l'ordre dans lequel on effectue les calculs.

✓ **Prioritaire** : Le calcul prioritaire est celui que l'on calcule en premier.

LA MÉTHODE

▷ Utiliser les priorités des opérations

Exemples

1er cas :

$A = 17 - 5 - 3 + 12$
$A = 17 - 5 - 3 + 12$
$A = 12 - 3 + 12$
$A = 9 + 12$
$A = 21$

Il n'y a que des additions et des soustractions.
Je calcule dans l'ordre, de gauche à droite.

2e cas :

$B = 27 - 3 \times 5 + 8 - 21 \div 7$
$B = 27 - 3 \times 5 + 8 - 21 \div 7$
$B = \underline{27 - 15} + 8 - 3$
$B = \underline{12} + 8 - 3$
$B = 20 - 3$
$B = 17$

Il y a une multiplication et une division.
Je les calcule en priorité.

3e cas :

$C = 54 - (9 \times 2 - 8) \times 3$
$C = 54 - (\underline{9 \times 2} - 8) \times 3$
$C = 54 - \underline{(18 - 8)} \times 3$
$C = 54 - \underline{(10) \times 3}$
$C = 54 - \underline{30}$
$C = 24$

Il y a des parenthèses.
J'effectue en premier les calculs entre parenthèses.
Dans les parenthèses, j'applique les règles de priorité.

4e cas :

$D = 5 \times [32 - (2 \times 3 + 24) \div 3]$
$D = 5 \times [32 - \underline{(2 \times 3 + 24)} \div 3]$
$D = 5 \times [32 - \underline{(6 + 24)} \div 3]$
$D = 5 \times [32 - \underline{30} \div 3]$
$D = 5 \times [32 - 10]$
$D = 5 \times 22$
$D = 110$

Il y a des crochets et des parenthèses.
J'effectue en premier les calculs entre crochets. Dans les crochets, j'effectue d'abord les calculs entre parenthèses en respectant les priorités.

MINI INTERRO

Calcule.

1. $32 - 4 \times 3 + 7$
2. $45 \div 5 + 12 - 2 \times 7$
3. $(6 \times 3 + 12) \div 10$

S'ENTRAÎNER

1 Vrai ou faux ?

Coche la case qui convient.

	V	F
a. $12 - 9 - 2 = 5$.	❑	❑
b. Dans le calcul $25 - 6 \times 7$, on calcule en priorité 6×7.	❑	❑
c. Dans le calcul $(7 \times 9) + 12$, les parenthèses sont inutiles.	❑	❑
d. 14 est le résultat de $5 \times 8 - 12 \div 2$.	❑	❑
e. Le résultat de $5 \times (36 - 4 \times 4)$ est 100.	❑	❑

2 Associations

Relie chaque suite d'opérations à son résultat.

a. $3 + 2 \times 5$ ○	○ 3
b. $15 \times 4 \div 3$ ○	○ 6,6
c. $19 - 4 \times 4$ ○	○ 13
d. $50 - 7 \times 4 + 9$ ○	○ 31
e. $17{,}7 - 11{,}7 + 0{,}3 \times 2$ ○	○ 20

3 Avec des parenthèses

Calcule les expressions suivantes.

$A = (5 + 7) \times 3 - 16$

$C = (19 - 2 \times 4) \times (15 \div 3 + 4)$

$B = 42 - (4 \times 3 + 7)$

4 En français

Calcule.

a. le produit de 9 par la somme de 4 et 3

b. la somme de 8 et du produit de 6 par 3

c. la différence de 20 et de la somme de 4 et 7

d. le produit de la somme de 14 et 6 par le quotient de 14 et 7

5 Copies d'élèves

Un professeur de mathématiques a demandé à ses élèves de calculer l'expression $A = 56 - (14 + 48 \div 8)$.

Voici ce qu'ont écrit Paul et Leila :

Paul	Leila
$A = 56 - 14 + 6 = 48$	$A = 56 - 20 = 36$

À ton avis, quel élève a obtenu la bonne réponse ?

6 Un peu de géométrie

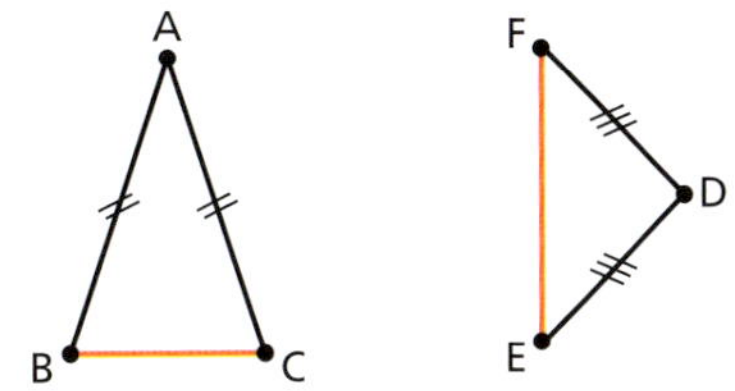

Les triangles ABC et DEF sont isocèles, respectivement en A et D, et ont un périmètre de 20 cm.
On donne : AC = 6 cm et EF = 5,2 cm.

a. Parmi les expressions suivantes entoure celles qui permettent de calculer les longueurs BC et DF.

$BC = 20 \div 2 - 6$ — $DF = (20 - 5{,}2) \div 2$

$BC = (20 - 6) \div 2$ — $DF = 20 - 2 \times 5{,}2$

$BC = 20 - 2 \times 6$ — $DF = 20 \div 2 - 5{,}2$

b. À l'aide des expressions choisies à la question précédente, calcule les longueurs BC et DF.

7 À crédit

Pour l'achat d'une voiture coûtant 16 000 €, un garage propose la formule de crédit suivante :
– paiement de 5 000 € à la livraison du véhicule ;
– et paiement de 48 mensualités de 250 €.

a. Écris le calcul donnant le montant total des mensualités.

b. Écris le calcul donnant le coût du véhicule acheté à crédit.

c. Calcule le montant total des intérêts payés pour cet achat à crédit. Tu écriras le calcul à effectuer à l'aide de parenthèses.

8 Parenthèses et crochets

Calcule.

$A = [35 - (4 \times 8 - 30)] \div 11$

$B = (5 \times 9 - 15) \times [(6 \times 8 + 2) \div 5]$

9 CONTRÔLE EXPRESS

Effectue les calculs suivants.

$A = (5 + 4) \times (8 - 2)$

$B = (5 + 4) \times 8 - 2$

$C = 5 + 4 \times 8 - 2$

$D = 5 + (4 \times 8 - 2)$

$E = 5 + 4 \times (8 - 2)$

Corrigés p. 18 du livret.

3 Comparer des fractions

RETENIR

1 / Comparaison de fractions de même dénominateur

On compare les numérateurs.

Exemple $\frac{3}{7} < \frac{5}{7}$

2 / Comparaison de fractions de même numérateur

La fraction la plus grande est celle qui a le plus petit dénominateur.

Exemple $\frac{7}{3} > \frac{7}{12}$

3 / Égalité de fractions

- Une fraction ne change pas lorsqu'on multiplie (ou qu'on divise) son numérateur et son dénominateur par un même nombre non nul.

Exemple $\frac{30}{25} = \frac{30 \div 5}{25 \div 5} = \frac{6}{5}$ et $\frac{6}{5} = \frac{6 \times 2}{5 \times 2} = \frac{12}{10}$ donc $\frac{30}{25} = \frac{6}{5} = \frac{12}{10}$

- Dans l'égalité $\frac{30}{25} = \frac{6}{5}$, on dit que l'on simplifie $\frac{30}{25}$ par 5.

La **fraction simplifiée** de $\frac{30}{25}$ est $\frac{6}{5}$.

MOTS CLÉS

✓ **Numérateur :** Le numérateur est le nombre situé au-dessus de la barre de fraction.

✓ **Dénominateur :** Le dénominateur est le nombre en dessous de la barre de fraction.

✓ **Simplifier :** Écrire une fraction de façon à ce que ses numérateur et dénominateur soient les plus petits possibles.

LA MÉTHODE

▷ Comparer des fractions de dénominateurs différents

1er cas : Une fraction est inférieure à 1, l'autre est supérieure à 1.

Exemple Comparer $\frac{9}{7}$ et $\frac{5}{11}$.

1. Je compare les fractions avec 1.

Puisque $9 > 7$, je sais que $\frac{9}{7} > 1$. Puisque $5 < 11$, je sais que $\frac{5}{11} < 1$.

2. J'en déduis que $\frac{9}{7} > \frac{5}{11}$.

2e cas : Les deux fractions sont inférieures (ou supérieures) à 1.

Exemple Comparer $\frac{9}{7}$ et $\frac{31}{28}$.

1. Je remarque que ces fractions sont toutes les deux supérieures à 1, donc je ne peux pas appliquer la méthode précédente.
2. Je mets les fractions au même dénominateur. $\frac{9}{7} = \frac{9 \times 4}{7 \times 4} = \frac{36}{28}$
3. Je compare $\frac{36}{28}$ et $\frac{31}{28}$. $\frac{36}{28} > \frac{31}{28}$. Donc j'en déduis que $\frac{9}{7} > \frac{31}{28}$.

MINI INTERRO

Compare.

1. $\frac{7}{9}$ et $\frac{2}{9}$
2. $\frac{17}{9}$ et $\frac{17}{2}$
3. $\frac{2}{3}$ et $\frac{5}{4}$

S'ENTRAÎNER

1 Vrai ou faux ?

Coche la case qui convient.

	V	F
a. $\frac{4}{7}$ est supérieur à $\frac{3}{7}$.	❑	❑
b. $\frac{4}{7}$ est supérieur à $\frac{4}{3}$.	❑	❑
c. $\frac{4}{7} = \frac{12}{21}$	❑	❑
d. $\frac{5}{9}$ est inférieur à $\frac{5}{4}$.	❑	❑
e. $\frac{15}{29} < \frac{24}{29}$	❑	❑

2 Ranger des fractions

a. Range les fractions suivantes dans l'ordre décroissant.

$\frac{7}{15} \quad \frac{2}{15} \quad \frac{11}{15} \quad \frac{9}{15} \quad \frac{4}{15}$

b. Range les fractions suivantes dans l'ordre croissant.

$\frac{7}{22} \quad \frac{7}{9} \quad \frac{7}{2} \quad \frac{7}{15} \quad \frac{7}{10}$

3 Fractions égales

Parmi les fractions suivantes, entoure celles égales à $\frac{14}{10}$.

$\frac{7}{5} \quad \frac{5}{7} \quad \frac{21}{15} \quad \frac{56}{40} \quad \frac{28}{21} \quad \frac{154}{110}$

4 Comparaison avec 1

$\frac{14}{9} \quad \frac{25}{3} \quad \frac{45}{61} \quad \frac{35}{35} \quad \frac{78}{100} \quad \frac{6}{7} \quad \frac{10}{9} \quad \frac{71}{71}$

a. Entoure en rouge les nombres inférieurs à 1 et en vert les nombres supérieurs à 1.

b. Que peux-tu dire des nombres qui n'ont pas été entourés ?

5 Argent de poche

Pour son anniversaire Arnaud a le choix entre deux enveloppes.

Deux tiers de 120 €	Cinq neuvièmes de 120 €

Quelle enveloppe contient le plus d'argent ?

6 Sans calcul

Explique pourquoi il est possible de comparer les fractions $\frac{512}{497}$ et $\frac{652}{783}$ sans effectuer de calcul.

7 Proportion d'élèves

Parmi les 150 élèves de cinquième d'un collège, 60 habitent à plus de 10 km du collège. Sophie affirme que deux élèves sur cinq habitent à plus de 10 km du collège. **A-t-elle raison ?**

8 Sirop

Dans le verre de Martin, on mélange 6 cL de sirop avec 30 cL d'eau.

Dans celui de Maylis, la proportion de sirop est de $\frac{9}{54}$.

Martin affirme que son verre contient la plus grande proportion de sirop. A-t-il raison ?

9 CONTRÔLE EXPRESS

a. Trouve une fraction égale à $\frac{3}{4}$ dont le numérateur est 27.

b. Trouve une fraction égale à $\frac{5}{7}$ dont le dénominateur est 56.

c. Complète par le symbole qui convient : <, > ou =.

$\frac{4}{7} \ldots\ldots \frac{9}{7} \qquad \frac{8}{13} \ldots\ldots \frac{8}{7} \qquad \frac{9}{5} \ldots\ldots \frac{27}{15}$

$\frac{5}{6} \ldots\ldots \frac{13}{12} \qquad \frac{174}{100} \ldots\ldots \frac{147}{100}$

Corrigés p. 19 du livret.

4 Nombres relatifs

RETENIR

Définitions

- On appelle **nombres relatifs** l'ensemble des nombres positifs et des nombres négatifs.
- Les nombres situés au-dessus de zéro sont les **nombres positifs**.

Exemples 7 ; 158 et 0,357 sont des nombres relatifs positifs.

- Les nombres en dessous de zéro sont les **nombres négatifs**.

Exemples – 4 ; – 257 et – 1,254 sont des nombres relatifs négatifs.

- Les nombres relatifs de même valeur et de signes contraires sont appelés **nombres opposés**.

Exemple 12,7 et – 12,7 sont des nombres opposés.

MOTS CLÉS

✓ **Ordre croissant :** Ranger des nombres dans l'ordre croissant revient à les ordonner du plus petit au plus grand.

✓ **Ordre décroissant :** Ranger des nombres dans l'ordre décroissant revient à les ordonner du plus grand au plus petit.

LA MÉTHODE

▷ Comparer deux nombres positifs

Le nombre le plus grand est celui qui est le plus loin de zéro.

$7 < 19$ $15{,}8 > 7{,}5$ $0{,}25 < 0{,}8$ $1{,}265 > 1{,}263$

▷ Comparer un nombre positif et un nombre négatif

Le nombre le plus grand est le nombre positif.

$-6 < 5$ $12{,}7 > -8{,}9$ $-15 < 15$ $0{,}125 > -0{,}0007$

▷ Comparer deux nombres négatifs

Le nombre le plus grand est celui qui est le plus proche de zéro.

$-6 < -2$ $-15 > -27$ $-5{,}7 < -2{,}1$ $-0{,}456 > -0{,}459$

Je pense aux températures : – 25 °C est plus « chaud » que – 51 °C. Donc $-25 > -51$.

▷ Ranger des nombres relatifs

Exemple Ranger les nombres
– 5 ; 12 ; – 9 ; 2,5 ; – 1,3 ; 4 ; – 23 ; 17
dans l'ordre croissant.

1. Je range dans l'ordre croissant les nombres positifs : $2{,}5 < 4 < 12 < 17$.
2. Je range dans l'ordre croissant les nombres négatifs, en appliquant la règle de comparaison précédente : $-23 < -9 < -5 < -1{,}3$.
3. Donc j'obtiens : $-23 < -9 < -5 < -1{,}3 < 2{,}5 < 4 < 12 < 17$.

MINI INTERRO

1. Quel est le nombre opposé à – 17,8 ?
2. – 17 est-il supérieur à – 15 ?
3. 1,258 est-il inférieur à 1,259 ?

S'ENTRAÎNER

1 Vrai ou faux ?

Coche la case qui convient.

	V	F
a. 32 est l'opposé de – 32.	❑	❑
b. – 15 est supérieur à 0,25.	❑	❑
c. – 15 < – 10,25.	❑	❑
d. 5,7 et – 7,5 sont des nombres opposés.	❑	❑
e. – 9 < – 5 < – 2 sont rangés dans l'ordre croissant.	❑	❑

2 Vocabulaire

Complète les phrases en utilisant les mots suivants :
relatif(s) • positif (s) • négatif(s) • opposé(s).

a. 15 875 est un nombre ………………… .

b. – 835 et – 0,00056 sont des nombres ……………… .

c. 25,32 et – 17,45 sont des nombres décimaux

………………… .

d. – 12,75 est le nombre ………………… à 12,75.

e. L'opposé d'un nombre négatif est un nombre

………………… .

3 Traduction mathématique

Associe un nombre relatif à chaque situation.

a. Le plongeur est descendu à une profondeur de 150 m.

b. L'ascenseur se trouve au 4e étage.

c. La température atteint 25 °C en dessous de zéro.

d. Le chef gaulois Vercingétorix est né en pays Arverne vers 72 av. J.-C.

4 Comparaison

Complète avec le symbole < ou >.

2,98 ……… 2,95

24,7 ……… – 34,5

– 1,256 ……… – 1,526

– 23 ……… – 52

– 12,8 ……… – 12

– 6 ……… 6

– 0,023 ……… 0,0005

– 7,5 ……… – 7,52

– 0,26 ……… – 0,05

5 Décroissant et croissant

a. Range les nombres suivants dans l'ordre décroissant :

4 ; 3,8 ; – 2,6 ; – 3,1 ; 7,2 ; – 2,4 ; – 1,4.

b. Range les nombres suivants dans l'ordre croissant :

13 ; – 73 ; 9 ; – 72 ; – 21 ; 6 ; – 46 ; 0,346.

6 Famille de mathématiciens

Voici les dates de naissances et de décès de trois mathématiciens.

Platon	Né en 427 av. J.-C.	Mort en 347 av. J.-C.
Thalès	Né en – 625	Mort en 546 av. J.-C.
Pythagore	Né en – 580	Mort en – 495

Qui est l'aîné ? le benjamin ? le cadet ?

7 Secret

Paul a caché le prénom de sa fiancée dans ce tableau. L'initiale de ce prénom est codée par le plus petit nombre du tableau. Pour retrouver ce prénom, il faut se déplacer horizontalement ou verticalement vers un nombre immédiatement supérieur.

Retrouve le prénom de la fiancée de Paul.

B 2	E 7	I – 2	U 13
A 8	P – 9	H – 5	N – 7
S – 15	O – 11	L 3	E – 1
I – 6	L – 7	V – 4	Y 5

8 CONTRÔLE EXPRESS

Complète.

a. L'opposé de – 23 est …… .

b. – 27 est l'opposé de …… .

c. Les nombres – 12 > – 17 > – 29 sont rangés

dans l'ordre ………………… .

d. – 13 …… – 8 – 19 …… – 25 0,025 …… – 0,025

e. Encadre par deux nombres entiers consécutifs.

…… < – 7,5 < …… …… > – 4,5 > ……

Corrigés p. 19 du livret.

5 Additionner des nombres relatifs

RETENIR

1 / Addition de deux nombres de même signe

1. On conserve le signe commun.
2. On ajoute les valeurs.

Exemples (– 5) + (– 7) = (– 12)   5,7 + 3,5 = 9,2

2 / Addition de deux nombres de signes contraires

1. On conserve le signe du nombre qui a la plus grande valeur.
2. On soustrait la plus petite valeur à la plus grande.

Exemples (– 5) + 7 = 2   (– 5) + 3 = – 2

Remarque : La somme de deux nombres opposés est égale à zéro.

Exemples (– 27) + 27 = 0   12,9 + (– 12,9) = 0

MOT CLÉ

✔ **Valeur d'un nombre relatif** : C'est le nombre sans le signe.

LA MÉTHODE

▷ Additionner plusieurs nombres relatifs

Exemples A = (– 15) + 17 + 4,3 + (– 5,2) + (– 17) + 8

1. Je regarde s'il y a des nombres opposés.
Dans l'expression A, 17 et (– 17) sont des nombres opposés.

2. Je peux les retirer du calcul puisque leur somme est égale à zéro.
A = (– 15) + 4,3 + (– 5,2) + 8

3. Je regroupe les nombres positifs entre eux et les nombres négatifs entre eux.
A = (– 15) + (– 5,2) + 4,3 + 8

4. Je calcule en appliquant les règles données dans « Retenir ».
A = (– 15) + (– 5,2) + 4,3 + 8
A = – 20,2 + 12,3
A = – 7,9

Remarque : Je peux appliquer cette méthode à des calculs écrits sans parenthèses.

B = – 25 + 13 – 7 + 9 – 4 + 8 – 13 + 25
B = – 7 – 4 + 9 + 8
B = – 11 + 17
B = 6

Cette écriture sans parenthèses permet « d'alléger » l'expression
B = (– 25) + 13 + (– 7) + 9 + (– 4) + 8 + (– 13) + 25

MINI INTERRO

Calcule.

1. (– 15) + (– 6)
2. (– 9) + 14
3. 7 + (– 15)
4. – 152 + 152

S'ENTRAÎNER

1 Vrai ou faux ?

Coche la case qui convient.

	V	F
a. (– 20) + (– 7) = – 27	❑	❑
b. (– 20) + 13 est un nombre négatif.	❑	❑
c. 17 + (– 8) = 17 – 8	❑	❑
d. – 13 + 5 – 2 + 13 – 5 = 3	❑	❑
e. 17 + (– 5) < 0	❑	❑

2 Dans un tableau

Complète le tableau suivant.

a	*b*	*a* + *b*
– 7	– 5	
– 2,6	– 4,8	
2,4	1,8	
7	– 9	
– 5	– 8	
2,6	– 2,6	
– 10,8	6,8	
– 7,2	0	

3 Pyramide

Complète la pyramide, sachant que chaque case contient la somme des nombres se trouvant dans les deux cases juste en dessous.

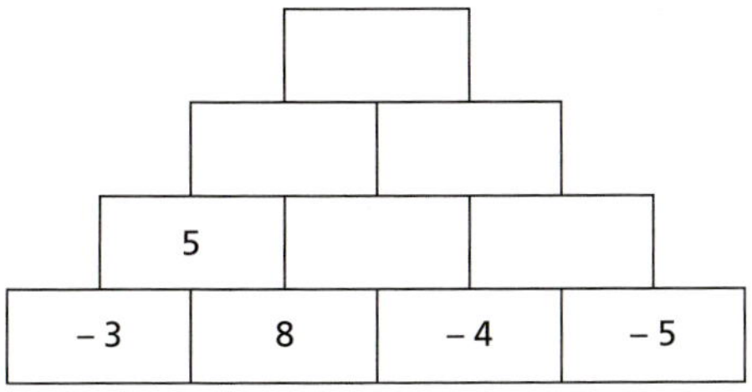

4 Cases vides

Complète les opérations suivantes.

a. (– 8) + (.........) = – 13

b. 17 + (.........) = 11

c. (.........) + (– 4) = – 13

d. (.........) + 25 = 20

e. 17 + (.........) = – 5

f. (.........) + 13 = – 20

5 Plusieurs termes

Calcule.

a. (– 17) + 25 + (– 8) + 17 + (– 7) + 3 = ...

b. 5,7 + (– 10,8) + 8,2 + (– 5,7) + (– 6,3) + 4,5 = ...

c. 158 + (– 121) + 107 + (– 84) + (– 158) + 84 + (– 107) + 121 = ...

6 Sans parenthèses

Calcule.

a. – 12 + 17 – 5 + 3 = ...

b. 25 – 13 – 8 – 25 + 8 = ...

c. 19,5 – 4,5 + 6,5 – 3,5 = ...

7 Âge du mathématicien

Le célèbre mathématicien Archimède est né en 287 avant Jésus-Christ. Il est décédé à l'âge de 75 ans.

En quelle année est-il décédé ?

8 Carré magique

Un carré est dit « magique » quand la somme des nombres en ligne, en colonne ou en diagonale est la même.

Complète le carré suivant pour qu'il soit magique.

	+ 10	
	– 2	
	– 14	+ 1

9 CONTRÔLE EXPRESS

Calcule.

A = (– 16) + (– 8) = ...

B = (– 42) + 24 = ...

C = 258 + (– 258) = ...

D = 10 + (– 4,8) = ...

E = (– 8,2) + (– 3,4) = ...

F = (– 5,7) + 9,3 = ...

G = 14 + 27 + (– 18) + 9 + (– 27) + (– 5) = ...

Corrigés p. 19 du livret.

6 Soustraire des nombres relatifs

RETENIR

Soustraire un nombre relatif

Cela revient à ajouter son **opposé**, c'est-à-dire le nombre relatif de signe contraire.

Exemples $12 - (-7) = 12 + 7 = 19$

$(-15) - (-12) = -15 + 12 = -3$

Remarque : L'opposé de -7 se note $-(-7)$, donc on a $-(-7) = 7$.

MOT CLÉ

✓ **Somme algébrique :** Une somme algébrique est une succession d'additions et de soustractions de nombres relatifs.

LA MÉTHODE

▷ Calculer des sommes algébriques

Exemples $A = (-15) - 12 + 9 - (-8) + 13 - (-15) - 11$

1. Je transforme les soustractions en additions de l'opposé.

$A = (-15) + (-12) + 9 + (+8) + 13 + (+15) + (-11)$

Je remarque qu'il n'y a plus que des additions, le résultat de ce calcul est bien une somme.

2. Je regarde s'il y a des nombres opposés.
Dans l'expression A, 15 et (– 15) sont des nombres opposés.

Les étapes 2 à 5 reprennent la méthode du chapitre précédent.

3. Je peux les retirer du calcul puisque leur somme est égale à zéro.

$A = (-12) + 9 + 8 + 13 + (-11)$

4. Je regroupe les nombres positifs entre eux et les nombres négatifs entre eux.

$A = (-12) + (-11) + 9 + 8 + 13$

5. Je calcule en appliquant les règles d'addition de nombres relatifs.

$A = (-12) + (-11) + 9 + 8 + 13$

$A = -23 + 30$

$A = 7$

Remarque : Je peux aussi calculer sans parenthèses en transformant seulement les soustractions de nombres négatifs.

$B = -20 + 13 \underline{- (-8)} - 5 + 11 - 7 \underline{- (-6)}$

$B = -20 + 13 + 8 - 5 + 11 - 7 + 6$

$B = -20 - 5 - 7 + 13 + 8 + 11 + 6$

$B = -32 + 38$

$B = 6$

MINI INTERRO

Complète.

1. L'opposé de – 9 est ....
2. Soustraire – 8 revient à ....
3. 20 – (– 25) = ...
4. (– 17) – (– 17) = ...

S'ENTRAÎNER

1 Vrai ou faux ?

Coche la case qui convient.

	V	F
a. – (– 12) est l'opposé de – 12.	❑	❑
b. Soustraire 8 revient à ajouter – 8.	❑	❑
c. – 9 – (– 12) est un nombre négatif.	❑	❑
d. La différence de deux nombres opposés est nulle.	❑	❑
e. 15 – (– 20) = 15 + 20 = 35	❑	❑

2 Changements

Complète.

a. Soustraire – 15 d'un nombre revient à .... à ce nombre.

b. Soustraire 18 d'un nombre revient à .... à ce nombre.

c. Soustraire .... d'un nombre revient à ajouter – 9 à ce nombre.

d. Soustraire .... d'un nombre revient à ajouter 17 à ce nombre.

3 Soustractions

Calcule.

A = (– 18) – (+ 7) = (– 18) + (..........) = ...

B = 21 – (– 15) = 21 + (..........) = ...

C = – 5 – (– 9) = – 5 + (..........) = ...

D = 3,8 – (+ 9,5) = 3,8 + (..........) = ...

E = (– 25) – (– 25) = – 25 + (..........) = ...

4 Sommes algébriques

Calcule.

A = (– 15) + 13 – (– 9) – (+ 7)

B = 19 – (– 15) – 15 – (+ 12)

C = – 17 + (– 15) – (+ 12) – 12

D = (– 12) – (– 8,5) + 6,5 – (+ 3,5)

E = 9,5 – (– 6) + (– 5,5) – (+ 7,5)

5 Sans parenthèses

Calcule.

A = – 12 + 9 – 8 – 15 + 12 – 9 + 4

B = 25 – 13 + 6 – 8 – 25 + 13

C = 153 – 215 + 86 – 153 + 215 – 90

6 En français

Écris puis calcule l'expression qui correspond à chaque phrase.

a. La somme de – 3,5 et de la différence de 4,8 et de 8,9.

b. La différence de 7,4 et de la somme de – 7,1 et de – 5,5.

7 Nombre inconnu

Dans chaque cas, détermine le nombre inconnu.

a. La somme d'un nombre et de – 4 est égale à 3.

b. La différence d'un nombre et de 7 est égale à – 11.

c. La différence de – 8 et d'un nombre est égale à 6.

8 Longévité de mathématiciens

Voici les dates de naissances et de décès de trois mathématiciens.

Platon	Né en 427 av. J.-C.	Mort en 347 av. J.-C.
Thalès	Né en – 625	Mort en 546 av. J.-C.
Pythagore	Né en – 580	Mort en – 495

Lequel de ces mathématiciens a vécu le plus longtemps ?

9 CONTRÔLE EXPRESS

Calcule.

A = 9 – 4

B = – 4 – 1

C = 3 – 8

D = – 2 – (– 4)

E = 2 – (– 1) + 4 – 2 + 1

F = – (– 5) – 2 – 7 – (– 2)

G = 3 – (– 7) – 9 + 4 – 5

Corrigés p. 19 du livret.

NOMBRES ET CALCULS

7 Calcul littéral

RETENIR

Définitions et notations

- Une expression dans laquelle un ou plusieurs nombres sont désignés par des lettres s'appelle une **expression littérale**.

Exemples Le périmètre d'un carré de côté c s'écrit $4 \times c$.
Le prix de x kg de tomates à 2,5 € le kg s'écrit $2{,}5 \times x$.

- Pour **simplifier l'écriture** des expressions, on ne note pas le signe × devant une lettre ou devant des parenthèses.

Exemples $4 \times c = 4c$ $\quad 5 \times (x+4) = 5(x+4) \quad a \times b = ab$
$(x-7) \times (2 \times x + 3) = (x-7)(2x+3)$

- $x \times x$ se note x^2 et se lit « x au carré ».
$x \times x \times x$ se note x^3 et se lit « x au cube ».

MOT CLÉ

✓ **Réduire** une expression consiste à calculer ensemble les termes ayant la même partie littérale.

LA MÉTHODE

▷ Calculer une expression littérale

Je remplace la (ou les) lettre(s) par les valeurs données.

Exemple Calculer l'aire d'un cercle de rayon 4 cm.

1. Je sais que l'aire d'un cercle a pour formule πR^2.
2. Je remplace R par 4 : l'aire exacte est égale à $4^2 \times \pi = 16\pi$ cm².
3. Je peux calculer une valeur approchée en utilisant $\pi \approx 3{,}14$.

La valeur approchée de l'aire est 50,24 cm².

▷ Tester une égalité

1. Je calcule séparément l'expression donnée dans chaque membre de l'égalité.
2. Je vérifie que les deux résultats sont égaux : dans ce cas, l'égalité est vérifiée.

Exemple Tester $2x + 5 = y - x$ pour $x = 2$ et $y = 17$, puis pour $x = 5$ et $y = 20$.

$\left.\begin{array}{l} 2x+5 = 2 \times 2 + 5 = 4 + 5 = 9 \\ y - x = 17 - 2 = 15 \end{array}\right\}$ Donc l'égalité $2x + 5 = y - x$ n'est pas vérifiée pour $x = 2$ et $y = 17$.

$\left.\begin{array}{l} 2x+5 = 2 \times 5 + 5 = 10 + 5 = 15 \\ y - x = 20 - 5 = 15 \end{array}\right\}$ Donc l'égalité $2x + 5 = y - x$ est vraie pour $x = 5$ et $y = 20$.

MINI INTERRO

1. Quel est le carré de 8 ?
2. Comment écrire le triple d'un nombre x ?

S'ENTRAÎNER

1 Vrai ou faux ?

Coche la case qui convient.

	V	F
a. 36 est le carré de 6.	❑	❑
b. $4^3 = 4 \times 4 \times 4$	❑	❑
c. Je peux réduire $7a + 8b - 5c$.	❑	❑
d. Pour $x = 3$, on a $5x - 8 = 6$.	❑	❑
e. Le double de y s'écrit y^2.	❑	❑

2 Suppression de signes

Supprime les signes × quand cela est possible (sans faire les calculs).

$A = 3 \times a + 2$

$B = a \times b - 4$

$C = 7 \times a \times b$

$D = 5 \times (x - 2)$

$E = 14 \times (2 \times a - 5)$

$F = 2 \times \pi \times r \times h$

$G = 12 \times 8$

$H = 57 - 34 \times 2$

3 Remplacement

On donne : $A = 2x + 1$; $B = 3x - 4$; $C = x^2 + 1{,}5$.

Calcule A, B et C pour $x = 2$.

4 Traduction

Traduis chaque phrase par une expression littérale.

a. Le produit de sept par x.

b. La somme de x et de onze.

c. Le produit de cinq par la somme de trois et du carré de x.

d. La somme du triple de x et de douze.

5 Nature

Détermine la nature du triangle ABC sachant que $x = 4$ cm

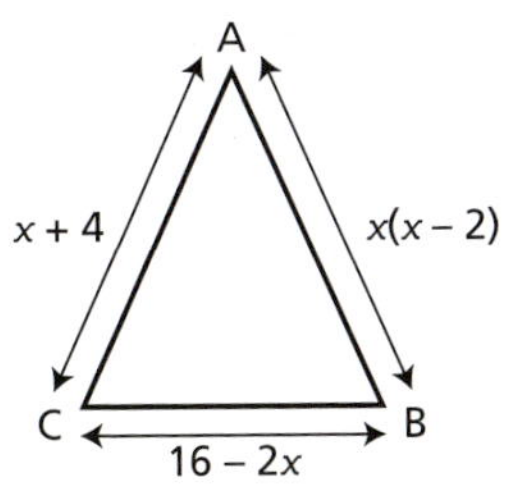

6 Nombre inconnu

Julie pense à un nombre et dit : « Le triple du nombre auquel je pense est égal à la somme de ce nombre et de 9. »

Entoure dans la liste suivante le nombre auquel pense Julie.

2,5   3   4,5   5

7 Géométrie littérale

ABCD est un rectangle de largeur $5x - 3$ et de longueur $4x + 12$.

a. Parmi les expressions suivantes, entoure celle qui correspond au calcul de l'aire de ce rectangle ABCD.

$E = 4x + 12 + 5x - 3$

$F = 2(4x + 12) + 2(5x - 3)$

$G = (4x + 12)(5x - 3)$

b. Calcule cette expression pour $x = 2$.

....

8 Programme de calcul

Voici un programme de calcul :
- choisir un nombre ;
- le mettre au carré ;
- multiplier le résultat par 3 ;
- ajouter 5 au résultat ;
- diviser le tout par 2.

a. Écris l'expression A obtenue si le nombre choisi est x.

....

....

b. Calcule cette expression pour $x = 3$.

....

9 CONTRÔLE EXPRESS

a. Traduis l'énoncé suivant par une expression littérale : « A est égal au quotient de la somme de 17 et du triple de x par 5. »

b. Calcule l'expression $B = 5x^2 + 3x - 4$ pour $x = 2$.

c. L'égalité $6x - 5 = 2x + 3$ est-elle vraie pour $x = 3$? pour $x = 2$?

Corrigés p. 20 du livret.

8 Proportionnalité

RETENIR

1 / Situation de proportionnalité

Deux grandeurs sont proportionnelles si on peut obtenir les valeurs de l'une en multipliant les valeurs de l'autre toujours par le même nombre, appelé le **coefficient de proportionnalité**.

2 / Tableau de proportionnalité

- On peut représenter deux grandeurs proportionnelles dans un **tableau de proportionnalité**.

Exemple Le périmètre d'un carré est proportionnel à la longueur de son côté.

Longueur du côté (en cm)	2	3,5	5	6,8
Périmètre (en cm)	8	14	20	27,2

$\times 4$

Le coefficient de proportionnalité est égal à 4.

- La **quatrième proportionnelle** est le quatrième nombre que l'on peut calculer dans un tableau de proportionnalité à 4 cases où l'on connaît déjà 3 valeurs.

MOTS CLÉS

✓ **Grandeur :** Une grandeur peut être une longueur, un volume, une masse, un prix, une durée, une aire…

✓ **Coefficient :** Quand deux grandeurs sont proportionnelles, le coefficient est le nombre par lequel on multiplie les valeurs d'une grandeur pour obtenir les valeurs de l'autre grandeur.

LA MÉTHODE

▷ Déterminer le coefficient de proportionnalité

Exemple On a le tableau de proportionnalité suivant :

Grandeur A	5	12	15
Grandeur B	2	4,8	6

Pour calculer le coefficient de proportionnalité, j'effectue une division entre une valeur de la 1re ligne et une valeur de la 2e ligne d'une colonne :

$\frac{2}{5} = 0{,}4$ (ou $\frac{4{,}8}{12} = 0{,}4$ ou $\frac{6}{15} = 0{,}4$). Le coefficient de proportionnalité est 0,4.

▷ Calculer une quatrième proportionnelle à l'aide du coefficient de proportionnalité

Exemple

Distance parcourue (en km)	120	250
Consommation d'essence (en L)	7,2	?

$\times \ldots$

Il existe d'autres méthodes pour calculer une quatrième proportionnelle, comme le retour à l'unité.

1. Je détermine le coefficient de proportionnalité : $\frac{7{,}2}{120} = 0{,}06$.
2. Je multiplie : $250 \times 0{,}06 = 15$. La quatrième proportionnelle est 15.

MINI INTERRO

1. On a payé 4 € pour 2 kg de pommes. Quel est le prix de 6 kg de pommes ?
2. Le tableau suivant est-il un tableau de proportionnalité ?

25	30	40
75	90	130

S'ENTRAÎNER

1 Quiz

Coche la réponse qui convient.

a. Le coefficient de proportionnalité du tableau suivant est égal à :

- ❑ 3
- ❑ 0,3
- ❑ 10

8	13	40
24	39	120

b. En achetant 3 stylos, je paye 5,10 €. Si j'en achète 5, je vais payer :

❑ 3 €   ❑ 8,50 €   ❑ 12,80 €

c. La quatrième proportionnelle du tableau suivant est égale à :

- ❑ 40
- ❑ 112
- ❑ 22,4

5	8
14	?

2 Proportionnalité ?

Dis si les situations suivantes sont des situations de proportionnalité.

a. Le prix d'un CD et le nombre de chansons sur le CD.

b. Le périmètre d'un carré et la longueur d'un de ses côtés.

c. La taille et l'âge d'une personne.

3 Coefficient de proportionnalité

Calcule le coefficient de proportionnalité puis complète le tableau suivant.

Masse de noix achetées (en g)	300	450	580	620
Prix payé (en €)	6,6			

×....

4 Situation de proportionnalité ?

Les deux tableaux suivants sont-ils des tableaux de proportionnalité ?

a.

35	63	42	90
4,9	8,82	6	13

b.

3	9	14	6
27	81	126	54

5 Retour à l'unité

Avec 6 L de peinture, je peux peindre exactement une surface de 50,4 m^2.

a. Quelle surface puis-je peindre avec 1 L de peinture ?

b. Je veux repeindre les murs de ma chambre dont la surface totale est de 36 m^2. Est-ce que 3 litres de peinture me suffisent ?

6 Avec un tableur

a. Représente ces données sur une feuille de calcul.

	A	B	C	D	E
1	Volume du réservoir d'eau (en L)	25	37	52	70
2	Temps de remplissage (en min)	4			

b. Quelle formule dois-tu saisir dans la cellule C2 pour avoir le temps de remplissage pour un réservoir contenant 37 litres d'eau ?

c. À l'aide du tableur, complète le tableau sans saisir d'autres formules dans les autres cellules.

7 Abonnement au cinéma

Une salle de cinéma propose un abonnement à l'année. Le tarif est de 20 € pour l'année puis 4 € par séance. Sinon, le tarif est de 8 € par séance.

a. Est-il intéressant que je prenne l'abonnement si je vais au cinéma : 4 fois, 5 fois ou 6 fois dans l'année ?

b. Déduis-en à partir de combien de séances il est plus intéressant de prendre l'abonnement.

c. Dans quel cas (avec ou sans abonnement) y a-t-il une situation de proportionnalité ?

8 CONTRÔLE EXPRESS

Une imprimante permet d'imprimer 32 pages en 80 secondes. On a représenté cette situation de proportionnalité à l'aide du tableau suivant :

Nombre de pages	32		80
Durée (en s)	80	130	

a. Calcule le nombre de pages imprimées en 130 secondes.

b. Calcule la durée d'impression de 80 pages.

Corrigés p. 20 du livret.

9 Pourcentages et échelles

RETENIR

1 / Pourcentage

Un pourcentage traduit une **situation de proportionnalité** où on étudie des comparaisons à 100.

MOT CLÉ

✓ « Prendre » 15 % d'une quantité, c'est appliquer 15 % à cette quantité.

2 / Échelle

- Les longueurs sur une carte ou un dessin sont **proportionnelles** aux longueurs réelles. Le coefficient de proportionnalité est l'échelle e :

$$e = \frac{\text{longueur sur le dessin}}{\text{longueur réelle}}$$

Attention ! Les longueurs doivent être exprimées dans la même unité.

- Si $e > 1$, le dessin est un **agrandissement**. Si $e < 1$, le dessin est une **réduction**.

LA MÉTHODE

Appliquer un pourcentage

Exemple Pendant les soldes, un magasin solde ses articles à 20 %.
Combien coûte un pull dont le prix initial était de 40 € ?

1. Je calcule la remise sur le prix : $40 \times \frac{20}{100} = 8$.
2. Le prix du pull baisse de 8 €, il revient donc à 32 € (40 € – 8 €).

Calculer un pourcentage

Exemple Parmi les 35 élèves d'une classe, 14 sont des filles.
Quel est le pourcentage de filles ?

1. Je dresse un tableau de proportionnalité.

Nombre d'élèves	35	100
Nombre de filles	14	?

(× 0,4)

2. Je calcule le coefficient de proportionnalité : $\frac{14}{35} = 0,4$.
3. Je calcule la quatrième proportionnelle : $100 \times 0,4 = 40$, donc 40 % des élèves sont des filles.

Utiliser une échelle

Exemple La distance réelle entre 2 villes est de 42 km.
Quelle distance les sépare sur une carte routière à l'échelle $\frac{1}{300\,000}$?

Distance réelle (en cm)	300 000	4 200 000
Distance sur la carte (en cm)	1	?

($\times \frac{1}{300\,000}$)

$4\,200\,000 \times \frac{1}{300\,000} = 14$, donc, sur la carte, la distance est de 14 cm.

MINI INTERRO

1. J'ai mangé 20 % d'une tablette de chocolat qui était composée de 25 carrés. Combien de carrés de chocolat ai-je mangé ?
2. Sur un dessin à l'échelle 10, un cil est représenté par une longueur de 8,4 cm. Quelle est la longueur réelle du cil ?

S'ENTRAÎNER

1 Quiz

Coche la réponse qui convient.

a. 50 % de 480 est égal à :

- ❑ 240
- ❑ 9,6
- ❑ 960

b. Dans un bouquet de 50 fleurs, il y a 30 roses.
Quel est le pourcentage de roses dans ce bouquet ?

- ❑ 30 %
- ❑ 50 %
- ❑ 60 %

c. Sur un dessin, une longueur réelle de 400 m est représentée par une longueur de 20 cm.
Quelle est l'échelle du dessin ?

- ❑ $\frac{1}{2\,000}$
- ❑ 2 000
- ❑ 0,05

d. On dessine des insectes à l'échelle 6.
Un insecte a une longueur réelle de 1,1 cm.
Quelle sera sa longueur sur le dessin ?

- ❑ 0,18 cm
- ❑ 6,6 cm
- ❑ 6,6 mm

2 Sondage

Un sondage a été effectué auprès de 2 200 personnes sur leurs habitudes de lectures. Le sondage montre que 40 % des personnes interrogées lisent plus de cinq livres par an.

Détermine le nombre de personnes qui lisent plus de cinq livres par an.

....

3 Jeux vidéo

Parmi les 120 jeux vidéo enregistrés sur ma console, 72 sont des jeux d'aventure.

Calcule le pourcentage de jeux d'aventure sur ma console (tu peux t'aider d'un tableau de proportionnalité).

....

4 Distance entre deux villes

Sur une carte routière à l'échelle $\frac{1}{400\,000}$,
15 cm séparent les villes de Mathoville et de Géoville.

Calcule la distance réelle qu'il faut parcourir pour se rendre de Mathoville à Géoville (tu donneras le résultat en km).

....

5 Réussite au brevet

Dans le collège de Mathilde, il y a eu 92 % de réussite au brevet.
Dans le collège d'Arnaud, 196 des 210 élèves ont obtenu le brevet.

Détermine le collège ayant obtenu le plus haut pourcentage de réussite au brevet.

....

6 Plan d'architecte

Sur un plan d'architecte, une chambre carrée de 4 m de côté est représentée par un carré de 10 cm de côté.

a. La cuisine est de forme rectangulaire et a pour dimensions 6 m sur 4,5 m.
Calcule les dimensions de la cuisine sur ce plan d'architecte.

....

b. Le salon est représenté sur le plan par un rectangle de dimensions 14 cm sur 8,2 cm.
Calcule les dimensions réelles du salon.

....

7 Soldes

Un sac coûtait 60 € au mois de février.
En avril, son prix baisse de 15 %, puis, en juin, il baisse à nouveau de 25 %.

a. Calcule le prix du sac en avril.

b. Calcule le prix du sac en juin.

c. Calcule le pourcentage de baisse entre les mois de février et juin.

8 CONTRÔLE EXPRESS

a. Aux tirs au but, Luc a réussi 12 tirs sur 16 et Mathieu a marqué 17 fois sur 21 tirs.
Détermine quel joueur a le plus haut pourcentage de tirs marqués.

b. Sur une carte, on lit « 3 cm pour 1 km ».
Détermine l'échelle de la carte.

c. En passant de l'état liquide à l'état de glace, le volume de l'eau augmente de 7,5 %.
Détermine quel volume de glace tu peux obtenir avec 53 L d'eau liquide.

Corrigés p. 21 du livret.

10 Statistiques

RETENIR

Lorsque l'on recueille des **données** auprès des individus d'une population, on crée une **série statistique** que l'on peut étudier.

1 / Tableau d'effectifs, classe, fréquence

- On regroupe les données d'une série statistique dans un **tableau d'effectifs** où l'on inscrit les **valeurs** de la série (âge, couleur des yeux, taille...) dans la première ligne et les **effectifs** de ces valeurs dans la seconde.
- Lorsqu'il y a beaucoup de données, on peut les **regrouper en classes**.
- La **fréquence** d'une valeur, ou d'une classe, est le quotient de son effectif par l'effectif total. Elle peut être exprimée sous la forme d'une fraction, d'un nombre décimal ou d'un pourcentage.

MOTS CLÉS

✓ **Effectif d'une valeur :** nombre de fois où cette valeur apparaît dans une série.

✓ **Effectif d'une classe :** nombre de données comprises dans cette classe.

2 / Moyenne

- La **moyenne** d'une série statistique est égale à la somme de toutes les données divisée par l'effectif total de la série.

LA MÉTHODE

▷ Dresser un tableau d'effectifs et de fréquences

Exemple On demande à 20 élèves le temps passé à lire par jour.
Voici les résultats, en minutes :
7 ; 8 ; 10 ; 15 ; 14 ; 23 ; 10 ; 13 ; 18 ; 0 ; 10 ; 26 ; 0 ; 5 ; 13 ; 20 ; 10 ; 22 ; 2 ; 20.

Je compte les effectifs et je calcule les fréquences : $\frac{2}{20} \times 100 = 10\ \%$...

Temps passé (en min)	0	2	5	7	8	10	13	14	15	18	20	22	23	26
Effectif	2	1	1	1	1	4	2	1	1	1	2	1	1	1
Fréquence (en %)	10	5	5	5	5	20	10	5	5	5	10	5	5	5

▷ Regrouper les données en classes

Je peux regrouper les données de la série statistique en classes d'amplitude 10 :

Temps passé (en min)	de 0 (inclus) à 10 (exclu)	de 10 (inclus) à 20 (exclu)	de 20 (inclus) à 30 (exclu)
Effectif	6	9	5
Fréquence (en %)	30	45	25

▷ Calculer une moyenne

$$m = \frac{7+8+10+15+14+23+10+13+18+0+10+26+0+5+13+20+10+22+2+20}{20}$$

$m = \frac{246}{20} = 12{,}3$ En moyenne, un élève passe 12,3 minutes à lire par jour.

MINI INTERRO

En vacances, Lucie a noté chaque jour le nombre de kilomètres parcourus à vélo : 6 ; 8 ; 6 ; 10 ; 8 ; 7 ; 10 ; 5 ; 7 ; 6.

1. Donne l'effectif total de la série.
2. Quel est l'effectif de la valeur 6 ? Déduis-en la fréquence de la valeur 6.
3. Calcule la distance moyenne, en km, parcourue par Lucie chaque jour.

1 Quiz

Coche la bonne réponse.

On lance un dé et on note les faces obtenues :

Face	1	2	3	4	5	6	**Total**
Effectif	12	20	23		15	19	100

a. Combien de lancers a-t-on effectué ?

❑ 20 ❑ 100 ❑ 200

b. L'effectif de la face 4 est :

❑ 11 ❑ 4 ❑ 100

c. La fréquence d'apparition de la face 2 est :

❑ 20 % ❑ 0,2 % ❑ 2 %

d. La fréquence d'apparition de la face 6 est :

❑ 1,9 ❑ 19 ❑ 0,19

2 Au travail

On fait un sondage auprès de 30 salariés d'une entreprise pour connaître leurs âges : 5 personnes ont entre 25 et 30 ans, 4 personnes ont entre 40 et 45 ans, 9 personnes ont entre 30 et 35 ans.

On souhaite regrouper ces données en classes comme dans le tableau ci-dessous :

Âge des salariés	entre 25 et 30 ans	entre 30 et 35 ans	entre 35 et 40 ans	entre 40 et 45 ans
Effectif				
Fréquence (en %)				

a. Quelle est l'amplitude de chaque classe ?

b. Recopie et complète le tableau ci-dessus (tu arrondiras les fréquences à 0,1 %).

c. Quel est le pourcentage de salariés qui ont moins de 35 ans ?

3 Frères et sœurs

Marc demande à 15 de ses amis leur nombre de frères et sœurs. Il obtient les résultats suivants :
1 ; 3 ; 0 ; 0 ; 1 ; 2 ; 1 ; 2 ; 1 ; 1 ; 3 ; 4 ; 2 ; 2 ; 0.

a. Recopie et complète le tableau suivant.

Nombre de frères et sœurs	0	1	2	3	4
Effectif					
Fréquence (en fraction)					

b. Combien d'amis ont moins de 3 frères et sœurs ?

c. Combien d'amis ont au moins 1 frère ou sœur ?

d. Calcule la moyenne du nombre de frères et sœurs des amis de Marc (donne le résultat arrondi à l'unité).

4 Affluence à la boulangerie

Dans un village, on a relevé tous les jours d'une semaine le nombre de clients dans deux boulangeries.

	Boulangerie Au bon pain	**Boulangerie La baguette dorée**
Lundi	80	60
Mardi	60	40
Mercredi	40	20
Jeudi	20	30
Vendredi	20	20
Samedi	80	60
Dimanche	100	70

Le maire du village déclare : « On voit bien que lundi, il y avait moins de clients à la boulangerie La baguette dorée. Pourtant, les fréquences d'affluence dans les deux boulangeries le lundi sont les mêmes. »

Explique pourquoi ce que dit le maire est vrai.

5 CONTRÔLE EXPRESS

Voici les notes obtenues à une interrogation (notée sur 10) dans une classe de 5e :
7 ; 5 ; 10 ; 4 ; 4 ; 6 ; 5 ; 3 ; 4 ; 6 ; 7 ; 2 ; 8 ; 9 ; 9 ; 10 ; 8 ; 9 ; 6 ; 5 ; 6 ; 7 ; 7 ; 5 ; 6.

a. Combien y a-t-il d'élèves dans la classe ?

b. Calcule la note moyenne de la classe.

c. Recopie et complète le tableau suivant.

Notes	2	3	4	5	6	7	8	9	10
Effectif									
Fréquence en fraction									
Fréquence en %									

d. Combien d'élèves ont au moins la moyenne ?

e. Quel pourcentage d'élèves a une note supérieure ou égale à 7 ?

Corrigés p. 21 du livret.

11 Diagrammes et histogrammes

RETENIR

1 / Les diagrammes

- Un **diagramme en bâtons** (ou **barres**) est composé de bâtons. Leur hauteur est proportionnelle à l'effectif (ou à la fréquence) représenté(e).

Exemple On répartit des élèves de 5e en fonction de leur couleur de cheveux :

Couleur	brun	roux	blond	châtain
Effectif	50	11	56	63

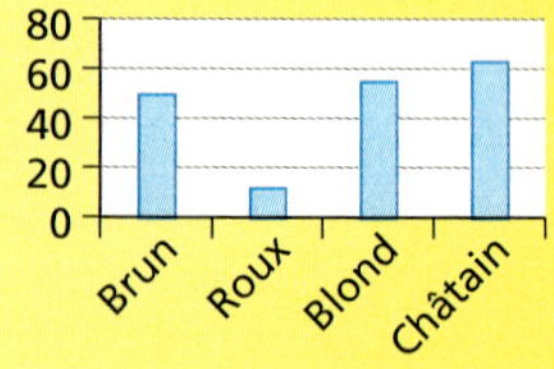

- Un **diagramme circulaire** est un disque partagé en **secteurs angulaires**. La mesure de l'angle de chaque secteur est proportionnelle à l'effectif (ou à la fréquence représentée).

2 / Les histogrammes

- On utilise un **histogramme** pour représenter une série regroupée **en classes**.
- Un histogramme est composé de **rectangles** qui ont une largeur égale à l'amplitude de la classe. La hauteur de chaque rectangle est proportionnelle à l'effectif de la classe représentée.

Exemple Voici la répartition des élèves de 5e d'un collège en fonction de leur taille (l'amplitude de chaque classe est égale à 5 cm).

Taille	de 140 cm (inclus) à 145 cm (exclu)	de 145 cm (inclus) à 150 cm (exclu)	de 150 cm (inclus) à 155 cm (exclu)	de 155 cm (inclus) à 160 cm (exclu)
Effectif	21	42	79	38

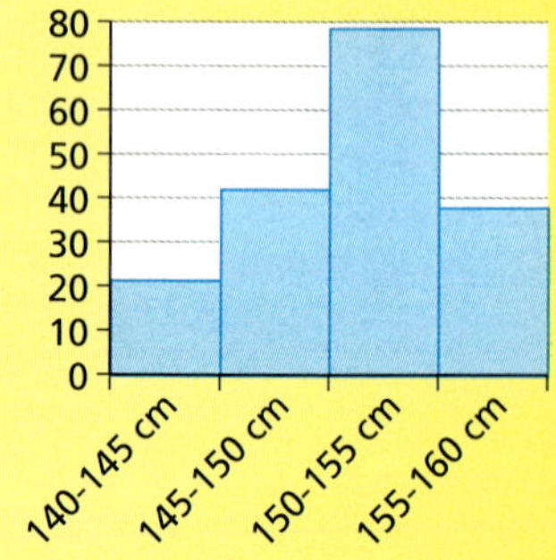

MOTS CLÉS

✓ **Amplitude :** L'amplitude d'une classe est la différence entre la plus grande et la plus petite valeur de la classe.

✓ **Secteur angulaire :** Il s'agit d'une « part » d'un disque.

MINI INTERRO

François a pioché 30 fois dans un paquet de 52 cartes (en remettant sa carte à chaque fois) et a dessiné le diagramme circulaire des effectifs obtenus :

1. Quel est l'effectif de la couleur Carreau ?
2. Quelle couleur a la plus petite fréquence de pioche ?

LA MÉTHODE

▷ Construire un diagramme circulaire

Exemple On a interrogé 150 personnes sur leurs lieux de vacances.

Lieux de vacances	mer	montagne	campagne	pays étranger	total
Effectif	51	42	35	22	150
Angle (en °)	122,4	100,8	84	52,8	360

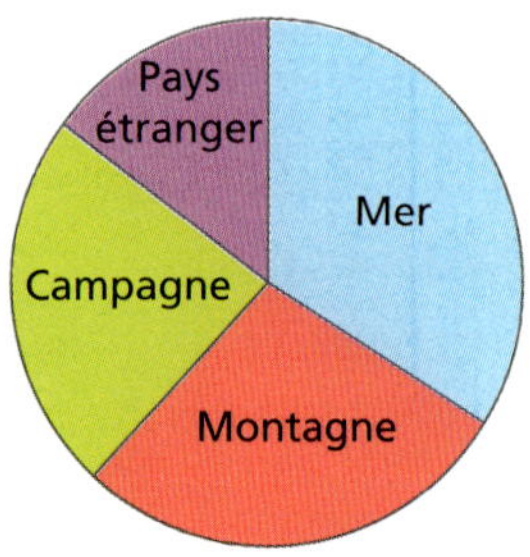

1. Je calcule le coefficient de proportionnalité. L'effectif total (150 personnes) correspond à un angle de 360° donc le coefficient de proportionnalité est : $\frac{360}{150} = 2{,}4$.
2. Je calcule les mesures des angles : $51 \times 2{,}4 = 122{,}4$; etc.
3. Je construis le diagramme à l'aide d'un rapporteur.

S'ENTRAÎNER

1 Vrai ou faux ?

L'histogramme ci-dessous donne la répartition de 80 clients d'un supermarché en fonction des durées d'attente (en minutes) à la caisse d'un supermarché.

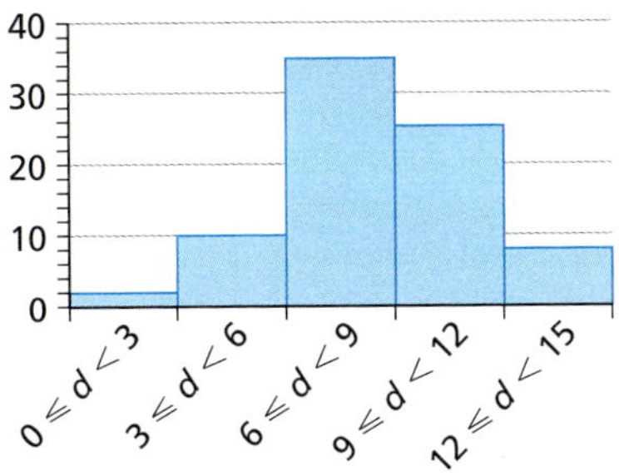

	V	F
a. Le plus grand nombre de clients a attendu entre 6 et 9 minutes.	❑	❑
b. 20 clients ont attendu moins de 6 minutes.	❑	❑
c. Les classes ont pour amplitude 6 minutes.	❑	❑
d. 10 % des clients ont attendu entre 12 et 15 minutes.	❑	❑

2 Vente de livres

Le diagramme circulaire ci-contre donne la répartition des ventes de livres selon leur genre dans une librairie.

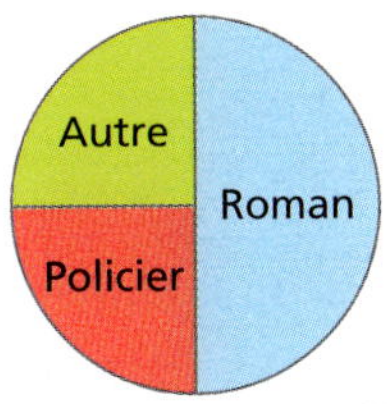

a. Complète le tableau suivant.

Genre	roman	policier	autre
Fréquence en fraction			
Fréquence en %			
Angle (en °)			

b. L'étude a été réalisée sur 200 livres vendus. Calcule le nombre de livres de chaque catégorie.

3 Notes à un contrôle

L'histogramme ci-dessous donne la répartition des notes obtenues à un contrôle dans une classe de 5e.

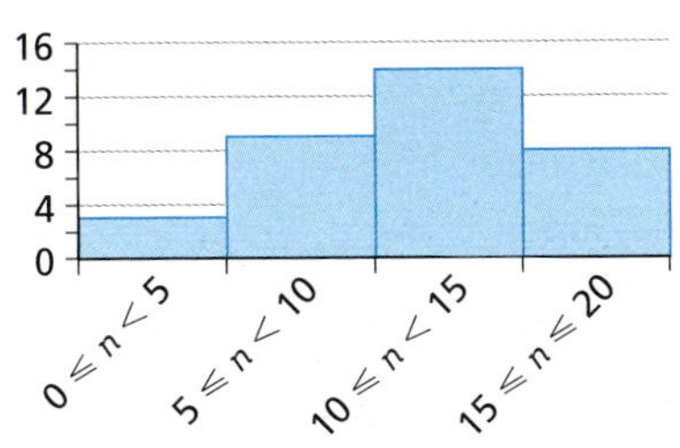

a. Calcule l'effectif total.

b. Recopie et complète le tableau suivant (donne le résultat des fréquences à 0,1 % près).

Note	$0 \leqslant n < 5$	$5 \leqslant n < 10$	$10 \leqslant n < 15$	$15 \leqslant n \leqslant 20$
Effectif				
Fréquence en %				

c. La moyenne de cette classe est de 11,1.
Dans quelle classe se situe la moyenne ?
Que peux-tu dire sur cette classe ?

d. Combien d'élèves ont obtenu moins de 10 ?

e. Quel pourcentage d'élèves a eu 10 ou plus ?

4 Avec un tableur

Une enquête a été réalisée sur les marques de céréales présentent dans une grande surface.

a. Recopie ce tableau sur une feuille de calcul :

	A	B	C	D	E
1	Marque	Matinbon	Aulait	Chocorégal	Topmuesli
2	Effectif	70	85	120	25
3	Fréquence (en %)				

b. Calcule l'effectif total de cette série.

c. Quelle formule dois-tu entrer dans la cellule B3 pour obtenir la fréquence des céréales de la marque Matinbon ?

d. Étire cette formule dans les cellules de la ligne 3 pour obtenir les fréquences des autres marques.

e. Sélectionne la ligne des fréquences et insère le diagramme circulaire correspondant.

5 CONTRÔLE EXPRESS

Voici les résultats d'un sondage :

Résultat	Favorable	Défavorable	Ne se prononce pas
Effectif	15	30	5
Fréquence en %			
Angle (en °)			

a. Recopie et complète le tableau ci-dessus.

b. Construis le diagramme circulaire des fréquences.

Corrigés p. 22 du livret.

Gestion de données

12 Hasard et probabilités

RETENIR

1 / Situation de hasard et expérience aléatoire

- Une **expérience aléatoire** est une expérience où on ne peut pas prévoir le résultat. Cette expérience dépend totalement du **hasard**.

Exemple Lancer d'une pièce, lancer d'un dé…

MOT CLÉ

✓ **Estimer** : Supposer la chance d'obtenir un résultat.

2 / Probabilité

- Avant de réaliser l'expérience, on peut estimer la **chance** qu'on a d'obtenir un résultat : c'est la **probabilité du résultat**.

Exemple Dans un jeu de pile ou face, on peut dire qu'on a 1 chance sur 2 de tomber sur pile. Donc la probabilité de tomber sur pile est $\frac{1}{2}$.

- Si on ne peut pas estimer exactement la probabilité, on peut savoir si le résultat est « **plus probable** » ou « **peu probable** ».

Exemple Avec un dé, il est peu probable que j'obtienne du premier coup un 5. Il est plus probable que j'obtienne du premier coup un chiffre compris entre 1 et 5.

LA MÉTHODE

▷ Déterminer une probabilité

Exemple On prend un jeu de 32 cartes et on tire une carte au hasard. On veut déterminer la probabilité de piocher un roi.

1. Je détermine le nombre de rois dans le jeu de cartes : il y a 4 rois.
2. Je sais qu'il y a 32 cartes dans le jeu. Donc il y a 4 chances sur 32 de piocher un roi dans le jeu.
3. La probabilité de piocher un roi est : $\frac{4}{32} = \frac{1}{8}$.

Tu donneras les probabilités demandées sous forme de fractions.

▷ Déterminer si un résultat est plus probable

Exemple Dans un jeu de 52 cartes, est-il plus probable de tirer une figure (valet, dame ou roi) ou une carte trèfle ?

1. Je détermine la probabilité de tirer une figure : $\frac{12}{52}$.
2. Je détermine la probabilité de tirer une carte trèfle : $\frac{13}{52}$.
3. Je compare les deux probabilités : $\frac{13}{52} > \frac{12}{52}$.

Donc, il est plus probable de tirer une carte trèfle qu'une figure dans un jeu de 52 cartes.

MINI INTERRO

Dans un sac, il y a 3 billes blanches, 1 bille noire, 2 billes rouges et 1 bille verte. On prend au hasard une bille dans le sac.

1. Quel est le nombre de billes dans le sac ?
2. Détermine la probabilité de prendre une bille rouge.
3. Est-il plus probable de piocher une bille noire ou une bille blanche ?

S'ENTRAÎNER

1 Quiz

Le jeu suivant consiste à faire tourner la roue et à regarder le nombre de la case obtenue.

Coche la (ou les) bonnes(s) réponse(s).

a. La probabilité de tomber sur 7 est :

☐ $\frac{1}{6}$ ☐ $\frac{1}{12}$ ☐ $\frac{7}{12}$

b. La probabilité d'obtenir un nombre supérieur ou égal à 9 est :

☐ $\frac{12}{4}$ ☐ $\frac{3}{12}$ ☐ $\frac{4}{12}$

c. La probabilité d'obtenir un nombre pair est :

☐ $\frac{6}{1}$ ☐ $\frac{6}{12}$ ☐ $\frac{1}{2}$

2 À la ferme

Un agriculteur possède deux enclos :
– l'enclos 1 contient 5 poules et 3 oies ;
– l'enclos 2 contient 5 poules et 5 oies.
Il choisit un animal au hasard dans l'enclos 1 ou 2.

a. Dans quel enclos est-il plus probable que l'agriculteur choisisse une poule ?

b. Dans quel enclos la probabilité de choisir une poule ou une oie est-elle la même ?

3 Jeu télévisé

Alice participe à un jeu télévisé. Elle a devant elle trois portes fermées. Derrière une des portes, il y a une voiture. Derrière les autres, il n'y a rien. Alice doit choisir une porte au hasard. Si elle choisit la porte derrière laquelle est la voiture, elle gagne cette voiture.

a. Détermine la probabilité qu'Alice gagne la voiture.

b. Il y a maintenant 4 portes mais toujours une seule derrière laquelle se trouve une voiture.
Détermine la probabilité qu'Alice gagne la voiture.

4 Tombola

Dans une tombola, 720 tickets sont vendus au prix de 2 €. Parmi les tickets, 3 sont des tickets gagnants et permettent de gagner soit un lecteur MP3, soit un lecteur DVD portable, soit une minichaîne hi-fi.
Un élève achète un ticket.

a. Détermine la probabilité que l'élève gagne un lot.

b. Détermine la probabilité qu'il gagne le lecteur MP3.

5 Dé et lettres

On écrit sur les faces d'un dé équilibré (non truqué) à six faces, chacune des lettres R, A, T, A, M, S. On lance le dé et on regarde la lettre inscrite sur la face supérieure.

a. Détermine la probabilité d'obtenir la lettre A.

b. Détermine la probabilité d'obtenir une consonne.

c. Détermine la probabilité d'obtenir une lettre du mot *manche*.

6 Musiques

Un lecteur MP3 contient des chansons de différents genres : 7 chansons de variété française, 4 de variété internationale, 3 titres de rap français et 6 titres de musique classique. On joue un titre au hasard.

a. Quel genre est le plus probable d'être joué ?

b. Quelle est la probabilité de jouer une variété internationale ?

c. Détermine la probabilité de jouer un titre en français.

7 Bonbons

Dans un pot rouge, on a mis 6 bonbons à la fraise et 10 bonbons à la menthe.
Dans un pot bleu, on a mis 8 bonbons à la fraise et 14 bonbons à la menthe.
Antoine préfère les bonbons à la fraise.

Dans quel pot a-t-il la plus grande probabilité de choisir au hasard un bonbon à la fraise ? (Tu dois justifier ta réponse en déterminant des probabilités.)

8 CONTRÔLE EXPRESS

Dans une urne, il y a 1 boule verte, 3 boules rouges et 2 boules jaunes. Chaque boule porte un numéro différent compris entre 1 et 6. On pioche au hasard une boule.

a. Quelle est la probabilité de piocher une boule jaune ?

b. Quelle est la probabilité de piocher la boule portant le numéro 2 ?

c. Quelle est la probabilité de piocher une boule portant un numéro impair ?

Corrigés p. 22 du livret.

13 Médiatrice d'un segment

RETENIR

1 / Définition

La **médiatrice** d'un segment est la droite perpendiculaire à ce segment en son milieu.

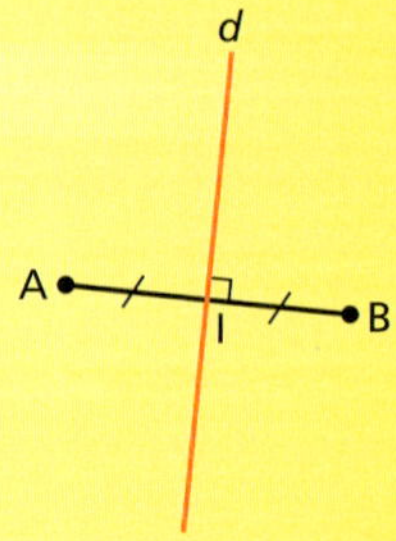

Exemple La droite *d* passe par I, milieu de [AB], et est perpendiculaire à (AB) : donc la droite *d* est la médiatrice du segment [AB].

MOTS CLÉS

✓ **Milieu d'un segment :** Le point d'un segment qui le partage en deux segments de même longueur est son milieu.

✓ **Équidistant :** À égale distance.

2 / Propriété de la médiatrice (en deux énoncés)

- **Propriété directe :** Si un point appartient à la médiatrice d'un segment, alors il est **équidistant** des extrémités de ce segment.
- **Propriété réciproque :** Si un point est équidistant des extrémités d'un segment, alors il appartient à la médiatrice de ce segment.

Exemples

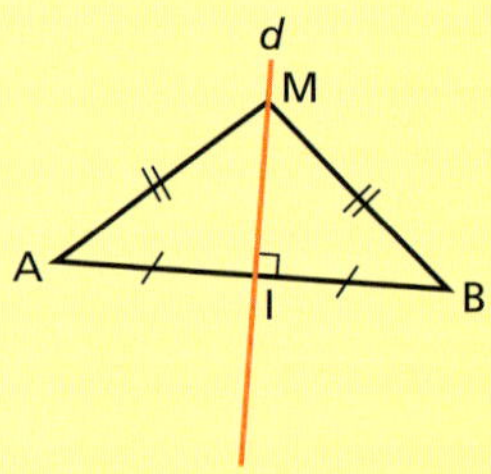

d est la médiatrice de [AB] et M appartient à *d* donc MA = MB.

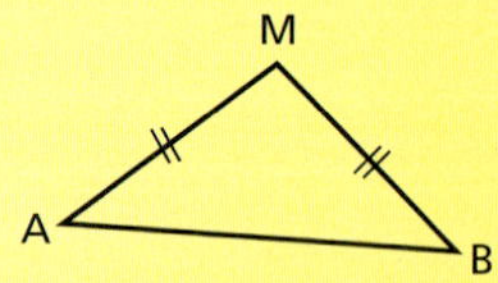

MA = MB, donc M appartient à la médiatrice du segment [AB].

LA MÉTHODE

▷ Construire la médiatrice d'un segment

- **À l'aide de la règle graduée et de l'équerre**

1. À l'aide d'une règle graduée, je marque le point I, milieu du segment [AB].
2. Puis, à l'aide de l'équerre, je trace la droite *d* passant par I et perpendiculaire à (AB).

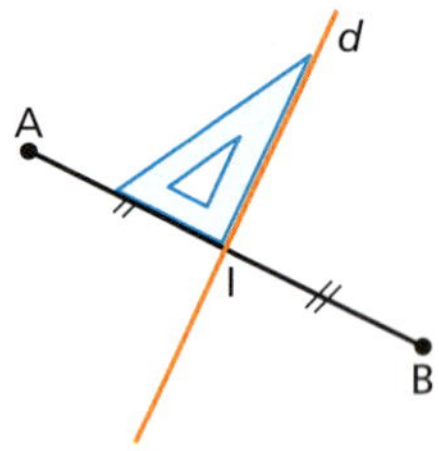

- **À l'aide de la règle et du compas**

1. À l'aide du compas, je construis un point M équidistant de A et B, puis un point N équidistant de A et B.
2. Puis, à l'aide d'une règle, je trace la droite (MN), qui est la médiatrice de [AB].

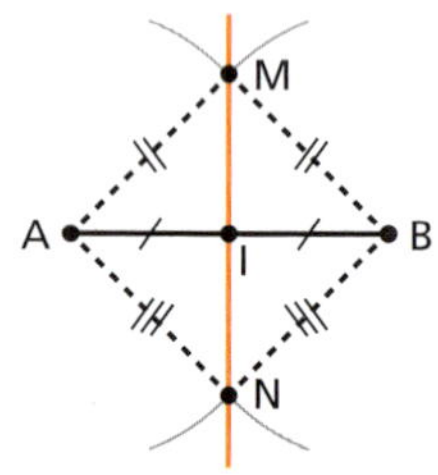

MINI INTERRO

1. Trace un segment [AB], puis construis sa médiatrice à l'aide de la règle graduée et de l'équerre.
2. Trace un segment [AB], puis construis sa médiatrice à l'aide de la règle et du compas.

1 Vrai ou faux ?

Coche la case qui convient.

	V	F
a. Si M est le milieu de [AB], alors MA = MB.	❑	❑
b. Si MA = MB, alors M est le milieu du segment [AB].	❑	❑
c. Si la droite *d* est la médiatrice du segment [AB], alors la droite *d* passe par le milieu du segment [AB].	❑	❑
d. Si la droite *d* est perpendiculaire à la droite (AB), alors la droite *d* est la médiatrice du segment [AB].	❑	❑

2 Centre d'un cercle

a. Trace un segment [AB], puis trace sa médiatrice *d*. Marque un point P sur la droite *d*, médiatrice de [AB]. Trace le cercle 𝒞 de centre P et passant par A. Que constates-tu ?

b. Marque deux autres points M et N sur la droite *d*. Trace le cercle 𝒞′ de centre M et passant par A. Que constates-tu ? Trace le cercle 𝒞″ de centre N et passant par A. Que constates-tu ?

c. Complète la phrase suivante.

Les centres de tous les cercles passant par deux points distincts A et B sont situés sur .... de ce segment.

3 Avec un logiciel de géométrie

On veut tracer la médiatrice d'un segment [AB] de longueur quelconque.

a. Écris le programme de construction de cette médiatrice.

b. Réalise ce programme à l'aide d'un logiciel de géométrie dynamique (GeoGebra ou Geoplan).

4 Symétrique d'un point par rapport à une droite

On donne une droite *d* et un point A n'appartenant pas à cette droite *d*.

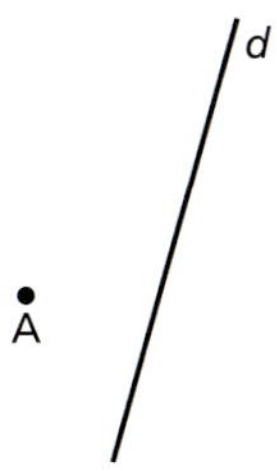

a. Marque un point I sur la droite *d*, puis trace le cercle de centre I passant par le point A.

b. Marque un point K sur la droite *d*, puis trace le cercle de centre K passant par le point A.

c. Ces deux cercles se coupent en un second point A′. Marque le point A′.

d. Recopie, puis complète les phrases suivantes en utilisant des mots ou expressions suivants : *la droite d, la médiatrice • segment • symétrique • équidistant de A et A′.*

Le point I est ....

Le point K est ....

La droite *d* est ....

du .... [AA′].

Le point A′ est le ....

du point A par rapport à ....

5 À la recherche du centre perdu

On donne un cercle 𝒞 dont on a dont on a perdu le centre.

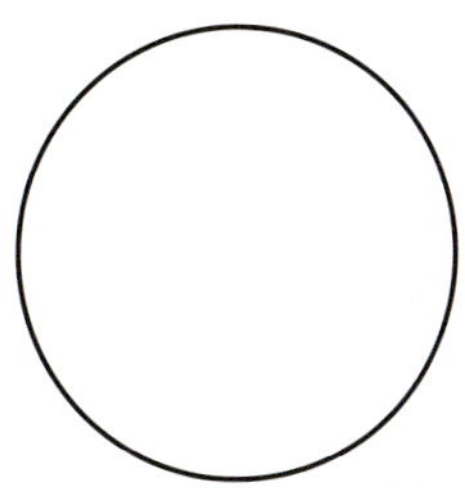

a. Écris un programme de construction permettant de construire le centre de ce cercle.

b. Construis le centre du cercle en complétant la figure donnée.

6 CONTRÔLE EXPRESS

a. Trace deux cercles 𝒞 et 𝒞′ de centres respectifs O et O′, sécants en deux points distincts A et B.

b. Que représente chacun des segments [OA] et [OB] pour le cercle 𝒞 ? Déduis-en que OA = OB.

c. Que représente chacun des segments [O′A] et [O′B] pour le cercle 𝒞′ ? Déduis-en que O′A = O′B.

d. Démontre que la droite (OO′) est la médiatrice du segment [AB].

Corrigés p. 23 du livret.

14 Symétrie centrale

RETENIR

1 / Symétrique d'un point

Définition : Dire que le point M′ est le symétrique du point M par rapport au point O signifie que le point O est le milieu du segment [MM′].

Exemple O est le milieu de [MM′], donc :
- M′ est le symétrique de M par rapport au point O ;
- M est le symétrique de M′ par rapport au point O ;
- M et M′ sont symétriques par rapport au point O.

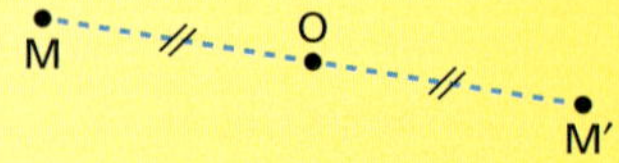

2 / Symétrique d'une figure et propriétés de conservation

• Conservation de l'alignement, des directions et des longueurs

Exemple Soit la symétrie centrale de centre O.
Les points A, B et C sont alignés, donc leurs symétriques A′, B′ et C′ sont alignés.
Les droites (AB) et (A′B′) sont symétriques, donc elles sont parallèles.
Les segments [AB] et [A′B′] sont symétriques, donc AB = A′B′.

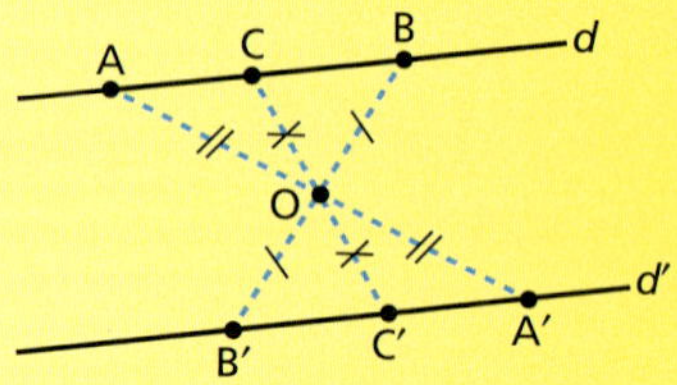

• Conservation des angles

Exemple Les angles $\widehat{BAC}$ et $\widehat{B'A'C'}$ sont symétriques par rapport au point O, donc ils ont la même mesure (en degrés) : $\widehat{B'A'C'} = \widehat{BAC}$.

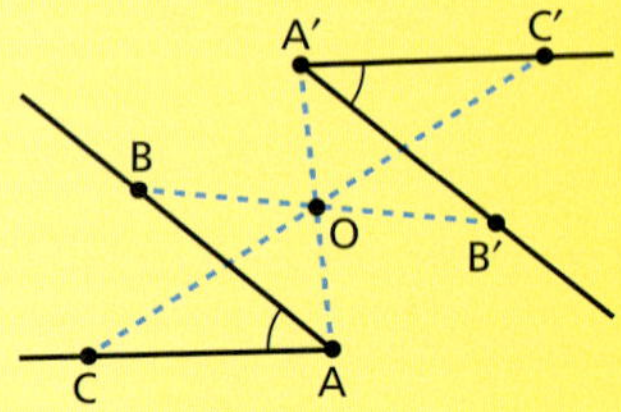

• Conservation des aires

Exemple Les deux figures $\mathcal{F}$ et $\mathcal{F}'$ sont symétriques par rapport au point O, donc elles ont les mêmes dimensions, la même forme et la même aire.

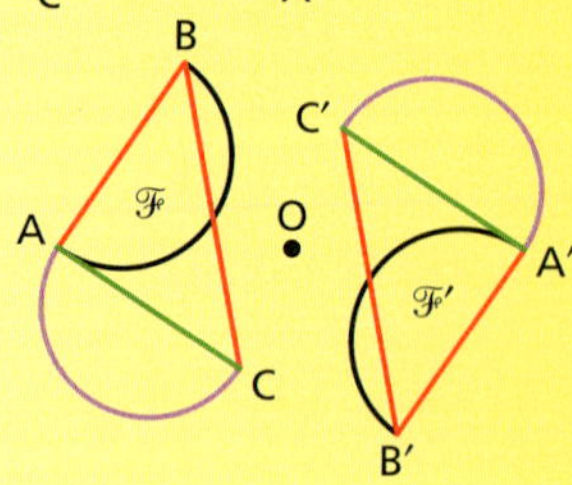

MOTS CLÉS

✓ **Milieu d'un segment :** Point de ce segment qui partage le segment en deux segments de même longueur.

✓ **Point invariant :** Dans une symétrie centrale par rapport à un point O, le point O a pour symétrique lui-même. On dit que le point O est invariant par la symétrie centrale de centre O.

MINI INTERRO

Place 4 points A, B, C et O comme ci-dessous puis construis le symétrique de chacun des points A, B et C par rapport au point O.

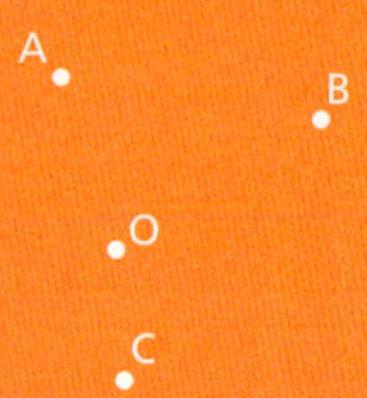

LA MÉTHODE

▷ Construire l'image d'un point M par une symétrie centrale de centre O

1. À l'aide de la règle, je trace la demi-droite [MO).

2. À l'aide de la règle ou du compas, je reporte la longueur OM.

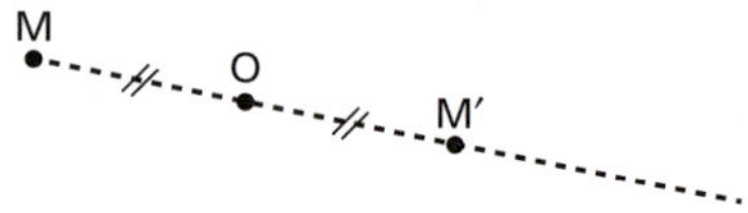

S'ENTRAÎNER

1 Vrai ou faux ?

Coche la case qui convient.

	V	F
a. Si M est le milieu de [AB], alors A et B sont symétriques par rapport au point M.	❑	❑
b. Si B est le symétrique de A par rapport au point M, alors MA = MB.	❑	❑
c. Si MA = MB, alors B est le symétrique de A par rapport au point M.	❑	❑
d. Par symétrie centrale, deux cercles symétriques sont de même rayon.	❑	❑
e. La symétrie centrale déforme les figures.	❑	❑

2 Symétrique d'un point

a. Construis le point A′, symétrique du point A par rapport au point O, puis code la figure obtenue et complète la phrase :

O est le .... du segment [AA′].

b. Construis le point B′, symétrique du point B par rapport à la droite *d*, puis code la figure obtenue et complète la phrase :

d est la .... du segment [BB′].

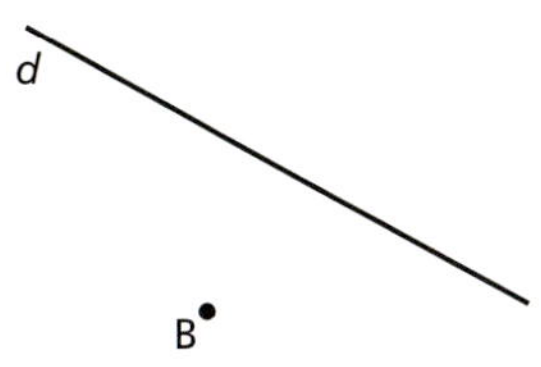

3 Symétrique d'une demi-droite

a. Trace une demi-droite [AB) et place un point O extérieur à cette demi-droite.

b. Construis les points A′ et B′ symétriques respectifs des points A et B par rapport au point O.

c. Que peut-on dire des demi-droites [AB) et [A′B′) ?

....

4 Rédiger un raisonnement

Soit un cercle $\mathscr{C}$ de centre O et [AB] et [CD] deux diamètres de ce cercle.

a. Fais une figure.

b. Montre que A et B, d'une part, et C et D, d'autre part, sont symétriques par rapport au point O.

c. Déduis-en que (AC) et (BD) sont parallèles.

5 Centre de symétrie perdu

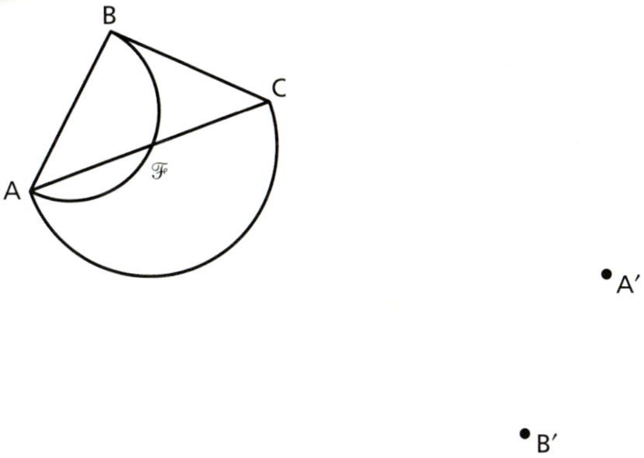

On a commencé à construire la figure $\mathscr{F}'$ symétrique de la figure $\mathscr{F}$ par rapport à un certain point O. Malheureusement, on a perdu le point O alors que l'on n'avait construit que A′ et B′ les symétriques respectifs des points A et B.

a. Explique comment retrouver le point O.

b. Écris le programme de construction pour finir de construire la figure $\mathscr{F}'$.

6 CONTRÔLE EXPRESS

Soit trois points distincts et non alignés A, B et I. On désigne par E le symétrique du point A par rapport au point I et par F le symétrique du point B par rapport au point I.

a. Que représente le point I pour les segments [AE] et [BF] ?

....

b. Construis les points E et F.

c. Que peut-on dire des droites (AB) et (EF) ? Justifie.

....

d. Que peut-on dire des segments [AB] et [EF] ? Justifie.

....

Corrigés p. 23 du livret.

Repérer des points

RETENIR

1 / Repérer des points sur une droite graduée

- Une **droite graduée** est une droite dont chaque point est associé à un nombre.
- Un **repère** est un couple de points : l'**origine** du repère associée au nombre 0 et son **extrémité** associée au nombre 1. Le choix du repère définit l'unité de graduation (ou longueur unité).
- Le nombre relatif associé à un point d'une droite graduée s'appelle l'**abscisse** de ce point.

Remarque : Les abscisses positives (négatives) se trouvent à droite (gauche) du zéro.

Exemple

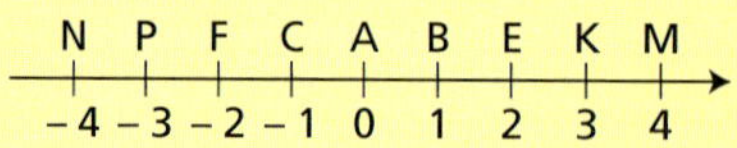

On gradue la droite à l'aide d'un repère (A, B).
A est l'origine du repère, B son extrémité.
L'abscisse de K est 3. On note : K(3).
La distance à l'origine de F(– 2) est 2.

2 / Repérer des points dans un plan muni d'un repère

- Un **plan** est défini par deux droites sécantes (en 5e, on trace deux droites perpendiculaires).
- Dans le plan muni d'un repère, on peut associer à chaque point un couple de nombres, les **coordonnées** de ce point : l'**abscisse** (lue sur l'axe horizontal) et l'**ordonnée** (lue sur l'axe vertical).

Exemple

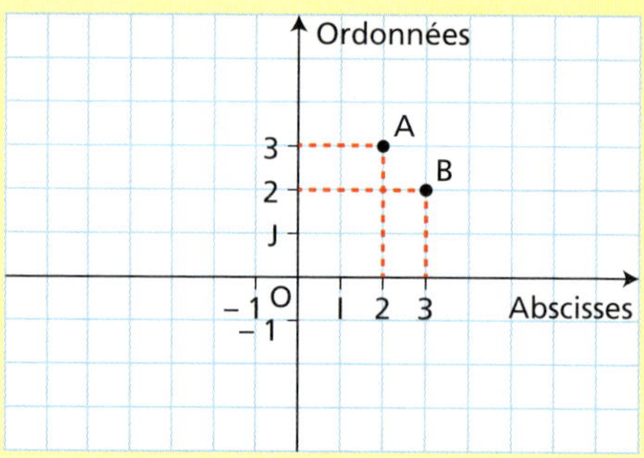

On a défini un repère (O, I, J) du plan.
L'**origine** du repère O a pour coordonnées (0 ; 0).
(O, I) est un repère de l'axe des abscisses.
(O, J) est un repère de l'axe des ordonnées.
Dans ce repère (O, I, J) du plan :
le point A a pour abscisse 2 et pour ordonnée 3. On note A(2 ; 3)
De même, on a B(3 ; 2).

MOTS CLÉS

✓ **Longueur unité :** La longueur unité est la longueur du segment formée par les deux points du repère.

✓ **Distance à l'origine :** Il s'agit de la distance qui sépare chaque point de l'origine du repère.

MINI INTERRO

1. Sur la droite graduée donnée en exemple dans le « Retenir », lis les abscisses respectives des points A, B, C, E, F, K, M, N et P.
2. On change de repère, en choisissant comme nouveau repère le couple (F, C). Quelles seront les nouvelles abscisses des neuf points de la question précédente ?

LA MÉTHODE

▷ Changer de repère sur une droite

Exemple

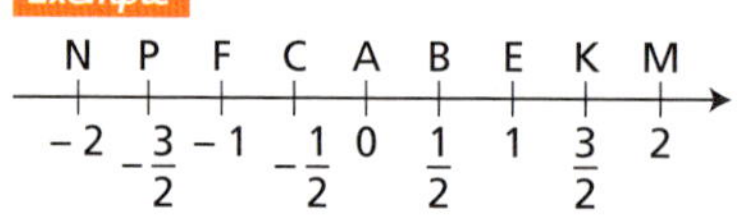

Si je choisis à présent (A, E) comme repère sur la droite de l'exemple ci-dessus, l'abscisse de A est 0 et celle de E est 1.

On a alors A(0), E(1), $B\left(\frac{1}{2}\right)$, $C\left(\frac{-1}{2}\right)$, M(2) et F(– 1).

S'ENTRAÎNER

1 Vrai ou faux ?

Coche la case qui convient.

(O, I) est un repère d'une droite graduée donc :

	V	F
a. le point O est l'origine de ce repère.	❑	❑
b. le point I est l'extrémité de ce repère.	❑	❑
c. la longueur OI est l'unité de graduation.	❑	❑

Sur une droite graduée munie du repère (O, I) :

	V	F
d. si l'abscisse de A est 2 cela signifie que OA = 2.	❑	❑
e. deux points symétriques par rapport au point O ont la même distance à l'origine.	❑	❑
f. les abscisses de deux points symétriques par rapport au point O sont des nombres relatifs opposés.	❑	❑
g. si OA = 2 cela signifie que l'abscisse de A est 2.	❑	❑
h. deux nombres relatifs opposés ont la même distance à zéro.	❑	❑

2 Droite graduée

a. En choisissant (A, M) comme repère, gradue la droite ci-dessus.

b. Écris les abscisses de chacun des points suivants : A ; B ; E ; F ; G ; H ; K ; M ; N ; P ; S ; T.

c. Écris la distance à l'origine du repère de chacun des points précédents.

3 Changement de repère

Sur la droite de l'exercice précédent, on décide de changer de repère.

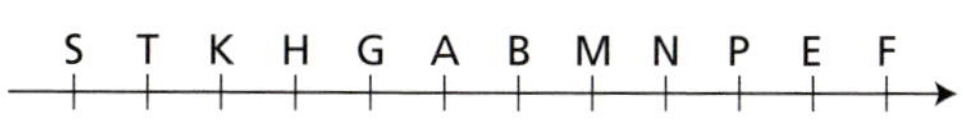

a. En choisissant (A, B) comme nouveau repère, gradue cette droite.

b. Écris les abscisses de chacun des points suivants : A ; B ; E ; F ; G ; H ; K ; M ; N ; P ; S ; T.

c. Écris la distance à l'origine du repère de chacun des points précédents.

4 Coordonnées d'un point

À l'aide du repère (O, I, J) du plan, lis les coordonnées de chacun des points suivants :
O ; I ; J ; A ; B ; E ; F.

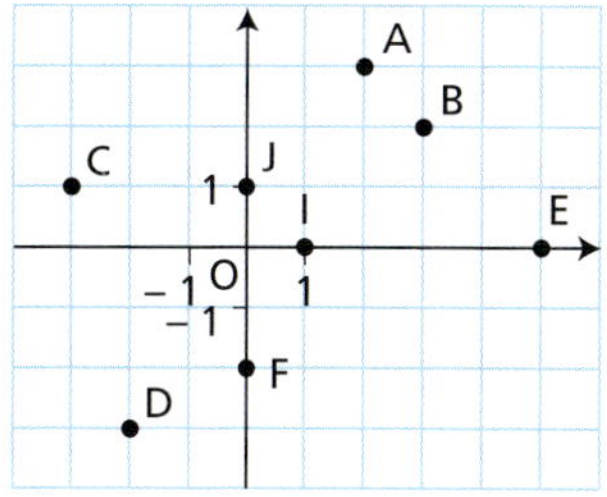

5 Repérage et symétrie centrale

On veut tracer une droite graduée munie d'un repère (A, B), puis placer sur cette droite les points M, N, P, E, F, G d'abscisses respectives 2 ; – 1 ; 3 ; – 2 ; – 3 et 4.

a. Écris le programme de construction correspondant.

b. Écris les paires de points symétriques par rapport au point A origine du repère.

c. Complète les phrases suivantes.

Les abscisses de deux points symétriques par rapport à l'origine du repère sont deux nombres relatifs ....

Deux nombres relatifs opposés ont la même ....

6 CONTRÔLE EXPRESS

a. Sur du papier millimétré, construis avec les instruments de géométrie un plan muni du repère (O, I, J), puis place dans ce plan les points M(2 ; 3), N(2 ; – 3), P(– 2 ; 3), E(– 2 ; – 3), F(4 ; 0) et G(0 ; 2).

b. Complète les phrases suivantes.

Les points M et N sont symétriques par rapport à l'axe ....

Les points M et P sont symétriques par rapport à l'axe ....

Les points M et E sont symétriques par rapport au ....

c. Place dans ce plan le point R(3 ; 4).
Quelles sont les coordonnées :
– de S, symétrique de R par rapport à l'axe des abscisses ?
– de T, symétrique de R par rapport à l'axe des ordonnées ?
– de U, symétrique de R par rapport au point O ?
Place les points S, T et U.

Corrigés p. 24 du livret.

16 Axes et centres de symétrie

RETENIR

MOT CLÉ

✓ **Demi-tour :** Lorsque l'on fait déplacer un point sur un cercle de centre O, en faisant un angle de 180° (demi-cercle), on dit que l'on fait faire un demi-tour de centre O à ce point.

1 / Axe et centre de symétrie d'une figure

• **Définition :** On appelle **axe de symétrie** d'une figure $\mathscr{F}$ la droite d telle que le symétrique de la figure $\mathscr{F}$ par rapport à la droite d est la figure $\mathscr{F}$ elle-même.

Exemples

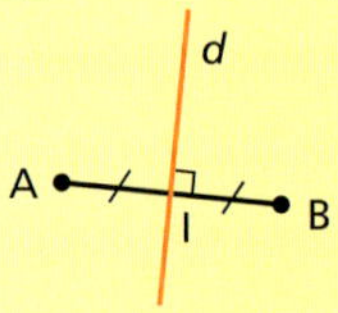

La médiatrice d du segment [AB] est son axe de symétrie.

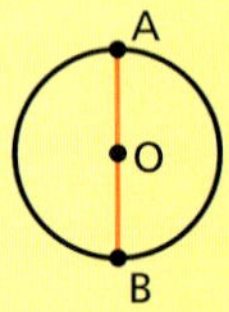

[AB] étant un diamètre du cercle, la droite (AB) est un axe de symétrie de ce cercle.

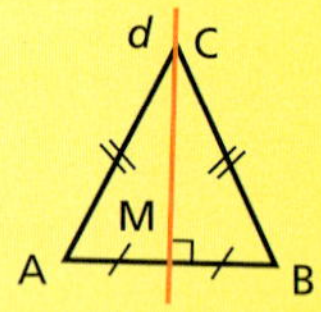

La droite d est un axe de symétrie du triangle ABC : elle partage le triangle ABC en deux triangles superposables ACM et BCM.

• **Définition :** On appelle **centre de symétrie** d'une figure $\mathscr{F}$, le point O tel que le symétrique de la figure $\mathscr{F}$ par rapport au point O est la figure $\mathscr{F}$ elle-même.

Exemples Le milieu d'un segment [AB] est son centre de symétrie.
Le centre d'un cercle est son centre de symétrie.

2 / Propriété

Si une figure a deux axes de symétrie perpendiculaires, alors le **point d'intersection** de ces deux droites est un centre de symétrie de cette figure.

Exemple La figure ci-contre a deux axes de symétrie perpendiculaires en O : le point O est donc un centre de symétrie de cette figure.

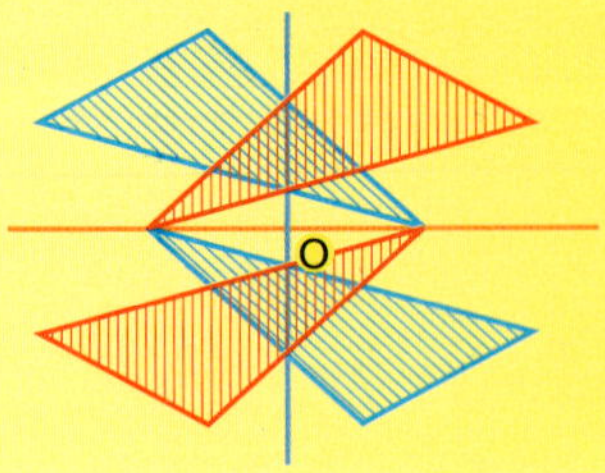

Remarque : La réciproque n'est pas vraie : une figure qui a un centre de symétrie n'a pas « forcément » deux axes de symétrie perpendiculaires.

MINI INTERRO

1. Trace un rectangle ABCD, puis trace en rouge ses axes de symétrie et en vert son centre de symétrie.
2. Trace un carré EFGH, puis trace en rouge ses axes de symétrie et en vert son centre de symétrie.

LA MÉTHODE

▷ Déterminer si un point donné est un centre de symétrie d'une figure

• **1er cas.** Si la figure « possède » deux axes de symétries perpendiculaires, j'utilise la propriété ci-dessus.

• **2e cas.** Dans le cas contraire, je marque ce point, puis je décalque la figure pour lui faire faire un demi-tour autour de ce point et j'observe si l'on retrouve la même figure occupant la même place : si c'est le cas, le point est le centre de symétrie. Je peux aussi simplement imaginer faire faire un demi-tour à la figure.

S'ENTRAÎNER

1 Vrai ou faux ?

Coche la case qui convient.

	V	F
a. Un rectangle a 4 axes de symétrie.	❑	❑
b. Un carré a 4 axes de symétrie.	❑	❑
c. Un cercle a une infinité d'axes de symétrie.	❑	❑
d. Un cercle a un seul centre de symétrie.	❑	❑
e. Un rectangle a un seul centre de symétrie.	❑	❑
f. Une droite à une infinité de centres de symétrie.	❑	❑
g. Un triangle quelconque n'a pas de centre de symétrie.	❑	❑

2 Lettres symétriques

A	B	C	D	E	F	G
H	I	J	K	L	M	N
O	P	Q	R	S	T	U
V	W	X	Y	Z		

En observant les lettres de l'alphabet, indique celles qui semblent « posséder » :

a. un axe (ou des axes) de symétrie ;

b. un centre de symétrie ;

c. ni axe ni centre de symétrie.

3 Parallélogramme et centre de symétrie

a. Trace une droite *d* et marque deux points distincts A et B sur cette droite.
Marque un point O à l'extérieur de la droite *d*.
Puis trace les points C et D symétriques respectifs des points A et B par rapport au point O.
Trace les côtés du quadrilatère ABCD.

b. Que représente le point O pour ce quadrilatère ABCD ?

c. Déduis-en que les diagonales du quadrilatère ABCD se coupent en leur milieu.

d. Connais-tu le nom de ce quadrilatère ?

4 Avec un logiciel de géométrie

a. À l'aide d'un logiciel de géométrie dynamique :
– marque deux points distincts A et B, puis trace la droite (AB) ;
– marque un point O sur la droite (AB), puis construis les points A′ et B′ symétriques respectifs des points A et B par rapport au point O.

b. Les droites (AB) et (A′B′) sont-elles confondues ? Que peux-tu en déduire concernant le point O ?

c. Avec le logiciel de géométrie, déplace le point O sur la droite *d*.
Les droites (AB) et (A′B′) sont-elles toujours confondues ? Que peux-tu en déduire pour chaque point de la droite (AB) ? Quelle conjecture peux-tu faire concernant le nombre de centres de symétrie qu'admet une droite ?

5 CONTRÔLE EXPRESS

Sur les figures suivantes, trace, quand il y en a :
– en rouge, les axes de symétrie ;
– en vert, les centres de symétrie.

Corrigés p. 24 du livret.

17 Angles et parallélisme

RETENIR

1 / Vocabulaire

- On appelle **angles adjacents** deux angles ayant le même sommet et un côté commun et étant situés de part et d'autre de ce côté commun.

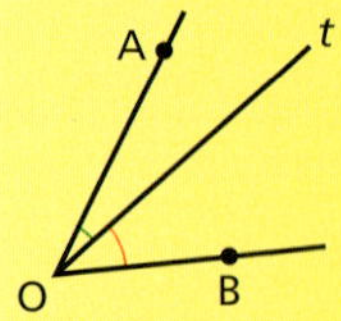

Exemple $\widehat{AOt}$ et $\widehat{BOt}$ sont adjacents.

- Étant données deux droites sécantes en O, on appelle **angles opposés par le sommet** deux angles de même sommet O et dont les côtés correspondants sont des demi-droites opposées.

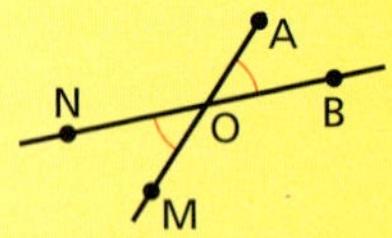

Exemple $\widehat{AOB}$ et $\widehat{MON}$ sont opposés par le sommet.

- Étant données deux droites d et d', et une droite sécante Δ, on appelle :
  – **angles alternes-internes** deux angles non adjacents situés de part et d'autre de la sécante Δ, et entre d et d' ;
  – **angles correspondants** deux angles non adjacents situés du même côté de la sécante Δ, l'un entre d et d' et l'autre non.

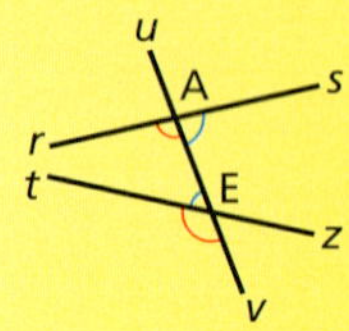

Exemples $\widehat{sAv}$ et $\widehat{tEu}$ sont alternes-internes.
$\widehat{rAv}$ et $\widehat{tEv}$ sont correspondants.

2 / Propriétés

- **Propriété 1 :** Deux angles opposés par le sommet sont **égaux**.
- **Propriété 2 :** Si deux droites parallèles sont coupées par une droite sécante, alors les angles alternes-internes qu'elles déterminent sont **égaux**.
- **Réciproque de la propriété 2 :** Si deux droites sont coupées par une droite sécante en formant deux angles alternes-internes égaux, alors ces deux droites sont **parallèles**.
- **Propriété 3 :** Si deux droites parallèles sont coupées par une droite sécante, alors les angles correspondants qu'elles déterminent sont **égaux**.
- **Réciproque de la propriété 3 :** Si deux droites sont coupées par une droite sécante en formant deux angles correspondants égaux, alors ces deux droites sont **parallèles**.

MOTS CLÉS

✓ **Demi-droite :** Une demi-droite est une partie d'une droite limitée d'un côté par un point (origine de la demi-droite) et infinie de l'autre côté.

✓ **Angles complémentaires :** Deux angles dont la somme est égale à 90° sont complémentaires.

✓ **Angles supplémentaires :** Deux angles dont la somme est égale à 180° sont supplémentaires.

MINI INTERRO

Dans la figure donnée dans « La méthode » :

1. Cite deux angles opposés par le sommet.
2. Cite deux angles adjacents et supplémentaires.
3. Cite deux angles alternes-internes.

LA MÉTHODE

▷ Démontrer que deux droites sont parallèles

Suivant le cas, j'utilise la réciproque de la propriété 2 ou de la propriété 3.

Exemple Les deux angles $\widehat{rAu}$ et $\widehat{tEu}$ sont **deux angles correspondants égaux** déterminés par deux droites (rs) et (tz), coupées par une droite sécante (uv), respectivement en A et E.
Donc les droites (rs) et (tz) sont **parallèles**.

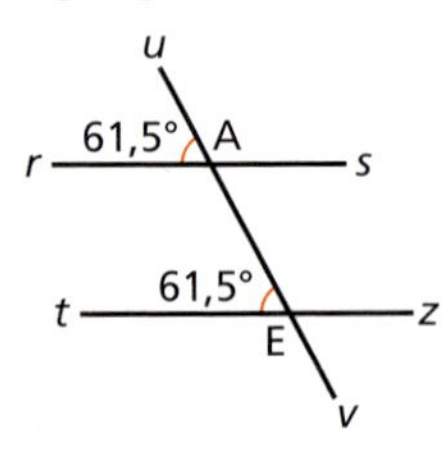

S'ENTRAÎNER

1 Vrai ou faux ?

En observant la figure ci-dessous, coche la case qui convient.

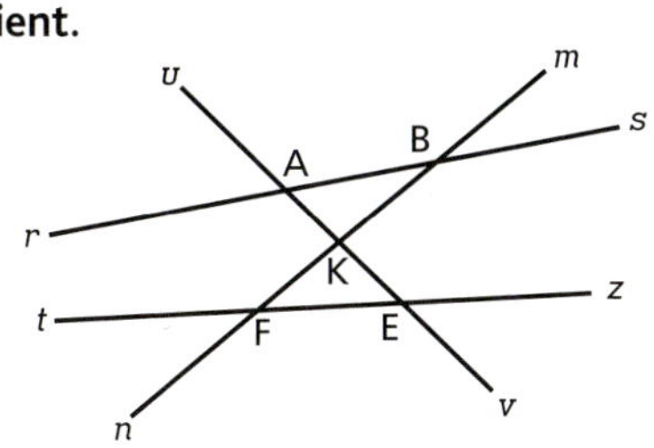

	V	F
a. Les angles $\widehat{KFE}$ et $\widehat{mBs}$ sont deux angles correspondants.	❑	❑
b. Les angles $\widehat{rAv}$ et $\widehat{mBs}$ sont alternes-internes.	❑	❑
c. Les angles $\widehat{rAu}$ et $\widehat{rAv}$ sont adjacents et supplémentaires.	❑	❑
d. Les angles $\widehat{sAv}$ et $\widehat{tEu}$ sont alternes-internes.	❑	❑
e. Les angles $\widehat{rAv}$ et $\widehat{tEu}$ sont correspondants.	❑	❑

2 Avec un logiciel de géométrie

a. Construction
À l'aide d'un logiciel de géométrie :
– trace deux droites parallèles (FE) et (MN) ;
– sur la droite (EF), place un point A entre les points E et F ;
– sur la droite (MN), place un point B entre les points M et M ;
– trace la droite (AB).

b. Expérimentation
Sur la figure ainsi construite :
– repère deux angles alternes-internes, puis fais afficher la mesure en degrés de chacun de ces deux angles ;
– fais déplacer le point A sur la droite (EF) et observe les mesures d'angles affichées ;
– fais déplacer le point B sur la droite (MN) et observe les mesures d'angles affichées.
Quelle conjecture peux-tu faire ?

3 Angles et parallélisme

Sur la figure ci-dessous, (*xy*) et (*zt*) sont parallèles.

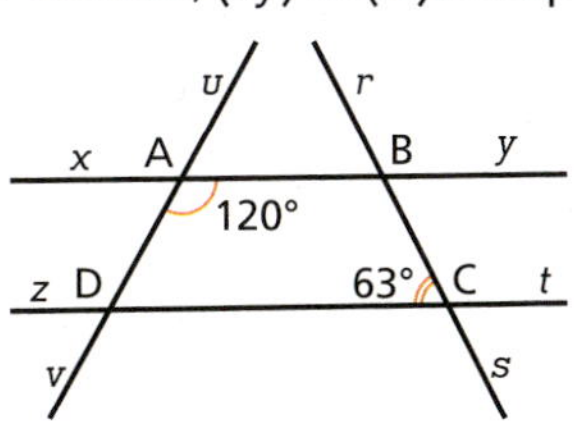

a. Donne deux angles correspondants.

b. Donne deux angles alternes-internes.

c. Quelle est la mesure de l'angle $\widehat{yBs}$? Justifie.

d. Calcule la mesure de l'angle $\widehat{xBs}$. Justifie.

4 Angles alternes-internes

Sur la figure ci-dessous, on a $\widehat{AMF} = 146°$ et $\widehat{CNE} = 24°$; A, B et M alignés ; C, D et N alignés.

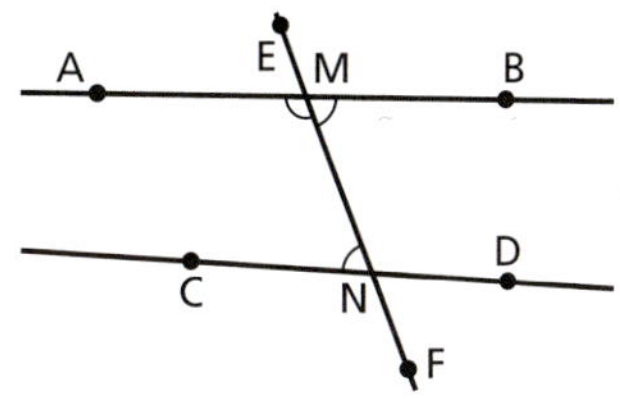

Les droites (AB) et (CD) sont-elles parallèles ? Justifie ta réponse.

5 Angles égaux

Sur la figure ci-dessous, on a $\widehat{BMN} = \widehat{CNM} = 40°$; A, B et M alignés ; C, D et N alignés.

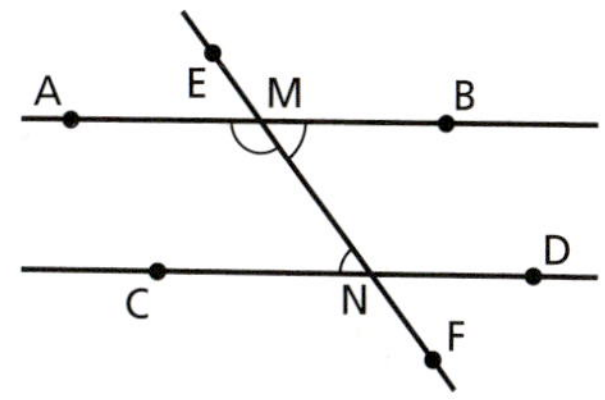

a. Prouve que (AB) et (CD) sont parallèles.

b. Déduis-en que $\widehat{AMN}$ et $\widehat{DNM}$ sont égaux. Donne leur mesure.

6 CONTRÔLE EXPRESS

Sur la figure ci-dessous, on a (AB) // (CD).
(EF) est la droite sécante à (AB) en M et à (CD) en N.
On donne $\widehat{FMB} = 55°$.

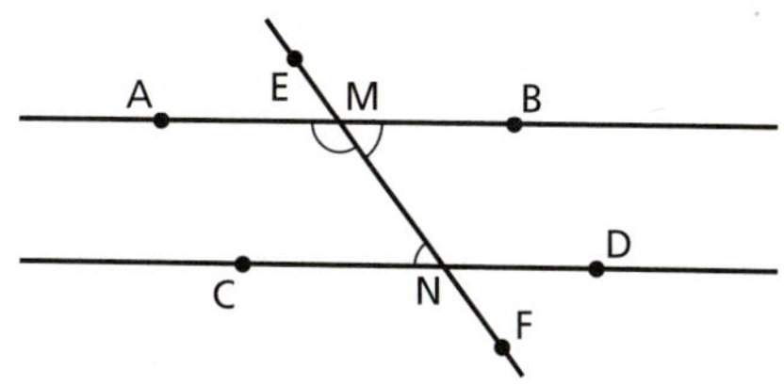

a. Déduis-en la mesure en degrés de $\widehat{ENC}$.

b. Déduis-en la mesure en degrés de $\widehat{AMN}$.

Corrigés p. 25 du livret.

18 Triangles (1)

RETENIR

1 / Inégalité triangulaire

Propriété : Dans un triangle, la longueur de chaque côté est **inférieure** à la somme des longueurs des deux autres côtés.

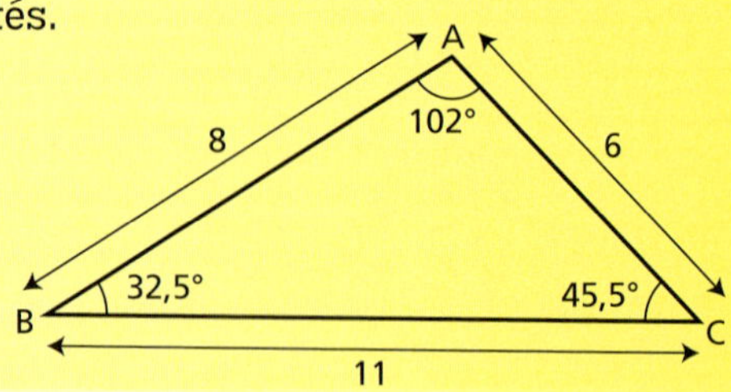

Exemple Le triangle ABC est tel que
AB = 8 cm, AC = 6 cm et BC = 11 cm.
AB + AC = 14 cm. Donc BC $<$ AB + AC.
AB + BC = 19 cm. Donc AC $<$ AB + BC.
AC + BC = 17 cm. Donc AB $<$ AC + BC.

2 / Somme des angles d'un triangle

Propriété : Dans un triangle, la somme des angles est **égale à 180°**.

Exemple Dans le triangle ABC ci-dessus, on a $\widehat{BAC} + \widehat{ABC} + \widehat{ACB} = 180°$.

MOTS CLÉS

✓ **Points alignés :** Tous les points d'une même droite sont alignés.

✓ **Points non alignés :** Des points qui n'appartiennent pas à une même droite (par exemple les trois sommets d'un triangle) sont non alignés.

LA MÉTHODE

▷ Vérifier qu'un triangle existe

1. J'additionne les deux plus petites longueurs.

2. Je compare le résultat à la plus grande des trois longueurs :
– si la plus grande longueur est inférieure à la somme des deux autres, alors le triangle ABC **existe** ;
– si la plus grande longueur est supérieure à la somme des deux autres, alors le triangle ABC **n'existe pas** ;
– si la plus grande longueur est égale à la somme des deux autres, alors les trois points A, B et C sont **alignés**.

Exemple On donne les longueurs AB = 6 cm, AC = 4 cm et BC = 12 cm.
AB + AC = 10 cm. BC $>$ AB + AC. Donc le triangle ABC n'existe pas.

▷ Construire un triangle

Exemple Pour construire le triangle ABC tel que BC = 4,5 cm, $\widehat{ABC} = 55°$ et $\widehat{ACB} = 45°$:

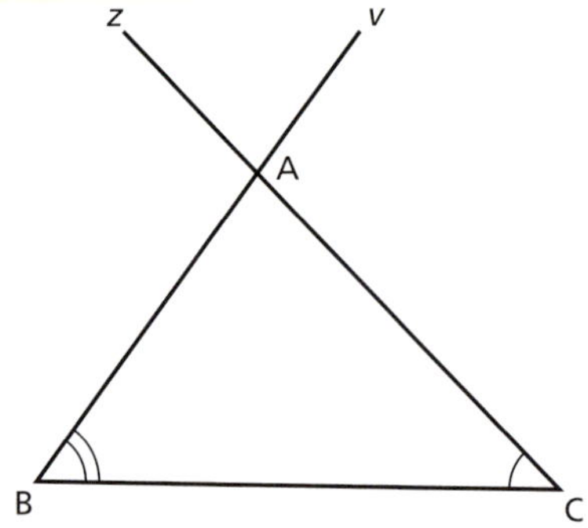

1. Je trace, à l'aide de la règle graduée, le côté [BC] de 4,5 cm.

2. Je construis, à l'aide du rapporteur, un angle $\widehat{CBv}$ de 55° dont l'un des côtés est la demi-droite [Bv), puis un angle $\widehat{BCz}$ de 45° dont l'un des côtés est la demi-droite [Cz).

3. Je marque le point A à l'intersection de [Bv) et [Cz).

4. Je trace, à l'aide de la règle, les segments [AB] et [AC].

MINI INTERRO

1. Est-il possible de construire un triangle ABC tel que AB = 8 cm, AC = 5 cm et BC = 6 cm ?

2. Soit un triangle EFG tel que EF = 7 cm, $\widehat{GEF} = 30°$ et $\widehat{EFG} = 70°$. Calcule la mesure en degrés de l'angle $\widehat{EGF}$.

S'ENTRAÎNER

1 Vrai ou faux ?

Coche la case qui convient.

	V	F
a. Il est possible de construire un triangle MNP tel que MN = 12 cm, MP = 5 cm et PN = 6 cm.	❑	❑
b. Si E, F et G sont trois points tels que EF = 14 cm, EG = 8 cm et GF = 6 cm, on est sûr que ces trois points sont alignés.	❑	❑
c. Il est possible de construire un triangle ABC tel que BC = 8 cm, AB = 5 cm et AC = 4 cm.	❑	❑
d. Si A, B et C sont trois points tels que AB < AC + CB, alors le triangle ABC existe.	❑	❑

2 Question de longueurs

On donne deux points M et N tels que MN = 11 cm.

a. Existe-t-il un point P tel que MP = 7 cm et NP = 5 cm ? Justifie ta réponse.

b. Si oui, construis le point P. Combien y a-t-il de solutions possibles pour le point P ?

3 Alignement de points

E, F et G sont trois points du plan tels que EF = 3 cm, FG = 9 cm et EG = 6 cm.

a. Ces trois points E, F et G sont-ils alignés ? Justifie ta réponse.

b. Si oui, construis ces trois points E, F et G.

4 Triangle et cercle circonscrit

On donne un triangle RST tel que RS = 8 cm, RT = 7 cm et ST = 6 cm.

a. Écris un programme de construction de ce triangle RST.

b. Construis le triangle RST.

c. Construis les trois médiatrices du triangle RST.

d. Les trois médiatrices se coupent en un point O. Trace le cercle de centre O et de rayon [OR]. Qu'observes-tu ?

5 Avec les angles

ABC est un triangle tel que BC = 10 cm, $\widehat{ABC} = 50°$ et $\widehat{ACB} = 80°$.

a. Construis le triangle ABC.

b. Calcule, en justifiant, la mesure en degrés de l'angle $\widehat{BAC}$.

....

6 Démontrer la propriété de la somme des angles d'un triangle

L'objectif de cet exercice est de démontrer que la somme des trois angles du triangle ABC est égale à 180°.

Dans la figure ci-dessous :
- les droites (tz) et (BC) sont parallèles ;
- les droites (tz) et (BC) sont coupées par la sécante (Cv) respectivement en A et C ;
- les droites (tz) et (BC) sont coupées par la sécante (Bu) respectivement en A et B.

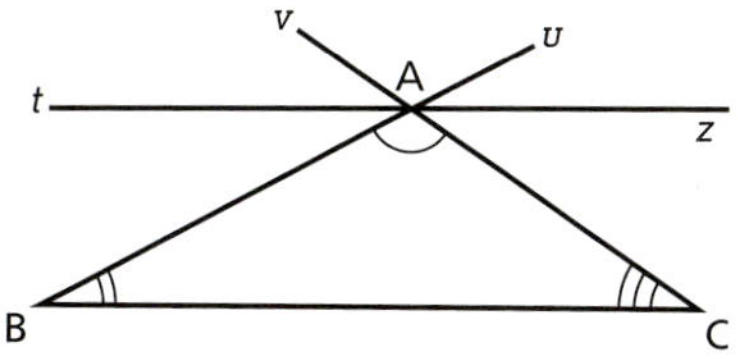

a. Montre que $\widehat{uAv} = \widehat{BAC}$.

b. Montre que $\widehat{uAz} = \widehat{ABC}$.

c. Montre que $\widehat{tAv} = \widehat{ACB}$.

d. Déduis-en que $\widehat{BAC} + \widehat{ABC} + \widehat{ACB} = 180°$.

7 CONTRÔLE EXPRESS

a. Existe-il un triangle ABC tel que AB = 8 cm, AC = 10 cm et BC = 12 cm ?
Si oui, construis le triangle ABC (garde les traits de construction).

b. E, F et G sont trois points tels que EF = 7 cm, EG = 15 cm et FG = 8 cm.
Ces trois points E, F et G sont-ils alignés ? Si oui, construis ces trois points.

c. Soit deux points M et N tels que MN = 18 cm.
Existe-t-il un point P tel que MP = 9 cm et NP = 8 cm ?
Si oui, construis-le.

d. MNP est un triangle tel que MN = 12 cm, $\widehat{PMN} = 35°$ et $\widehat{MPN} = 55°$.
Construis le triangle MNP.
En justifiant ta réponse, indique la nature du triangle MNP (quelconque, isocèle, équilatéral ou rectangle).

Corrigés p. 25 du livret.

Maths

19 Triangles (2)

RETENIR

1 / Hauteur relative à un côté d'un triangle

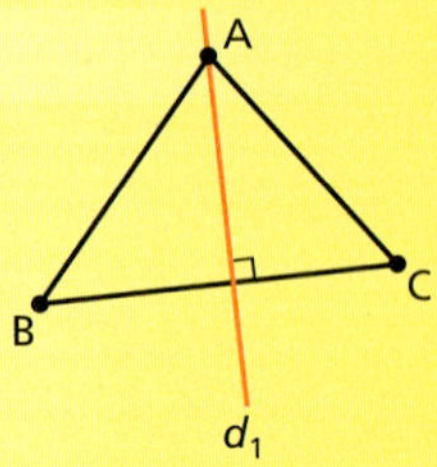

• **Définition :** La **hauteur** relative à un côté d'un triangle est la droite perpendiculaire à ce côté et passant par le sommet opposé.

Exemple La droite d_1 est la hauteur relative au côté [BC] du triangle ABC.
On dit aussi que la droite d_1 est la hauteur issue du sommet A du triangle ABC.

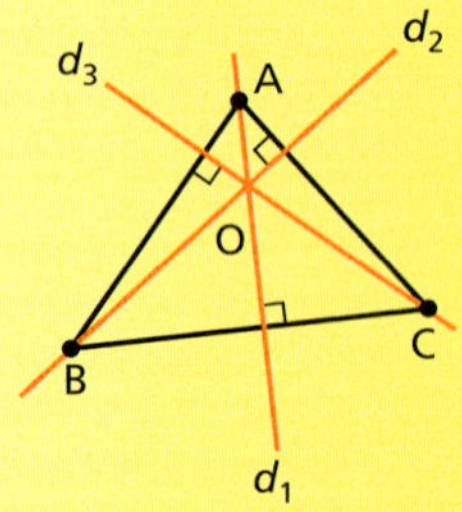

• **Propriété :** Les trois hauteurs d'un triangle sont **concourantes.**

Exemple Les trois hauteurs du triangle ABC ci-contre se coupent en un même point O.

MOTS CLÉS

✔ **Sommet principal d'un triangle isocèle :** Le sommet principal est celui où se croisent les deux côtés de même longueur.

✔ **Base d'un triangle isocèle :** Le côté opposé au sommet principal est la base du triangle isocèle.

✔ **Droites concourantes :** Lorsque plusieurs droites (plus de deux) se coupent en un point A, on dit que ces droites sont concourantes en A.

2 / Triangles particuliers et propriétés des angles

Triangle rectangle

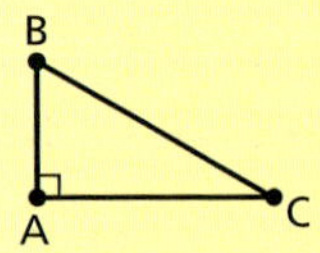

Si un triangle est rectangle, alors ses deux angles aigus sont **complémentaires.**

Triangle isocèle

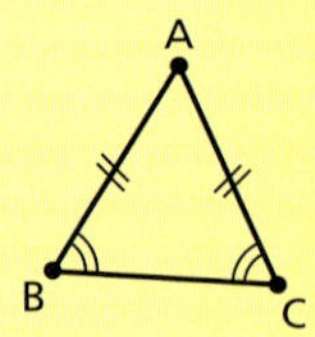

Si un triangle est isocèle, alors ses deux angles à la base sont **égaux.**

Triangle équilatéral

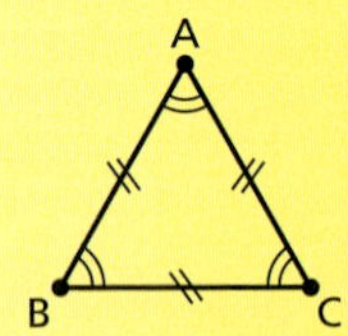

Si un triangle est équilatéral, alors ses trois angles sont **égaux** et mesurent chacun 60°.

LA MÉTHODE

▷ Démontrer l'existence d'un triangle isocèle

Pour démontrer l'existence d'un triangle isocèle, je peux utiliser l'une des deux propriétés suivantes :
– si un triangle a **deux côtés de même longueur**, alors c'est un triangle isocèle ;
– si un triangle a **deux angles égaux**, alors c'est un triangle isocèle.

Exemple ABC est un triangle tel que $\widehat{ABC} = 67°$ et $\widehat{ACB} = 46°$.
Pour démontrer que le triangle ABC est isocèle :

1. Je calcule l'angle $\widehat{BAC}$ à l'aide de la propriété de la somme des angles d'un triangle.
$\widehat{ABC} + \widehat{ACB} = 67° + 46° = 113°$. Donc $\widehat{BAC} = 180° - 113° = 67°$.

2. J'utilise la seconde propriété ci-dessus :
comme $\widehat{ABC} = \widehat{BAC}$, je conclus que le triangle ABC est isocèle en C.

MINI INTERRO

1. Trace un cercle de centre O et de rayon *r* (*r* est un nombre que tu choisis librement).
2. Sur ce cercle, marque deux points distincts A et B (non diamétralement opposés).
3. Démontre que le triangle OAB est un triangle isocèle en O.

S'ENTRAÎNER

1 Vrai ou faux ?

Coche la case qui convient.

	V	F
a. Si un triangle a deux angles égaux, alors c'est un triangle isocèle.	❑	❑
b. Si un triangle a deux angles complémentaires, alors c'est un triangle rectangle.	❑	❑
c. Si un triangle est rectangle, alors il a un axe de symétrie.	❑	❑
d. Si un triangle est isocèle, alors la médiatrice de sa base est un axe de symétrie.	❑	❑
e. Si un triangle a deux angles de 60° chacun, alors ce triangle est équilatéral.	❑	❑

2 Hauteurs d'un triangle

a. Construis un triangle ABC tel que BC = 10 cm, AB = 7 cm et AC = 9 cm.

b. Construis les hauteurs du triangle ABC.

3 Avec un logiciel de géométrie

a. Construction
Marque deux points distincts A et B.
Trace le segment [AB].
Marque I, le milieu du segment [AB].
Trace la droite *d*, médiatrice du segment [AB].
Marque sur la droite *d* un point C distinct de I.
Trace les segments [CA] et [CB].

b. Expérimentation
Fais afficher à l'écran les longueurs CA et CB.
Que constates-tu ?
Fais afficher à l'écran les mesures en degrés des angles $\widehat{CAB}$ et $\widehat{CBA}$. Que constates-tu ?
Fais déplacer le point C sur la droite *d*.
Que constates-tu ?
Quelle conjecture peux-tu faire concernant les longueurs CA et CB et donc le triangle ABC ?
Quelle conjecture peux-tu faire concernant les angles à la base d'un triangle isocèle ?

4 Triangle équilatéral

a. Trace un cercle de centre O et de rayon *r* (*r* est un nombre que tu choisis librement).
Sur ce cercle, marque deux points distincts A et B tels que l'angle $\widehat{AOB}$ mesure 60°.

b. Démontre que le triangle OAB est un triangle équilatéral.

5 Angle de 60°

On donne ci-dessous une demi-droite [OA).

On veut construire un angle $\widehat{AOB}$ de 60° dont l'un des côtés est [OA], en se servant uniquement du compas et de la règle.

a. Rédige un programme de construction de cet angle de 60° à l'aide uniquement du compas et de la règle.

b. Construis cet angle $\widehat{AOB}$ de 60° en laissant les traits de construction.

6 Points alignés

EFGH est un carré.
AGH est un triangle équilatéral.
BFG est un triangle équilatéral.
L'objectif est de démontrer que les points E, A et B sont alignés.

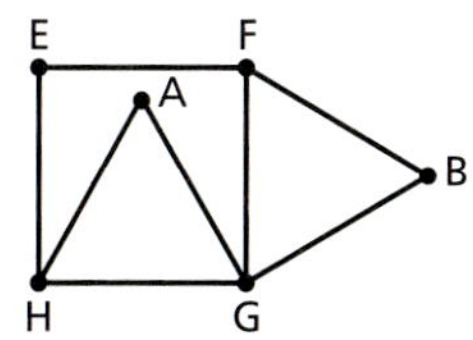

a. Construis la figure de l'énoncé à l'aide des instruments de géométrie.
Code toutes les longueurs égales de cette figure.

b. Combien mesure en degrés l'angle $\widehat{HAG}$?

c. Trace le segment [AB], puis montre que AGB est un triangle isocèle et rectangle en G. Déduis-en la mesure en degrés de l'angle $\widehat{GAB}$.

d. Trace le segment [AE], puis calcule en justifiant la mesure en degrés de l'angle $\widehat{EAH}$.

e. Montre que l'angle $\widehat{EAB}$ est un angle plat et déduis-en que les points E, A et B sont alignés.

7 CONTRÔLE EXPRESS

a. EFG est un triangle tel que $\widehat{GEF} = 38°$ et $\widehat{GFE} = 52°$.
Démontre que EGF est un triangle rectangle en G, puis construis une figure pour vérifier.

b. RST est un triangle tel que RS = 8 cm, $\widehat{SRT} = 55°$ et $\widehat{RST} = 70°$.
Construis une figure.
Calcule la mesure en degré de l'angle $\widehat{STR}$.
Quelle est la nature du triangle RST ? Justifie ta réponse.

c. ABC est un triangle isocèle en A tel que $\widehat{BAC} = 80°$.
Calcule la mesure en degré des angles $\widehat{ABC}$ et $\widehat{ACB}$.
Construis une figure.

Corrigés p. 25 du livret.

20 Parallélogrammes

RETENIR

1 / Définition et propriétés du parallélogramme

MOTS CLÉS

✓ **Sommets consécutifs d'un polygone :** Deux sommets consécutifs se suivent immédiatement.

✓ **Diagonale d'un polygone :** La diagonale est le segment qui relie deux sommets non consécutifs d'un polygone.

• **Définition :** Un **parallélogramme** est un quadrilatère dont les côtés opposés sont parallèles.

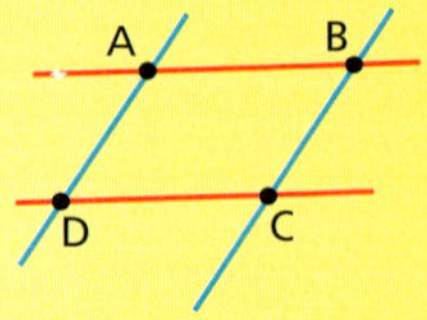

Exemple Le quadrilatère ABCD est un parallélogramme car (AB) // (DC) et (AD) // (BC).

• **Propriétés :** Si un quadrilatère est un parallélogramme, alors :
– ses côtés opposés sont **parallèles** et de **même longueur** ;
– ses diagonales ont le **même milieu** ;
– il a un **centre de symétrie**, qui est le point d'intersection de ses deux diagonales ;
– ses angles opposés sont **égaux** ;
– ses angles consécutifs sont **supplémentaires**.

2 / Propriétés des parallélogrammes particuliers

Rectangle

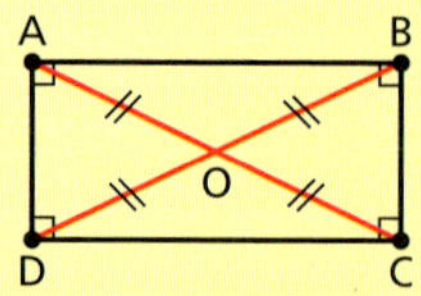

Si ABCD est un rectangle, alors :
• c'est un parallélogramme ;
• $\widehat{BAD} = \widehat{ABC} = \widehat{BCD} = \widehat{ADC} = 90°$;
• [AC] et [BD] ont le même milieu et AC = BD.

Losange

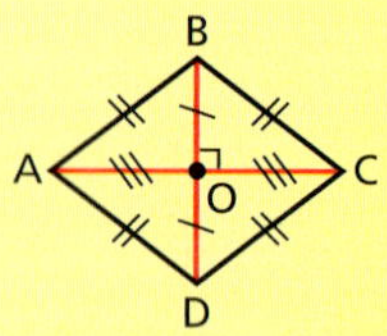

Si ABCD est un losange, alors :
• c'est un parallélogramme ;
• AB = BC = CD = AD ;
• [AC] et [BD] ont le même milieu et (AC) ⊥ (BD) ;
• (AC) et (BD) sont des axes de symétrie de ABCD.

Carré

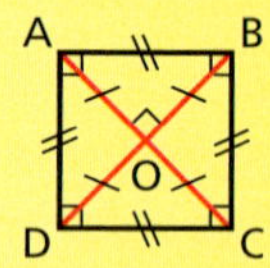

Si ABCD est un carré, alors il a toutes les propriétés d'un rectangle et d'un losange.

LA MÉTHODE

▷ Démontrer l'existence d'un parallélogramme

Je peux utiliser l'une des trois propriétés suivantes :
– si un quadrilatère a ses **côtés opposés parallèles**, alors c'est un parallélogramme ;
– si un quadrilatère non croisé a **deux côtés parallèles et de même longueur**, alors c'est un parallélogramme ;
– si un quadrilatère a ses **diagonales de même milieu**, alors c'est un parallélogramme.

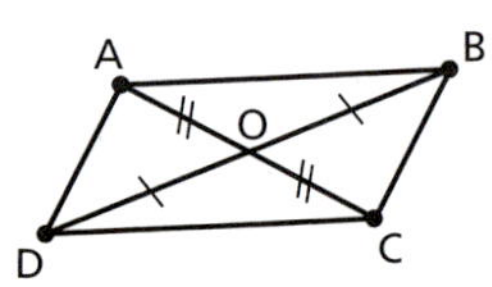

Exemple Je sais d'après le codage de la figure que [AC] et [BD] ont le même milieu O.

En utilisant la 3e propriété ci-dessus, je peux donc conclure que le quadrilatère ABCD est un parallélogramme.

MINI INTERRO

1. Qu'appelle-t-on un parallélogramme ?
2. Que peut-on dire des diagonales : d'un rectangle ? d'un losange ? d'un carré ?

S'ENTRAÎNER

1 Vrai ou faux ?

Coche la case qui convient.

	V	F
a. Si un quadrilatère a ses diagonales qui ont le même milieu, alors c'est un parallélogramme.	❑	❑
b. Si un quadrilatère a trois angles droits, alors c'est un rectangle.	❑	❑
c. Si un quadrilatère a ses quatre côtés de même longueur, alors c'est un losange.	❑	❑
d. Si un quadrilatère a ses diagonales de même longueur, alors c'est un rectangle.	❑	❑

2 Sur un quadrillage

À l'aide du quadrillage, construis :

a. le point C tel que ABCD est un parallélogramme ;

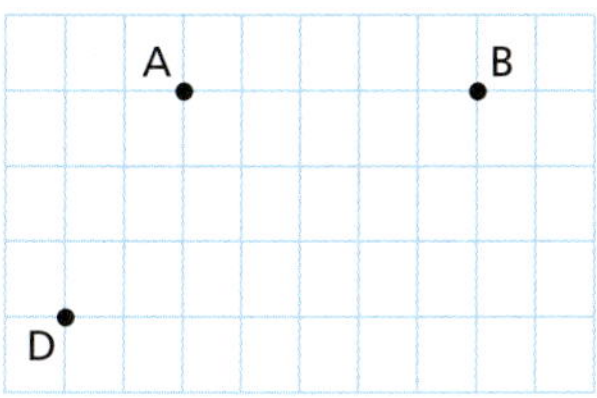

b. le point H tel que EFGH est un parallélogramme.

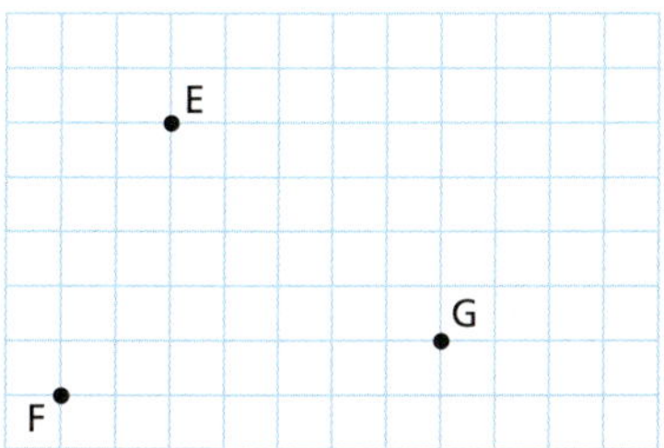

3 À la recherche de la diagonale incomplète

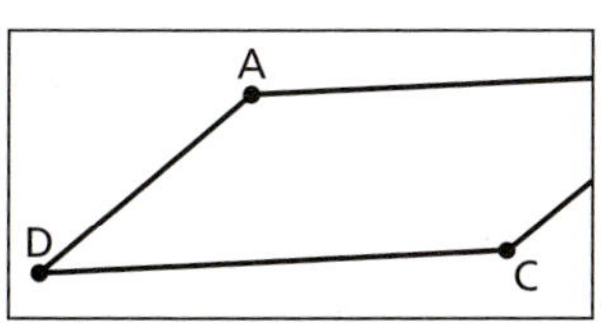

Le parallélogramme ABCD ne tient pas dans le cadre.
Sans rien prolonger hors de celui-ci :

a. trouve le point O centre du parallélogramme ABCD.

b. trace la partie de la diagonale [DB] qui tient dans le cadre.

4 Construction d'un parallélogramme (1)

ABCD est un quadrilatère tel que AC = 12 cm et BD = 8 cm.

a. Explique comment faire pour construire ce quadrilatère ABCD de telle sorte qu'il soit un parallélogramme. (Pour t'aider, tu peux d'abord tracer la figure à main levée.)

b. Existe-t-il plusieurs solutions ?

5 Construction d'un parallélogramme (2)

a. Construis, en justifiant, un parallélogramme ABCD tel que BC = 4 cm, CD = 6 cm et $\widehat{ABC} = 150°$.

b. Donne les mesures des autres angles du parallélogramme (justifie tes réponses).

6 Construction d'un rectangle

ABD est un triangle rectangle en A.

Explique comment faire pour construire le point C de telle sorte que le quadrilatère ABCD soit un rectangle.

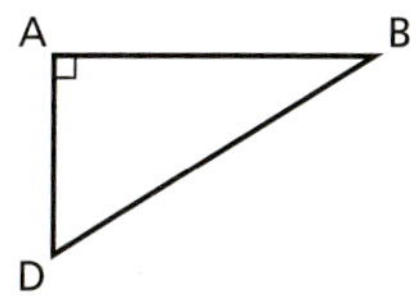

7 Construction d'un losange

ABCD est quadrilatère tel que AC = 8 cm et BD = 6 cm.

Explique comment faire pour construire ABCD de telle sorte qu'il soit un losange.

8 Construction d'un carré

Construis, en justifiant, un carré EFGH tel que EG = 8 cm.

9 Losange et périmètre

Construis, en justifiant, un losange de 20 cm de périmètre et possédant une diagonale de 4,2 cm.

10 CONTRÔLE EXPRESS

Construis un parallélogramme vérifiant les trois conditions suivantes :
– les diagonales forment un angle de 40° ;
– l'une des diagonales mesure 9 cm ;
– l'un des côtés mesure 3,5 cm.

Corrigés p. 26 du livret.

21 Parallélépipèdes, cylindres et sphères

RETENIR

1 / Parallélépipède rectangle

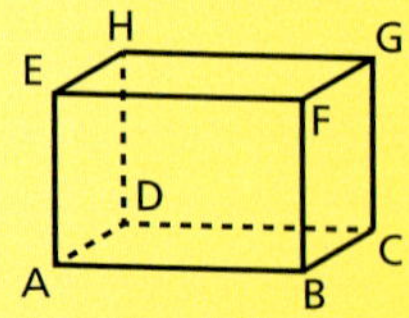

- Un **parallélépipède rectangle**, ou **pavé droit**, est un solide délimité par deux bases rectangulaires superposables et quatre faces latérales rectangulaires.
- Les faces latérales sont perpendiculaires aux bases.
- Les arêtes issues d'un même sommet sont deux à deux perpendiculaires.
- Les arêtes parallèles sont de même longueur.
- La distance qui sépare les deux bases est la **hauteur** du parallélépipède.

Remarque :
Un **cube** est un parallélépipède rectangle dont les 6 faces sont des carrés tous superposables.

2 / Cylindre droit (ou cylindre de révolution)

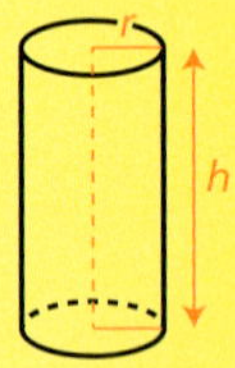

- Un **cylindre droit** est un solide délimité par deux bases qui sont deux disques superposables (donc de même rayon) et une surface latérale courbe (appelée surface cylindrique) dont le développement est un rectangle.
- La distance qui sépare les deux bases est la **hauteur** du cylindre.

3 / Sphère

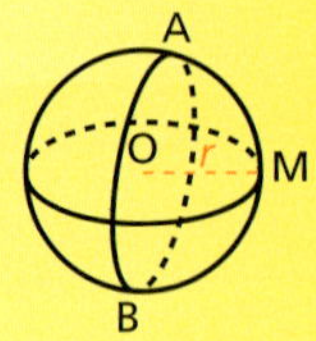

- La **sphère** $\mathcal{S}$ de centre O et de rayon r est l'ensemble des points M de l'espace tels que $OM = r$.
- La sphère pleine est appelée **boule** de centre O et de rayon r.

MOTS CLÉS

✓ **Solide géométrique :** Un solide géométrique est un objet géométrique ayant un volume (le cube, le parallélépipède, le cylindre, la sphère…).

✓ **Arête d'un parallélépipède :** L'arête est un segment à l'intersection de deux faces (un parallélépipède a 12 arêtes).

✓ **Sommet d'un parallélépipède :** Le sommet est un point à l'intersection de trois arêtes (un parallélépipède a 8 sommets).

LA MÉTHODE

▷ Dessiner le patron d'un cylindre

Exemple Je veux dessiner le patron d'un cylindre de rayon $r = 2{,}5$ cm et de hauteur $h = 10$ cm.

1. Je calcule le **périmètre** du disque à la base du cylindre :
$P = 2 \times \pi \times r = 2 \times 3{,}14 \times 2{,}5 = 15{,}7$ cm.

2. Je trace un **rectangle** dont les dimensions sont le périmètre P du disque et la hauteur h du cylindre.

3. Je trace un **disque** de rayon r sur l'un des bords du rectangle dont la longueur correspond au périmètre du disque, puis un **second disque** de rayon r sur le bord opposé du rectangle.

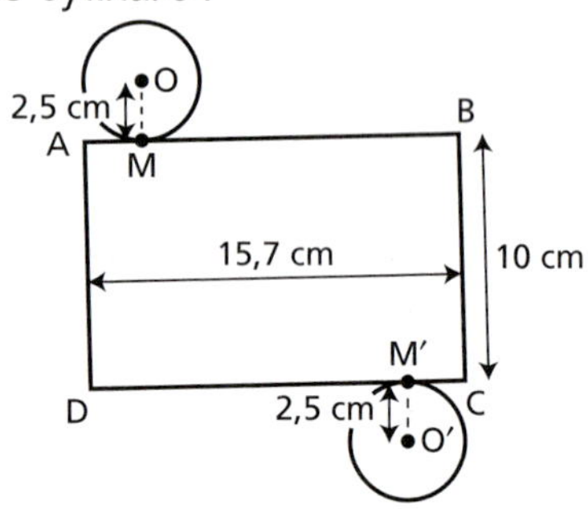

MINI INTERRO

Calcule la longueur du rectangle qui sert à confectionner un patron d'un cylindre droit de rayon 3 cm et de hauteur 12 cm.

S'ENTRAÎNER

1 Vrai ou faux ?

Coche la case qui convient.

	V	F
a. Un parallélépipède est délimité par six faces rectangulaires.	❑	❑
b. Un cube est délimité par six faces carrées toutes superposables.	❑	❑
c. Un cube est un cas particulier de parallélépipède rectangle.	❑	❑
d. Un parallélépipède rectangle a 12 arêtes.	❑	❑
e. Un parallélépipède rectangle a 8 sommets.	❑	❑

2 Patron de parallélépipède rectangle

Construis un patron du parallélépipède rectangle ABCDEFGH.

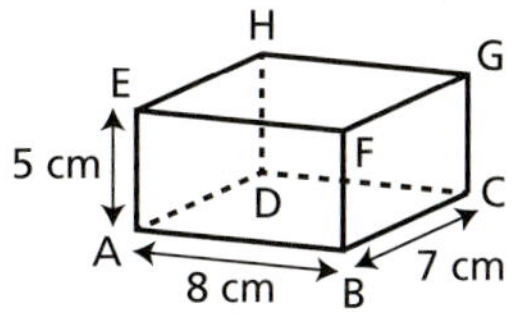

3 Cylindre droit

a. Cite deux segments de même longueur que le segment [OO′]. Que représente la longueur du segment [OO′] pour ce cylindre ?

b. Cite un segment de même longueur que le segment [OM]. Que représente la longueur du segment [OM] pour ce cylindre ?

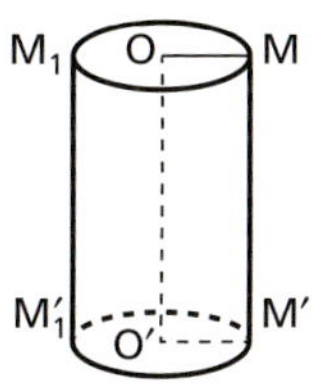

c. Quelle est la nature du quadrilatère OMM′O′ ?

d. Complète la phrase suivante : « La rotation du rectangle OMM′O′ autour de l'axe (OO′) engendre un ...., lorsqu'il effectue un tour complet sur lui-même. »

4 Le tour de la Terre

Habituellement, le modèle qui sert à représenter la Terre est une sphère.
L'équateur est le cercle imaginaire autour de la Terre, situé à égale distance des deux pôles (il partage la sphère terrestre en deux hémisphères Nord et Sud).
Le tour de la Terre est estimé par la longueur de l'équateur.

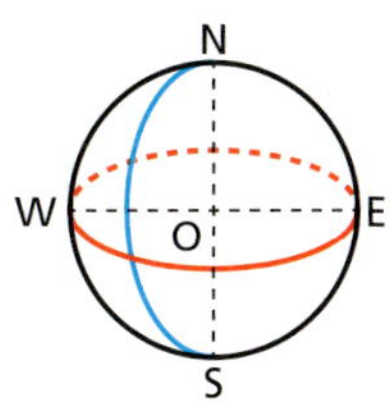

a. Sachant que le diamètre de la Terre est d'environ 12 756 km, montre que le tour de la Terre est d'environ 40 000 km (prendre $\pi \approx 3{,}14$).

b. Sachant qu'un méridien est un demi-cercle imaginaire qui joint les deux pôles (Nord-Sud), quelle est sa longueur en km ?

5 Repérage dans un parallélépipède rectangle

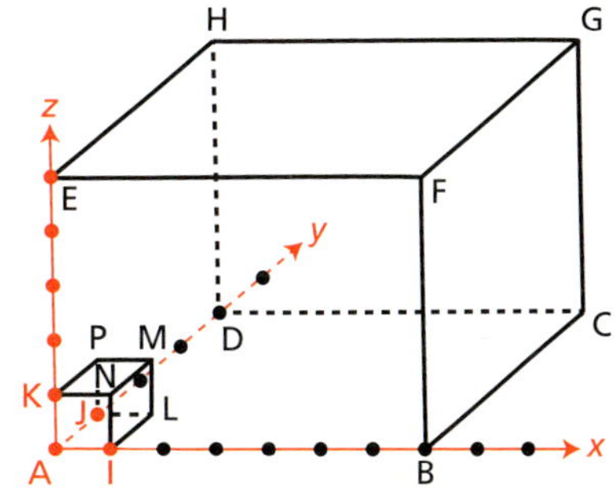

Soit le parallélépipède rectangle ABCDEFGH.
Pour se repérer dans ce parallélépipède rectangle, on gradue régulièrement :
– l'axe (Ax) contenant l'arête [AB], avec AI = 1 (longueur unité) ;
– l'axe (Ay) contenant l'arête [AD], avec AJ = 1 ;
– l'axe (Az) contenant l'arête [AE], avec AK = 1.

On obtient ainsi un repère (A, I, J, K) permettant d'associer à un point M du parallélépipède rectangle trois nombres qui sont les coordonnées de ce point :
– l'abscisse x, lue sur l'axe (Ax) ;
– l'ordonnée y, lue sur l'axe (Ay) ;
– la cote z, lue sur l'axe (Az).

On note M(x ; y ; z).

À l'aide du repère (A, I, J, K), lire puis écrire les coordonnées des points A, I, J, K, B, D, et E.

6 CONTRÔLE EXPRESS

On donne ci-contre le parallélépipède rectangle ABCDEFGH, représenté en perspective cavalière.

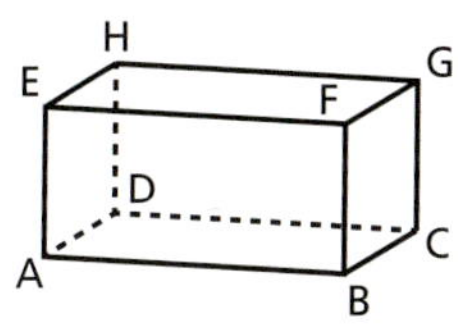

a. Cite toutes les arêtes ayant en commun le sommet F.

b. Cite les faces ayant pour côté l'arête [DH].

c. Cite les arêtes perpendiculaires à la face ABCD.

d. Cite les arêtes ayant la même longueur que l'arête [AB].

Corrigés p. 27 du livret.

22 Périmètres, aires, volumes

RETENIR

MOTS CLÉS

✔ **Périmètre d'une figure :** Le périmètre est la longueur totale du contour d'une figure.

✔ **Aire d'une figure :** L'aire est la mesure de la surface de cette figure.

✔ **Volume d'un solide :** Le volume est la mesure de l'espace intérieur d'un solide.

1 / Périmètres et aires

- **Aire d'un triangle**

$\mathcal{A} = \dfrac{b \times h}{2}$ avec b la base du triangle et h la hauteur relative à la base

Exemple Pour ABC : $b = BC$ et $h = AH$.

Donc $\mathcal{A} = \dfrac{BC \times AH}{2}$

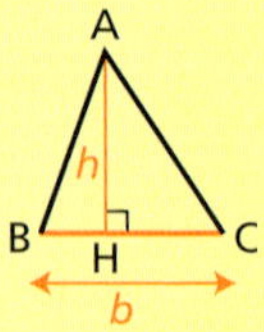

- **Périmètre et aire d'un disque**

$P = 2 \times \pi \times r$ et $\mathcal{A} = \pi \times r^2$

avec r le rayon du disque et $\pi \approx 3{,}14$

Exemple Pour le disque ci-contre : $r = OM$.
Donc $P = 2 \times \pi \times OM$
et $\mathcal{A} = \pi \times OM^2$

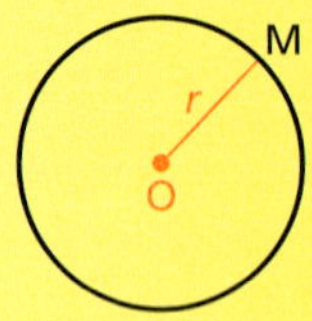

2 / Volumes

- **Volume d'un parallélépipède**

$\mathcal{V}$ = aire de la base × hauteur
$= a \times b \times c$

avec a la longueur, b la largeur de la base et c la hauteur du parallélépipède

Exemple Pour le parallélépipède ABCDEFGH :
$a = AB$; $b = BC$
et $c = AE$
Donc $\mathcal{V} = AB \times BC \times AE$

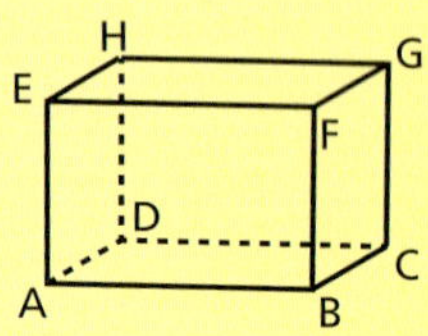

- **Volume d'un cylindre droit**

$\mathcal{V}$ = aire de la base × hauteur
$= \pi \times r^2 \times h$

avec r le rayon de la base et h la hauteur du cylindre

Exemple Pour le cylindre droit ci-contre :
$r = OA$ et $h = OO'$
Donc $\mathcal{V} = \pi \times OA^2 \times OO'$

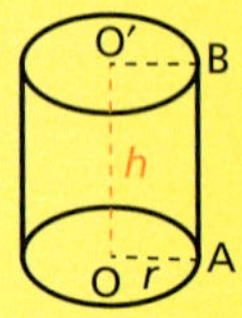

3 / Unités de longueur, d'aire et de volume

- L'unité principale de **longueur** est le **mètre** (symbole m).
Les unités de longueur vont de 10 en 10 : 1 km = 10 hm ; 1 dam = 10 m.

- L'unité principale d'**aire** est le **mètre carré** (symbole m^2).
Les unités d'aire vont de 100 en 100 : 1 m^2 = 100 dm^2 ; 1 cm^2 = 100 mm^2.

- L'unité principale de **volume** est le **mètre cube** (symbole m^3).
Les unités de volume vont de 1 000 en 1 000 : 1 m^3 = 1 000 dm^3 ; 1 dm^3 = 1 000 cm^3.

LA MÉTHODE

MINI INTERRO

1. Calcule le périmètre du disque délimité par un cercle de rayon 5 cm (en prenant $\pi \approx 3{,}14$).
2. Calcule l'aire de ce disque.

▷ Passer des unités de volume aux unités de capacité

Exemples 2,458 m^3 = 2 458 dm^3 = 2 458 L   7 435 cm^3 = 743,5 cL

m^3			dm^3			cm^3			mm^3		
			hL	daL	L	dL	cL	mL			
		2	4	5	8,	0	0	0	0	0	0
					7	4	3,	5	0	0	0

1 Vrai ou faux ?

Coche la case qui convient.

	V	F
a. On peut dire « le périmètre du cercle ».	❑	❑
b. On peut dire « la longueur du cercle ».	❑	❑
c. On peut dire « l'aire du cercle ».	❑	❑
d. On peut dire « l'aire du disque ».	❑	❑

2 Unités de longueur

a. Convertis en m les mesures de longueur suivantes.

1 dm = ... m 17 dm = ... m

1 cm = ... m 38 cm = ... m

b. Que doit-on faire pour pouvoir effectuer l'addition 17 dm + 38 cm ?

c. Effectue cette addition.

....

3 Unités d'aire et de volume

a. Convertis les mesures d'aire suivantes.

0,3852 m^2 = ... dm^2

637 mm^2 = ... cm^2

3,75 hm^2 = ... m^2

b. Convertis les mesures de volume suivantes.

2,45 m^3 = ... dm^3

7 435 cm^3 = ... dm^3

0,0395 cm^3 = ... mm^3

4 L'aquarium

Un aquarium a la forme d'un parallélépipède rectangle. Sa base est un rectangle de longueur 50 cm et de largeur 30 cm. Sa hauteur est de 25 cm.

a. Calcule, en cm^3, le volume de cet aquarium.

....

b. Exprime, en litres, le volume de l'aquarium.

....

c. Combien de litres d'eau faut-il pour remplir cet aquarium d'eau jusqu'à 80 % de sa hauteur ?

....

5 La boîte de conserve

Une boîte de conserve a la forme d'un cylindre droit. Sa base est un disque de rayon 3 cm. Sa hauteur est de 15 cm.

a. Calcule, en cm^3, le volume de cette boîte de conserve (prends $\pi \approx 3{,}14$ et arrondis le résultat à l'unité près).

....

b. Calcule, en cm^2, l'aire du patron que l'on doit confectionner pour fabriquer ce cylindre.

....

6 Problème de clôture

La figure ci-dessous représente un jardin.
DC = AB = 124 dm AD = BC = 8,6 m
AM = BN = 320 cm

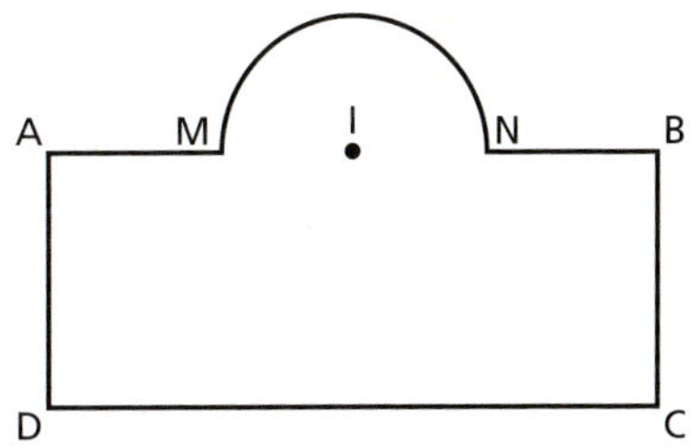

On veut clôturer ce jardin avec du grillage.
Le mètre de grillage coûte 3,75 euros.

a. Quelle longueur de grillage faut-il acheter ($\pi \approx 3{,}14$) ?

....

b. Quelle est la dépense totale en euros ?

....

7 CONTRÔLE EXPRESS

Les roues du vélo de Jacques ont un diamètre de 65 cm. Un tour de pédalier entraîne 3 tours de roues. *(Dans tout cet exercice, $\pi \approx 3{,}14$.)*

a. Quelle distance Jacques parcourt-il en un tour de roues ? Arrondis au mètre près.

b. Quelle distance parcourt-il en un tour de pédales ? Arrondis au mètre près.

c. Quelle distance parcourt-il en 500 tours de pédales ? Arrondis au mètre près.

d. Combien de tours de pédales doit-il effectuer pour parcourir 10 km ? Arrondis à l'unité près.

Corrigés p. 28 du livret.

23 Durées

RETENIR

Unités de mesure du temps

- Dans une **journée**, il a 24 heures.
Dans une **heure**, il y a 60 minutes.
Dans une **minute**, il y a 60 secondes.
Donc dans une **heure**, il y a 3 600 secondes.

> 1 h = 60 min = 3 600 s
> 1 min = 60 s

- Une demi-heure correspond à 30 min et se note aussi $\frac{1}{2}$ h = 0,5 h.

Trois quarts d'heure correspondent à 45 min et se notent aussi $\frac{3}{4}$ h = 0,75 h.

Une heure et demie correspond à 1 h 30 min et se note aussi 1,5 h.

MOTS CLÉS

✓ **Heure décimale :** L'heure décimale est la durée exprimée par un nombre décimal. 0,25 h est l'heure décimale représentant 15 min.

✓ **Base sexagésimale :** La base sexagésimale permet de compter de 60 en 60.

LA MÉTHODE

▷ Convertir les unités de temps

- Pour convertir des **heures en minutes** (ou des minutes en secondes), je multiplie par 60.
Pour convertir des **heures en secondes**, je multiplie par 3 600.

Exemples 5 h = 5 × 60 = 300 min   12 min = 12 × 60 = 720 s
2 h 42 min = 2 × 60 + 42 = 120 + 42 = 162 min
3 h 09 min 13 s = 3 × 3 600 + 9 × 60 + 13 = 11 353 s

- Pour convertir des **minutes en heures** (ou des secondes en minutes), je divise par 60.
Pour convertir des **secondes en heures**, je divise par 3 600.

Exemples 12 min = 12 ÷ 60 = 0, 2 h   83 min = 60 min + 23 min = 1 h 23 min
En divisant 199 min par 60, je trouve 3 × 60 et il reste 19.
199 min = 3 × 60 + 19 = 3 h 19 min

▷ Ajouter des durées

Exemple 5 h 27 min + 2 h 53 min

1. Je pose l'addition, je trouve 7 h 80 min.
2. Je convertis le nombre de minutes du résultat : 80 min = 1 h 20 min
Donc 5 h 27 min + 2 h 53 min = 7 h + 1 h 20 min = 8 h 20 min

▷ Soustraire des durées

Exemple 7 h 31 min – 4 h 47 min

1. Je ne peux pas soustraire 47 de 31 donc je change 7 h 31 min en transformant 1 h en 60 min : 7 h 31 min = 6 h 91 min
2. 7 h 31 min – 4 h 47 min = 6 h 91 min – 4 h 47 min = 2 h 44 min

MINI INTERRO

Complète :

1. 2 h 30 min = ... min
2. 421 min = ... h ...... min
3. 3 h 10 min + 2 h 15 min = ... h ...... min
4. 3 h 10 min – 2 h 03 min = ... h ...... min

S'ENTRAÎNER

1 Vrai ou faux ?

Coche la case qui convient.

	V	F
a. Une heure et quart est égale à 75 min.	❑	❑
b. 240 min = 2 h 40 min	❑	❑
c. 2 h = 7 200 s	❑	❑
d. 90 s = 1 min 30 s	❑	❑
e. 5 min 27 s + 3 min 13 s = 8 min 30 s	❑	❑

2 Cuisine

Un cuisinier teste la nouvelle recette ci-contre. Il commence sa préparation à 11 h 17.

Recette pour 4 personnes
Temps de préparation : 25 min
Temps de cuisson : 45 min

Détermine l'heure à laquelle le cuisinier pourra goûter son plat.

....

3 Révisions

Luc doit réviser sa leçon d'histoire-géographie.
Il a commencé son travail à 17 h 42 et a terminé à 18 h 50.

Calcule la durée de son travail.

....

4 À la gare

Voici les informations concernant un trajet en train de Lille à Lyon :

TGV	N° 9 837	
Départ	13 h 23	Lille Europe
Arrivée	16 h 10	Lyon Saint-Exupéry

Calcule la durée de ce trajet.

....

5 Départ en vacances

Sarah part en vacances à Chamonix. Elle a quitté Paris à 7 h 32. Son voyage a duré 5 h 45 min.

Détermine son heure d'arrivée.

....

6 Antivirus

L'antivirus de mon ordinateur a mis 17 s pour vérifier 1 500 des 150 000 fichiers enregistrés.

a. Détermine la durée totale de cette vérification.

....

b. À ce rythme combien de temps de vérification reste-t-il ?

....

7 MP3

Sur mon MP3, 90 min de musique occupent 105 Mo (mégaoctets) de mémoire.

a. Détermine la mémoire nécessaire pour charger 30 min de musique, puis 2 h 30 min.

....

b. Calcule la durée de musique enregistrée avec 7 Mo, avec 49 Mo, puis avec 245 Mo.

....

8 Éolienne

Les pales d'une éolienne font 228 tours en 1 heure.

a. Calcule le nombre de tours qu'elles font en 2 h 15 min, puis en 3 h 30 min.

....

b. Calcule le temps nécessaire pour faire 570 tours, puis 855 tours.
(Tu peux t'aider en faisant un tableau de proportionnalité.)

....

9 CONTRÔLE EXPRESS

a. En scooter, tu roules à la vitesse moyenne de 45 km par heure.
Quel temps mets-tu pour parcourir 4,5 km ?
Quelle distance parcours-tu en 48 min ?

b. La séance de cinéma débute à 20 h 30.
Les bandes-annonces et le film durent 2 h 45.
À quelle heure sors-tu du cinéma ?

c. Tom est parti de Lille à 10 h 15 et est arrivé à Paris à 12 h 02.
Détermine la durée de son trajet.

Corrigés p. 28 du livret.

24 Écrire et exécuter un programme simple

RETENIR

Objectif du chapitre : faire avancer un chat à l'aide du logiciel de programmation Scratch.

Scratch Offline Editor version 2 est téléchargeable gratuitement à l'adresse suivante : scratch.mit.edu/scratch2download/

MOT CLÉ

✓ **Programmer :** Écrire un programme informatique correspondant à un algorithme à l'aide d'un langage ou d'un logiciel de programmation.

1 / Algorithme et programme

- Un algorithme est une **suite d'instructions**, à appliquer dans un certain ordre pour obtenir un résultat.
- Une fois écrit, un algorithme peut être **exécuté** soit « à la main » (sur une feuille de papier), soit à l'aide d'un langage ou d'un logiciel de programmation. Dans ce cas, il faut d'abord **écrire le programme** correspondant.

2 / Programmation avec Scratch

- Le logiciel de programmation Scratch permet de programmer des jeux, des compositions musicales, des simulations numériques… Il suffit d'emboîter des « briques » qui contiennent des instructions ou **commandes**. Une suite de commandes est associée à un personnage ou un objet (nommé « lutin »).

LA MÉTHODE

▷ Programmer et exécuter un déplacement à l'aide du clavier

Exemple Avec le logiciel Scratch, créer un programme pour faire bouger le lutin « chat » grâce aux flèches du clavier.

Avant de commencer à programmer :

J'ouvre le logiciel Scratch : le lutin « chat » est déjà présent.

Pour déplacer le chat vers la droite :

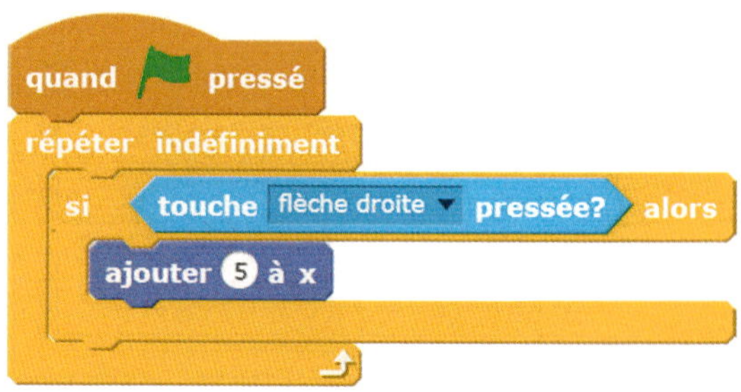

1. Je pose la brique « quand drapeau vert pressé », puis la boucle « répéter indéfiniment » (cette boucle permet de faire durer l'action du déplacement).
2. Dans la boucle « répéter indéfiniment », j'insère les deux briques « si [touche flèche droite pressée?] alors » (l'instruction entre crochets est une condition).
3. Dans le bloc « si … alors », j'insère la brique « ajouter 5 à x » (x correspond à la position horizontale, ou abscisse, du chat).
4. Je clique sur le drapeau vert pour lancer le programme, puis je presse la touche flèche droite du clavier pour déplacer le chat.

MINI INTERRO

Pour exécuter le programme de « La méthode », faut-il cliquer sur le chat ou le drapeau vert ?

S'ENTRAÎNER

1 Quiz

Coche la bonne réponse.

Dans le logiciel de programmation Scratch :

a. Les objets utilisés sont des :

- ❑ chats
- ❑ personnages
- ❑ lutins

b. La lettre qui correspond à la position horizontale, ou abscisse, du lutin est :

- ❑ x
- ❑ y
- ❑ z

c. Pour faire durer une action dans un programme, il faut utiliser la boucle :

- ❑ « répéter »
- ❑ « faire durer »
- ❑ « répéter indéfiniment »

2 Programmer des déplacements (1)

Dans « La méthode » de la page précédente, tu as appris à programmer un déplacement du chat dans le labyrinthe vers la droite.

a. Trouve la brique à insérer dans le bloc « si… alors » du programme ci-dessous pour déplacer le chat vers le haut.

....

....

b. Teste le programme en déplaçant le chat dans le labyrinthe avec la flèche haut du clavier.

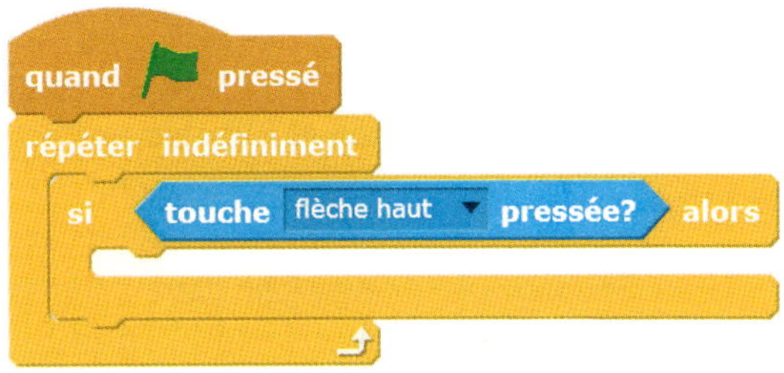

3 Programmer des déplacements (2)

Voici le programme pour déplacer le chat dans toutes les directions à l'aide des touches flèches droite, gauche, haut et bas : certaines instructions ont été effacées.

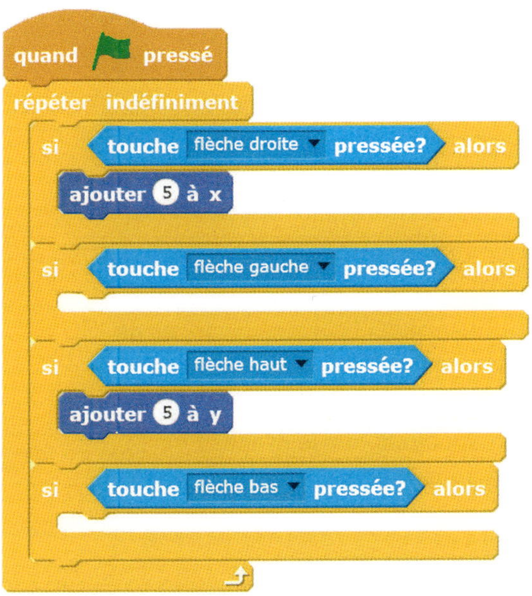

a. Trouve la brique à insérer dans le deuxième bloc « si… alors » pour déplacer le chat vers la gauche.
Aide : aller à gauche est l'opposé d'aller à droite.

....

....

b. À quoi correspond la lettre y dans l'instruction, « ajouter 5 à y » ?

....

....

c. Trouve la brique à insérer dans le quatrième bloc « si… alors » pour déplacer le chat vers le bas.

....

....

d. Teste le programme en déplaçant le chat dans le labyrinthe avec les flèches du clavier.

Corrigés p. 29 du livret.

25 Programmer le tracé de figures

RETENIR

Objectif du chapitre : dessiner un carré ou un triangle équilatéral à l'aide du logiciel de programmation Scratch.

Scratch Offline Editor version 2 est téléchargeable gratuitement à l'adresse suivante : scratch.mit.edu/scratch2download/

Programmation du tracé d'une figure et boucles

- Avec le logiciel Scratch, on peut programmer le tracé de figure grâce à l'outil « **Stylo** ». Le lutin « chat » va alors prendre le rôle d'un stylo et, en se déplaçant, il va dessiner ce qui a été programmé.

- Un carré ou un triangle équilatéral, par exemple, sont des figures dont tous les côtés et tous les angles sont égaux. Pour programmer le tracé de telles figures, il va falloir répéter 3 ou 4 fois de suite (selon le nombre de côtés) exactement les mêmes déplacements :
  – avancer d'une longueur d'un côté ;
  – tourner de la mesure d'un angle.
  Pour répéter plusieurs fois les mêmes actions, on utilise des **boucles**.

MOT CLÉ

✓ **Boucle :** Dans un algorithme, ou un programme, une boucle permet de répéter une même série d'instructions indéfiniment, ou un nombre de fois fixé, ou jusqu'à ce qu'une condition soit remplie.

LA MÉTHODE

▷ Programmer le tracé d'un carré

Exemple Pour dessiner un carré de côté 150 :

1. Je pose les briques « quand drapeau vert pressé », puis « effacer tout » (pour être sûr que la zone de dessin soit vierge).
2. Je pose la brique « stylo en position d'écriture ».
3. Je pose la boucle « répéter … fois » et remplace les pointillés par le nombre 4.
4. Dans la boucle « répéter 4 fois », j'insère les briques « avancer de 150 » (pour dessiner un côté du carré), puis « tourner dans le sens horaire de 90 degrés ».
5. Je teste le programme de tracé en appuyant sur le drapeau vert : le chat se déplace tout seul et dessine un carré.

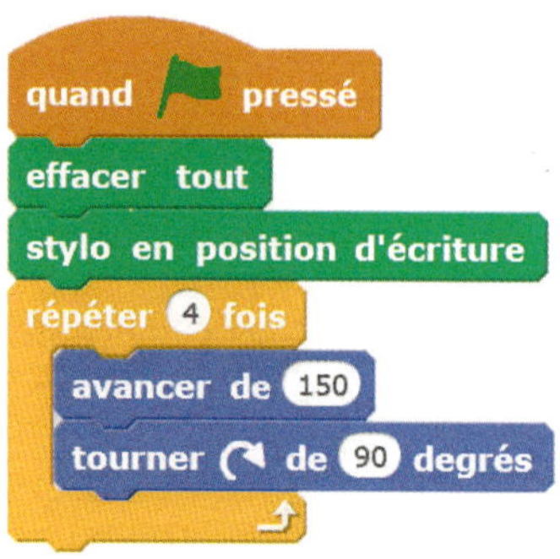

Un carré a 4 côtés de même longueur et de 4 angles droits, donc j'utilise la boucle « répéter 4 fois ».

MINI INTERRO

Dans le programme de « La méthode », quelle instruction permet de tourner le stylo d'un angle droit ?

S'ENTRAÎNER

1 Vrai ou faux ?

Coche la case qui convient.

Dans le logiciel de programmation Scratch :

	V	F
a. La brique « effacer tout » permet d'avoir une zone de dessin blanche avant de tracer la figure.	❑	❑
b. Pour indiquer au programme qu'on va dessiner, il faut insérer la brique « relever le stylo ».	❑	❑
c. Pour dessiner une figure à 3 côtés égaux, il faut insérer la brique « répéter 3 fois ».	❑	❑
d. Pour que le chat fasse demi-tour, il faut insérer la brique « tourner dans le sens horaire de 360 degrés ».	❑	❑

2 Chercher l'erreur

Esther veut tracer un carré à l'aide de Scratch. Elle a écrit le programme ci-dessous, mais cela ne fonctionne pas comme elle l'attendait.

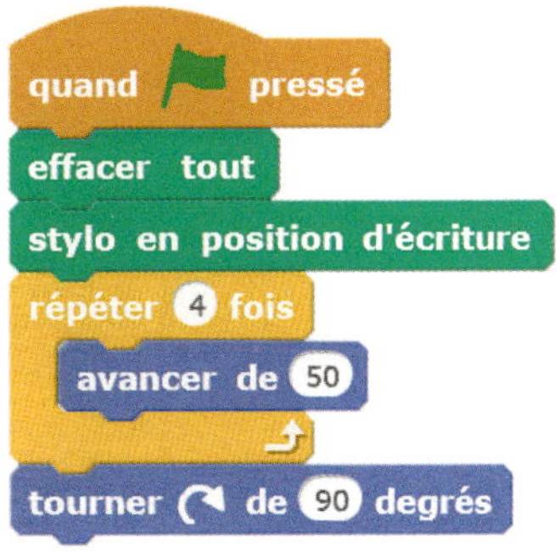

a. Exécute le programme écrit par Esther. Quelle figure obtiens-tu ?

b. Trouve l'erreur commise par Esther et corrige-la pour tracer un carré.

3 Programmer le tracé d'un triangle équilatéral

Dans « La méthode » de la page précédente, tu as appris à programmer le tracé d'un carré.

Voici le programme pour dessiner un triangle équilatéral : certaines instructions ont été effacées.

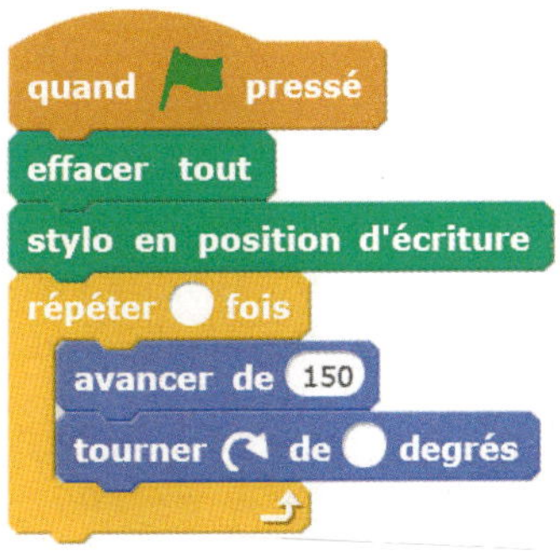

a. Quel nombre faut-il écrire dans la brique « répéter ... fois » ?

....

b. Quel nombre faut-il écrire dans la deuxième brique bleue ?

....

c. Teste le programme en cliquant sur le drapeau vert.

d. Quel est le périmètre du triangle tracé ?

....

e. Quelle instruction faudrait-il modifier dans le programme ci-dessus pour tracer un triangle de périmètre 300 ?

....

Corrigés p. 29 du livret.

Histoire-Géographie
EMC

Plus d'entraînement sur

www.hatier-entrainement.com

DATE ÉVALUATION

Histoire

1 Byzance et l'Europe carolingienne 114
2 De la naissance de l'islam à la prise de Bagdad par les Mongols (VIe-XIIIe siècles) 116
3 La Méditerranée, un espace de contacts (VIe-XIIIe siècles) 118
4 La domination des seigneurs (IXe-XVe siècles) 120
5 Le rôle de l'Église en Occident (IXe-XVe siècles) 122
6 L'émergence d'une nouvelle société urbaine en Occident (XIe-XVe siècles) 124
7 L'affirmation du pouvoir royal sous les Capétiens et les Valois 126
8 Le monde au temps de Charles Quint et Soliman le Magnifique (XVe-XVIe siècles) 128
9 Bouleversements culturels et religieux en Europe (XVIe-XVIIe siècles) 130
10 Reforcement du pouvoir royal en France (XVIe siècle) 132
11 Le roi absolu de droit divin en France (XVIIe siècle) 134

Géographie

12 Croissance démographique, gestion des ressources et changement global 136
13 La croissance démographique et ses effets 138
14 Répartition de la richesse et de la pauvreté dans le monde 140
15 L'énergie, des ressources à mieux utiliser et à ménager 142
16 L'eau, une ressource à ménager et à mieux utiliser 144
17 L'alimentation, une ressource à gérer 146
18 Le changement global et ses effets géographiques (1) 148
19 Le changement global et ses effets géographiques (2) 150
20 Prévenir les risques industriels et technologiques 152

Enseignement moral et civique

21 Comment définir l'identité d'une personne ? 154
22 Quels sont mes droits ? 156
23 L'égalité entre les citoyens est-elle une réalité dans la France d'aujourd'hui ? 158
24 Quelles sont nos responsabilités en matière de sécurité ? 160

1 Byzance et l'Europe carolingienne

RETENIR

1 / En Orient, l'Empire byzantin (Ve-XVe siècles)

- L'Empire byzantin, de langue grecque et de religion chrétienne, succède à l'Empire romain d'Orient. Il a pour capitale **Constantinople** (ancienne Byzance). Il est dirigé par un **basileus**, chef de l'Église, de l'armée et de l'administration.
- En 1054, c'est le **schisme**. Des pratiques différentes entraînent la séparation entre l'**Église orthodoxe** (sous l'autorité du basileus et du patriarche de Constantinople) et l'Église catholique (sous l'autorité du pape). Une autre rupture intervient quand, en **1204**, les croisés chrétiens venus d'Europe **pillent Constantinople**.
- L'Empire byzantin se réduit progressivement face à ses adversaires musulmans. Il se termine en **1453**, quand les **Turcs** musulmans prennent la capitale et fondent l'Empire ottoman.

2 / En Occident, l'Europe carolingienne (VIIIe-Xe siècles)

- En 751, **Pépin dit le Bref** renverse les Mérovingiens et prend le pouvoir sur le royaume des Francs. Il fonde la dynastie carolingienne. Son fils, **Charlemagne**, effectue de nombreuses conquêtes et se fait **sacrer empereur des Romains par le pape** en 800 à Rome. Les Carolingiens règnent sur l'Europe occidentale jusqu'à la fin du Xe siècle.
- **Charlemagne (768-814)** installe sa capitale à Aix-la-Chapelle. Il crée des **écoles** pour former le **clergé** et les membres de l'**administration**. Le **latin** est la langue de l'Église catholique et des érudits. Une écriture plus lisible (la caroline) est utilisée. Avec le **soutien du pape**, Charlemagne étend sa domination et **convertit au christianisme** les peuples conquis.

MOTS CLÉS

✓ **Basileus** : terme qui vient du grec « roi ». Titre donné aux empereurs byzantins, considérés comme lieutenants de Dieu sur Terre.

✓ **Clergé** : ensemble des clercs (hommes d'Église).

MINI INTERRO

1. Quelle est la capitale de l'Empire byzantin ?
2. Quand se termine l'Empire byzantin ?
3. Quel empereur est sacré en Occident en 800 ?

LE DOCUMENT CLÉ

▷ Mosaïque de Ravenne

Mosaïque de l'église Saint-Vital, Ravenne, Italie, VIe siècle.

1. **Expliquer.** Une mosaïque est réalisée avec des cubes de couleurs différentes. Celle-ci représente le basileus byzantin Justinien (n° 1) qui règne de 527 à 565. Il est vêtu d'un manteau pourpre brodé d'or, coiffé d'une couronne et porte une auréole qui montre son caractère sacré. Il est entouré par ses généraux (Bélisaire n° 2), ses hauts fonctionnaires, le clergé (n° 4 et 5) et les soldats (n° 3). Le fond est doré.

2. **Conclure.** Justinien fait de nombreuses conquêtes pour étendre l'empire. Il s'empare du nord de l'Italie et se fait représenter sur les mosaïques, technique artistique des Byzantins. Pour diriger, il s'appuie sur l'administration, l'armée et l'Église.

S'ENTRAÎNER

1 Test de connaissances

Relis le cours et complète le tableau.

	En Orient	En Occident
Empire		
Durée		
Langue		
Religion		
Église		
Capitale		
Titre de celui qui dirige		

2 L'Empire carolingien divisé

Observe la carte, lis le texte, puis réponds aux questions.

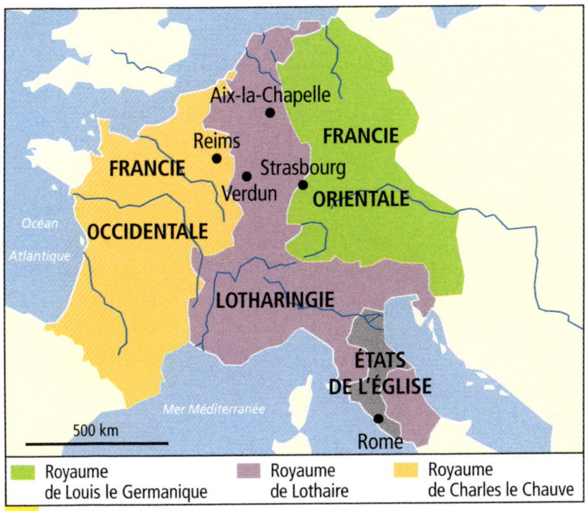

Partage de Verdun.

Louis dit le Pieux, fils de Charlemagne, règne de 814 à 840. À sa mort, son fils aîné Lothaire devient empereur mais ses deux frères contestent la succession. Charles et Louis s'allient à Strasbourg puis contraignent Lothaire à accepter le partage de Verdun en 843.

a. Qui sont les trois fils de Louis le Pieux ?

b. Quelle partie de l'Empire carolingien récupèrent-ils ?

c. Qui conserve le titre impérial ? Qu'est-ce qui le montre sur la carte ?

d. Qui possède les territoires les moins faciles à gérer ?

e. Qui dirige les États de l'Église ?

3 CONTRÔLE EXPRESS

Étudie la photo pour répondre aux questions.

La basilique Sainte-Sophie à Constantinople (actuelle Istanbul en Turquie).

La basilique Sainte-Sophie est reconstruite sous le règne de Justinien et reste, jusqu'au XVIe siècle, la plus grande église de la chrétienté. Elle est située dans la capitale, à proximité du palais impérial. Toutes les grandes cérémonies, comme le couronnement du basileus, s'y déroulent.

a. Présenter le document (nature, date, sujet).

....

b. Quand a régné Justinien ? À quel siècle ?

....

c. De quoi est surmontée la basilique ?

....

d. Quelle est la forme générale du plan des églises dans l'Empire byzantin ?

....

e. Selon toi, de quoi est décorée la basilique à l'intérieur ? Quelle couleur domine ?

....

f. Quand les Turcs ont-ils pris Constantinople ? Comment appellent-ils la ville ?

....

g. Qu'est devenue la basilique ? Qu'est-ce qui le montre sur la photo (voir chapitre 2) ?

....

Corrigés p. 29 du livret.

2 De la naissance de l'islam à la prise de Bagdad par les Mongols (VIe-XIIIe siècles)

RETENIR

MOTS CLÉS

✓ **Coran :** livre sacré des musulmans qui contient les paroles de Dieu (Allah) transmises à Mahomet. Il comprend 114 chapitres appelés sourates, divisés en versets.

✓ **Calife :** successeur de Mahomet, chef du monde musulman doté de pouvoirs politiques et religieux.

1 / Une nouvelle religion

- À partir de 610, **Mahomet**, né à La Mecque vers 570, prêche l'islam. Rejeté par les Mecquois, il s'enfuit à Yathrib (Médine) en 622 : c'est l'**hégire**, point de départ du calendrier musulman. Il fonde une nouvelle communauté religieuse, reconquiert La Mecque et meurt en 632. Le **Coran** donne les règles à respecter.
- Dès 661, les **califes** appartiennent à la famille des **Omeyyades**, qui installe sa capitale à **Damas** (Syrie). En 750, les **Abbassides** s'installent à la tête de l'Empire musulman et transfèrent leur capitale à **Bagdad** (Irak). En **1258**, les **Mongols** prennent la ville et tuent le calife. **Le monde musulman se divise.**

2 / Pouvoirs et sociétés dans le monde musulman

- Les califes développent l'**administration** dirigée par le vizir. Ils nomment gouverneurs, cadis (juges) et percepteurs (impôts). Ils répandent l'**arabe** et imposent une **monnaie commune** (dinar et dirham).
- Le monde musulman est constitué de **peuples différents** : Arabes, Berbères, Perses… L'islam est aussi divisé en **deux grands courants**, sunnite et chiite. Les musulmans tolèrent les juifs et les chrétiens.
- Les califes encouragent le **développement des arts et des sciences. Bagdad** devient la **capitale scientifique du monde**. À partir du savoir des Grecs anciens, des Indiens et des Chinois, les musulmans élaborent leur propre **science**. Ils inventent l'**algèbre** et sont en avance sur les Occidentaux dans plusieurs domaines comme la **médecine**.

MINI INTERRO

1. Quel est le point de départ du calendrier musulman ?
2. Citez deux éléments qui montrent l'unité du monde musulman.
3. En quelle année les Mongols prennent-ils la capitale des califes abbassides ?

LE DOCUMENT CLÉ

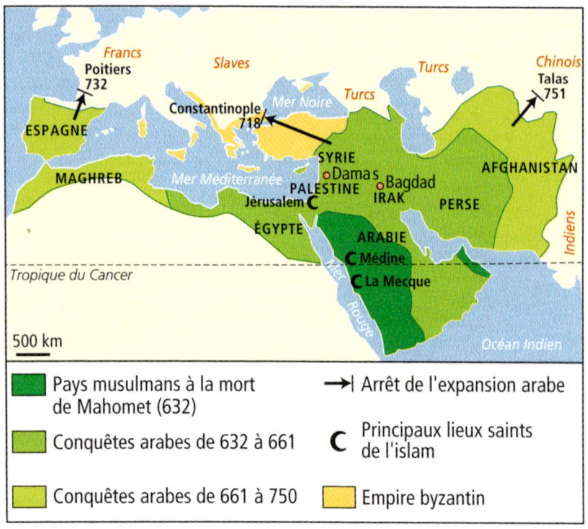

▷ L'expansion de l'islam aux VIIe et VIIIe siècles

1. **Expliquer.** En 632, l'islam domine une grande partie de la péninsule arabique. Une série de conquêtes étend le monde musulman vers l'est et vers l'ouest. Au VIIIe siècle, **deux défaites** (Constantinople, Poitiers) mettent fin à cette expansion.

2. **Conclure.** Le monde musulman s'est agrandi très rapidement. En un siècle, il s'étend de l'océan Atlantique aux limites de l'Inde.

S'ENTRAÎNER

1 Vrai ou faux ?

Coche la case qui convient.

	V	F
a. L'islam est une religion polythéiste.	❑	❑
b. Mahomet est mort au VIIe siècle.	❑	❑
c. Le calife dirige le monde musulman.	❑	❑
d. Bagdad est la capitale des califes omeyyades.	❑	❑
e. Le monde musulman abrite différents peuples.	❑	❑
f. Le dinar est la monnaie utilisée dans le monde musulman.	❑	❑

2 La mosquée

Lis le texte, observe l'image, puis réponds aux questions.

Les musulmans se rassemblent le vendredi pour prier dans la mosquée. La mosquée sert aussi d'école, de tribunal, de lieu de divertissement. À l'intérieur de la salle de prière, on trouve le *mihrab* (niche creusée dans le mur qui indique la direction de La Mecque) et le *minbar* (estrade où l'imam fait son prêche).

Vue aérienne : la mosquée des Omeyyades à Damas.

a. Où se trouve Damas ? Quelle dynastie a fait construire la première mosquée dans cette ville ?

....

....

b. Quelles sont les activités pratiquées dans une mosquée ?

....

c. Indique à quel numéro sur la photographie correspond chacun des éléments suivants :

◯ Minaret (tour depuis laquelle le muezzin appelle à la prière).

◯ Mur de la *qiblâ* (indique la direction de La Mecque).

◯ Cour à portiques.

◯ Salle de prière.

3 CONTRÔLE EXPRESS

Examine l'extrait d'un traité scientifique ci-dessous, puis réponds aux questions.

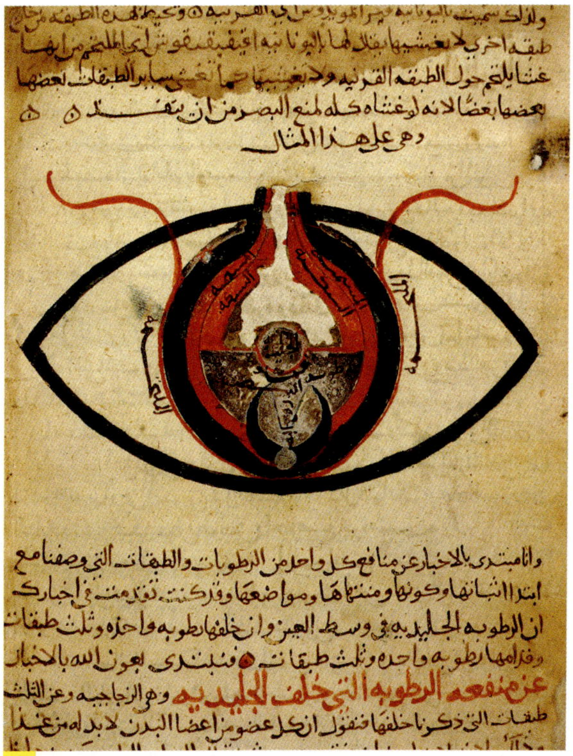

« Anatomie de l'œil », planche extraite du *Livre sur les Dix questions de l'œil* par Hunayn Ibn Ishâq (IXe s.), copie du XIIIe siècle. Le Caire, Bibliothèque nationale.

a. À quel siècle ce livre a-t-il été publié ? ....

....

b. En quelle langue a-t-il été écrit ? ....

....

c. Que représente le dessin ? ....

....

Corrigés p. 29 du livret.

3 La Méditerranée, un espace de contacts (VIe-XIIIe siècles)

HISTOIRE

RETENIR

Quelles sont les relations entre les puissances chrétiennes et musulmanes ?

1 / Le bassin méditerranéen, un espace d'affrontements militaires

- Dès le VIIe siècle, les **Arabes musulmans** conquièrent des territoires byzantins mais échouent à prendre Constantinople en 718. Au XIe siècle, les **Turcs** réduisent encore l'Empire byzantin en prenant le contrôle de l'Anatolie (centre de la Turquie actuelle).

- Au XIe siècle, les rois chrétiens espagnols entreprennent la ***Reconquista*** sur les royaumes musulmans installés dans la péninsule ibérique. À partir de 1096, les chevaliers chrétiens participent aux **croisades en Orient** pour lutter contre les musulmans et délivrer Jérusalem. Ils fondent les **États latins d'Orient** qu'ils doivent abandonner en 1291.

MOTS CLÉS

✓ **Croisade** : expédition militaire autorisée par le pape contre les ennemis des chrétiens.

✓ ***Reconquista*** : nom donné par les chrétiens à la reconquête des territoires musulmans, installés depuis 711 dans la péninsule ibérique. Elle s'achève en 1492 avec la prise de Grenade.

2 / Des relations commerciales et culturelles

- Le commerce de la Méditerranée est d'abord dominé par les **Byzantins** et les **marchands musulmans**. À partir du XIe siècle, les Occidentaux, notamment les **villes italiennes** (Venise, Pise ou Gênes), prennent le relais. Les navires européens achètent à Alexandrie, au Caire ou à Constantinople des **produits de luxe** (épices, soie…) en provenance d'Inde ou de Chine.

- Le sud de l'Espagne, la Sicile et les États latins d'Orient sont des **lieux d'échanges culturels** entre l'Occident et l'Orient. Lors de la *Reconquista*, les chrétiens d'Occident s'emparent des **manuscrits arabes** et les traduisent en latin. Ils redécouvrent le **savoir de l'Antiquité grecque** et accèdent à de nombreuses connaissances sur le monde musulman.

LE DOCUMENT CLÉ

▷ Un savant musulman dialogue avec un philosophe de l'Antiquité

1. **Expliquer.** Averroès est un médecin et philosophe musulman qui vit à Cordoue (Espagne actuelle) au XIIe siècle. Il est représenté ici (à gauche) sur un manuscrit latin, lancé dans une discussion imaginaire avec un philosophe grec Porphyre (à droite) qui a vécu aux IIIe-IVe siècles.

2. **Conclure.** Averroès est considéré comme l'un des grands spécialistes d'Aristote et d'autres philosophes grecs. Ce document illustre les transmissions de savoir entre les mondes chrétiens et musulmans.

Monfredo de Monte, Imperiali, *Liber de herbis*. Manuscrit sur parchemin (35 x 25 cm). Italie, 1re moitié du XIVe siècle. BnF, Manuscrits.

MINI INTERRO

1. Quels sont les trois types de contacts entre chrétiens et musulmans ?
2. Quand débute la première croisade ?
3. D'où viennent les épices ? À qui sont-elles achetées ?

S'ENTRAÎNER

1 Test de connaissances

Relis le cours et complète les phrases suivantes.

a. La *Reconquista* se termine en ....

b. Les croisades débutent en ....

c. .... est une cité marchande qui domine la Méditerranée à la fin du Moyen Âge.

d. Les marchands .... achètent aux marchands .... les épices importées d'Asie.

e. Les .... sont créés après la première croisade et disparaissent en 1291.

f. Avec la *Reconquista*, les chrétiens redécouvrent le savoir .... grâce aux musulmans.

g. .... est un célèbre médecin et philosophe musulman du XIIe siècle.

2 Une monnaie vénitienne

Étudie la pièce et réponds aux questions.

Cette pièce, frappée à Venise, est constituée d'or fin (24 carats) et pèse environ 3,5 grammes. Sur sa face, saint Marc, protecteur de Venise, tend la bannière de la ville au doge (dirigeant de Venise). Au XIIIe siècle, le ducat sert aux marchands de monnaie internationale.

Ducat en or de la République de Venise : saint Marc remettant la bannière au doge Giovanni Dandolo (XIIIe s.). Paris, BnF.

a. De quelle ville provient cette monnaie ? Où se situe cette ville ?

....

b. Qui dirige la ville ? Où est-il représenté sur la monnaie ?

....

c. Avec quels ports d'Orient cette ville fait-elle du commerce ?

....

3 CONTRÔLE EXPRESS

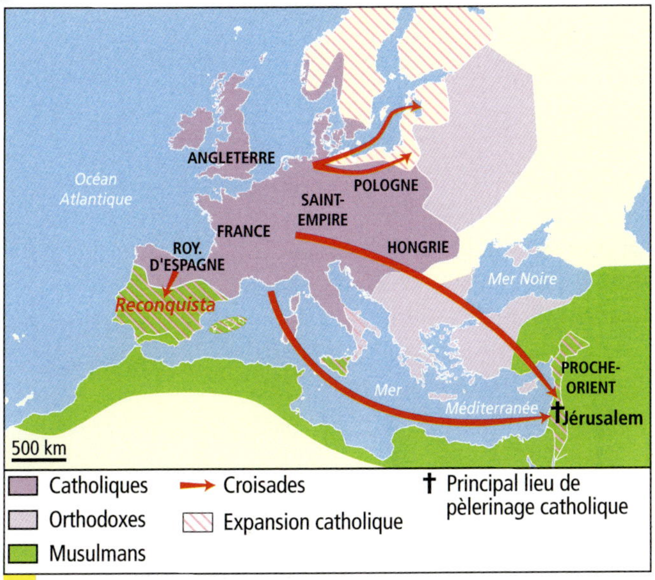

Les croisades du XIe au XIIIe siècle.

Observe la carte des croisades, puis réponds aux questions.

a. Dans quelles régions européennes l'Église chrétienne s'étend-elle ?

....

....

b. Quelle religion est présente au Proche-Orient avant les croisades ?

....

....

c. Quelle est la ville importante pour les chrétiens au Proche-Orient ? Pourquoi ?

....

....

....

Corrigés p. 29 du livret.

Histoire

4 La domination des seigneurs (IXᵉ-XVᵉ siècles)

RETENIR

1 / La seigneurie

MOTS CLÉS

✓ **Seigneurie :** le territoire et ses habitants placés sous l'autorité du seigneur.

✓ **Droit de ban :** droit de commander et de punir.

- Le seigneur est le **propriétaire** de toutes les terres de la **seigneurie**. Il en garde une partie, la **réserve**, et concède l'autre aux paysans, les **tenures**, en échange d'une taxe annuelle (le cens) et de jours de corvées.
- Le seigneur dirige la seigneurie avec le **droit de ban**. Il rend la justice et perçoit des redevances : **taille**, **banalités** (utilisation du four, du moulin), **péages** (droit de passage).
- Les seigneurs peuvent être **laïcs** (n'appartiennent pas à l'Église). Ce sont généralement des chevaliers. Ils forment la **noblesse**. Leur rôle principal est de combattre et de protéger les habitants de la seigneurie. Ils peuvent aussi être **ecclésiastiques** : hommes d'Église (clercs), évêques ou abbés (voir chapitre 5).

2 / L'exploitation des campagnes

- Au Moyen Âge, 90 % de la population vit à la campagne. À partir des **xᵉ-xIᵉ siècles se constituent les premiers villages** qui abritent paysans, artisans, curé, autour de l'église et du château.
- On distingue plusieurs catégories de paysans ou **vilains**, en fonction de leurs revenus et de leur statut. L'**agriculture**, à la base de l'économie, fournit des revenus aux paysans et aux seigneurs qui donnent du travail aux artisans et aux marchands. Dès le xIᵉ siècle, la **population augmente**. Les paysans **défrichent la forêt** pour cultiver de nouvelles terres. Ils bénéficient de **progrès techniques** (outils en fer plus solides, charrues…). D'où une hausse des récoltes qui soutient la croissance démographique jusqu'au xIVᵉ siècle.

LE DOCUMENT CLÉ

▷ Une enluminure : les travaux agricoles

1. Expliquer. Une enluminure est une décoration peinte à la main sur un manuscrit. Celle-ci est extraite d'un livre d'heures (livre des prières pour chaque heure et chaque jour) destiné à un puissant seigneur, le duc de Berry. Au 1ᵉʳ plan, un homme et une femme tondent les moutons. Au 2ᵉ plan, deux paysans moissonnent les blés avec une faucille. À l'arrière-plan se dresse un château fort.

2. Conclure. Cette enluminure donne une image idéalisée du paysan qui se livre aux travaux agricoles, dans une nature ordonnée et protégée par le seigneur.

« Le mois de juillet : scène de moissons et de tonte des moutons », enluminure des *Très riches heures du duc de Berry* par les frères Limbourg (xvᵉ s.). Chantilly, musée Condé.

MINI INTERRO

1. Quels pouvoirs les seigneurs ont-ils sur les paysans ?
2. Que concède le seigneur aux paysans en échange de la taille et des banalités ?
3. Pourquoi les paysans défrichent-ils la forêt ?

S'ENTRAÎNER

1 Mots croisés

Complète la grille de mots croisés à l'aide des définitions ci-dessous.

1. Payées pour utiliser le four du seigneur.
2. Autre nom pour désigner un paysan.
3. Dû au seigneur pour le transport de marchandises.

A. Le seigneur l'exige parce qu'il a le droit de ban.
B. Hommes d'Église (de bas en haut).
C. En échange d'un cens et de corvées.
D. Céréales cultivées par les paysans.

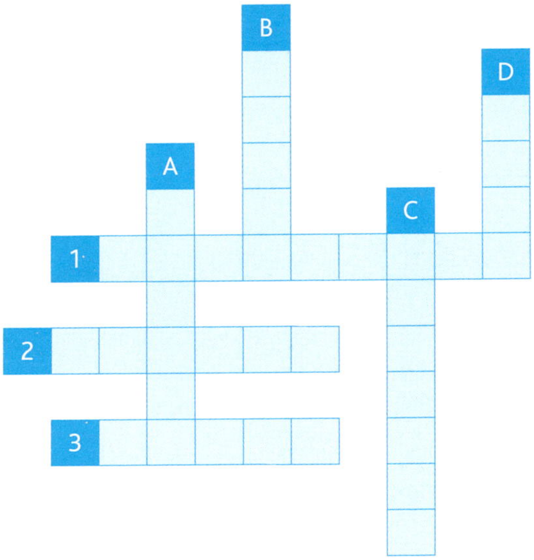

2 L'évolution de la forêt

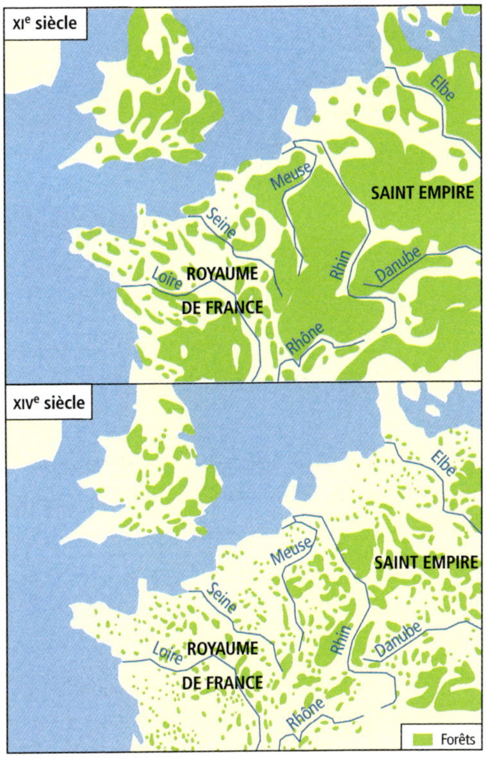

a. Que représentent ces deux cartes ? À quelles époques ?

b. Qu'observe-t-on entre les deux dates ?

c. Comment l'expliquer ?

3 CONTRÔLE EXPRESS

Le plan de la seigneurie de Wismes (XVe s.). Collection privée.

Observe le plan et réponds aux questions.

a. Entoure le château du seigneur en rouge et les deux églises en vert.

b. À quoi correspondent les rectangles verts ?

....

c. À quelle époque se constituent les villages ?

....

d. Entoure le moulin en bleu. Que doivent payer les paysans pour l'utiliser ?

....

....

e. Explique comment le seigneur domine économiquement la seigneurie.

....

....

Corrigés p. 30 du livret.

5 Le rôle de l'Église en Occident (IXe-XVe siècles)

RETENIR

L'Église, dirigée par le pape, rassemble les clercs (les gens d'Église).
Quelle place occupe-t-elle au Moyen Âge ?

1 / L'encadrement des laïcs

- Il est assuré par les **clercs séculiers** (évêques, curés) qui vivent au contact des laïcs et administrent les sept **sacrements** (baptême, mariage, extrême onction, etc.). Il existe aussi des **clercs réguliers** : abbés et moines, qui vivent dans une abbaye en suivant une règle.
- L'Église fixe les principes à respecter pour **faire son salut** (sauver son âme pour aller au Paradis) : prier Dieu, aller à la messe, se confesser... Contre les **hérétiques**, elle désigne des enquêteurs et des tribunaux (l'**Inquisition**) et décide des expéditions militaires (croisades).

MOTS CLÉS

✓ **Laïcs** : personnes qui ne font pas partie de l'Église.

✓ **Hérétiques** : personnes qui remettent en cause les croyances de l'Église.

2 / Une institution puissante

- L'Église est très riche car elle perçoit la **dîme** (en théorie un dixième des revenus payés par le fidèle), reçoit des **dons** et possède de nombreuses terres. Beaucoup d'évêques ou d'abbés sont des **seigneurs** (voir chapitre 4).
- L'Église joue un grand rôle dans la société. Elle organise les **écoles** et les **universités**. Elle entretient des **hospices** ou des **hôpitaux**.

MINI INTERRO

1. Cite deux éléments qui permettent au chrétien de faire son salut.
2. Cite trois éléments qui expliquent la richesse de l'Église au Moyen Âge.
3. À quelle époque sont construites les églises romanes ? les églises gothiques ?

3 / Les églises, lieux de culte des chrétiens

- Les églises sont construites en pierre dans un style dit **roman** (Xe-XIIe s.) puis **gothique** (XIIe-XVe s.). D'immenses **cathédrales** (églises des évêques) sont bâties au cœur des villes. Ces édifices témoignent de la foi des hommes et montrent la puissance de l'Église. Leurs décors (sculptures, fresques, vitraux) rappellent aux **chrétiens** les croyances fondamentales et les principaux épisodes de la Bible.

LE DOCUMENT CLÉ

▷ Un reliquaire

Reliquaire de saint François d'Assise, réalisé à Limoges (vers 1230). Paris, musée du Louvre.

1. **Expliquer.** Un reliquaire contient une relique (objet ou ossement d'un saint). Celui-ci représente une scène de miracle avec saint François, reconnaissable à sa robe de moine, sa tonsure et son auréole. François d'Assise décide de vivre dans la pauvreté comme le Christ et fonde l'ordre des moines franciscains. Mort en 1226, il devient saint en 1228. On le voit ici la tête levée vers un ange ; il vient de recevoir les stigmates (blessures aux pieds et aux mains) comme Jésus sur la croix.

2. **Conclure.** Les reliquaires témoignent d'un culte des saints et de leurs reliques. Le fidèle pense qu'en vénérant les restes d'un saint, celui-ci peut intervenir pour lui auprès de Dieu, faire des miracles (guérison, etc.) ou le protéger.

S'ENTRAÎNER

1 Vrai ou faux ?

Coche la case qui convient.

	V	F
a. L'Inquisition est un tribunal qui permet de juger les hérétiques.	❑	❑
b. « Faire son salut » signifie se retirer dans un monastère.	❑	❑
c. Un moine fait partie du clergé séculier.	❑	❑
d. Le baptême est un sacrement.	❑	❑
e. Les laïcs sont des hommes d'Église comme les évêques ou les curés.	❑	❑

2 Le salut de l'âme

Observe ce tableau et lis le texte.

Le Jugement dernier **(1303-1305) par Giotto (1267-1337), fresque de la chapelle des Scrovegni, Padoue (Italie).**

Pour assurer son salut, Enrico Scrovegni, riche marchand de Padoue, fait édifier une chapelle et en confie la décoration intérieure à Giotto. D'après la Bible, le Christ réapparaîtra à la fin des temps pour juger tous les hommes en fonction de leurs actes.

a. Que signifie « faire son salut » pour un chrétien ?

b. À quel siècle et par quel peintre fut réalisée cette fresque ? Par qui a-t-elle été commandée et pour quelle raison ?

c. Identifie les trois principaux ensembles de la fresque.

1. ....

2. ....

3. ....

d. Quelle place occupe le Christ sur le tableau ? Pourquoi, à ton avis ?

3 HISTOIRE DES ARTS

Compare les deux styles architecturaux de ces monuments.

Tours et portail ouest de l'église abbatiale Sainte-Foy de Conques, XIIe siècle.

Façade occidentale de la cathédrale Notre-Dame de Paris, XII-XIIIe siècle.

a. À quoi sert une église ? Qu'est-ce qu'une cathédrale ?

b. Quelle est la forme des arcs dans l'église romane ? dans l'église gothique ?

c. À partir de quel siècle les églises romanes sont-elles construites ? et les gothiques ?

d. Complète la légende avec les mots : *portail* • *tympan* • *rosace* • *galerie des rois*.

e. Comment les façades sont-elles décorées ?

Corrigés p. 30 du livret.

6

L'émergence d'une nouvelle société urbaine en Occident (XIe-XVe siècles)

RETENIR

1 / Expansion commerciale et essor des villes

- À partir du XIe siècle, le **commerce** se développe. Les principales marchandises, transportées par bateau, sont les matières premières (laine, bois, métaux) et les denrées alimentaires (blé, sel). Les plus rentables sont les produits de luxe (soies, épices) importés d'Orient.
- Avec l'extension du commerce et la croissance démographique, les villes **s'agrandissent et se multiplient**. Protégées par des **murailles**, elles édifient des cathédrales, hôpitaux, hôtels de ville... Elles abritent aussi les **foires**.
- Les plus petites villes (quelques milliers d'hab.) sont les plus nombreuses. Les plus grandes approchent 100 000 habitants (Venise, Paris).

MOTS CLÉS

✓ **Bourgeois** : personne qui habite le bourg (la ville) et suffisamment riche pour payer un impôt.

✓ **Banquier** : à l'origine, il pratique le change et ensuite, accepte des dépôts d'argent et en prête.

2 / La société urbaine

- Bien que minoritaire, la population urbaine augmente, marquée par une grande diversité. Les habitants les plus riches sont les **grands marchands**. On trouve également de nombreux **artisans** ou **boutiquiers**.
- Gens de métiers et marchands se regroupent en **corporations** qui fixent les règles de la profession. Les **maîtres** sont propriétaires de l'atelier ou de la boutique, les **compagnons** travaillent pour eux comme les **apprentis**.
- Les seigneurs octroient aux villes des chartes de franchise qui leur assurent une **autonomie**. Les **bourgeois** reçoivent souvent le droit d'élire des **représentants** (échevins, maires ou consuls). Ces derniers décident du montant des impôts, fixent les règles pour la ville, jugent les habitants hors la loi...

LE DOCUMENT CLÉ

▷ Une rue marchande

1. **Expliquer.** Le document représente une rue d'une ville. Les habitations sont assez basses, en pierre ou en bois. Quatre boutiques ouvrent sur une rue pavée : un drapier, un fourreur, un barbier et un apothicaire (à la fois épicier et pharmacien).

2. **Conclure.** Ce document met en valeur l'activité commerciale d'une ville idéale, assez riche comme en témoignent les marchands, les vêtements des habitants, les bâtiments en pierre et la rue pavée. Les gens sont lettrés (inscription au-dessus de l'apothicaire).

« **Une rue marchande** », Gilles de Rome, *Livre du gouvernement des Princes*, début du XVIe siècle. BnF, Arsenal.

MINI INTERRO

1. Pourquoi les villes se développent-elles à partir du XIe siècle ?
2. Que sont les corporations ?
3. Comment s'appelle le document par lequel le seigneur accorde plus de libertés aux villes ?

HISTOIRE

S'ENTRAÎNER

1 Test de connaissances

Relis le cours et complète les phrases suivantes.

a. La population urbaine est moins .... que la population rurale à la fin du Moyen Âge.

b. Les villes sont généralement protégées par des ....

c. Les .... fixent les règles d'une profession dans une ville.

d. Les .... sont de jeunes hommes qui apprennent leur métier dans une corporation.

e. Les chartes de franchise sont accordées par les ....

f. Les .... sont les habitants riches d'une ville qui peuvent élire leurs représentants.

2 Une charte de franchise

La Charte du consulat d'Arles (1142-1155)

« Au nom de Notre Seigneur Jésus-Christ, Moi, Raymond, archevêque d'Arles (...) nous établissons et ordonnons de fonder dans la cité et le bourg d'Arles un consulat[1], valable, légal et convenable, étant saufs le domaine et le droit des seigneurs majeurs et mineurs (...) ; que chacun dans ce consulat ait son droit, obtienne justice par la main des consuls et fasse justice, étant saufs les statuts et les bonnes coutumes ; il y aura douze consuls, quatre chevaliers, quatre pris parmi les habitants du bourg, deux choisis parmi ceux du Marché, deux parmi ceux du Borrianum, par qui ceux qui feront partie du consulat seront régis et gouvernés ; (...) ils auront le pouvoir de juger et de mettre à exécution les jugements, tant au sujet des héritages que des injures et de tous les autres délits. »

Édité par C. Giraud, *Essais sur l'histoire du droit français*, tome 2, Paris, 1846, cité dans G. Duby (éd.) *Histoire de la France urbaine*, tome 2, p. 170.

1. Consulat : nom donné dans le sud de la France à la commune (regroupant les habitants de la ville).

a. Qui est le seigneur de la ville d'Arles ?

b. Quel type de seigneur est-ce ?

c. À qui le seigneur confie-t-il le pouvoir de juger dans la ville d'Arles ? Combien sont-ils ?

d. Quels sont les pouvoirs de ceux qui dirigent la ville ?

3 CONTRÔLE EXPRESS

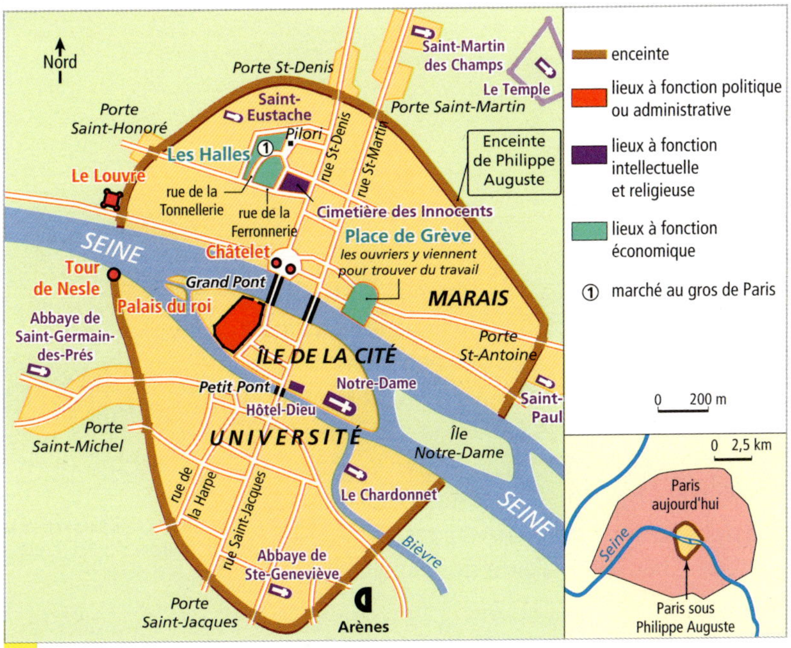

Paris au XIIIe siècle.

Étudie le plan ci-contre pour répondre aux questions.

a. Où se trouve le centre politique et religieux de la ville ? Quels bâtiments le prouvent ?

....

b. Quel est le nom donné à la forteresse construite par le roi pour surveiller l'entrée ouest de la ville ?

....

c. Comment est protégée la ville ?

....

d. Quelle fonction se situe plutôt sur la rive droite de la Seine (au nord) ? sur la rive gauche (au sud) ?

....

....

Corrigés p. 30 du livret.

7 L'affirmation du pouvoir royal sous les Capétiens et les Valois

RETENIR

Élu roi en 987, Hugues Capet fonde la dynastie capétienne. Ses cousins, les Valois, lui succèdent en 1328. Au XIe siècle, l'autorité des rois est faible et ne s'exerce que sur le **domaine royal**.

1 / La féodalité

Ce sont les seigneurs qui exercent le pouvoir. Ils recrutent des vassaux et leur donnent une terre appelée **fief**. Seigneurs et vassaux ont des obligations réciproques. Progressivement, tous les seigneurs se lient entre eux : il se crée ainsi une **pyramide vassalique**. C'est ce système qu'on appelle la **féodalité**.

MOTS CLÉS

✔ **Domaine royal :** terres personnelles du roi qui lui procurent des revenus.

✔ **Féodalité :** organisation politique dans laquelle les seigneurs exercent le pouvoir et encadrent des vassaux.

2 / L'affirmation de l'État monarchique

- Le roi s'impose comme **suzerain**, seigneur de tous les vassaux. Il oblige les seigneurs à lui prêter hommage et utilise le système féodal pour renforcer son pouvoir. Par exemple, **Philippe Auguste** (1180-1223) confisque les fiefs français du roi anglais Jean sans Terre qui refuse d'accomplir ses obligations de vassal.
- Les rois de France, **sacrés** à Reims, **agrandissent le domaine royal** et mettent en place une **administration** compétente pour mieux le gérer. Durant la guerre de Cent Ans (1337-1453), ils créent une armée de métier et des impôts permanents comme la **taille** royale (impôt direct) ou la **gabelle** (taxe sur le sel) afin de payer cette armée et de renflouer les caisses du royaume.
- Le **roi** devient **souverain**, ses décisions s'imposent à tout le royaume et il n'y a pas d'autorité supérieure. Avec l'administration, l'armée et les impôts permanents, il pose les **bases d'un État moderne**.

LE DOCUMENT CLÉ

▷ Un sceau royal

■ **Moulage du premier sceau de Philippe IV le Bel** (1286). Paris, Archives nationales.

1. **Expliquer.** Ce moulage du sceau de Philippe IV le Bel (1285-1314) est la signature du roi. Il authentifie un document juridique qu'il a rédigé. Le roi est assis sur son trône décoré de lions. Il porte la couronne, le manteau royal et tient un sceptre surmonté d'une fleur de lys (emblème des Capétiens). Sur le tour, l'inscription en latin « Philippe, par la grâce de Dieu, roi de France » rappelle l'onction du sacre. Le roi a les pieds posés sur un tabouret pour symboliser qu'il est entre le Ciel (Dieu) et la Terre (les hommes).

2. **Conclure.** Le sceau montre le renforcement du pouvoir royal : il manifeste la volonté royale et représente l'image d'un souverain choisi par Dieu.

MINI INTERRO

1. Qu'est-ce qu'un vassal ?
2. Quel roi combat Jean sans Terre ? À quelle époque ?
3. Cite trois moyens utilisés par les rois pour renforcer leur pouvoir.

S'ENTRAÎNER

1 La pyramide vassalique

Étudie ce schéma et réponds aux questions.

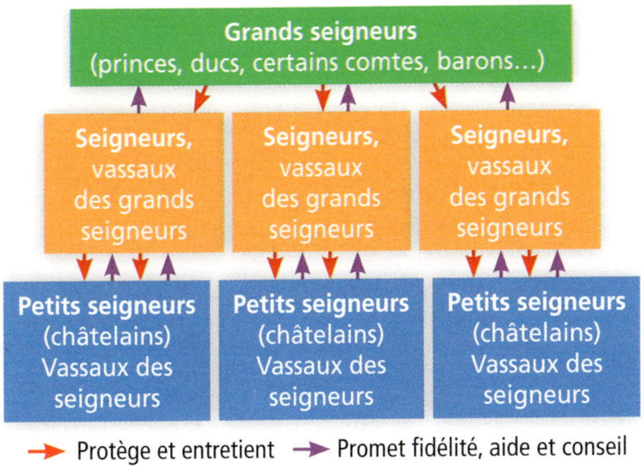

a. Quels devoirs ont les vassaux envers les seigneurs ?

b. Quels devoirs ont les seigneurs envers les vassaux ?

c. Pourquoi ce schéma a-t-il une forme de pyramide ?

d. Qui se place progressivement au sommet de la pyramide ? Quel titre porte-t-il ?

2 L'administration royale au XIIIe siècle

Observe l'organigramme et réponds aux questions.

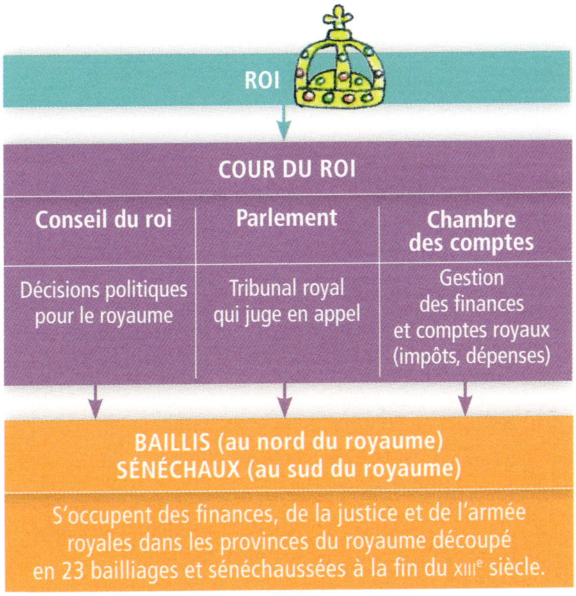

a. Qui se trouve au sommet de l'organigramme ? Qu'est-ce que cela signifie ?

b. Qui aide le roi à gouverner le royaume dans la capitale ?

c. Qui le roi nomme-t-il dans les provinces pour le représenter ?

3 CONTRÔLE EXPRESS

Lis le texte et observe la miniature pour répondre aux questions.

Le sacre du roi a lieu dans la cathédrale de Reims en souvenir du baptême de Clovis. Cette cérémonie se décompose en deux parties : l'onction (le roi est marqué d'une huile sainte pour montrer qu'il est choisi par Dieu) et la remise des *regalia* (objets de la royauté) comme la couronne, le sceptre… Grâce à l'onction, le roi devient un personnage à part entre Dieu et les Hommes, qui peut même guérir certains malades.

« Couronnement de Philippe II Auguste dans la cathédrale de Reims en 1179 », enluminure de Jean Fouquet (XVe s.) extraite des *Grandes chroniques des rois de France*. Paris, BnF.

a. Quel personnage se trouve au centre de l'image ? À quelle époque a-t-il régné ?

b. Complète la légende avec les mots : *fleur de lys* • *couronne* • *sceptre* • *main de justice* • *épée*.

Légende	3. …………………………
1. …………………………	4. …………………………
2. …………………………	5. …………………………

c. Parmi ces éléments, trouve celui qui symbolise que le roi :
– détient le pouvoir de justice sur tout le royaume ;
– possède la puissance militaire ;
– appartient à la famille des Capétiens.

d. Grâce à l'onction, quelle place particulière occupe le roi ?

Corrigés p. 30 du livret.

8 Le monde au temps de Charles Quint et Soliman le Magnifique (XVe-XVIe siècles)

RETENIR

1 / Expansion européenne : une première mondialisation

MOTS CLÉS

✓ Charles Quint (*le cinquième*) : roi d'Espagne en 1516 puis empereur de 1519 à 1556.

✓ Soliman dit le Magnifique par les Occidentaux : sultan de 1520 à 1566.

- En 1488, le portugais **Bartolomeu Dias**, après avoir découvert les côtes atlantiques de l'Afrique, franchit le cap de Bonne-Espérance (au sud de l'Afrique). Les expéditions se poursuivent dans l'océan Indien, avec **Vasco de Gama**, vers l'Inde, l'Indonésie et la Chine.
- Pour l'Espagne, **Christophe Colomb** découvre un nouveau continent, l'**Amérique, en 1492**, puis **Magellan** entreprend en 1519 un tour du monde et confirme que la Terre est ronde.
- Portugais et Espagnols constituent les **premiers empires coloniaux**. Les **conquistadores** espagnols prennent possession des terres américaines. Ils les exploitent en faisant travailler les Amérindiens puis font venir des esclaves d'Afrique. **Charles Quint** dirige des territoires sur lesquels le Soleil ne se couche jamais.

2 / Expansion ottomane et recomposition de l'espace méditerranéen

- Les Ottomans (Turcs, musulmans) achèvent de conquérir l'Empire byzantin avec la prise de Constantinople en 1453. Le sultan **Soliman** poursuit les conquêtes en **Arabie**, vers l'**Afrique du Nord** et l'**Europe centrale**. Beaucoup de côtes méditerranéennes passent sous domination turque. Les **pirates barbaresques** effectuent des raids contre les navires chrétiens depuis les côtes du Maghreb.
- Les Ottomans affrontent à plusieurs reprises les chrétiens, par exemple sur l'île de **Rhodes** en 1522, et font le siège de **Vienne** en 1529. Ils chassent les Espagnols d'Afrique du Nord. Mais les Ottomans, contrôlant les routes vers l'Asie, **commercent** avec les chrétiens.

MINI INTERRO

1. Cite deux navigateurs et leur expédition.
2. Que deviennent les territoires découverts par les Européens ?
3. Quelles régions sont conquises par les Ottomans sous le règne de Soliman ?

LE DOCUMENT CLÉ

■ **« Christophe Colomb accueilli par les Indiens à son arrivée à Hispaniola »**, gravure de Théodore de Bry (XVIe s.). Collection privée.

▷ Christophe Colomb débarque à Hispaniola (Antilles)

1. **Expliquer**. Au 1er plan, les Amérindiens offrent des cadeaux à Christophe Colomb, entouré de deux soldats ; au 2e plan, une croix est dressée ; au dernier plan figurent les trois navires de Colomb, dont descendent des soldats qui effraient les Indiens.

2. **Conclure.** Cette gravure montre la rencontre de deux mondes : les Européens, armés, veulent christianiser les Amérindiens, à demi-nus et accueillants, et s'installer sur l'île pour fonder une colonie.

HISTOIRE

S'ENTRAÎNER

1 Test de connaissances

Les informations de ce tableau sont en désordre.

Pays de départ	Navigateur	Destination
Espagne	Vasco de Gama	Cap de Bonne-Espérance
Espagne	Colomb	Tour du monde
Portugal	Dias	Amérique (Antilles)
Portugal	Magellan	Inde

a. À partir de la destination, remets dans l'ordre pays de départ et navigateur.

b. Classe les voyages dans l'ordre chronologique en les numérotant.

2 Les territoires de Charles Quint

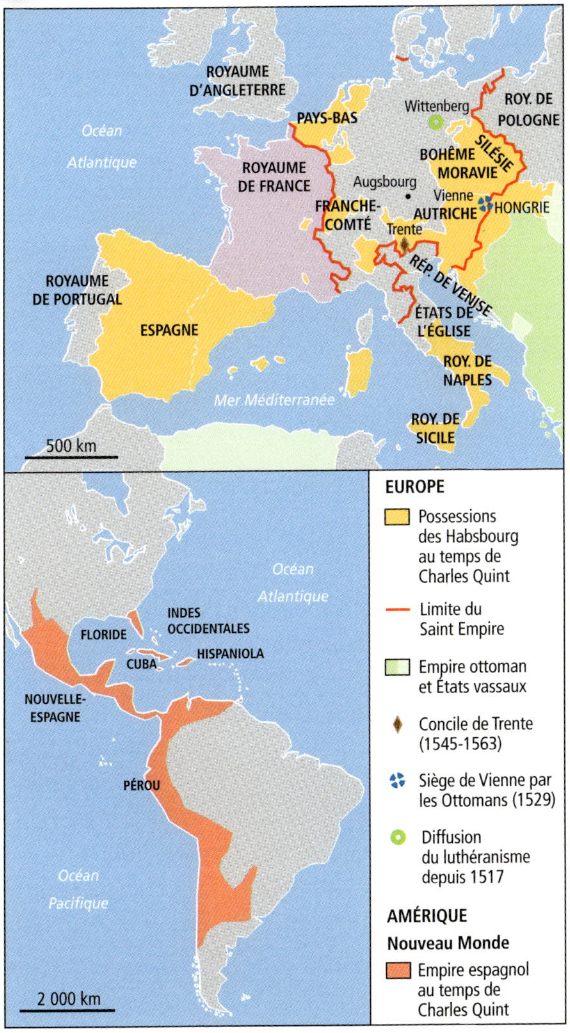

Après avoir observé les deux cartes ci-contre, réponds aux questions.

a. Cite trois territoires appartenant à Charles Quint en Europe et deux territoires en Amérique.

b. D'après la carte, quelle est la particularité du Saint Empire ?

c. Quel empire menace le Saint Empire au sud-est de l'Europe ?

d. Quelle est la faiblesse des territoires dirigés par Charles Quint ?

3 CONTRÔLE EXPRESS

Observe l'illustration puis réponds aux questions.

***Le siège de Rhodes par les Ottomans* : illustration d'un poème écrivant les conquêtes de Soliman, 1557.** Rhodes est une île de la Méditerranée qui permet de contrôler les routes maritimes. Elle est défendue par les chevaliers chrétiens de l'ordre de Saint-Jean de Jérusalem.

a. Qui décide de faire le siège de Rhodes ? En quelle année ?

b. Où ce personnage est-il représenté sur le document ?

c. Comment la ville de Rhodes est-elle protégée ?

d. Que font les Ottomans au premier plan à gauche pour prendre la ville ?

e. Quel intérêt présente l'île de Rhodes pour les Ottomans ?

Corrigés p. 30 du livret.

9 Bouleversements culturels et religieux en Europe (XVIe-XVIIe siècles)

RETENIR

1 / La Renaissance artistique (XVe-XVIe siècles)

- Les artistes s'inspirent de l'**Antiquité** avec le souci de représenter la **réalité**. Ils étudient les proportions des corps, insistent sur l'expression des sentiments des personnages et utilisent la **perspective**.
- Église, seigneurs, marchands et bourgeois passent commande aux artistes, entraînant une **diversification des thèmes**. Progressivement, les techniques apparues en Italie **se répandent dans le reste de l'Europe**.

MOT CLÉ

✓ **Imprimerie** : mise au point en Europe par Gutenberg, elle permet de produire des livres moins chers, en plus grand nombre, et de diffuser largement les nouvelles connaissances.

2 / L'humanisme : une nouvelle façon de penser

- À la fin du Moyen Âge, des savants, appelés **humanistes** (ils placent l'Homme au centre de leur réflexion) redécouvrent les textes antiques. Ils remettent en cause l'emprise de l'Église et abordent les connaissances avec un **esprit critique**.
- Les savants bénéficient de l'**imprimerie** et créent de **nouveaux instruments** de mesure (thermomètre) et d'observation (lunette astronomique).

3 / La Réforme : de nouveaux courants chrétiens

- Au début du XVIe siècle, certains courants veulent réformer l'Église catholique. Des **Églises chrétiennes, dites protestantes**, apparaissent dans le Saint Empire puis se propagent en Europe.
- Cette division entraîne des **persécutions** (contre les catholiques en Angleterre, contre les protestants en France) et des **conflits**. En 1618 débute la **guerre de Trente Ans** entre les États catholiques et protestants. Elle s'achève en 1648.

MINI INTERRO

1. Quelles sont les caractéristiques artistiques de la Renaissance ?
2. Quelle invention de la fin du Moyen Âge permet de diffuser rapidement les nouvelles connaissances ?
3. Quelles sont les conséquences de l'essor du protestantisme en Europe ?

LE DOCUMENT CLÉ

▷ La carte de l'Univers selon Copernic

■ « Carte de l'Univers : système du monde selon Nicolas Copernic », gravure extraite de *Harmonia Macrocosmica*, par Andréas Cellarius, édition de 1661. Collection privée.

1. **Expliquer.** Le Soleil est au centre de l'Univers (héliocentrisme). Les planètes tournent autour du Soleil en décrivant un cercle. Des satellites tournent autour des planètes (la Lune pour la Terre, quatre satellites pour Jupiter).

2. **Conclure.** Copernic remet en cause le géocentrisme (la Terre au centre de l'Univers) défendu par l'Église catholique.

HISTOIRE

S'ENTRAÎNER

1 Vrai ou faux ?

Coche la bonne réponse.

	V	F
a. À la Renaissance, les artistes s'inspirent des œuvres de l'Antiquité.	❑	❑
b. Les artistes de la Renaissance ne s'intéressent plus aux thèmes religieux.	❑	❑
c. La Renaissance a débuté au XVe siècle en France.	❑	❑
d. Les humanistes sont des penseurs qui relisent les textes antiques.	❑	❑
e. Les humanistes diffusent leurs idées grâce à l'imprimerie.	❑	❑
f. Les Églises protestantes apparaissent au XVIIe siècle.	❑	❑
g. La division des chrétiens en Europe entraîne des guerres.	❑	❑

2 Une œuvre de la Renaissance

Observe le tableau et entoure la réponse qui convient. Les autres expressions correspondent aux techniques utilisées au Moyen Âge.

La Vierge, l'Enfant Jésus et sainte Anne (XVe s.) par Léonard de Vinci (1452-1519), huile sur bois, 1,68 × 1,30 m. Paris, musée du Louvre.

a. Représentation réaliste / Représentation symbolique

b. Absence de perspective / Perspective

c. Expression des sentiments des personnages / Pas d'expression des sentiments

d. Nombreux détails / Peu de détails

3 Les religions en Europe au XVIIe siècle

Observe la carte, puis réponds aux questions.

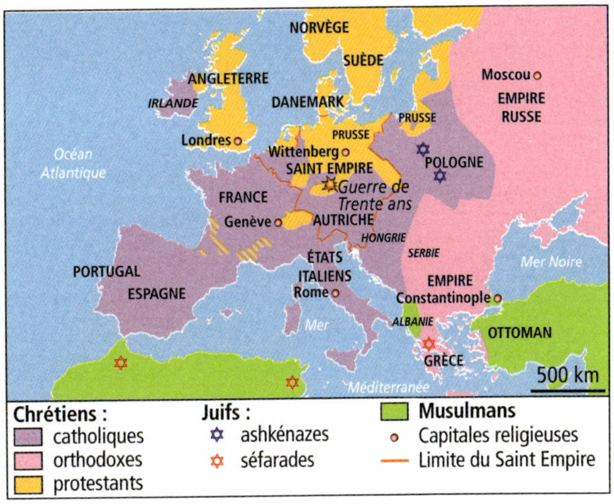

a. Quels sont les trois courants chrétiens représentés sur la carte ?

b. Cite quatre régions ou pays dans lesquels s'est diffusé le protestantisme.

c. Cite deux pays dans lesquels vivent à la fois des catholiques et des protestants.

4 CONTRÔLE EXPRESS

Galilée condamné par l'Inquisition

Il est paru à Florence un livre intitulé *Dialogue des deux systèmes du monde de Ptolémée et de Copernic* dans lequel tu défends l'opinion de Copernic. Par sentence, nous déclarons que toi, Galilée, t'es rendu fort suspect d'hérésie, pour avoir tenu cette fausse doctrine du mouvement de la Terre et du repos du Soleil. Conséquemment, avec un cœur sincère, il faut que tu abjures et maudisses devant nous ces erreurs et ces hérésies contraires à l'Église. Et afin que ta grande faute ne demeure impunie, nous ordonnons que ce dialogue soit interdit par édit public et que tu sois emprisonné dans les prisons du Saint-Office.

■ D'après la *Gazette* de Renaudot, XVIIe siècle.

a. À l'aide du chapitre 5, rappelle ce que sont un hérétique et l'Inquisition.

b. Quand Galilée est-il condamné par l'Inquisition ? Pour quelle raison ?

c. À quoi est-il condamné ?

d. Cite une découverte de Galilée.

Corrigés p. 31 du livret.

10 Renforcement du pouvoir royal en France (XVIe siècle)

RETENIR

Comment évolue la figure royale au XVIe siècle ?

1 / Le règne de François Ier (1515-1547)

- François Ier renforce l'**autorité royale**. Il perfectionne l'**administration** et promulgue de plus en plus de lois. Il signe l'**ordonnance de Villers-Cotterêts** qui impose le français à la place du latin comme langue de l'administration et oblige les curés à enregistrer les naissances et les décès. Le roi ne réunit plus les **états généraux**, réprime les révoltes de la noblesse et obtient du pape de nommer les évêques et les abbés (1516).

- Il **encourage les arts** et soutient financièrement les artistes, comme Léonard de Vinci. De ses expéditions en Italie, il rapporte statues et tableaux. Les châteaux construits à cette époque (Chambord, Fontainebleau) témoignent de l'**influence italienne**.

MOTS CLÉS

✓ **Édit ou ordonnance :** lois signées par le roi : l'édit sur un sujet particulier ; l'ordonnance sur plusieurs domaines.

✓ **États généraux :** assemblée représentant les trois ordres (clergé, noblesse, tiers état) réunie par le roi pour discuter de questions importantes.

2 / Le règne d'Henri IV (1589-1610)

- La France est déchirée par les guerres de Religion entre catholiques et protestants à partir de 1562. L'épisode du **massacre de la Saint-Barthélemy** en 1572 est dramatique. Durant ces affrontements, **le pouvoir du roi est remis en cause**. Les seigneurs catholiques le jugent incapable de défendre leur foi et souhaitent, comme les protestants, une monarchie limitée.

- Henri IV met fin aux guerres de Religion avec l'**édit de Nantes** en 1598. Il tolère le protestantisme en France et autorise son culte dans certaines régions. Le pouvoir royal se hisse au rang d'arbitre et retrouve sa force. Henri IV et son ministre **Sully** redressent le royaume.

MINI INTERRO

1. Cite deux mesures de François Ier qui montrent le renforcement de son pouvoir.
2. Que reprochent les catholiques au roi pendant les guerres de Religion ?

LE DOCUMENT CLÉ

▷ Le château de Chambord

Vue extérieure du château de Chambord, construit à partir de 1519 pour François Ier.

1. **Expliquer.** Le château de Chambord est construit sur ordre de François Ier à partir de 1519 dans la région du Val de Loire. La symétrie, les toits en terrasses, les cheminées et les lanternes sculptées témoignent de l'influence italienne. Grâce à sa victoire à Marignan en 1515, François Ier a temporairement conquis le duché de Milan.

2. **Conclure.** François Ier, fasciné par la Renaissance italienne, diffuse ses principes en France. Il joue le rôle de mécène pour de nombreux artistes et fait édifier un imposant château pour marquer sa puissance.

S'ENTRAÎNER

1 Quiz

Coche la ou les bonne(s) réponse(s).

a. Par quels moyens les rois renforcent-ils leur pouvoir ?

- ☐ Ils partent en croisade.
- ☐ Ils deviennent empereurs.
- ☐ Ils développent l'administration.
- ☐ Ils contrôlent la noblesse et le clergé.
- ☐ Ils se font sacrer.

b. Durant les guerres de Religion, quels sont les deux camps qui s'affrontent ?

- ☐ Les seigneurs catholiques entre eux.
- ☐ Les catholiques contre les musulmans.
- ☐ Les catholiques contre les protestants.
- ☐ Les protestants contre les musulmans.
- ☐ Les orthodoxes contre les catholiques.

c. L'édit de Nantes :

- ☐ est signé en 1589.
- ☐ met fin aux guerres de Religion.
- ☐ est signé par Charles IX.
- ☐ autorise le protestantisme en France.
- ☐ permet au roi de nommer les évêques en France.

d. Les états généraux :

- ☐ sont réunis par le roi tous les cinq ans.
- ☐ regroupent des représentants de la noblesse, du tiers état et du clergé.
- ☐ ne sont pas réunis dans la première moitié du XVIe siècle.
- ☐ regroupent les généraux de l'armée royale.
- ☐ donnent au roi un avis obligatoire à suivre.

2 Le massacre de la Saint-Barthélemy

Fais des recherches sur le massacre de la Saint-Barthélemy et rédige un petit paragraphe en reprenant les réponses aux questions suivantes.

a. Quand se déroule cet événement ? Sous le règne de quel roi ?

b. Où et par qui a été commis le massacre ?

c. Qui sont les victimes ? Quel est le bilan du massacre ?

Corrigés p. 31 du livret.

3 Question d'actualité

Aujourd'hui, qui s'occupe de l'état civil, en enregistrant toutes les naissances et tous les décès ?

4 CONTRÔLE EXPRESS

Regarde la peinture et lis le texte pour répondre aux questions.

***Henri IV s'appuyant sur la religion** pour donner la paix à la France* (XVIe s.), École française, huile sur bois. Pau, musée national du Château de Pau.

En pleine guerre de Religion, Henri III est assassiné en 1589 par un moine catholique. Henri de Navarre lui succède sous le nom d'Henri IV. Protestant, il doit faire la guerre aux princes catholiques pour régner.
Il se convertit finalement au catholicisme en 1593 et se fait sacrer à Chartres l'année suivante.

a. Identifie les trois personnages principaux sur le tableau.

b. À partir de quand Henri IV règne-t-il ?

c. Sur quelle religion Henri IV s'appuie-t-il ?

d. Comment a-t-il donné la paix à la France ?

11 Le roi absolu de droit divin en France (XVIIe siècle)

Histoire

RETENIR

1 / La consolidation du pouvoir royal

Louis XIII (1610-1643) et **Richelieu** développent l'autorité royale et répriment les révoltes. En 1661, à la mort de son Premier ministre **Mazarin**, Louis XIV décide de gouverner seul (1661 à 1715). **Le pouvoir du roi de droit divin est devenu absolu.** Il mène aussi de nombreuses guerres pour agrandir le royaume.

2 / Une monarchie centralisée

- Sous Louis XIV (1643-1715), toutes les décisions partent de **Versailles** où le roi s'installe définitivement à partir de 1682.
- **Louis XIV** dispose d'un appareil d'État efficace. Il décide seul mais s'entoure de **conseillers** et de **ministres** compétents comme Colbert pour les Finances. Dans les provinces, Louis XIV nomme des **intendants**.

3 / La vie à Versailles

- Louis XIV fait construire à Versailles un **château immense qui symbolise son pouvoir**. Entouré de sa **Cour**, le roi organise sa vie comme un spectacle.
- Pour **contrôler les nobles** qui se sont révoltés durant la Fronde (1648-1653), Louis XIV les attire à Versailles. Les courtisans doivent respecter l'**étiquette** (règles fixées par le roi).

MOTS CLÉS

✓ **Pouvoir de droit divin :** le roi tient son pouvoir de Dieu, comme en témoigne la cérémonie du sacre.

✓ **Pouvoir absolu :** le roi détient tous les pouvoirs et son autorité ne peut être remise en cause.

MINI INTERRO

1. Quelles sont les dates du règne personnel de Louis XIV ?
2. Qu'est-ce qu'une monarchie centralisée ?
3. Pourquoi Louis XIV fait-il venir les nobles à Versailles ?

LE DOCUMENT CLÉ

▷ Le plan du château de Versailles

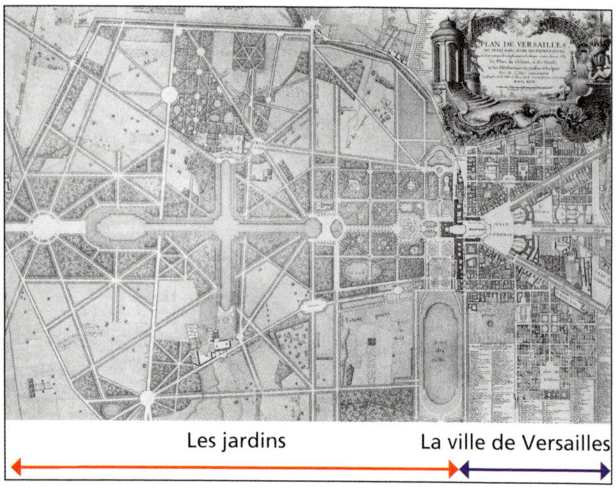

Plan de Versailles, du petit parc et des dépendances (détail) par l'abbé Delagrive (1746). Châteaux de Versailles et de Trianon.

1. **Expliquer.** Il y a trois grandes parties sur ce plan : les jardins, le château et la ville. Le château s'ouvre sur la ville de Versailles par trois avenues.

2. **Conclure.** Le château (le roi) est placé entre les jardins (symbolisant Dieu) et la ville (représentant les Hommes). La chambre du roi est au centre du château comme le roi est au centre du royaume. Les trois avenues imitent les rayons du Soleil, emblème de Louis XIV. Les jardins à la française (réalisés par Le Nôtre) montrent une nature organisée par le roi. Château et jardins sont orientés est-ouest (axe du Soleil). Versailles symbolise le pouvoir du roi.

S'ENTRAÎNER

1 Vrai ou faux ?

Coche la case qui convient.

	V	F
a. Richelieu est le Premier ministre de Louis XIV.	❑	❑
b. Louis XIV gouverne sans ministre.	❑	❑
c. Le château de Versailles a une fonction symbolique.	❑	❑
d. La Cour désigne les nobles qui vivent autour du roi.	❑	❑
e. Louis XIV n'aime pas faire la guerre.	❑	❑
f. Les intendants travaillent à Versailles pour aider le roi à prendre ses décisions.	❑	❑

2 L'organisation administrative sous Louis XIV

Observe le schéma, puis réponds aux questions.

a. Comment appelle-t-on ce type de schéma ?

b. Quel est le rôle des ministres ?

c. Combien y a-t-il de conseils ?

d. Qui nomme les intendants ? Où exercent-ils leurs activités ?

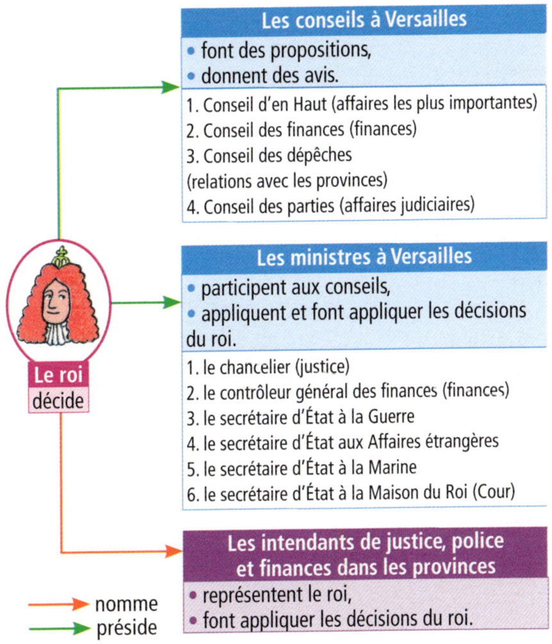

3 CONTRÔLE EXPRESS

Observe la peinture et relis le cours pour répondre aux questions.

Louis XIV tenant les sceaux en présence du conseil des parties (XVIIe s.), huile sur toile. Châteaux de Versailles et de Trianon.

a. De quoi s'occupe le conseil des parties ?

....

....

b. Où est le roi ? Comment est-il mis en valeur ?

....

....

c. Qu'est-ce qui montre que le roi décide durant ce conseil ?

....

....

d. Cite deux autres conseils et leurs attributions.

....

....

....

....

Corrigés p. 31 du livret.

12 Croissance démographique, gestion des ressources et changement global

Un planisphère permet de montrer un phénomène à l'échelle mondiale. Cette double page présente cinq planisphères en lien avec les chapitres suivants de géographie. Ils illustrent des thèmes importants du programme : l'augmentation de la population mondiale, la gestion des ressources et le changement global.

1 / La croissance de la population mondiale (2005-2015)

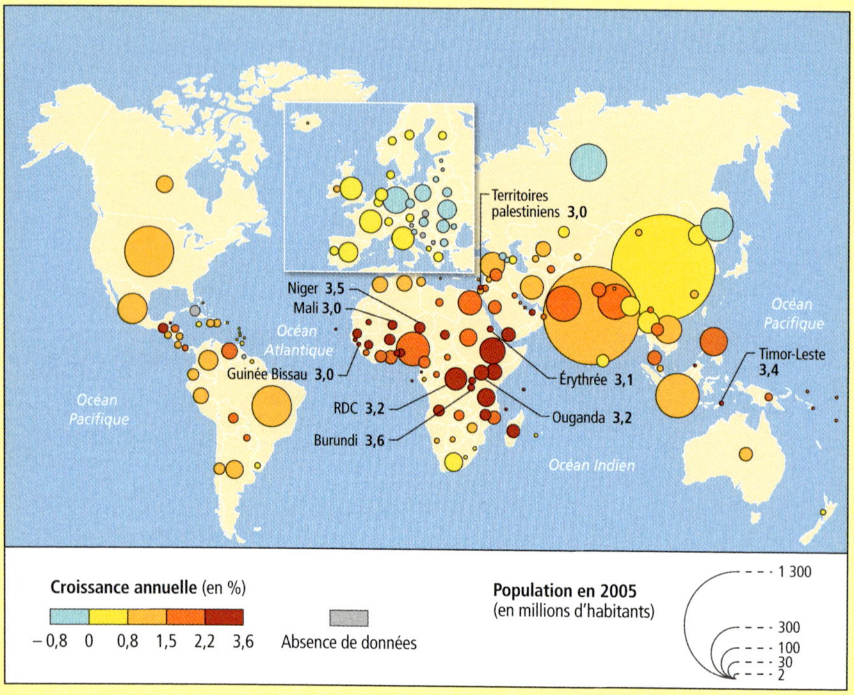

La taille des cercles montre le poids démographique des États. Les pays peuplés (cercles les plus gros) sont la Chine, l'Inde, les États-Unis, l'Indonésie et le Brésil. Depuis 1800, la population mondiale a été multipliée par 6 et aujourd'hui, elle continue d'augmenter, mais différemment selon les pays. Les couleurs renseignent sur l'évolution de la population des pays entre 2005 et 2015. La croissance démographique est faible en Europe et dans certains pays asiatiques (Chine). En revanche, elle est très forte en Afrique.

2 / L'IDH

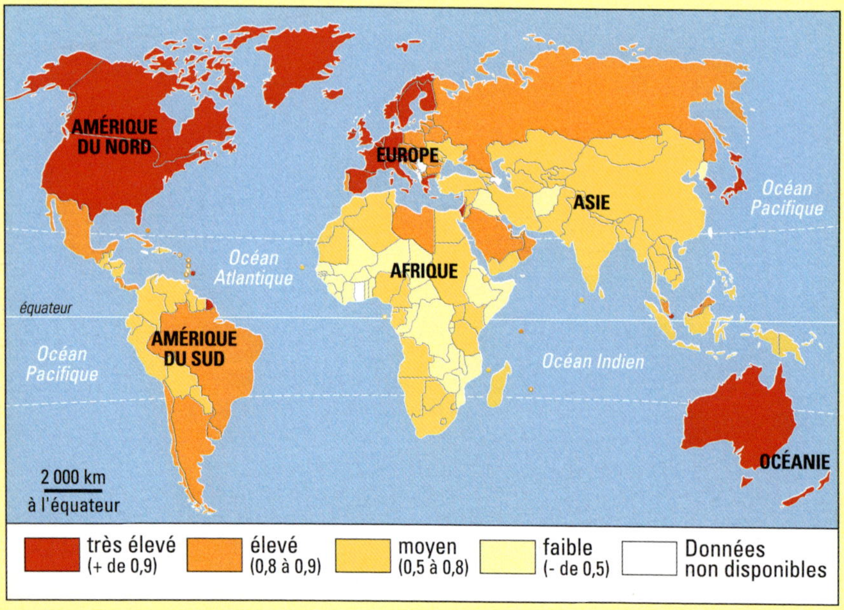

Mis au point par l'ONU, l'indicateur de développement humain (IDH) mesure le développement économique et social d'un pays. Il prend en compte une mesure quantitative de la richesse (PIB par habitant) et des facteurs qualitatifs comme l'espérance de vie, la santé, l'éducation. L'IDH varie de 0 à 1 (plus on se rapproche de 1, plus le pays est développé).

3 / L'accès à l'eau

Ce planisphère en anamorphose nous renseigne sur le nombre d'habitants d'un pays n'ayant pas accès à l'eau potable (rectangles) et le pourcentage de la population de ce pays (couleurs). L'Organisation mondiale de la santé (OMS) considère qu'en 2015, 663 millions de personnes n'ont pas accès à l'eau potable (Afrique subsaharienne, Asie du Sud et Amérique du Sud).

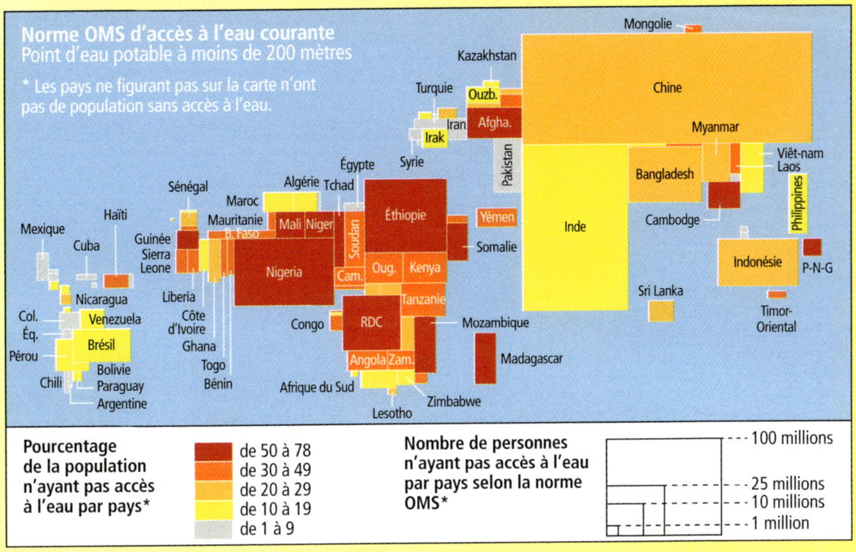

4 / La sous-alimentation

Le pourcentage de population souffrant de sous-alimentation (voir couleurs) est particulièrement fort dans les pays faiblement développés d'Afrique subsaharienne, d'Asie du Sud et d'Amérique du Sud. C'est en Inde et en Chine qu'il est le plus élevé (voir taille des cercles), entre 150 et 200 millions.

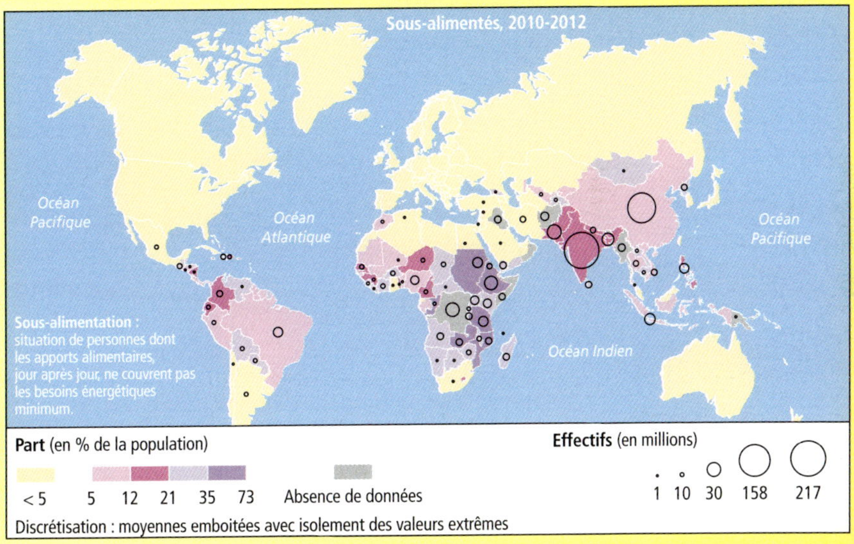

5 / Le réchauffement climatique

Le réchauffement climatique (augmentation de la moyenne annuelle des températures), mesuré depuis plusieurs années par des scientifiques, se poursuit. Il a de nombreuses conséquences sur l'environnement (montée du niveau de la mer, davantage de cyclones…) et donc sur les sociétés et leurs ressources (productions agricoles et halieutiques). Les pays les moins développés en subissent les conséquences les plus importantes.

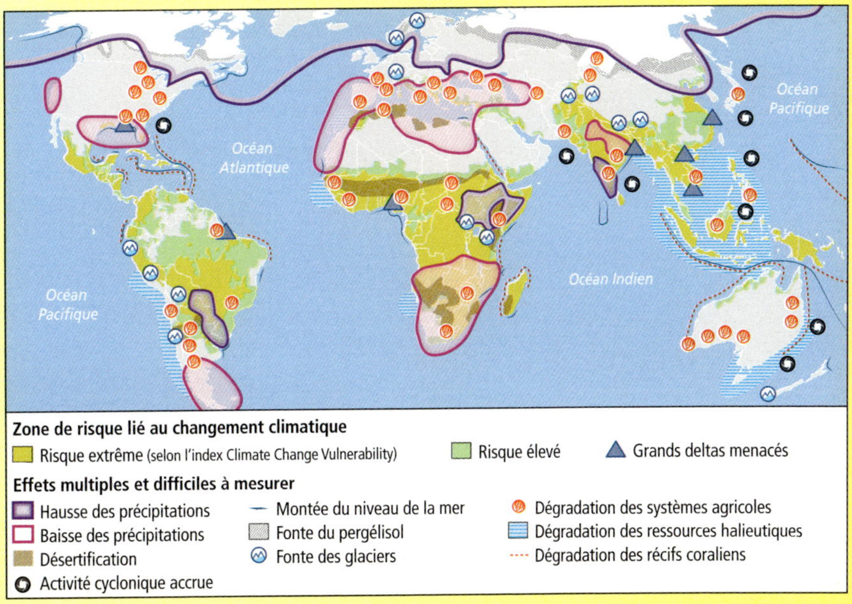

Géographie

13 La croissance démographique et ses effets

RETENIR

1 / Une population qui augmente

- La population mondiale atteint **7,3 milliards d'habitants en 2015** et continue d'augmenter. D'après les prévisions de l'ONU sur le modèle de la **transition démographique**, la croissance devrait se poursuivre jusque vers 2100 avec environ **9 à 11 milliards d'habitants**.

- Pour faire vivre une population de plus en plus nombreuse, les pays doivent parvenir à mettre en place un **développement durable et équitable**.

2 / Une augmentation inégale

- **Dans les pays en développement**, les taux de natalité sont forts et l'espérance de vie encore faible : la population est jeune et augmente rapidement (voir carte 1, chapitre 12, p. 136). **Dans les pays développés**, les taux de natalité sont faibles et l'espérance de vie forte : la population vieillit et augmente très peu.

- **La Chine et l'Inde** sont les pays les plus peuplés avec près de **1,3 milliard d'habitants**. Pour favoriser leur développement, ils limitent les naissances. Ils sont, ou risquent d'être, confrontés à un **vieillissement de leur population**.

3 / Les effets de la croissance

- **Dans les pays en développement**, les gouvernements font difficilement face à la croissance démographique. Elle entraîne des **problèmes d'accès à l'eau potable, à l'alimentation, à l'éducation, au logement** ou au travail.

- **Dans les pays développés** se pose le problème du **vieillissement** et du **financement des retraites**. Certains pays riches (Allemagne) ont une très faible croissance démographique, d'où un **manque de main-d'œuvre** compensé par les migrations.

MOT CLÉ

✓ **Développement durable** : développement qui doit permettre de répondre à nos besoins sans remettre en cause ceux des générations futures. Il repose sur trois aspects : économique, social et environnemental.

MINI INTERRO

1. L'évolution de la population mondiale est-elle la même dans tous les pays ? Précise ta réponse.
2. Quels problèmes cette évolution pose-t-elle ?
3. Cite un problème que pose la croissance démographique dans un pays pauvre.

LE DOCUMENT CLÉ

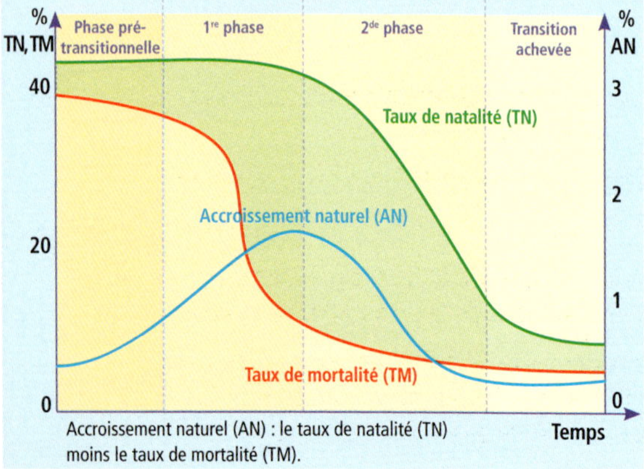

Accroissement naturel (AN) : le taux de natalité (TN) moins le taux de mortalité (TM).

▷ La transition démographique

1. **Expliquer.** À gauche (période la plus éloignée de nous), TN et TM sont élevés et proches, donc l'AN est faible. **1re phase** : les TN restent très élevés tandis que les TM baissent, donc l'AN augmente fortement. **2e phase** : les TN baissent pour rejoindre le niveau des TM, donc l'AN baisse. Une fois la transition achevée, TN et TM sont faibles et proches, donc l'AN est faible.

2. **Conclure.** Tous les pays connaissent la transition démographique : les pays développés ont achevé la leur, tandis que les pays en développement sont en phase 1 ou 2.

1 Vrai ou faux ?

Coche la case qui convient.

	V	F
a. Il y a près de 6 milliards d'habitants sur Terre.	❑	❑
b. Dans les pays développés, la croissance démographique est forte.	❑	❑
c. Les pays riches sont dans leur 1re phase de transition démographique.	❑	❑
d. La Chine et l'Inde sont les pays les plus peuplés de la planète.	❑	❑
e. L'Inde est un pays en développement.	❑	❑
f. La population mondiale devrait continuer d'augmenter jusqu'à 30 milliards d'habitants.	❑	❑
g. Dans les pays développés, la population vieillit.	❑	❑
h. Le développement durable ne concerne que la protection de l'environnement.	❑	❑

2 L'âge de la population dans différents pays

Pays	Revenu national brut par habitants (en dollars)	Population de moins de 15 ans (en %)	Population de plus de 65 ans (en %)
Allemagne	46 840	13	21
Chine	13 130	17	10
États-Unis	55 860	19	15
France (métropolitaine)	39 720	19	18
Inde	5 760	29	5
Mali	1 660	47	3

Source : INED.

a. Indique le continent de chaque pays et classe celui-ci du plus riche au moins riche.

b. Quel pays a la population la plus jeune ?

c. Quels problèmes cela peut-il poser ?

d. Quel pays a le pourcentage le plus élevé d'habitants de plus de 65 ans ?

e. Quels problèmes cela peut-il poser ?

Corrigés p. 31 du livret.

3 CONTRÔLE EXPRESS

Lis le texte et réponds aux questions.

La fin de la politique de l'enfant unique

« La politique de l'enfant unique a vécu. Réuni depuis quatre jours à Pékin, le comité central du Parti communiste chinois a décidé jeudi que tous les couples chinois seraient désormais autorisés à avoir deux enfants. Historique, la décision vise avant tout à enrayer le vieillissement de la population et à relancer l'économie. [...]

Le taux de fécondité* n'est que de 1,7 enfant par femme, contre 2,5 en moyenne en Asie.

Les experts sont donc formels : à partir de 2020-2022, le nombre de Chinois partants à la retraite sera plus important que celui de ceux qui entreront sur le marché du travail. Du jamais vu [...].

Cette nouvelle politique devra aussi permettre d'alimenter en yuans** sonnants et trébuchants les caisses de retraites dont les besoins financiers risquent d'exploser d'ici là – environ 30 % des Chinois ont aujourd'hui plus de 50 ans. Dans un contexte de fort ralentissement de l'activité économique, les autorités espèrent aussi relancer par une hausse de la natalité une demande de court terme *via* la construction de nouveaux logements.

[...] Il n'est pas sûr que le nombre de personnes par foyer augmente mécaniquement. Pour au moins deux raisons [...] : le coût du logement – un Chinois consacre en moyenne seize années de revenus pour payer son logement – et celui, sans cesse plus élevé, de l'éducation scolaire. [...] »

Extrait de « Fin de la politique de l'enfant unique, nouvelle révolution chinoise », V. de Filippis et L. Mathieu, *Libération*, 30 octobre 2015.

* nombre moyen d'enfants par femme
** monnaie chinoise

a. Qu'a autorisé le gouvernement chinois en octobre 2015 ?

b. Dans quels buts a-t-il pris cette décision ?

c. À combien s'élève le taux de fécondité en Chine ?

d. Souligne dans le texte les problèmes que pose le vieillissement de la population en Chine.

e. Malgré cette décision, est-ce que le nombre de naissances devrait augmenter en Chine ? Justifie ta réponse à l'aide du texte.

14 Répartition de la richesse et de la pauvreté dans le monde

RETENIR

MOTS CLÉS

✔ **PMA (pays les moins avancés) :** pays les plus pauvres de la planète.

✔ **Ségrégation sociospatiale :** séparation dans l'espace des populations en fonction de leurs revenus. Elle aboutit à la création de quartiers pour riches et de quartiers pour pauvres.

1 / 10 % de personnes très pauvres dans le monde

- On estime à près de **700 millions** le nombre de personnes vivant sous le **seuil d'extrême pauvreté** (moins de 1,90 dollar par jour), **inégalement réparties** dans le monde.
- **Les pays développés** (IDH forts, voir carte 2, chapitre 12, p. 136), situés plutôt au **nord** de l'hémisphère Nord, **s'opposent aux pays en développement** (IDH faibles), plus au **sud**. Les **PMA** se situent en Afrique subsaharienne et en Asie du Sud et de l'Est. Au Sud, les **pays émergents** (Brésil, Chine, Inde) ont une croissance économique rapide.
- Les **populations pauvres** souffrent de **malnutrition**, vivent dans des **logements insalubres**, accèdent difficilement à l'eau potable, aux systèmes d'éducation, de santé, et connaissent le **chômage** ou des salaires très bas.

MINI INTERRO

1. Cite trois besoins essentiels que les populations pauvres ont du mal à satisfaire correctement.
2. Qu'appelle-t-on « pays du Sud » ?
3. À quelles échelles se situent les inégalités de richesse ?

2 / Des inégalités à toutes les échelles

- À l'échelle d'un **continent**, l'Amérique du Nord ou l'Europe de l'Ouest sont plus riches que l'Amérique du Sud ou l'Europe de l'Est.
- À l'échelle d'un **pays**, l'Inde et la Chine ont un développement économique rapide, mais les écarts de niveau de vie se creusent au sein de leur population.
- Les **villes** connaissent une forte croissance (surtout pays en développement) et s'étendent, produisant une **ségrégation sociospatiale**. Les bidonvilles se multiplient tandis que des quartiers réservés aux riches voient le jour.

LE DOCUMENT CLÉ

Yann Arthus-Bertrand, Bidonville de Makoko à Lagos (Nigeria).

▷ Un bidonville au Nigeria

1. **Expliquer.** Cette photographie aérienne a été prise à Lagos, capitale économique du Nigeria, à l'ouest de l'Afrique. Elle est située sur le littoral atlantique et peuplée de 20 millions d'habitants. Au premier plan figure le bidonville qui compte entre 100 000 et 300 000 habitants vivant dans des maisons bâties avec des matériaux de récupération, sans eau courante ni électricité. Au fond, on aperçoit les grands immeubles du centre de Lagos, constitué de quartiers modernes.

2. **Conclure.** Cette photographie montre la ségrégation sociospatiale et les très fortes inégalités qui existent dans les pays en développement. Bien que pauvre, le Nigeria connaît une croissance économique rapide.

S'ENTRAÎNER

1 Quiz

À partir des chapitres 13 et 14, coche la ou les bonne(s) réponse(s).

a. Dans le monde, combien y a-t-il d'habitants ?
- ❑ 3,7 milliards
- ❑ 5,3 milliards
- ❑ 6,8 milliards
- ❑ 7,3 milliards

b. Quel est le nombre de personnes vivant sous le seuil de pauvreté ?
- ❑ 100 millions
- ❑ 500 millions
- ❑ 700 millions
- ❑ 1 milliard

c. Lequel de ces pays n'est pas un pays riche ?
- ❑ France
- ❑ Allemagne
- ❑ États-Unis
- ❑ Mali

d. Le Brésil, l'Inde ou la Chine sont des pays :
❑ riches ❑ développés ❑ émergents ❑ peuplés

2 La pauvreté dans le monde en 2015

Observe le planisphère puis réponds aux questions.

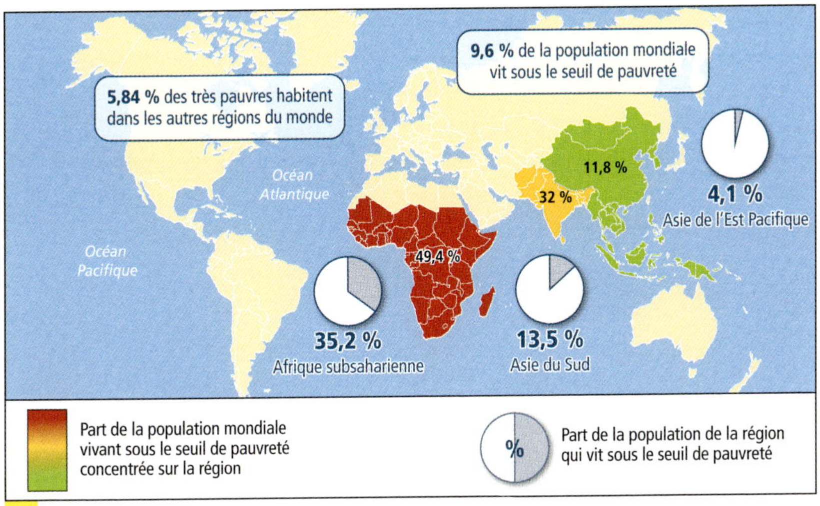

Part de la population mondiale vivant sous le seuil de pauvreté (2015).

a. Qu'est-ce que le seuil de pauvreté ?

b. Dans quelle partie du monde se trouve près de la moitié des personnes vivant sous le seuil de pauvreté ?

c. Dans cette région, quel pourcentage des habitants vit sous le seuil de pauvreté ?

d. Quelles sont les deux autres régions touchées par ce phénomène ? Cite un exemple de pays par région.

3 CONTRÔLE EXPRESS

Observe le tableau pour répondre aux questions.

Pays	Revenu national brut par habitant en $		
	2008	**2012**	**2015**
États-Unis	46 970	50 610	55 860
France	34 400	36 460	39 720
Japon	35 220	36 320	37 920
Russie	15 630	22 760	24 710
Brésil	10 070	11 720	15 900
MONDE	**10 080**	**11 690**	**15 103**
Chine	6 020	9 210	13 130
Inde	2 960	3 840	5 760
Mali	1 090	1 160	1 660
Rép. démocratique du Congo	290	370	700

Source : INED (Institut national d'études démographiques).

Le revenu national brut (RNB) sert à mesurer la richesse du pays, comme le PIB et le PNB. Pour tenir compte de la population du pays, on le rapporte au nombre d'habitants. Par exemple, un très grand pays comme la Chine a un très fort RNB, qui se révèle faible quand on le divise par le nombre d'habitants.

a. Montre qu'il existe un fort écart de richesse entre le Mali, la Chine et les États-Unis.

b. Montre qu'il existe un fort écart de richesse à l'intérieur du continent asiatique.

c. À quelles régions appartiennent les six pays les plus pauvres du tableau ?

d. Qu'observe-t-on en général entre 2008 et 2015 ?

Corrigés p. 31 du livret.

15 L'énergie, des ressources à mieux utiliser et à ménager

RETENIR

1 / Une demande croissante

- Depuis le XIXe siècle, en raison de **l'industrialisation et de la croissance démographique**, la consommation d'énergie a fortement augmenté.
- Les **pays développés** (États-Unis, UE, Japon) et certains **pays émergents très peuplés** (Chine, Inde) sont les plus gros consommateurs d'énergie. La demande des pays pauvres devrait augmenter avec leur développement.

2 / Différents types d'énergie

- La consommation mondiale d'énergie repose surtout sur les **énergies fossiles**, non renouvelables, très **polluantes** et en voie d'**épuisement**. L'énergie **nucléaire** a besoin d'une ressource non renouvelable (uranium) et peut se révéler très dangereuse (Fukushima, 2011). Les pays incitent aux économies d'énergie et recherchent des solutions de remplacement : les **énergies renouvelables**.

3 / Des flux et des tensions

- Comme les pays consommateurs d'énergie ne sont pas forcément les pays producteurs, des flux (déplacements) s'organisent au niveau mondial. Les ressources énergétiques sont **transportées** soit par **bateaux** soit par **tuyaux** (oléoducs ou gazoducs). Les pays dépendants doivent assurer la **sécurité de leurs approvisionnements** (ex. : États-Unis au Moyen-Orient). Les pays producteurs peuvent utiliser la vente des ressources énergétiques comme une **arme diplomatique**.

MOT CLÉ

✓ **Énergie fossile :** énergie qui repose sur des combustibles formés il y a des millions d'années par la transformation naturelle des plantes.
Ce sont notamment le charbon et les hydrocarbures (pétrole et gaz naturel).

MINI INTERRO

1. Cite des pays qui consomment beaucoup d'énergie.
2. Pourquoi observe-t-on des flux à travers la planète ?
3. Quels problèmes posent les énergies fossiles ?

GÉOGRAPHIE

LE DOCUMENT CLÉ

▷ Émissions de CO_2 provenant des énergies fossiles depuis 1980

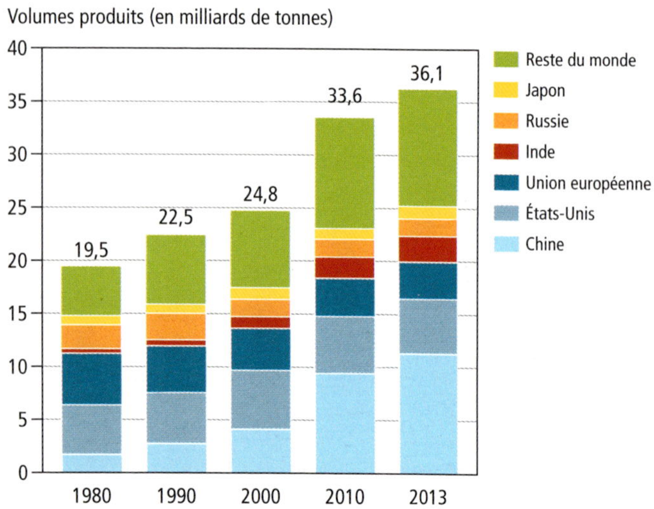

1. **Expliquer.** Le graphique montre l'évolution des émissions de CO_2 depuis 1980 dans le monde. Ces émissions sont dues en grande partie à la combustion des ressources fossiles (pétrole, charbon). Elles sont responsables du réchauffement climatique (voir chapitre 18).

2. **Conclure.** Les émissions de CO_2 ont fortement augmenté (de 19,5 à 36,1 milliards de tonnes). Si la part des pays riches est élevée, elle est restée stable.
En revanche, la part des pays émergents est devenue très importante parce que ces pays sont en train de se développer très rapidement.

S'ENTRAÎNER

1 Quiz

Coche la (ou les) bonne(s) réponse(s).

a. Dans le monde, la consommation d'énergie :
- ❑ baisse.
- ❑ stagne.
- ❑ augmente.

b. Les énergies servent principalement à :
- ❑ nous chauffer.
- ❑ nous déplacer.
- ❑ faire fonctionner les activités économiques.
- ❑ nous éclairer.

c. Les pays les moins développés (ne) consomment :
- ❑ aucune énergie.
- ❑ peu d'énergie.
- ❑ beaucoup d'énergie.

d. Aujourd'hui, les énergies les plus consommées sont :
- ❑ le charbon.
- ❑ l'électricité éolienne.
- ❑ le pétrole.
- ❑ le gaz naturel.

e. Les énergies fossiles sont :
- ❑ en quantité limitée.
- ❑ très polluantes.
- ❑ très utilisées dans le monde.

f. Pour les années futures, les enjeux principaux sont :
- ❑ découvrir de nouvelles nappes de pétrole.
- ❑ développer les énergies renouvelables.
- ❑ diminuer la consommation d'énergie.

2 Les énergies renouvelables

Observe ces photos, puis réponds aux questions.

1

Légende : ....

2

Légende : ....

3

Légende : ....

4

Légende : ....

a. Complète les légendes avec les mots suivants : *éoliennes* • *panneaux solaires* • *barrage hydroélectrique* • *centrale géothermique*.

b. Qu'est-ce qu'une énergie renouvelable ?

c. Pour chaque photographie, précise quelle est la source d'énergie utilisée.

d. Fais une recherche sur la biomasse. De quoi s'agit-il ? Quelle place occupe-t-elle en France ? Quels avantages représente-t-elle ?

3 CONTRÔLE EXPRESS

Compare les deux documents et réponds aux questions.

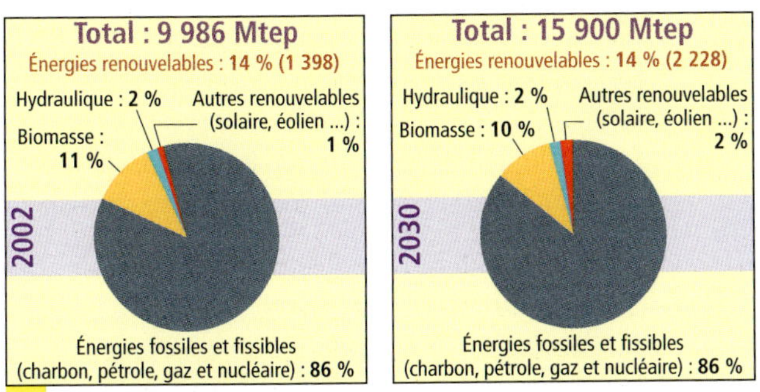

La croissance des besoins énergétiques.

a. Comment appelle-t-on ce type de documents ? Que montrent ceux-ci ?

b. À combien s'élève la consommation totale d'énergie en 2002 ? Comment devrait-elle évoluer d'ici 2030 ?

c. Quelle est la part des énergies fossiles et fissibles en 2002 ? Comment évolue cette proportion ?

d. En relisant le cours et en utilisant les documents, que peux-tu conclure sur les efforts faits pour limiter la pollution et développer les énergies renouvelables ?

Corrigés p. 32 du livret.

16 L'eau, une ressource à ménager et à mieux utiliser

RETENIR

1 / Les inégalités face à l'eau

10 pays (Canada, Brésil, Chine…) possèdent 60 % des ressources en eau douce grâce **aux précipitations et aux fleuves.** À l'inverse, certains pays sont en situation de **stress hydrique** ou de **pénurie**. L'inégalité est flagrante entre pays riches et pays pauvres : **accéder aux ressources** en eau potable et les maîtriser nécessitent des **équipements coûteux et nombreux** (canalisations, barrages, stations d'épuration…).

2 / L'utilisation de l'eau

- L'eau douce est d'abord utilisée pour l'**agriculture** puis pour l'**industrie** et les **usages domestiques** (boire, cuisiner, se laver…). Les **besoins en eau augmentent** avec la croissance démographique et celle des productions agricoles.
- Pour la préserver, il faut l'**économiser** par une agriculture raisonnée, **limiter les pertes** (entretien des canalisations…) et **éviter le gaspillage** domestique : appareils électroménagers économiques, récupération des eaux de pluie…

3 / Des concurrences pour l'eau

- La croissance de la **consommation en eau** engendre des **conflits entre les utilisateurs.** Dans les régions où la ressource est rare, **les pays rivalisent pour la contrôler** (ex. : Égypte et Soudan pour les eaux du Nil).
- Pour éviter les **tensions hydropolitiques**, les organisations internationales aident les pays en développement à **mieux puiser dans les nappes phréatiques ou les fleuves** grâce aux barrages.

MOTS CLÉS

✔ **Stress hydrique :** situation correspondant à une demande en eau supérieure à la quantité disponible.

✔ **Tensions hydropolitiques :** tensions entre deux ou plusieurs États à cause de l'eau.

MINI INTERRO

1. Pour quels besoins principaux est utilisée l'eau douce ?
2. Comment évolue l'utilisation de cette ressource ? Pourquoi ?
3. Cite un exemple de rivalités entre pays pour l'eau.

LE DOCUMENT CLÉ

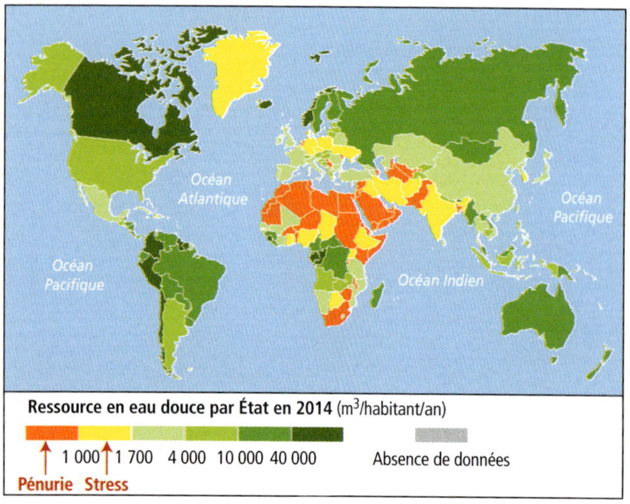

Ressource en eau douce par État en 2014 (m³/habitant/an)

1 000 – 1 700 – 4 000 – 10 000 – 40 000 — Absence de données

Pénurie — Stress

▷ Disponibilités en eau douce par personne et par an

1. **Expliquer.** L'ONU estime qu'un pays est en situation de stress hydrique quand les habitants ont moins de 1 700 m³ d'eau par an et souffre de pénurie quand ils en ont moins de 1 000 m³. Les difficultés se concentrent dans une grande partie de l'Afrique (Nord) et dans l'ouest de l'Asie.

2. **Conclure.** L'eau est inégalement répartie sur Terre. Les risques (stress hydrique, pénurie) peuvent s'aggraver en raison du réchauffement climatique (voir chapitres 18-19 et carte 5, chapitre 12, p. 137).

S'ENTRAÎNER

1 Vrai ou faux ?

Coche la case qui convient.

	V	F
a. L'eau douce provient de la mer.	❑	❑
b. L'agriculture est l'activité qui nécessite le moins d'eau.	❑	❑
c. La consommation en eau a tendance à diminuer.	❑	❑
d. L'eau peut être une source de conflit entre pays.	❑	❑
e. Le manque d'eau freine le développement d'un pays.	❑	❑
f. Avoir de l'eau potable pour toute la population nécessite peu d'aménagements.	❑	❑

2 Le cycle de l'eau de consommation dans un pays développé

Lis le texte, observe le schéma, puis réponds aux questions.

Le cycle de l'eau de consommation nécessite d'énormes infrastructures. Pour alimenter en eau l'ensemble de la population française, pas moins de 40 000 captages, 700 000 km de canalisations et près de 16 000 usines de production d'eau potable sont nécessaires. À ceci, il faut encore ajouter les installations de collecte et de dépollution des eaux usées, soit 180 000 km de canalisations et 12 000 usines de dépollution.

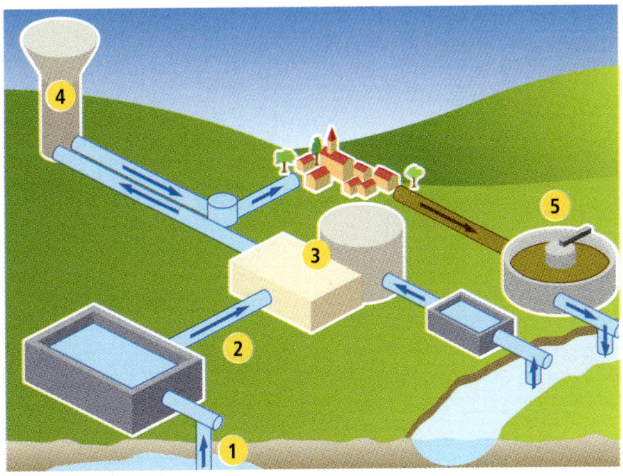

a. Complète le schéma avec les mots suivants : *captage • collecte et dépollution • usine de production d'eau potable • transport dans des canalisations • stockage et distribution.*

b. Où capte-t-on l'eau ?

c. Qu'est-ce qui permet de collecter les eaux usées dans les villes ?

d. Pourquoi, dans les pays en développement, un nombre important de personnes n'a pas accès à l'eau potable ?

3 CONTRÔLE EXPRESS

À l'aide de la photographie et de sa légende, réponds aux questions.

Rivalités pour l'eau entre la Turquie et ses voisins. Le barrage Atatürk, construit dans le Sud-Est de la Turquie, est l'ouvrage central d'un projet de 22 barrages destinés à l'irrigation ou à la production d'énergie, disséminés sur le Tigre et l'Euphrate et leurs affluents.

a. Situe la Turquie sur un atlas.

b. À quoi servent les barrages ?

....

....

c. Quels sont les deux grands fleuves qui traversent le Moyen-Orient ? Où prennent-ils leur source ?

....

....

d. Pourquoi l'eau est-elle une source de tensions entre la Turquie, la Syrie et l'Irak ?

....

....

Corrigés p. 32 du livret.

17 L'alimentation, une ressource à gérer

RETENIR

1 / Les inégalités face à l'alimentation

- Malgré des progrès, la **FAO** estime qu'en 2015, environ **800 millions de personnes** dans le monde souffrent de **sous-alimentation**, et près de 2 milliards de **malnutrition**, surtout dans les **pays en développement ou émergents** (voir diagramme circulaire en document clé et carte 4, chapitre 12, p. 137).
- À l'inverse, près de 2 milliards de personnes sont en **surpoids**, surtout dans les pays développés et certains pays émergents.

2 / Deux types d'agriculture

- Les productions agricoles des **espaces ruraux** fournissent les ressources alimentaires : céréaliculture (riz, blé, maïs) et élevage (volailles, porcs). Dans les pays développés, l'**agriculture moderne intensive** permet de nourrir la population et d'exporter. Les pays émergents (Chine, Inde) ont engagé depuis 40 ans des « révolutions vertes » pour moderniser leur agriculture et augmenter les productions.
- Dans les pays peu développés, l'**agriculture, souvent traditionnelle**, ainsi que les guerres, les sécheresses et la corruption, expliquent la **sous-alimentation**, voire les famines.

3 / Deux défis majeurs pour l'avenir

- Il faut **répondre à la demande croissante** liée à l'augmentation de la population, très forte dans les pays pauvres.
- Cela doit passer par une **agriculture durable**, capable d'augmenter les rendements, d'assurer des revenus suffisants aux paysans, et de respecter l'environnement. L'agriculture intensive **pollue** sols et rivières, **consomme trop de ressources** et **ne respecte pas toujours la qualité sanitaire**.

MOTS CLÉS

- ✓ **FAO** : Organisation dépendant de l'ONU chargée de développer l'alimentation et l'agriculture.
- ✓ **Sous-alimentation** : quantité insuffisante de nourriture pour mener une vie saine et active (manger moins de 2 500 kcal/jour).
- ✓ **Malnutrition** : manque de vitamines et de minéraux dans l'alimentation nuisible à la bonne santé et au bon développement.

MINI INTERRO

1. Dans quels types de pays la sous-alimentation est-elle la plus répandue ?
2. Qu'est-ce qu'une agriculture durable ?
3. Quels problèmes l'agriculture moderne intensive pose-t-elle ?

LE DOCUMENT CLÉ

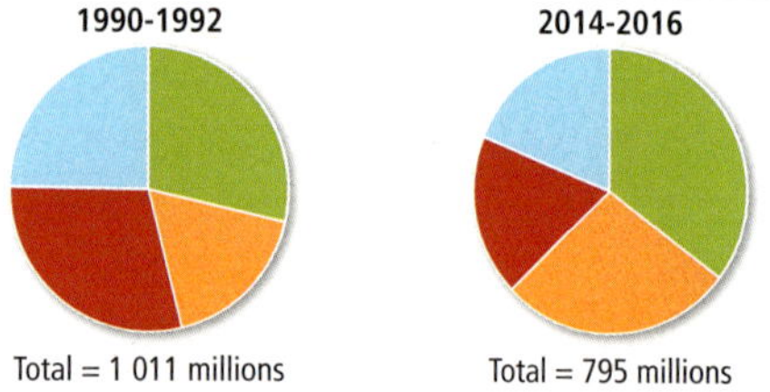

	Nombre (millions) 1990-1992	Nombre (millions) 2014-2016	Part de la région (%) 1990-1992	Part de la région (%) 2014-2016
Asie du Sud	291	281	28,8	35,4
Afrique subsaharienne	176	220	17,4	27,7
Asie de l'Est	295	145	29,2	18,3
Autres	249	149	24,6	18,6
TOTAL	1 011	795	100	100

Nombre de personnes sous-alimentées dans le monde.

▷ La sous-alimentation dans le monde

1. **Expliquer.** Ce diagramme circulaire montre que les régions les plus touchées par la sous-alimentation sont l'Asie du Sud, l'Afrique subsaharienne et l'Asie de l'Est.

2. **Conclure.** Les pays en développement ou émergents sont les plus concernés. L'Afrique est plus touchée que l'Asie. Même dans les pays développés, la sous-alimentation existe chez les personnes aux revenus les plus faibles.

1 Mots croisés

Complète la grille à l'aide des définitions.

1. Partie de l'Afrique située au sud du Sahara.
2. Elles se retrouvent à différentes échelles (mondiale, nationale, locale…).
3. Type d'agriculture qui permet de développer les pays pauvres sans porter atteinte à l'environnement.
4. Unité de mesure de l'énergie apportée par les aliments.
5. Pays cité dans l'exercice 3.
6. Cette situation entraîne de mauvaises récoltes qui provoquent des famines.

A. Céréale cultivée surtout en Asie.
B. Type de pays en développement qui connaît une croissance rapide.
C. Organisation de l'ONU.
D. Intensive ou traditionnelle, elle permet de nourrir les hommes.
E. Pays émergent asiatique.
F. Naturels ou chimiques, ils servent à faire pousser les plantes.

2 Quelle agriculture pour demain ?

Lis le texte et réponds aux questions.

Invitée du Forum citoyen au Gabon de Libération, Geneviève Ferone participait au débat « L'Afrique Verte, clé du développement, à quel horizon ? ».

D'ici 2050, la population africaine devrait doubler pour compter 2,2 milliards d'habitants. Un quart de la population de la planète […] vivra alors sur ce continent. […] L'agriculture devrait constituer un levier majeur de la croissance de demain en Afrique. Mais pour cela, le continent devra se tourner vers une agriculture maraîchère et vivrière raisonnée, c'est-à-dire basée sur des pratiques agro-écologiques utilisant les services rendus par les écosystèmes plutôt que de les remplacer par des engrais et pesticides. Une agriculture plus respectueuse des sols, de la biodiversité et de l'environnement, mais permettant de produire presque autant que l'intensif.
Son intérêt est multiple. D'abord elle est écologiquement intéressante et en plus, elle nécessite, […] une main-d'œuvre importante. Elle est donc créatrice d'emplois. Elle […] permet aux populations rurales d'acquérir une autonomie financière. C'est aussi un enjeu d'émancipation pour les femmes.

■ Extrait de « L'agriculture durable, enjeu majeur pour la croissance de l'Afrique », Claire Lefebvre, mise en ligne sur Liberation.fr le 11 octobre 2015.

a. Combien devrait-il y avoir d'habitants en Afrique en 2050 ?

b. Quelle part de la population mondiale cela devrait-il représenter ?

c. Souligne dans le texte le type d'agriculture proposée pour faire face à l'augmentation de la population.

d. Pourquoi est-ce une agriculture durable ?

3 CONTRÔLE EXPRESS

Observe la photo pour répondre aux questions.

Un agriculteur épand des pesticides sur un champ de pommes de terre, dans le nord de la France, en 2012.

a. Que cultive cet agriculteur ? Que fait-il ?

b. À quel type d'agriculture peut-on rattacher cette photographie ?

c. Quels éléments le prouvent ?

d. Quel avantage représente ce type d'agriculture ?

e. Pourquoi est-il un problème pour l'environnement ?

Corrigés p. 32 du livret.

18 Le changement global et ses effets géographiques (1)

RETENIR

1 / Le réchauffement climatique et ses effets

- Les scientifiques du **GIEC** notent une **augmentation sans précédent des températures** depuis les débuts de l'industrialisation au XIXe siècle. Elle est produite par les activités humaines qui rejettent des **GES.**

- Le réchauffement climatique entraîne une **élévation du niveau des océans** (fonte des glaciers et calottes glaciaires), une **augmentation des événements climatiques extrêmes** (sécheresses, cyclones, inondations…) et une modification de la répartition des pluies. Il menace les productions agricoles, la pêche et les réserves en eau (voir carte 5, chapitre 12, p. 137).

- Les **réfugiés climatiques** sont de plus en plus nombreux et les risques de **conflits violents**, liés à la pauvreté, en forte augmentation au XXIe siècle.

MOTS CLÉS

✓ **GIEC** : groupe d'experts intergouvernemental sur l'évolution du climat, créé en 1988 par l'ONU.

✓ **GES** : gaz à effet de serre (CO_2, méthane).

✓ **Réfugié climatique** : personne qui fuit sa région ou son pays à cause d'un changement climatique aux effets négatifs.

2 / Des solutions en cours

- **À l'échelle locale**, les États **aménagent de façon très inégale leur territoire** pour faire face aux risques naturels. **Les plus développés** (États-Unis, Japon…) peuvent s'équiper de digues, portes antitsunami ou systèmes d'irrigation. **Les moins développés** ont besoin de l'aide internationale.

- **À l'échelle mondiale**, les États se réunissent comme pour la **COP 21**, à Paris, en décembre 2015. Par crainte que les mesures proposées ralentissent l'économie, elles sont souvent limitées, notamment par les gros pays pollueurs (États-Unis, Chine). Pour réduire la pollution et les émissions de GES, il faut **changer les modes de vie et de production** (énergies renouvelables, baisse du chauffage, transports en commun…).

MINI INTERRO

1. Que sont les GES ?
2. D'où proviennent-ils ?
3. Que provoquent-ils ?

LE DOCUMENT CLÉ

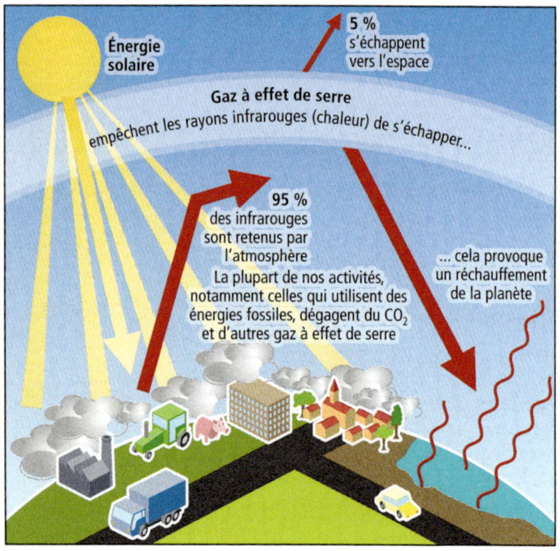

▷ Le réchauffement de la Terre par les gaz à effet de serre

1. **Expliquer.** Les flèches jaunes représentent la chaleur fournie par le soleil. Une partie de cette énergie est retenue par les gaz de l'atmosphère (flèches rouges) : c'est l'effet de serre, qui permet d'avoir une température moyenne de 15 °C sur Terre.

2. **Conclure.** Les transports, les usines, le chauffage dégagent du CO_2 et d'autres gaz qui se concentrent dans l'atmosphère et renforcent l'effet de serre : la Terre renvoie moins de chaleur vers l'espace, donc le climat se réchauffe.

S'ENTRAÎNER

1 Vrai ou faux ?

Coche la case qui convient.

	V	F
a. Le CO_2 est un gaz à effet de serre (GES).	❑	❑
b. Les GES proviennent des activités humaines (transports ou industrie).	❑	❑
c. Le réchauffement climatique entraîne un abaissement du niveau des océans.	❑	❑
d. Des décisions sont prises au niveau mondial pour lutter contre le réchauffement climatique.	❑	❑

2 La COP 21 en 2015

PARIS2015
CONFÉRENCE DES NATIONS UNIES SUR LES CHANGEMENTS CLIMATIQUES
COP21·CMP11

La COP 21 (21e COnférence des Parties) a réuni à Paris, en décembre 2015, 195 pays et l'UE. Après d'importantes négociations, l'accord signé prévoit de limiter le réchauffement climatique à moins de 2 °C, chaque pays ayant pris des engagements de réduction des émissions de GES. Il fixe aussi une aide de 100 milliards de dollars annuels pour aider les pays en développement à y faire face.

a. Où et quand a eu lieu la COP 21 ?

b. Combien de pays ont signé l'accord ?

c. Quelles en sont les deux grandes mesures ?

d. Pourquoi les pays riches doivent-ils aider ceux qui le sont moins ?

3 Les principaux émetteurs de GES

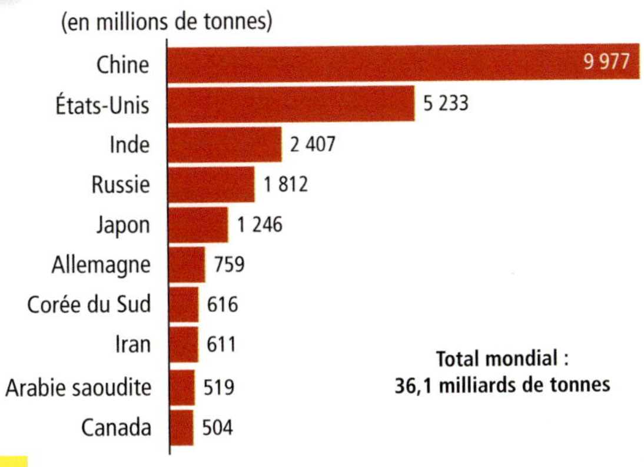

Les 10 pays qui émettent le plus de CO_2.

a. En 2013, quel total mondial de CO_2 est émis ?

b. En 2013, quelles quantités de CO_2 sont émises par les États-Unis et la Chine ?

c. Quel est le point commun de ces 10 pays ?

4 CONTRÔLE EXPRESS

Les îles Kiribati*, une foule de petits combats

À Tarawa-Sud, la montée de l'océan est déjà une préoccupation quotidienne […]. L'île est bordée de digues – sacs de ciment, blocs de coraux ou détritus entassés, gros ouvrages publics ou petits édifices privés. Près de l'aéroport, de jeunes palétuviers bien alignés viennent compléter ce frêle rempart. […]

Tinaai, une jeune militante du KiriCAN […] (un réseau de trente ONG), est […] chargée de nous faire une « visite guidée du changement climatique ». […] elle nous mène à Betio, l'un des îlots les plus peuplés de l'atoll. En début d'année, plusieurs grandes marées ont inondé les habitations. Fin février, des vagues, surpassant les murs de protection, ont déferlé sur l'hôpital.

Le « tour » se poursuit à Tebikenikoora […] et l'eau, passant au travers d'une digue ébréchée, rampe peu à peu entre les habitations. […] Timereta, habitant de ce hameau, […] témoigne : « *Les gens mettent leurs affaires à l'abri, et certains viennent dormir sous la maneaba***. *Ça fait dix ans que ça dure. La digue a été détruite, on l'a reconstruite, puis elle (…) s'est de nouveau détruite…* »

« Les îles Kiribati, enfer et paradis », Angela Bolis, *Le Monde*, 21 septembre 2015.

* Les Kiribati sont un archipel très pauvre de 33 îles d'Océanie situé à environ 2 mètres au-dessus du niveau de l'océan Pacifique.
** maison commune.

a. Où se situent les îles Kiribati ?

b. Pourquoi sont-elles menacées par le réchauffement climatique ?

c. Souligne, dans le texte, les mesures locales prises pour faire face à la montée du niveau de l'océan.

d. Relève les passages du texte montrant que ces mesures sont insuffisantes.

Corrigés p. 32 du livret.

19 Le changement global et ses effets géographiques (2)

RETENIR

1 / La déforestation et ses effets

- En 2010, **30 % des terres émergées**, soit près de 3,9 milliards d'hectares dans le monde, étaient constitués de forêts, contre 66 % quatre siècles plus tôt.
- La déforestation a des **conséquences environnementales** importantes. Elle s'effectue souvent par des incendies qui provoquent une augmentation des GES. La diminution des forêts entraîne une disparition de la **biodiversité** et des puits de carbone (stocké dans les sols et les végétaux). Elle a des **conséquences sociales** car souvent les populations qui y vivent en sont chassées.
- Des **ONG** agissent pour tenter de **protéger les espaces forestiers**. Les États, poussés par les organisations internationales, délimitent des réserves naturelles.

2 / L'urbanisation et ses effets

- En 2007, la **population urbaine est devenue majoritaire** dans le monde. La croissance des villes se poursuit fortement dans les pays émergents avec la croissance démographique et dans les pays en développement avec l'exode rural.
- Dans les villes, une **forte concentration de population et d'activités** (usines, transports) entraîne une forte consommation des ressources et des émissions de GES ou de **pollution atmosphérique,** nuisible à la santé. Certaines grandes agglomérations sont particulièrement polluées (Mexico, Beijing (Pékin)), parfois voilées par un **brouillard appelé *smog*** (de l'anglais *smoke* + *fog*).

MOTS CLÉS

✓ **Biodiversité :** richesse et variété des espèces animales et végétales.

✓ **ONG (Organisation non gouvernementale) :** association indépendante qui peut agir dans différents domaines, dont l'environnement.

MINI INTERRO

1. Quels problèmes environnementaux représente la diminution des espaces forestiers ?
2. Pourquoi la croissance urbaine continue-t-elle dans les pays émergents ?
3. Quels problèmes pose l'urbanisation ?

LE DOCUMENT CLÉ

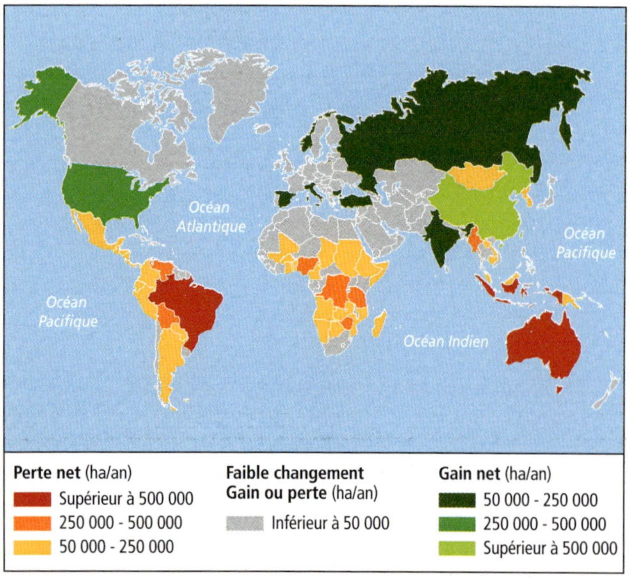

■ **La situation des forêts dans le monde**, 2005-2010 (ha/an).

▷ La déforestation dans le monde

1. **Expliquer.** Dans certains pays (en vert), la superficie forestière augmente entre 2005 et 2010 : principalement aux États-Unis, en Russie et en Chine. Dans d'autres (en rouge, orange, jaune), elle diminue fortement : en Amérique du Sud, Afrique subsaharienne, Asie du Sud-Est et Australie.
2. **Conclure.** La plupart des pays touchés par la baisse sont en développement ou émergents. Ils font primer les enjeux économiques sur les enjeux environnementaux. La forte baisse touche surtout les forêts tropicales du Brésil et d'Indonésie pour l'exploitation du bois (papier, caoutchouc) ou l'élevage et l'agriculture (soja, maïs, huile de palme).

S'ENTRAÎNER

1 Test de connaissances

Relis le cours et complète les phrases suivantes.

a. La biodiversité, c'est la richesse des espèces

....

b. Le .... et l'..................... sont particulièrement touchés par la déforestation.

c. Les États et les ONG cherchent à .... la forêt.

d. La population urbaine est devenue .... en 2007.

e. Dans les pays émergents, la croissance urbaine est ....

2 La part de la population urbaine dans le monde

Étudie le document et réponds aux questions.

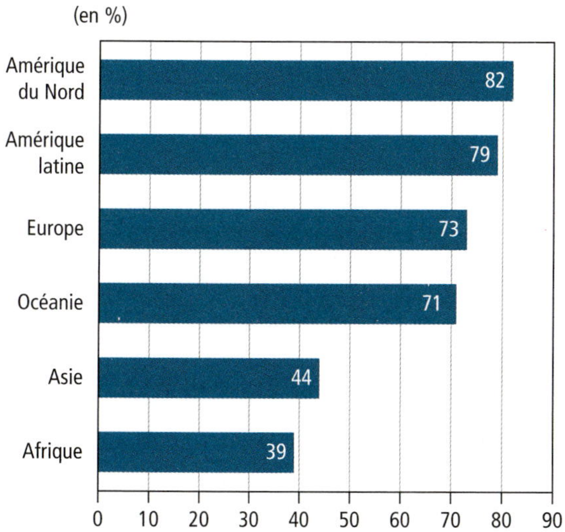

a. De quel type de document s'agit-il ?

....

b. Qu'est-ce que la population urbaine ?

....

c. Quelle est la part de population urbaine en Europe ? la part de population rurale ?

....

d. Quel est le continent le plus urbanisé dans le monde ? Le moins urbanisé ?

....

3 CONTRÔLE EXPRESS

Lis le texte et réponds aux questions.

Les feux de forêt en Indonésie

Déforestation sur l'île de Sumatra.

[...] L'été 2015 aura été le plus meurtrier pour les forêts des îles Bornéo et Sumatra.

[...]. Les émissions de dioxyde de carbone de l'Indonésie ont dépassé celles des États-Unis durant quarante-sept jours (et de) la Chine, le premier pollueur mondial. À quoi s'ajoute la réduction de la capacité de séquestration du carbone, conséquence du recul des forêts [...]. Plus de 503 874 cas d'infection respiratoire aiguë et dix décès, du fait de maladies respiratoires ou d'accidents pendant les opérations d'extinction [...] ont été recensés.

[...] Les organisations non gouvernementales (ONG) locales ne se font pas d'illusions [...] : ces feux [...] permettent de faire place nette à moindres frais pour de nouvelles plantations de palmiers à huile, d'hévéa à caoutchouc ou d'acacia à pâte à papier. « Pour préparer le terrain c'est moins cher que par voie mécanique car, sinon, il faut faire intervenir les pelleteuses », résume Rudi Syaf [...].

[La région de Jambi, très touchée par la déforestation, s'étendait en 1982] sur 5 millions d'hectares (ha) [et] comptait 4,18 millions d'ha de jungle [...]. En 2014, c'était un peu moins de 2,1 millions d'ha [...] [et] seuls 864 000 ha sont inclus dans des parcs nationaux ou régionaux.

« En Indonésie, la forêt assassinée », Harold Thibault, *Le Monde*, 30 novembre 2015.

a. Situe l'Indonésie sur un planisphère.

b. Dans la région de Jambi, comment a évolué la superficie de la forêt entre 1982 et 2014 ?

c. Quelles sont les conséquences des incendies évoquées dans le texte ?

d. Quelles sont les causes de ces incendies ?

e. Qui agit pour limiter la déforestation ?

Corrigés p. 33 du livret.

20 Prévenir les risques industriels et technologiques

GÉOGRAPHIE

RETENIR

MOTS CLÉS

✓ **Plan ORSEC (Organisation de réponse de la sécurité civile) :** permet l'organisation des secours en cas de catastrophe.

✓ **PPMS :** plan particulier de mise en sûreté dans les établissements scolaires.

✓ **PPR :** plan de prévention des risques rédigé par chaque commune.

✓ **PPRT :** plan de prévention des risques technologiques élaboré par l'État, les communes et les entreprises.

1 / Les risques industriels et technologiques

- Un risque est la possibilité que se produise une catastrophe causant un grand nombre de victimes et de destructions. À la différence des **risques naturels** (séisme, éruption volcanique, cyclone…), les **risques industriels et technologiques** sont dus à l'**activité humaine**. Ils concernent souvent des espaces de fortes densités (villes) : accident industriel, nucléaire, rupture d'un barrage, transport de produits dangereux ou polluants…
- Les conséquences sont plus ou moins graves et durables. **L'explosion d'une usine** peut provoquer des morts, des dégâts matériels et des fuites toxiques. Une **marée noire** a des effets sur l'environnement et affecte la biodiversité.

MINI INTERRO

1. À la différence des risques naturels, quelle est la grande cause des risques industriels et technologiques ?
2. Cite deux exemples de risques industriels et technologiques.
3. Cite deux exemples de mesures pour leur faire face.

2 / Prévenir les risques

- Les gouvernements mettent en place des **normes** de sécurité et de construction pour **limiter les risques,** et prennent des **mesures de prévention : plans** et **exercices de secours**.
- Ces dispositions sont surtout efficaces dans les **pays développés**. Dans les pays pauvres, les catastrophes causent généralement plus de victimes et les dégâts sont beaucoup plus longs à reconstruire.
- En France, la **prévention** repose sur des **plans (PPR, PPRT, PPMS, ORSEC)** qui permettent de **connaître les zones à risque** et de mettre en place des **procédures pour limiter les conséquences** en cas d'accident.

LE DOCUMENT CLÉ

▷ Accident nucléaire au Japon

■ Situation critique à la centrale de Fukushima.

1. **Décrire.** Cette photographie aérienne a été prise le 14 mars 2011. Elle montre à gauche l'océan Pacifique et à droite le site de Fukushima au Japon alors qu'un incendie a lieu dans la centrale nucléaire.

2. **Expliquer.** Le 11 mars 2011, un séisme suivi d'un tsunami ont provoqué la fusion du cœur de trois réacteurs de la centrale nucléaire de Fukushima. Il y a eu d'importants rejets radioactifs dans l'environnement et les sols sont durablement contaminés sur plusieurs centaines de km^2 autour de la centrale. Plus de 200 000 personnes vivant autour de la centrale ont été évacuées sur ordre des autorités.

1 Vrai ou faux ?

Coche la case qui convient.

	V	F
a. Un cyclone est un risque industriel et technologique.	❑	❑
b. Un train transportant des produits chimiques qui déraille est un risque industriel et technologique.	❑	❑
c. Le risque est la possibilité que survienne une catastrophe.	❑	❑
d. Les risques industriels et technologiques concernent l'ensemble des pays de la planète.	❑	❑
e. Les pays prennent des mesures qui empêchent toutes les catastrophes.	❑	❑
f. Les établissements scolaires organisent des exercices pour faire face à des accidents industriels ou technologiques.	❑	❑
g. Fukushima se situe en Chine.	❑	❑

2 Les conséquences d'une catastrophe

Observe le schéma, puis réponds aux questions.

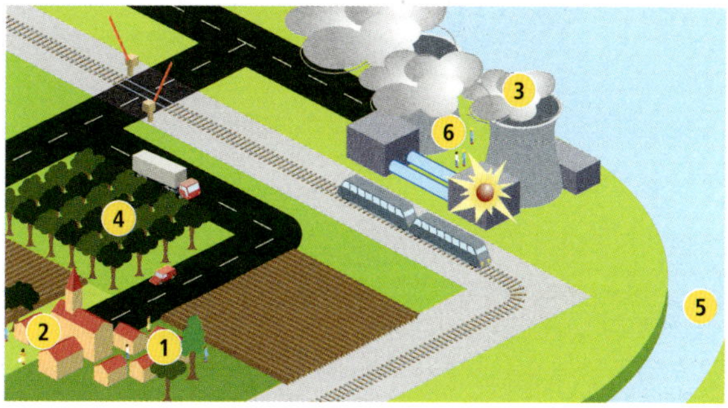

a. Quel est le risque majeur évoqué par le schéma ? Est-il naturel ou technologique ?

b. Associe chaque numéro à une conséquence de la catastrophe dans la liste suivante : *habitations détruites par l'explosion* • *air pollué (formation d'un nuage radioactif)* • *végétation et sols pollués* • *eau polluée* • *habitants respirant des particules radioactives* • *employés de la centrale victimes de l'explosion et de l'irradiation massive.*

3 CONTRÔLE EXPRESS

À l'aide de la plaquette ci-dessous, réponds aux questions.

Plaquette réalisée par le ministère de l'Intérieur pour les établissements scolaires.

a. Qui a réalisé cette plaquette ? Pour quel public ?

....

....

b. Quel risque technologique est évoqué dans cette plaquette ?

....

....

c. Qui donne l'alerte ? Quel plan est déclenché pour coordonner l'action des secours ?

....

....

d. Quels sont les secours mobilisés ?

....

e. Quel plan est déclenché dans les établissements scolaires ?

....

f. Pourquoi peut-on parler d'une mesure de prévention face aux risques technologiques ?

....

Corrigés p. 33 du livret.

21 Comment définir l'identité d'une personne ?

L'EXEMPLE QUI FAIT RÉFLÉCHIR

▷ Qui est Fabien Marsaud ?

Fabien Marsaud, connu sous le nom de scène de Grand Corps Malade, est un auteur et slameur français né le 31 juillet 1977, au Blanc-Mesnil, en Seine-Saint-Denis. Son parcours scolaire est plutôt classique et, très tôt, le sport devient une passion, surtout le basket-ball. Il décide d'en faire son métier et de devenir professeur. Après un bac L, il s'inscrit à l'université en STAPS pour devenir professeur d'EPS. Le 16 juillet 1997, lors d'une colonie de vacances où il est animateur, il fait un plongeon dans une piscine dont le niveau d'eau est trop bas. Il se déplace des vertèbres et est évacué en hélicoptère. Bien qu'on lui ait annoncé qu'il resterait probablement paralysé, il retrouve l'usage de ses jambes en 1999 après une année de rééducation. C'est en référence à son handicap et à sa grande taille qu'il a pris le nom de scène Grand Corps Malade en 2003. Il a depuis sorti quatre albums et remporté deux Victoires de la musique.

■ D'après la notice biographique du site fr.wikipedia.org

Voici ce que l'on peut retenir de l'identité légale et de l'identité personnelle de Fabien Marsaud :

Fabien Marsaud est né le 31 juillet 1977 au Blanc-Mesnil. Adolescent, il adorait le sport et voulait devenir professeur d'EPS. Un grave accident l'a obligé à changer ses projets. Il est devenu chanteur de slam et a choisi un nom de scène qui rappelle son handicap.

RETENIR

MOT CLÉ

✔ **Identité** : ensemble des données qui permettent de définir une personne et de la différencier des autres.

1 / L'identité légale

Nous avons tous une identité légale. Elle rassemble des données telles que le nom, le prénom, la date de naissance, la nationalité, et permet de **reconnaître officiellement une personne**. Ces informations figurent sur les documents d'identité, comme sur les actes d'état-civil (par ex. un acte de naissance). Les services de l'État nous protègent contre l'usurpation d'identité (qui correspond au vol d'identité d'une personne vivante dans le but d'en tirer divers avantages).

2 / L'identité personnelle

L'identité personnelle est liée à la personnalité de l'individu. Chacun construit **sa propre identité** en interaction avec son entourage, au fil des événements de la vie, prévus ou imprévus. Ainsi l'identité de Fabien Marsaud se modifie-t-elle, après son accident, quand il décide de se tourner vers la musique.

3 / L'identité numérique

L'identité numérique correspond à l'ensemble des **données personnelles** que l'on peut trouver sur **Internet**. La plupart des informations sont transmises par les individus eux-mêmes sur les blogs, les réseaux sociaux, ou encore par les achats faits en ligne. Cette identité est aujourd'hui de plus en plus **difficile à maîtriser**.

MINI INTERRO

1. Cite deux éléments qui font partie de l'identité légale.
2. Cite deux éléments qui font partie de l'identité personnelle.
3. Comment les données formant l'identité numérique d'une personne sont-elles transmises ?

S'ENTRAÎNER

1 Vrai ou faux ?

Coche la réponse qui convient.

	V	F
a. La carte nationale d'identité reprend des éléments de l'identité légale d'une personne.	❑	❑
b. L'usurpation d'identité est punie par la loi.	❑	❑
c. L'identité personnelle se construit de manière définitive au moment de l'adolescence.	❑	❑
d. L'identité numérique est le reflet exact de l'identité personnelle.	❑	❑
e. Les internautes contrôlent toutes les informations qu'ils mettent en ligne.	❑	❑

2 Les éléments de l'identité légale

Complète le tableau en respectant les consignes.

Le mercredi 17 juillet mil neuf cent quatre-vingt onze, à dix-sept heures et dix-sept minutes, est née, 123 boulevard de Port-Royal (Paris), Anaïs PIERLE, du sexe féminin, de Jean Patrick PIERLE, né à Épinal (Vosges), le 24 septembre 1953, peintre décorateur et de Brigitte Joëlle TAIX, née à Châtenay-Malabry (Hauts-de-Seine), le 10 octobre 1954, documentaliste, son épouse, domiciliés à Sèvres (Hauts-de-Seine), 13 avenue Médicis.

	La personne du document	Moi
Nom		
Prénom		
Date de naissance		
Sexe		
Lieu de naissance		
Nom du père		
Prénoms du père		
Nom de la mère		
Prénoms de la mère		
Adresse du domicile		

a. Complète la 1re colonne en prélevant les informations dans le document fourni.

b. Complète la 2de colonne avec les éléments de ton identité légale.

Corrigés p. 33 du livret.

3 Les éléments de l'identité personnelle

a. Réponds aux questions suivantes pour définir quelques éléments de ton identité personnelle.
- Quels sont tes centres d'intérêt ?
- As-tu une idée du métier que tu souhaites faire plus tard ?
- As-tu des projets particuliers ?
- Y a-t-il d'autres éléments qui pourraient définir ta personnalité ?

b. Pose ces questions à une personne de ton entourage puis rédige un paragraphe pour résumer ce qui définit actuellement son identité personnelle.

4 CONTRÔLE EXPRESS

Une identité qui révèle une addiction

Addiction : dépendance à une substance ou à une activité

Lis ce témoignage, puis réponds aux questions.

N., 18 ans, lycéen

« Il y a environ deux ans, j'ai rompu avec une fille dont j'étais réellement amoureux. J'ai aussi changé d'établissement. Pour éviter de me retrouver seul et déprimé, je me suis investi dans les jeux vidéo. Jouant de plus en plus, j'ai opté pour un PC Gamer et, plus les mois passaient, plus je me renfermais sur moi-même. Aujourd'hui, j'ai 18 ans et je passe environ 99 heures par semaine devant un écran (travail et loisirs compris). Je me couche à des heures impossibles, parfois à 3 heures ou à 5 heures du matin pour me lever à 6 h 30. Je peux le dire avec certitude : j'ai une dépendance aux jeux vidéo. J'ai besoin de ma « dose », je ne fais que ça, je ne parle plus que de ça, je ne rêve plus que de ça. Depuis quelque temps, je trouve mon comportement assez alarmant. J'essaye de changer, j'essaye de sortir plus souvent mais je n'y arrive pas. »

D'après le site www.jeuxvideo.com. DR

a. Qu'apprend-on ici sur l'identité légale de cette personne ?

b. Dirais-tu qu'elle protège bien son identité numérique ?

c. Quels sont les éléments de son identité personnelle ?

d. En quoi la présentation de son identité personnelle témoigne-t-elle d'une addiction ?

22 Quels sont mes droits ?

L'EXEMPLE QUI FAIT RÉFLÉCHIR

▷ De quels droits sont privés les enfants-soldats ?

Ce film raconte le parcours d'une adolescente africaine recrutée par un groupe armé rebelle et forcée de combattre le pouvoir en place. Les enfants-soldats que l'on voit dans le film ont été privés de droits fondamentaux, tels que la liberté ou le droit à la vie, mais aussi de droits propres aux enfants comme le droit à l'instruction.

RETENIR

1 / Des droits fondamentaux

- Les êtres humains ont des identités différentes mais ils possèdent tous les mêmes droits. En 1789, les révolutionnaires français adoptent la **Déclaration des droits de l'homme et du citoyen** qui affirme l'existence de droits naturels comme la **liberté** et l'**égalité**. Ces droits sont déclarés universels (ils concernent tous les êtres humains) et inaliénables (ils ne peuvent être enlevés).

- En 1948, la **Déclaration universelle des droits de l'homme** est adoptée par les pays membres de l'ONU (Organisation des Nations unies) et doit être appliquée dans le monde entier. Elle réaffirme ces droits fondamentaux et en ajoute d'autres comme le droit à la vie. Néanmoins, il reste encore d'importants progrès à faire pour que les droits de l'homme soient respectés partout dans le monde.

MOT CLÉ

✔ **Droits de l'homme :** ensemble des droits dont doivent bénéficier tous les êtres humains.

2 / Le statut de l'enfant

- Le regard que les sociétés portent sur les enfants a évolué au cours de l'histoire. Ils sont aujourd'hui reconnus comme des êtres humains particuliers avec des **droits spécifiques** (à la protection, à l'instruction ou à l'accès aux soins…).

- Les enfants ont aussi un **statut juridique particulier**. Leurs droits évoluent en fonction de leur âge. En France, un enfant possède des droits dès sa naissance (comme le droit de recevoir un héritage) puis en obtient d'autres en fonction de son âge (comme le droit de travailler en tant qu'apprenti à partir de 15 ans).

MINI INTERRO

1. Quelles sont les deux grandes déclarations des droits de l'homme ?
2. Quels sont les principaux droits de l'homme reconnus ?
3. Cite deux droits spécifiques aux enfants.

1 Quiz

Coche la ou les bonne(s) réponse(s).

a. Les droits de l'homme concernent :
- ❑ uniquement les hommes (pas les femmes)
- ❑ uniquement les adultes
- ❑ tous les êtres humains

b. Les droits de l'homme :
- ❑ peuvent être enlevés à une personne
- ❑ sont reconnus dans le monde depuis 1948
- ❑ sont aujourd'hui appliqués partout dans le monde

c. Les êtres humains ont des droits comme :
- ❑ la liberté
- ❑ le droit au travail
- ❑ le droit à la vie

d. Les enfants ont :
- ❑ des droits spécifiques
- ❑ un statut juridique particulier
- ❑ toujours les mêmes droits quel que soit leur âge

2 Les droits et devoirs des enfants dans le Code civil français

Lis ces articles, puis réponds aux questions.

Article 371

L'enfant, à tout âge, doit honneur et respect à ses père et mère.

Article 371-1

L'autorité parentale est un ensemble de droits et de devoirs ayant pour finalité l'intérêt de l'enfant.

Elle appartient aux parents jusqu'à la majorité ou l'émancipation de l'enfant pour le protéger dans sa sécurité, sa santé et sa moralité, pour assurer son éducation et permettre son développement, dans le respect dû à sa personne.

Les parents associent l'enfant aux décisions qui le concernent, selon son âge et son degré de maturité.

■ Extraits du Code civil français.

a. Qu'est-ce que l'autorité parentale ?

b. Quels sont les devoirs des parents envers leurs enfants ?

c. Quels sont les devoirs des enfants envers leurs parents ?

3 CONTRÔLE EXPRESS

La Déclaration universelle des droits de l'homme

Lis ces articles, puis réponds aux questions.

Article 1er

Tous les êtres humains naissent libres et égaux en dignité et en droits. Ils sont doués de raison et de conscience et doivent agir les uns envers les autres dans un esprit de fraternité.

Article 2

1. Chacun peut se prévaloir de tous les droits et de toutes les libertés proclamés dans la présente Déclaration, sans distinction aucune, notamment de race, de couleur, de sexe, de langue, de religion, d'opinion politique ou de toute autre opinion, d'origine nationale ou sociale, de fortune, de naissance ou de toute autre situation.

Article 3

Tout individu a droit à la vie, à la liberté et à la sûreté de sa personne.

Article 26

1. Toute personne a droit à l'éducation. [...]

2. L'éducation doit viser au plein épanouissement de la personnalité humaine et au renforcement du respect des droits de l'homme et des libertés fondamentales. [...]

■ Extraits de la Déclaration universelle des droits de l'homme.

a. Quand cette déclaration a-t-elle été adoptée ? Par quelle organisation ?

....

....

b. Quels droits sont reconnus ici ?

....

c. Écris quelques lignes pour dénoncer la situation des enfants-soldats en citant ces droits.

....

....

d. Explique comment l'article 2 insiste sur la dimension universelle des droits de l'homme.

....

....

Corrigés p. 33 du livret.

23 L'égalité entre les citoyens est-elle une réalité dans la France d'aujourd'hui ?

L'EXEMPLE QUI FAIT RÉFLÉCHIR

▷ Qu'est ce qu'une discrimination à l'embauche ?

Fethi K., 32 ans [...] a obtenu son bac +5 d'ingénieur généraliste spécialisé en qualité sécurité environnement. Puis il a cherché du travail, avec toujours la même réponse : négative. Le conseil des Prud'hommes a reconnu qu'il avait été victime de discrimination raciale dans une entreprise où il avait postulé. [...]

« En 2009, je me suis mis à chercher du travail. J'ai envoyé des centaines de CV. Je n'arrivais pas à décrocher d'entretiens. [...] En 2011, je tombe sur l'annonce d'une société basée à Donges, qui correspond exactement à mes compétences. Je postule. Comme d'habitude, je n'ai pas de réponse. Agacé, je renvoie mon CV, retire la photo et modifie mon nom. Une semaine après, je reçois un coup de fil : le directeur de cette entreprise est intéressé par ma candidature. Il me présente la société, ses besoins, me dit qu'il a une mission à me proposer. Je suis sous le choc. Je n'y crois pas : je postule depuis trois ans, pas un entretien. Je change de nom : on me rappelle quelques jours après. »

■ D'après un article de presse sur www.metronews.fr

Le CV (ou « curriculum vitæ ») est un document qui résume l'état civil, la formation et l'expérience professionnelle d'une personne à la recherche d'un emploi. Dans la situation évoquée, le directeur de l'entreprise a été condamné par la justice pour discrimination raciale parce qu'il a écarté un candidat en raison de son nom à consonance étrangère.

RETENIR

MOT CLÉ

✓ **Discrimination** : fait de moins bien traiter une personne ou un groupe de personnes en prenant prétexte d'une différence.

L'égalité est un droit fondamental selon lequel tous les êtres humains doivent être **traités de la même manière**. Lorsque ce principe n'est pas respecté, on parle de discrimination.

1 / Les différentes dimensions de l'égalité

La première dimension est l'**égalité morale** (tout le monde à droit au respect, à la dignité et à la liberté). L'**égalité politique** (tous les citoyens ont les mêmes droits et les mêmes devoirs) est reconnue dans les démocraties comme la France. L'État cherche aussi, par l'école, à assurer l'**égalité des chances**. En revanche, l'égalité sociale n'est pas un droit reconnu car les êtres humains n'ont pas tous les mêmes conditions de vie.

2 / Les différentes formes de discrimination

En France, toutes les formes de discriminations sont interdites par la loi. Elles peuvent être de plusieurs natures : **raciales** (contre les personnes d'une autre couleur de peau), **xénophobes** (contre les personnes étrangères), **sexistes** (contre les personnes de l'autre sexe), **homophobes** (contre les personnes homosexuelles), **antisémites** (contre les personnes de religion juive) ou **religieuses** (contre les personnes d'une autre religion). Les discriminations peuvent être constatées dans différentes situations, notamment dans le milieu professionnel ou dans l'accès à certains lieux.

MINI INTERRO

1. Quelles sont les différentes formes d'égalité assurées par la loi en France ?
2. Quelles sont les différentes formes de discrimination ?
3. Où peuvent être constatées des discriminations ?

S'ENTRAÎNER

1 Test de vocabulaire

Relie chaque mot ou expression à sa définition.

a. Égalité morale
b. Égalité politique
c. Égalité des chances
d. Égalité sociale
e. Antisémitisme

1. Les mêmes droits sont assurés à tous les citoyens.
2. Peur et haine des Juifs.
3. La même dignité est accordée à tous.
4. Droit égal de faire ses preuves et d'exploiter ses talents.
5. Tout le monde dispose des mêmes conditions d'existence.

2 Les formes de discrimination

Complète les titres des vignettes.

....

....

....

....

3 Réagir aux discriminations

Complète cette bulle en suivant les consignes.

Choisis une des formes de discrimination représentées à l'exercice précédent et imagine comment pourrait réagir une personne qui en aurait été témoin. Pour t'aider à construire son argumentation, tu peux citer des droits évoqués dans « Retenir » p. 156.

4 CONTRÔLE EXPRESS

Lis les données du tableau, puis réponds aux questions.

	Hommes	Femmes
Éducation : part des étudiants à l'université en France en 2013-2014	43,1 %	56,9 %
Chômage : taux de chômage en France en 2013	10 %	9,7 %
Salaires : tous temps de travail confondus, différence de salaire entre les hommes et les femmes en France en 2010		24 % de moins
Emploi : taux de temps partiel subi en France en 2011	2,8 %	8 %
Pauvreté : taux de pauvreté en France en 2011	7,7 %	8,2 %
Conditions de vie : temps journalier consacré au travail domestique en France en 2010	2 h 24	3 h 52

a. Dans le monde professionnel, quelles sont les inégalités qui frappent les femmes ?

b. À quoi voit-on que les femmes ont de moins bonnes conditions de vie que les hommes en France ?

Observatoire des inégalités, www.inegalites.fr

Corrigés p. 33 du livret.

24 Quelles sont nos responsabilités en matière de sécurité ?

L'EXEMPLE QUI FAIT RÉFLÉCHIR

▷ Comment éviter une catastrophe ?

En forêt, interdisez-vous toute utilisation du feu.

Règlementation à connaître : toute l'année, en forêt, il est interdit de fumer et de faire du feu. […]

Sur la route, pas de mégot

Sur le bas-côté de la route, un mégot peut rouler dans les herbes sèches. […]

Règlementation à connaître : toute l'année, il est interdit de jeter tout objet incandescent sur les voies (et leurs abords) qui traversent les zones boisées, les maquis et garrigues. […]

Dans le jardin, des risques

Située en forêt, votre habitation et ses occupants peuvent être à l'origine d'un feu ou subir un incendie : attention aux barbecues qui émettent des particules incandescentes ; ne brûlez jamais des végétaux ; soyez vigilants, les enfants ne doivent jamais jouer avec des allumettes.

■ D'après les consignes de prévention de la préfecture du Var : www.var.gouv.fr. DR

La majorité des incendies sont causés par des citoyens imprudents. Pour les éviter, les pouvoirs publics imposent quelques règles. Ce document présente la règlementation qui s'applique dans la préfecture du Var, un département du sud de la France très touché par les feux de forêt. Des sanctions sont aussi prévues par la loi afin de punir les personnes qui ne respectent pas les règles.

RETENIR

1 / Qu'est ce qu'un risque majeur ?

Un risque majeur est la possibilité que survienne une catastrophe. On distingue les **risques naturels** (liés à un aléa naturel, comme une inondation) et les **risques technologiques** (l'explosion d'une usine ou une marée noire). L'inondation est le risque majeur le plus répandu en France. On parle de **catastrophe** lorsque les dégâts sont particulièrement importants. Dans tous les cas, c'est la **présence des hommes** sur place qui crée le risque, car ils sont vulnérables.

2 / Agir face aux risques majeurs

Les pouvoirs publics s'engagent face aux risques majeurs. Les comportements jugés dangereux sont punis par la loi et des mesures de **prévention** sont mises en place, comme des exercices d'évacuation dans les établissements scolaires. Lorsqu'un aléa survient, les **secours** sont coordonnés par le préfet.

3 / Agir pour assurer la sécurité de tous

Mais l'État agit aussi dans de nombreux autres domaines. La police est ainsi responsable du maintien de l'**ordre public**. La **sécurité routière** désigne l'ensemble des mesures adoptées afin d'assurer la sécurité des usagers de la route. La **sécurité sanitaire** est assurée par un ensemble de normes (ex. : la qualité de l'eau potable).

MOTS CLÉS

✓ **Aléa :** « coup de dés » en latin, l'aléa désigne un hasard défavorable.

✓ **Sécurité :** situation dans laquelle une personne n'est pas exposée à un danger.

MINI INTERRO

1. Quelle est la différence entre les risques naturels et les risques technologiques ?
2. Face aux risques majeurs, cite une mesure de prévention mise en place dans les collèges.
3. Quel est le but de la sécurité routière ?

S'ENTRAÎNER

1 Mots croisés

Complète la grille à l'aide des définitions.

Horizontalement
1. Raz-de-marée.
2. Le Vésuve en est un.
3. Tempête très violente.
4. Débordement des eaux, c'est le risque majeur le plus répandu en France.
5. Tremblement de terre.

Verticalement
A. Dispositions prises pour prévenir un danger.
B. Type de risque majeur dû aux activités humaines.
C. Hasard défavorable.
D. Service chargé de l'aide médicale d'urgence.
E. Elle peut être nationale ou municipale.

2 Le séisme du 25 avril 2015 au Népal

Lis cet article, puis complète le schéma.

Le puissant tremblement de terre survenu au Népal samedi 25 avril 2015 à 11 h 56 (8 h 11, heure de Paris) a frappé de plein fouet la capitale, Katmandou, et a été ressenti jusque dans le nord de l'Inde et au Bangladesh.

La magnitude du séisme a été évaluée à 7,8. C'est le plus fort recensé dans le pays depuis celui de 1934, qui avait causé la mort de 10 000 à 20 000 personnes. […]

La vallée de Katmandou, où se situe la capitale, est la plus densément peuplée : environ 1,5 million d'habitants. Durant le dernier millénaire, une quinzaine de grands séismes ont frappé cette zone, qui se situe à la confluence des deux plaques tectoniques.

Selon un bilan encore provisoire, la catastrophe a fait au moins 5 000 morts et plus de 7 500 blessés. Au moins 700 personnes ont trouvé la mort dans la seule vallée de Katmandou.

Pays pauvre d'Asie, dont les constructions sont loin de respecter les normes antisismiques, le Népal risque de mettre longtemps à se relever de cette catastrophe qui a semé le chaos dans sa capitale. D'autant que le tremblement de terre a dévasté de nombreux temples et sites patrimoniaux, ce qui risque de faire chuter les recettes du tourisme. […]

Si l'on cumule les aides financières promises par la communauté internationale, le Népal devrait pouvoir compter sur au moins 19,5 millions d'euros. […] Les aides matérielles affluent également.

D'après un article de www.lemonde.fr

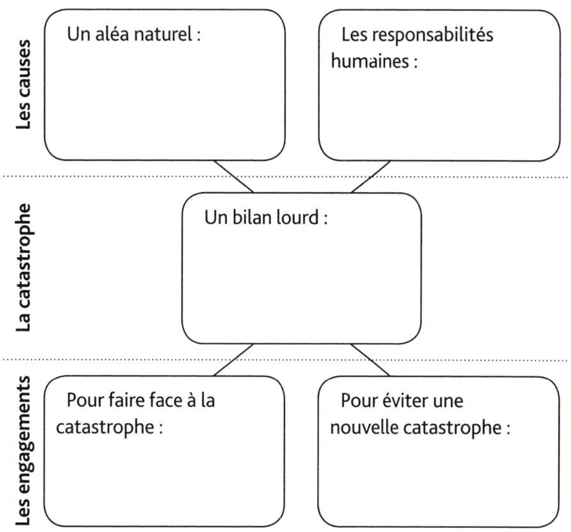

3 CONTRÔLE EXPRESS

La sécurité routière

a. Comment l'État agit-il pour améliorer la sécurité des usagers de la route ?

b. À quels usagers cette affiche s'adresse-t-elle ?

c. Quel message est adressé aux usagers ?

Corrigés p. 34 du livret.

Sciences de la vie et de la Terre

DATE ÉVALUATION

La planète Terre, l'environnement et l'action humaine

1 La Terre, planète active 164
2 Des ressources naturelles exploitées par l'Homme 166
3 Gérer la planète 168

Le vivant et son évolution

4 Le transport de matière dans un organisme animal 170
5 Le transport de matière dans une plante chlorophyllienne 172
6 Reproductions sexuée et asexuée : le peuplement des milieux 174
7 La parenté des êtres vivants 176

Le corps humain et la santé

8 Activité et fonctionnement de l'organisme 178
9 Les besoins nutritionnels 180
10 Les principaux mécanismes de la reproduction humaine 182

La planè

1 La Terre, planète active

RETENIR

1 / Des manifestations de l'activité de la Terre

- Un **séisme** est un ébranlement bref et brutal de la partie superficielle du globe terrestre.
- Un **volcan** est une ouverture de la croûte terrestre, par laquelle des éléments solides (lave) et des gaz issus des profondeurs du globe arrivent en surface.

2 / Localisation des séismes et des volcans

- Les séismes et les volcans ne sont pas répartis au hasard. Ils forment des alignements délimitant de vastes zones à la surface du globe : ces zones sont les **plaques lithosphériques**.
- Ces plaques **se déplacent** les unes par rapport aux autres. Certaines **s'affrontent**, provoquant la formation de chaînes de montagnes comme l'Himalaya, né de la collision entre l'Inde et l'Asie. D'autres **s'écartent** et entraînent l'ouverture des océans, tel que l'Atlantique, par exemple.

3 / Prévention des risques liés aux séismes et au volcanisme

- Les **forces** mises en jeu par ces phénomènes sont **incontrôlables** par l'Homme.
- Au Japon, où les séismes sont fréquents, beaucoup d'immeubles sont construits sur des **structures déformables**, qui absorbent les secousses sans se briser.
- Des observatoires surveillent l'activité des volcans. En cas de signe d'éruption prochaine, l'**évacuation** des populations peut être ordonnée.

MOTS CLÉS

✓ **Plaque lithosphérique :** partie rigide de la couche superficielle du globe, limitée par des zones étroites d'intense activité volcanique et sismique.

✓ **Prévention des risques naturels :** ensemble de dispositifs conçus par l'Homme pour se préserver des manifestations incontrôlables de l'activité du globe.

MINI INTERRO

1. Cite les deux principales manifestations de l'activité de la Terre.
2. Précise la localisation des principaux volcans et séismes.

LE DOCUMENT CLÉ

▷ Un séisme aux lourdes conséquences

1. **Expliquer.** Le 11 mars 2011, un violent séisme se produit au large de Fukushima (Japon). La secousse crée en mer une vague de 15 m de haut recouvrant les terres sur 10 km : c'est un tsunami, ou raz-de-marée.
Sous l'effet de la secousse, le système de refroidissement de la centrale nucléaire située à Fukushima s'arrête. Deux réacteurs fondent, des substances radioactives en quantité considérable se dégagent dans l'atmosphère et dans l'océan Pacifique.

2. **Conclure.** Cet accident nucléaire est à l'origine d'une radioactivité imperceptible immédiatement, mais qui provoque une pollution durable, affectant gravement toutes les formes de vie alentour et au-delà.

S'ENTRAÎNER

1 Vrai ou faux ?

Coche la case qui convient.

	V	F
a. En cas de séisme, l'évacuation est la meilleure prévention.	❑	❑
b. Les plaques lithosphériques sont mobiles.	❑	❑
c. Les séismes sont toujours prévus par les scientifiques.	❑	❑
d. Le mouvement des plaques lithosphériques peut donner naissance à des chaînes de montagnes.	❑	❑
e. Une éruption volcanique permet de connaître certains matériaux des profondeurs du globe.	❑	❑

2 Des signes de l'activité de la Terre

Écris une phrase utilisant les mots et expressions suivants :
témoins • *volcans* • *activité du globe* • *séismes* • *plaques lithosphériques*.

3 La prévention face au volcan Kilauea

En juin 2014, le Kilauea, localisé sur l'île d'Hawaï, a libéré une coulée de lave qui s'est répandue à une vitesse de 18 m par heure.

a. Cette coulée de lave présentait-elle un danger immédiat pour la population ?

....

b. Dans cette circonstance quelle mesure de prévention aurais-tu proposé ?

....

c. Une telle coulée représente-t-elle une menace pour la population ?

....

4 La prévention des risques : des enjeux multiples

Situe sur une carte le Japon puis, après avoir relu le document clé à gauche, réponds aux questions.

a. À ton avis, l'installation d'une centrale nucléaire à Fukushima était-elle judicieuse ?

....

b. Pour quelle raison a-t-elle été installée ?

....

c. Y avait-il, selon toi, de meilleurs emplacements ?

....

d. En réalité, choisir le lieu d'implantation d'une centrale nucléaire doit prendre en compte de multiples aspects comme les nécessités économiques et la prévention des risques.

Rédige une phrase expliquant ces deux aspects.

....

....

5 CONTRÔLE EXPRESS

Un sismographe est un appareil qui enregistre les vibrations du sol. Les scientifiques en ont installé dans les zones du globe terrestre où les séismes sont fréquents. En cas de séisme, les vibrations ou ondes sismiques qui se propagent dans les roches peuvent être enregistrées à de grandes distances.

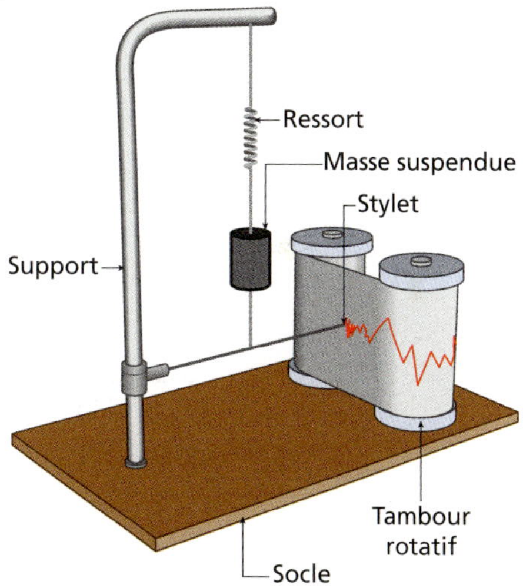

En utilisant les données du texte et le schéma :

a. Écris une définition d'onde sismique.

....

b. Précise si un sismographe peut empêcher un séisme.

....

c. Rédige un court texte présentant l'intérêt d'installer des sismographes.

....

....

....

SVT

Corrigés p. 34 du livret.

2 Des ressources naturelles exploitées par l'Homme

RETENIR

La consommation mondiale d'énergie a augmenté de 40 % entre 1990 et 2008. Cette croissance est amenée à se poursuivre en raison d'une demande toujours plus forte au niveau mondial. Comment y répondre ?

1 / Des sources d'énergie non renouvelables à l'échelle humaine

- Le **pétrole**, le **gaz naturel** et le **charbon** proviennent de la décomposition de débris organiques au cours des temps géologiques. Leur formation est si lente qu'ils ne se renouvellent pas à l'échelle de la vie humaine.
- L'**énergie nucléaire** est considérée comme presque inépuisable, car très peu de matière suffit à fournir beaucoup d'énergie. Elle est produite à partir de matière première (uranium) non renouvelable et inégalement répartie sur la planète. Son exploitation comporte donc des enjeux économiques, politiques et environnementaux importants (voir le document clé du chapitre 1).

2 / Des sources d'énergie renouvelables

- Le **vent**, le **soleil**, l'**eau** (force du courant des fleuves et des mers) sont des sources d'énergie inépuisables à l'échelle planétaire. La mise en œuvre technique pour les utiliser étant chère et de rendement limité, elles ne sont à ce jour que des ressources de complément.
- L'eau est une ressource précieuse à double titre : outre la production d'énergie, elle est également un élément **indispensable à la vie**. Sa préservation est donc essentielle.

MOTS CLÉS

✓ **Source d'énergie :** toute matière ou tout phénomène dont il est possible de tirer de l'énergie.

✓ **Énergie nucléaire :** énergie contenue dans le noyau des atomes, particules qui constituent la matière.

MINI INTERRO

1. Cite les principales sources d'énergie renouvelables.
2. Pourquoi dit-on que le pétrole est une ressource non renouvelable ?

LE DOCUMENT CLÉ

▷ L'usine marémotrice de la Rance

1. **Les installations.** Cette usine marémotrice, construite en 1966, est la première usine au monde à produire de l'électricité en utilisant la force des marées. Elle est installée dans l'estuaire de la Rance, rivière située au nord-est de la Bretagne, près de Saint-Malo.

2. **Le fonctionnement.** Les marées, montante et descendante, provoquent un mouvement de l'eau de mer, qui actionne les turbines. Celles-ci transforment le mouvement en électricité.

3. **La production.** Les 24 turbines produisent annuellement 500 GWh (500 milliards de wattheures) d'électricité, soit environ 3,5 % de la consommation électrique de la Bretagne.

S'ENTRAÎNER

1 Vrai ou faux ?

Coche la case qui convient.

	V	F
a. Le vent est une source d'énergie inépuisable.	❑	❑
b. Le pétrole se forme encore actuellement donc il est inépuisable.	❑	❑
c. La production d'énergie à partir du vent, du soleil ou de l'eau ne coûte rien.	❑	❑
d. L'énergie nucléaire est une ressource considérable à long terme.	❑	❑
e. L'eau ne demande aucun soin particulier pour être utilisée par l'Homme.	❑	❑

2 L'eau, une ressource précieuse

À partir des informations fournies sur la page ci-contre, précise pourquoi on peut dire que l'eau est une ressource doublement précieuse pour l'humanité.

3 Les marées, sources d'énergie

En utilisant le document clé page de gauche, fais une phrase précisant si, à ton avis, l'énergie fournie par les marées peut devenir la principale source d'électricité pour la France.

4 La production d'électricité en France en 2012

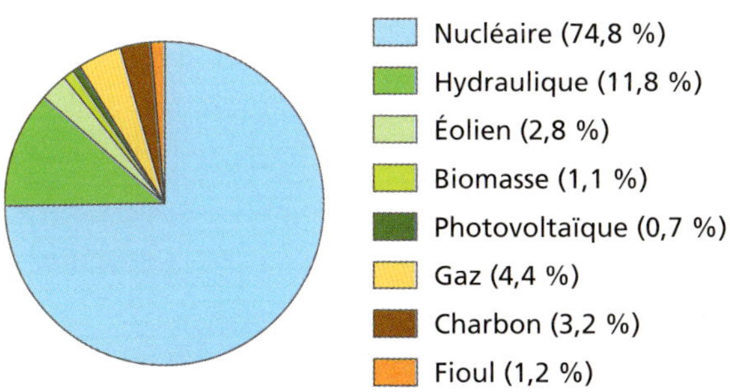

Source : RTE France

a. Recherche la signification des termes suivants : *hydraulique* • *éolien* • *biomasse* • *photovoltaïque*.

b. En utilisant les données du document ci-dessus, classe par ordre croissant les cinq principales sources d'électricité françaises.

c. Précise la part fournie par la source d'électricité la plus importante.

d. La production d'uranium (minerai utilisé dans les centrales nucléaires) est aujourd'hui minime en France. Les principaux fournisseurs d'uranium sont le Kazakhstan, le Gabon, le Niger et le Canada.

Rédige une phrase précisant les avantages et les inconvénients pour la production d'électricité nucléaire par la France.

5 CONTRÔLE EXPRESS

En France, en 2011, la consommation moyenne d'électricité par habitant était de 7 289 kWh (kilowattheures). La population française était d'environ 66 000 000 habitants.
Une éolienne, comme celles que l'on voit dans nos paysages, produit environ 4 000 000 kWh par an.

a. Calcule le nombre d'éoliennes qu'il faudrait installer pour que le vent soit l'unique source d'énergie en France.

b. Écris une phrase précisant dans quelle mesure un tel projet serait actuellement réalisable ou non.

Corrigés p. 34 du livret.

SVT

3 Gérer la planète

RETENIR

L'Homme prélève dans son environnement des ressources en essayant de limiter les conséquences de son action sur le milieu.

1 / Un exemple d'exploitation problématique : la surpêche

- La **surpêche**, prélèvement excessif de certaines espèces maritimes, résulte d'une consommation croissante et touche tous les pays. Il y a un risque de déséquilibre du peuplement du milieu, voire de disparition des espèces.
- La prévention passe par l'instauration de **quotas** et l'ouverture de **fermes aquacoles**.

2 / Des actions qui marquent l'environnement

- En France, l'**exploitation du charbon** a profondément modifié le paysage de certaines régions (terrils du Nord – Pas-de-Calais, mines à ciel ouvert en Aveyron). Depuis la fermeture des mines, les aménagements paysagers visent à tirer le meilleur parti de ces modifications du paysage.
- Les **centrales électriques** utilisent de l'eau pour refroidir leurs installations. Le peuplement animal et végétal est affecté par le réchauffement des eaux avoisinantes. Des dispositifs complexes sont ainsi mis en place pour le limiter.

3 / Réhabilitation de sites industriels

- Au terme de l'exploitation industrielle d'une ressource (épuisement des réserves, perte de rentabilité), la loi française oblige à **réhabiliter le site**.
- Celui-ci ne doit pas être abandonné en l'état, mais **dépollué** et **réaménagé**, en accord avec les autorités territoriales (région, département, communes).

MOTS CLÉS

✓ **Quota de pêche :** quantité maximale autorisée par un gouvernement pour la pêche d'une espèce donnée.

✓ **Ferme aquacole :** entreprise de reproduction et d'élevage de certaines espèces de poissons, mollusques ou crustacés, pour une production optimale.

MINI INTERRO

1. Donne une action positive et une action négative de l'Homme sur l'environnement.
2. Cite deux ressources prélevées par l'Homme dans l'environnement et précise leur usage.

LE DOCUMENT CLÉ

▷ La retenue d'eau de Serre-Ponçon (Hautes-Alpes)

1. **Décrire.** La retenue a été aménagée pour alimenter une centrale hydroélectrique (qui produit de l'électricité à partir de l'énergie liée à la chute d'eau).
2. **Expliquer.** Les forêts la bordant ont été surexploitées au XIXe siècle et n'ont pas été reboisées. L'eau ruisselle alors sur les pentes et entraîne le sol, dont les particules s'accumulent au fond de la retenue d'eau au rythme de 3 millions de m^3 par an.
3. **Conclure.** La retenue d'eau tend à se combler progressivement, et la durée de son exploitation doit être revue à la baisse.

S'ENTRAÎNER

1 Vrai ou faux ?

Coche la case qui convient.

	V	F
a. Les océans constituent une ressource inépuisable pour l'alimentation humaine.	❑	❑
b. Il est possible d'élever certains poissons comme on élève les vaches.	❑	❑
c. Quand une usine ferme, le site est abandonné.	❑	❑
d. L'eau rejetée par certaines usines peut modifier le peuplement de la mer ou des rivières.	❑	❑
e. L'État peut s'opposer à la pêche d'une espèce dont la population est menacée.	❑	❑

2 Préservation d'un site

a. À partir du document clé page de gauche, propose un aménagement qui aurait pu être mis en place pour empêcher le comblement de la retenue d'eau.

....

....

b. Précise l'intérêt qu'une telle disposition aurait eu pour l'industriel d'une part, et pour la population locale d'autre part.

....

....

3 Les eaux de ruissellement

Autrefois, en zone urbaine, rues et trottoirs étaient revêtus de pavés d'environ 15 à 20 cm de côté. Les espaces libres entre les pavés étaient comblés par du sable ou de la terre.

Ce revêtement, particulièrement inconfortable car très inégal, est aujourd'hui presque partout remplacé par un « enrobé », lisse et imperméable. On constate une nette augmentation des inondations de caves en cas de fortes pluies.

Écris un court texte mettant en relation ces informations.

....

....

....

4 La surpêche en chiffres

1 siècle de surpêche

Combien de poissons reste-t-il par rapport à 1910 ?

Années	Poissons prédateurs (thon…)
1920	– 2 %
1940	– 6 %
1960	– 10 %
1980	– 41 %
2000	– 71 %

2050
Si la surpêche ne ralentit pas, les océans seront vides de poissons à cette date.

1/10
Les navires chinois ne déclarent que 10 % de leurs prises hors de leurs eaux territoriales.

154 000 000 de tonnes
L'aquaculture a produit 154 Mt de poisson en 2011.

Source : consoGlobe.com

Sur le document ci-dessus, la colonne de gauche présente les années et celle de droite indique la diminution des poissons prédateurs.

a. Par rapport à l'année de référence (1910) donne le pourcentage de diminution de la population des poissons prédateurs en 1960 et en 2000.

b. Si rien n'est fait, précise ce qu'il risque de se produire en 2050.

c. Relève dans ce document un exemple d'attitude irresponsable.

d. Propose une solution pour préserver la population des poissons pêchés pour l'alimentation humaine.

5 CONTRÔLE EXPRESS

Les oyats sont des plantes herbacées qui ne peuvent pousser que sur le sable. Elles se caractérisent par la présence de très longues racines (plusieurs mètres) qui leur permettent de puiser l'eau en profondeur et de rester ancrées dans le sol. Sur certaines dunes très exposées au vent, l'Homme plante des oyats.

Propose une explication à ce choix.

Une dune plantée d'oyats.

SVT

Corrigés p. 35 du livret.

4 Le transport de matière dans un organisme animal

RETENIR

1 / Les besoins des organismes

- **Besoin en dioxygène.** Pour assurer sa survie et son fonctionnement, un organisme consomme du dioxygène, gaz contenu dans l'air (organismes terrestres) comme dans l'eau (organismes aquatiques).

- **Besoin en nutriments.** Les glucides, lipides et protides sont apportés par l'alimentation au niveau de l'appareil digestif. Ils sont utilisés par tous les organes. Privé de nourriture, un organisme maigrit et s'affaiblit.

2 / La circulation de matière dans l'organisme

- Le **sang** circule dans un réseau de **vaisseaux** qui relient tous les organes. Il assure ainsi la circulation de matière au sein de l'organisme.

- Une pompe, le **cœur**, permet la mise en mouvement du sang dans les vaisseaux.

3 / Des besoins constants, des prises de nourriture ponctuelles

- Le fonctionnement des organes nécessite des **apports constants en nutriments**. Cependant, la prise de nourriture est variable selon les moments de la journée, les saisons ou les périodes de la vie.

- Des organes (le foie) et les cellules graisseuses de certains tissus assurent la **mise en réserve** des nutriments en excès et leur remise en circulation à mesure des besoins.

- **Conclusion** : tous les organes sont reliés entre eux et concourent ensemble au fonctionnement harmonieux de l'organisme.

MOTS CLÉS

✓ **Circulation de matière :** les lieux d'apport de la matière et de son utilisation sont différents, la matière doit donc circuler dans l'organisme.

✓ **Vaisseaux sanguins :** réseau de « tubes » qui assure la circulation de matière et la communication entre tous les organes grâce au sang.

MINI INTERRO

1. Cite les deux principaux besoins de tout organisme pour assurer sa survie et son fonctionnement.
2. Explique la façon dont les nutriments parviennent aux organes pour leur bon fonctionnement.

LE DOCUMENT CLÉ

▷ Une question d'équilibre

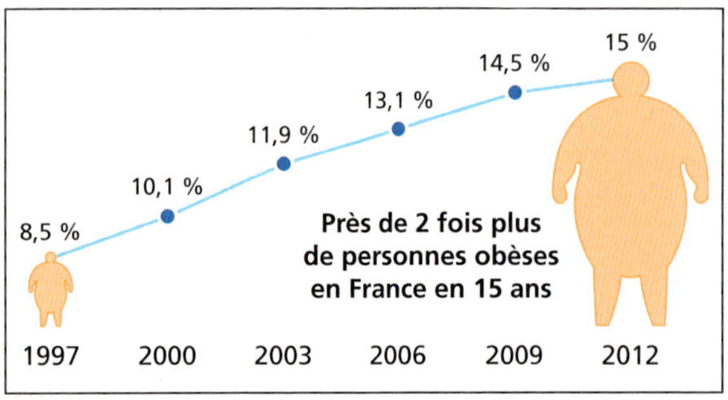

1. **Expliquer.** En France, l'obésité a augmenté de 8,5 à 15 % de la population entre 1997 et 2012. L'obésité est due à une prise de nourriture excessive par rapport aux besoins de l'organisme. L'accumulation des nutriments dans les tissus graisseux est responsable d'un mauvais fonctionnement des organes, et peut entraîner des maladies graves.

2. **Conclure.** La prévention de l'obésité est un problème de santé publique. C'est pourquoi il est recommandé d'avoir une alimentation équilibrée et d'adapter sa prise de nourriture à ses besoins.

S'ENTRAÎNER

1 Vrai ou faux ?

Coche la case qui convient.

	V	F
a. Les muscles ont besoin de nutriments et de dioxygène.	❑	❑
b. D'autres organes, comme les yeux par exemple, n'en ont pas besoin.	❑	❑
c. Ce sont nos mouvements qui font circuler la matière dans l'organisme.	❑	❑
d. Les vaisseaux sanguins sont comparables à des tubes.	❑	❑
e. Quelqu'un qui fait la grève de la faim (refuse de s'alimenter) maigrit forcément.	❑	❑

2 Les organes consommateurs de matière

a. Complète le texte suivant.

Tous les organes sont consommateurs de .... et de .... Ces substances leur sont apportées via un réseau de .... qui relie tous les .... entre eux. Le cœur est comparable à une .... qui assure cette ....

b. En utilisant le rouge pour le dioxygène et le vert pour les nutriments, trace des flèches montrant l'envoi de ces substances aux organes qui les utilisent.

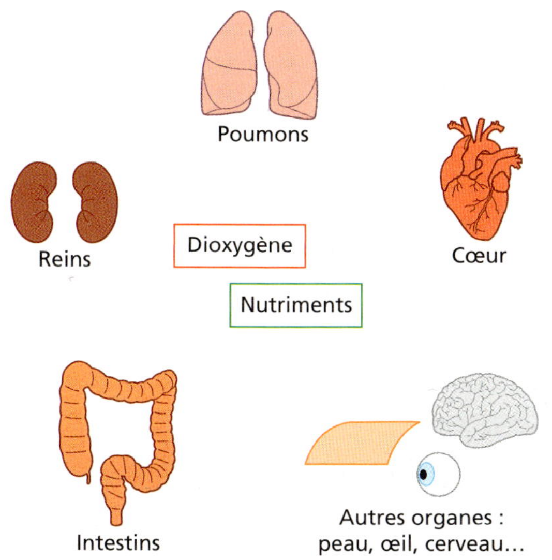

3 Quand la circulation de matière n'est plus assurée

Certaines maladies peuvent entraîner la formation de bouchons qui obstruent des vaisseaux.

Quelle peut être la conséquence pour l'organe relié à un vaisseau bouché ?

....

....

....

4 Le stockage de matière

Le « foie gras », comme son nom l'indique, est un foie (généralement d'oie ou de canard), que l'on a forcé à s'enrichir en matière grasse et à grossir. Ce produit alimentaire, généralement consommé pendant les fêtes, est très apprécié par certains, tandis que d'autres le refusent en raison du mauvais traitement que sa production fait subir à l'animal.

Documente-toi et écris quelques lignes expliquant la production du foie gras.

....

....

....

5 CONTRÔLE EXPRESS

À l'aide des informations de la page précédente, complète le schéma fonctionnel ci-après.

Une flèche rouge symbolisera le passage du dioxygène, une flèche verte celui des glucides, une flèche jaune celui des protides.

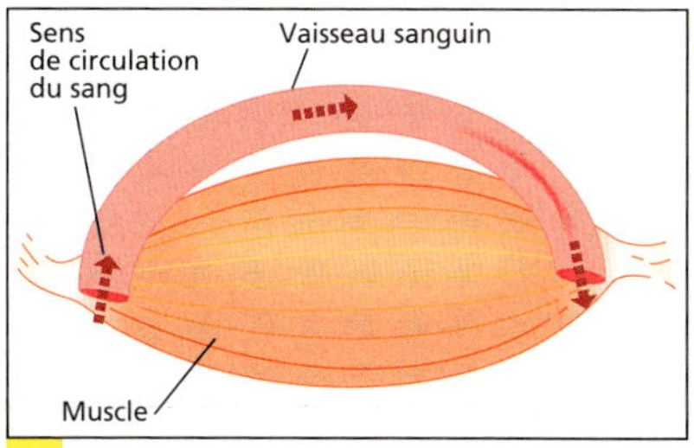

Les apports de substances à un organe : un muscle.

Corrigés p. 35 du livret.

5 Le transport de matière dans une plante chlorophyllienne

RETENIR

Les végétaux sont des organismes vivants. Comme pour les animaux, chacun de leurs organes a besoin de matière nutritive.

1 / Le prélèvement de matière par la plante

- Une plante a **besoin d'eau** qu'elle puise dans le sol par ses racines, au niveau des minuscules poils absorbants qui les couvrent en partie. L'eau contient des **sels minéraux**, composés chimiques présents dans le sol.
- Les végétaux verts (chlorophylliens) produisent de la matière organique à partir du **dioxyde de carbone** de l'air. Ceci se fait surtout dans les feuilles, grâce à la **chlorophylle** (couleur verte) qu'elles contiennent et à la **lumière** du soleil.

2 / La circulation de matière dans la plante

- En froissant une feuille entre les doigts ou en cassant une tige, on voit que l'intérieur est humide : l'**eau** puisée par les racines circule dans la plante.
- Les **nervures** des tiges et des feuilles sont les traces des **vaisseaux** conducteurs de sève. La **sève brute** est constituée d'eau et de sels minéraux. En recevant la matière organique fabriquée par le végétal, elle devient la **sève élaborée**, qui est redistribuée à tous les organes de la plante.

3 / Le devenir de la matière dans la plante

- Une partie de la matière minérale (eau et sels minéraux) et organique est utilisée par le végétal pour la **constitution de ses organes**.
- Le reste est stocké dans des organes particuliers tels que les **tubercules** (pommes de terre), les **bulbes** (oignons), etc.

MOTS CLÉS

✓ **Chlorophylle :** substance contenue dans les végétaux verts, qui leur permet de fabriquer la matière organique à partir de matière minérale.

✓ **Vaisseaux conducteurs de sève :** tubes qui parcourent toute la plante. La sève y circule et est ainsi distribuée à tous les organes.

MINI INTERRO

1. Où et comment une plante puise-t-elle principalement l'eau et les sels minéraux ?
2. Que devient la matière organique produite par un végétal chlorophyllien ?

LA MÉTHODE

▷ Montrer le rôle des poils absorbants

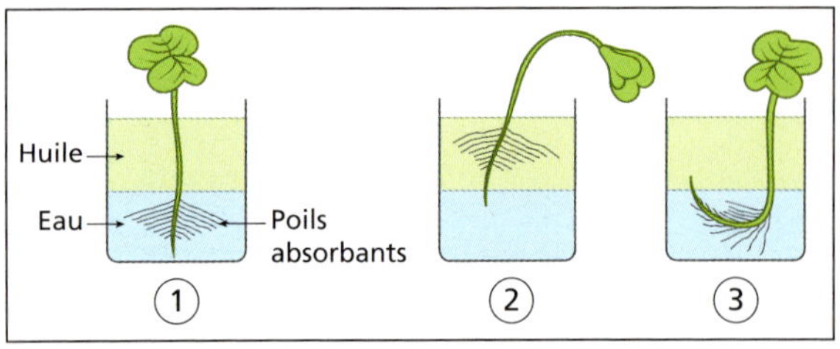

1. **Observer.** Dans le récipient 1, la racine baigne entièrement dans l'eau. La plante est épanouie. C'est l'expérience témoin : la racine est dans des conditions naturelles.
Dans le récipient 2, les poils absorbants trempent dans la couche d'huile. La plante fane.
Dans le récipient 3, seule la partie de la racine portant les poils absorbants est dans l'eau. La plante est épanouie.

2. **Conclure.** L'absorption de l'eau par la racine se fait au niveau des poils absorbants.

S'ENTRAÎNER

1 Quiz

Coche la ou les bonnes réponses.

a. Les racines :
- ❑ portent des poils absorbants.
- ❑ participent à l'alimentation de la plante.

b. Le stockage de matière par la plante :
- ❑ l'empêche de trop grossir.
- ❑ se fait au niveau d'organes particuliers.

2 Circulation de matière

Complète le texte suivant.

Un végétal chlorophyllien puise l'........ et les .... du sol par les .... absorbants des .... Cet ensemble forme la sève .... qui circule dans toute la plante par des vaisseaux ....
Dans les ...., grâce à la chlorophylle et à la lumière du soleil, le végétal utilise le .... de l'air pour produire de la matière .... Celle-ci circule dans toute la plante par les vaisseaux conducteurs de sève sous forme de sève .... Une partie peut être .... dans des organes particuliers.

3 L'excès d'eau dans une plante

L'arrosage d'une plante doit être régulièrement renouvelé. La quantité d'eau mise à disposition du végétal est bien supérieure à la quantité d'eau contenue dans la plante. On réalise cette expérience pour déterminer ce que devient l'eau en excès.

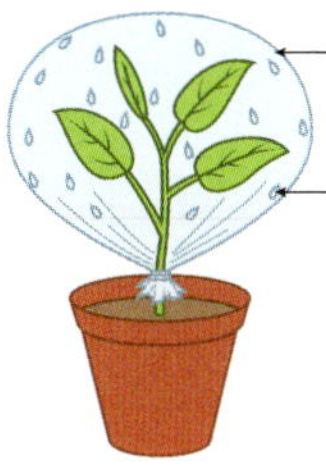

a. Décris en quelques lignes ce que montre ce document.

b. Précise le nom des organes au niveau desquels se fait le rejet d'eau.

c. Par comparaison avec l'Homme, quel nom donnerais-tu à ce phénomène de rejet d'eau à la surface de l'organisme ?

d. Utilise ta réponse à la question précédente pour donner un titre au document présenté.

4 La croissance d'un arbre

Lis ce texte et réponds aux questions.

Au XVIIe siècle, un biologiste plante un saule (arbre), dont la masse est de 2,3 kg, dans un pot contenant 90,99 kg de terre. Il arrose régulièrement la terre avec de l'eau sans sels minéraux. Au bout de cinq ans, il déplante l'arbre. Sa masse est alors de 76,8 kg, tandis que la masse de terre dans le pot est de 90,84 kg.

a. À l'aide du texte, complète ce tableau en indiquant la masse de terre et celle de l'arbre au moment de la plantation et cinq ans plus tard.

	Masse de terre	Masse de l'arbre
Au moment de la plantation		
Cinq ans plus tard		

b. Explique en quelques lignes les résultats obtenus dans cette expérience.

5 CONTRÔLE EXPRESS

a. Complète le schéma ci-dessous avec les éléments suivants : *Dioxyde de carbone* • *Production de matière organique* • *Circulation de sève brute* • *Poil absorbant* • *Stockage de matière* • *Absorption d'eau et de sels minéraux* • *Circulation de sève élaborée*.

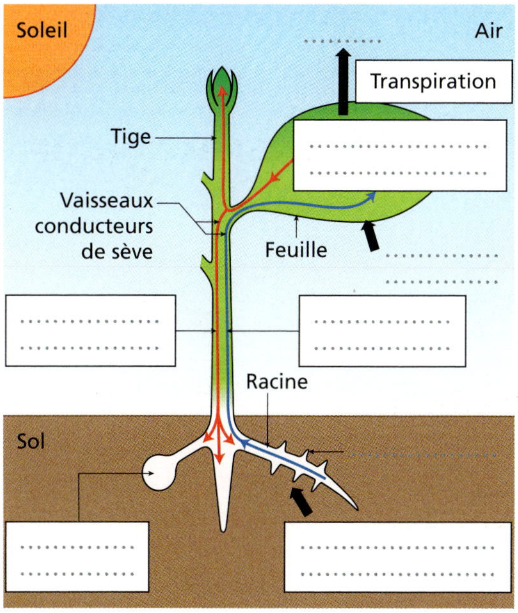

b. Donne un titre à ce schéma.

Corrigés p. 35 du livret.

SVT

6 Reproductions sexuée et asexuée : le peuplement des milieux

RETENIR

1 / Le peuplement des milieux par certains animaux

- Chez de nombreux animaux aquatiques, les cellules reproductrices ou **gamètes** sont libérées dans le milieu. Un nouvel individu naîtra de leur union, ou **fécondation**, très loin des parents.
- Chez d'autres comme la grenouille, ce sont les **œufs**, issus de la fécondation, qui se dispersent dans le milieu.
- Les papillons **adultes** parcourent de grandes distances à la recherche d'un partenaire pour la reproduction.

2 / Le peuplement des milieux par les végétaux

- Les **fruits** et les **graines** issus de la **reproduction sexuée** des plantes à fleurs peuvent être emportés par le vent, l'eau, les animaux. Dans des conditions favorables, les graines germent et un nouvel individu se développe loin de la plante d'origine.
- Chez certains végétaux, outre la reproduction sexuée, des mécanismes de **reproduction asexuée**, ou **multiplication végétative**, contribuent au peuplement du milieu. Ainsi, chez les plantes sans fleurs (mousses, fougères, algues), des cellules particulières, les **spores**, sont libérées dans le milieu et transportées avant de donner un nouvel individu. Chez d'autres végétaux comme le fraisier, c'est une **partie d'organe** (tige, feuille) qui peut se séparer du pied d'origine et se développer en un nouvel individu complet : la plante colonise alors le territoire voisin.

MOTS CLÉS

✓ **Reproduction sexuée** : mode de reproduction de la plupart des êtres vivants, faisant intervenir des cellules reproductrices, ou gamètes, mâle et femelle.

✓ **Reproduction asexuée ou multiplication végétative** : mode de reproduction ne faisant pas intervenir les gamètes.

LE DOCUMENT CLÉ

▷ Reproduction sexuée et peuplement du milieu par des moules

■ La reproduction des moules.

1. **Observer.** Les moules sont des invertébrés marins vivant fixés sur des rochers. Les gamètes mâles et femelles sont libérés dans l'eau, où a lieu la fécondation puis le développement en larves. Au hasard des courants marins, certaines de ces larves se déposeront sur un rocher et se transformeront en adulte.

2. **Conclure.** La dispersion des gamètes, des œufs et des larves permet aux moules, animaux fixés, de coloniser de nouveaux milieux.

MINI INTERRO

1. Donne le nom du principal élément qui permet aux plantes à fleurs de peupler un nouveau milieu.
2. Chez les animaux, précise si ce sont les adultes, les gamètes, les œufs, ou ces trois formes, qui peuvent, selon les espèces, contribuer au peuplement du milieu.

S'ENTRAÎNER

1 Vrai ou faux ?

Coche la case qui convient.

	V	F
a. La reproduction sexuée existe chez les animaux et chez les végétaux.	❑	❑
b. Seuls des individus adultes peuvent se déplacer pour peupler un nouveau milieu.	❑	❑
c. Une rivière peut transporter des graines sur des kilomètres.	❑	❑
d. Incapable de se déplacer, un arbre ne peut produire de nouveaux individus que dans son environnement immédiat.	❑	❑
e. En butinant de fleur en fleur, les abeilles peuvent transporter les gamètes des plantes et favoriser ainsi leur reproduction.	❑	❑

2 Reproduction et peuplement du milieu par une fougère

a. En observant le document ci-dessous donne le nom de l'élément qui participe essentiellement au peuplement de nouveaux milieux par la fougère.

....

....

b. S'agit-il de reproduction sexuée ou asexuée ? Justifie ta réponse.

....

....

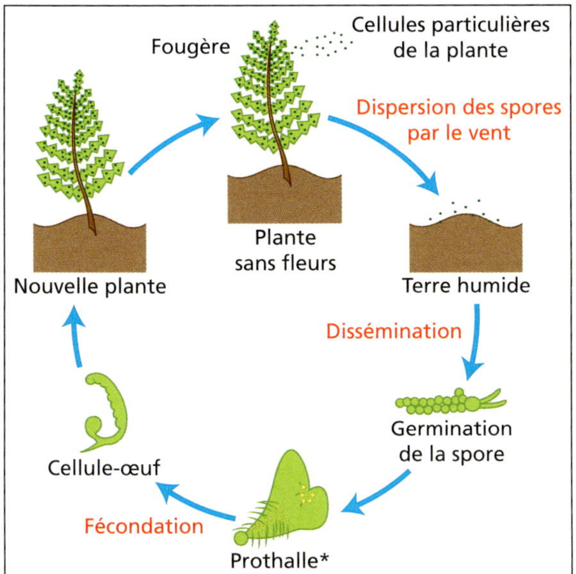

* Étape issue de la germination et portant les gamètes.

Dépôt de spores sur un milieu favorable, germination et naissance d'une nouvelle plante.

3 Un cerisier à la conquête de nouveaux milieux

Lis le texte ci-dessous puis réponds aux questions en justifiant tes réponses.

Les grives sont des oiseaux très friands des cerises. Elles en consomment de grandes quantités, qu'elles avalent en entier. Mais le noyau (la graine) n'est pas digéré, il est rejeté dans les excréments parfois très loin, au hasard des déplacements de l'oiseau.

a. Le noyau de cerise rejeté par la grive pourra-t-il donner naissance à un cerisier ?

....

b. Cela fonctionnera-t-il à chaque fois ?

....

c. Quel est le rôle de la grive dans le peuplement du milieu par le cerisier ?

....

4 Le peuplement du milieu par des moules

En observant le document clé page de gauche, explique pourquoi la plupart des gamètes produits ne donneront jamais des moules adultes.

....

....

....

5 CONTRÔLE EXPRESS

Lis ce texte, puis décris en une phrase le rôle des tiges aériennes pour la plante.

Le peuplement d'un jardin par le trèfle

Dans un jardin dont la pelouse a été négligée d'année en année, le trèfle prend une place envahissante. En observant de plus près, on remarque que les différents pieds de trèfle sont reliés par des tiges aériennes qui courent sur le sol.

....

....

Corrigés p. 36 du livret.

7 La parenté des êtres vivants

RETENIR

1 / L'évolution et la diversification des espèces

- Les êtres vivants, animaux et végétaux, qui ont peuplé autrefois la Terre ont laissé des traces, ou **fossiles**, dans certaines roches.
- Leur étude, la **paléontologie**, suggère que de l'apparition de la vie sur Terre (il y a environ 3,5 milliards d'années) à nos jours, il n'y a pas eu création d'espèces nouvelles, mais **transformation progressive** à partir d'un **ancêtre commun** à tous les êtres vivants.
- Les espèces nouvelles côtoient celles dont elles proviennent, qui **se maintiennent** (fougères) ou **disparaissent** (dinosaures).

2 / Des repères dans l'histoire de la vie

- Les **premières traces de vie** en milieu terrestre sont des végétaux datés de – 500 millions d'années.
- Les **premiers animaux** trouvés sur la terre ferme datent de – 410 millions d'années.
- L'**Homme primitif** daterait de – 2,8 millions d'années. Il est difficile de préciser à quel moment les différences deviennent suffisamment importantes pour qu'on parle d'espèce nouvelle.

3 / La cellule, unité de constitution des êtres vivants

- L'étude de l'évolution des espèces suggère que la vie est **apparue dans l'eau**.
- Les premiers êtres vivants étaient constitués d'une seule cellule. Il en est de même pour les êtres vivants actuels les plus simples : les **bactéries**. L'Homme, lui, est constitué de plusieurs milliards de cellules.
- Ainsi, la cellule est l'**unité de constitution** des êtres vivants.

MOTS CLÉS

✓ **Évolution :** transformation des animaux et végétaux, au cours de l'histoire de la Terre, donnant de nouvelles espèces. Les bases de la théorie de l'évolution ont été formulées par Darwin au XIXe siècle.

✓ **Diversification des espèces :** Elle résulte de l'évolution, certaines des nouvelles espèces qui se forment se maintenant à côté des précédentes.

MINI INTERRO

1. Cite l'élément de constitution commun à tous les êtres vivants.
2. Donne le nom du mécanisme permettant l'apparition de nouvelles espèces.

LE DOCUMENT CLÉ

▷ L'Archéoptéryx, un témoin de l'évolution

1. **Observer.** L'Archéoptéryx est un fossile célèbre car :
– des oiseaux, il possédait les ailes fonctionnelles et les plumes ;
– des reptiles, il avait les griffes à l'extrémité des membres antérieurs et une longue queue vertébrée.

2. **Conclure.** Présentant des caractères qui permettent de le classer à la frontière entre les reptiles et les oiseaux, l'Archéoptéryx est un exemple qui appuie la théorie de l'évolution, selon laquelle les espèces dérivent les unes des autres.

S'ENTRAÎNER

1 Vrai ou faux ?

Coche la case qui convient.

	V	F
a. L'étude des fossiles renseigne sur l'histoire de la vie.	❑	❑
b. Les premiers êtres vivants ne comportaient qu'une seule cellule.	❑	❑
c. Des êtres vivants nombreux et variés peuplaient la Terre avant l'Homme.	❑	❑
d. Les reptiles ont pu donner naissance aux oiseaux.	❑	❑
e. Toutes les espèces qui se sont formées au cours de l'histoire de la Terre existent toujours aujourd'hui.	❑	❑

2 L'histoire de la vie sur Terre

a. À l'aide de la frise chronologique de l'exercice 5, réécris les êtres vivants suivants dans l'ordre de leur apparition :
Dinosaure • *Homme* • *Bactérie* • *Plante à fleurs*.

b. Précise dans quel milieu, terrestre ou aquatique, est apparue la vie.

c. Donne le nom du mécanisme qui a conduit des bactéries à l'Homme.

3 Définir une nouvelle espèce

À partir des informations de la page précédente, écris une phrase expliquant pourquoi il est difficile de dater précisément la formation d'une nouvelle espèce.

....

....

....

4 L'étude d'une espèce fossile

a. À l'aide du document clé page de gauche et de la frise chronologique de l'exercice 5, propose une date d'apparition de l'Archéoptéryx.

b. Écris une phrase montrant comment procèdent les scientifiques pour déterminer à quel groupe animal appartient un fossile.

SVT

5 CONTRÔLE EXPRESS

Une frise chronologique de la vie sur Terre. *Source* : Wikipédia, « Histoire évolutive du vivant ».

En utilisant les données de la frise chronologique ci-dessus :

a. Donne une date approximative d'apparition de la vie en milieu terrestre.

b. Situe de même l'apparition des plantes à fleurs.

c. Précise si les mammifères peuvent être à l'origine des reptiles.

Corrigés p. 36 du livret.

8 Activité et fonctionnement de l'organisme

RETENIR

MOTS CLÉS

✔ **Rythme respiratoire** : nombre de respirations par minute.

✔ **Rythme cardiaque** : nombre de battements du cœur par minute.

1 / Relation entre activité et fonctionnement de l'organisme

- Une augmentation de l'activité physique entraîne l'**accélération des rythmes respiratoire** (on respire plus vite) et **cardiaque** (le cœur bat plus vite).
- La **température** du corps croît.

2 / Relation entre activité et échanges au sein de l'organisme

- On réalise une prise de sang dans un **vaisseau sanguin d'un muscle** en activité puis au repos :

Dans 100 mL de sang	Volume de dioxygène	Volume de dioxyde de carbone
arrivant au muscle en activité	19,5 mL	50,2 mL
quittant le muscle en activité	11,8 mL	58,1 mL
arrivant au muscle au repos	19,5 mL	50,2 mL
quittant le muscle au repos	14,5 mL	53 mL

- On analyse aussi les **substances nutritives** lors de l'activité du muscle :

Nutriments	Sang arrivant au muscle (mg/L)	Sang quittant le muscle (mg/L)
Glucides	1 000	650 à 720
Lipides	4 000 à 6 000	4 000 à 6 000
Protides	450	225

- Les organes réalisent des échanges avec le sang. Ils y prélèvent des nutriments et du dioxygène, et y rejettent du dioxyde de carbone. **L'importance de ces échanges varie avec l'activité.**

3 / Aux limites des capacités de l'organisme

- Lors d'un **effort prolongé**, on constate une fatigue musculaire, accompagnée d'une diminution de l'attention. La perte d'efficacité de l'organisme est liée à l'**épuisement des ressources** nutritives nécessaires à l'activité.

LA MÉTHODE

▷ Montrer la relation entre activité et fonctionnement de l'organisme

1. **Mesurer.** On mesure le rythme respiratoire et le rythme cardiaque au repos, après une course rapide, puis après un temps de récupération.

Rythme respiratoire (en nombre de respirations par minute)		
Au repos : 22	Après une course rapide : 40	Après une récupération de 10 min : 24
Rythme cardiaque (en nombre de battements du cœur par minute)		
Au repos : 80	Après une course rapide : 150	Après une récupération de 10 min : 85

2. **Conclure.** Ces rythmes varient dans le même sens que l'activité de l'organisme. Ils assurent l'apport nécessaire de dioxygène et de nutriments.

MINI INTERRO

1. Complète la phrase suivante par un verbe : « Au cours de l'activité, la consommation de nutriments et de dioxygène par un organe .... ».

2. Établis la liste des substances échangées entre les organes et le sang.

S'ENTRAÎNER

1 Vrai ou faux ?

Coche la case qui convient.

	V	F
a. Lors d'une activité physique, l'augmentation du rythme respiratoire permet d'apporter plus de dioxygène dans les poumons, car ils en sont gros consommateurs.	❑	❑
b. Lors d'une activité physique intense, le cœur ralentit.	❑	❑
c. Lorsque son activité augmente, un organe consomme davantage de dioxygène et de nutriments.	❑	❑
d. La consommation de dioxygène et de nutriments, et le rejet de dioxyde de carbone sont des grandeurs mesurables.	❑	❑

2 Mesure de l'activité physique

En laboratoire, on mesure l'activité de l'organisme : une personne pédale sur un vélo. Différents capteurs la relient à un ordinateur. Sur l'écran, des courbes apparaissent et témoignent des modifications d'activité de certains organes.

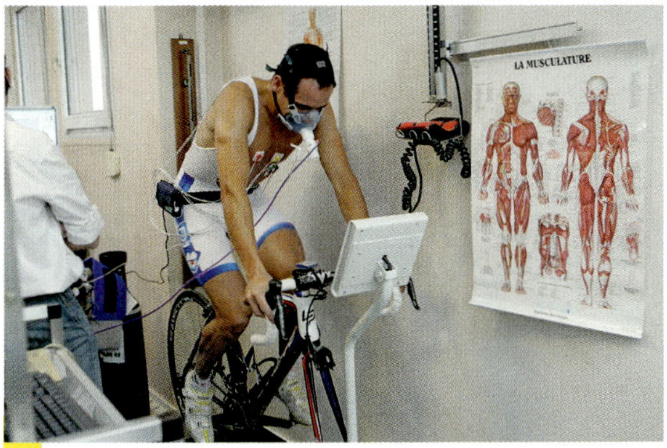

Au laboratoire, mesure de l'activité de l'organisme.

a. En observant la photo, précise ce que l'on mesure grâce au masque qui couvre le nez et la bouche de la personne.

....

....

b. De même, que mesure-t-on par les capteurs disposés sur sa poitrine ?

....

....

3 L'alimentation des sportifs

Les sportifs consomment de grandes quantités de nourriture. Malgré cela, ils ne grossissent pas, leur poids reste stable.

Explique en une phrase ce phénomène.

....

....

4 Circulation du sang dans les organes

On mesure le débit sanguin dans différents organes, au repos et au cours d'un exercice intense. Les résultats sont exprimés en millilitres par minute.

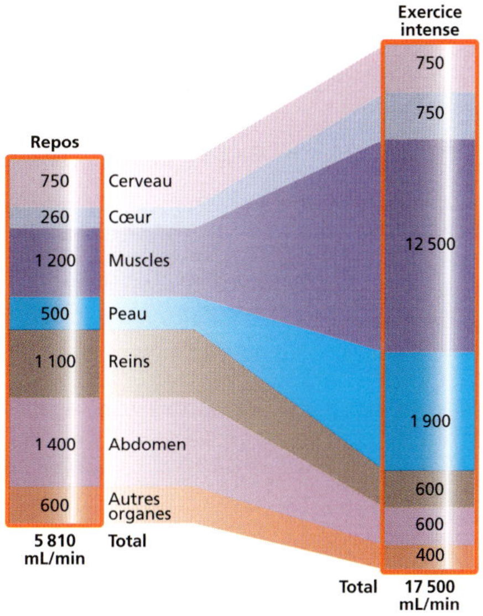

a. Place dans un tableau les organes dans lesquels le débit sanguin augmente à l'occasion d'un effort intense et ceux pour lesquels il diminue.

b. Cite les organes pour lesquels le débit sanguin augmente le plus.

c. Explique ce fait.

5 CONTRÔLE EXPRESS

En utilisant les trois tableaux de la page de gauche, écris une phrase mettant en relation l'activité et le fonctionnement de l'organisme, à l'aide des mots et expressions suivants :

rythme cardiaque • dioxygène • rythme respiratoire • nutriments • dioxyde de carbone.

SVT

Corrigés p. 36 du livret.

9 Les besoins nutritionnels

RETENIR

Les nutriments utilisés par les organes (voir le chapitre 4) proviennent de la **digestion** des aliments dans le tube digestif.

MOTS CLÉS

✓ **Digestion :** transformation mécanique et chimique des aliments en nutriments dans le tube digestif, sous l'action d'enzymes.

✓ **Absorption :** passage des nutriments du tube digestif dans le sang.

1 / Des aliments aux nutriments

- Dans la bouche, les aliments sont coupés, écrasés par les dents : la digestion commence par une **transformation mécanique** des aliments. La langue les mélange à la salive, l'ensemble forme une bouillie finalement avalée : c'est la déglutition.
- Les enzymes produites par l'estomac et l'intestin grêle transforment les aliments en particules microscopiques, les nutriments : c'est une **transformation chimique**.
- Les nutriments passent ensuite **dans le sang au niveau de l'intestin grêle**. Sa surface très vascularisée (parcourue de très nombreux vaisseaux sanguins) favorise l'absorption.
- Un ensemble de micro-organismes, la **flore intestinale**, participe à la digestion des aliments.

MINI INTERRO

1. Donne le nom des substances responsables de la transformation des aliments dans le tube digestif.
2. Donne la définition de « nutriments ».

2 / Les nutriments dans l'organisme

- L'énergie nécessaire au fonctionnement des organes est libérée au cours de réactions chimiques entre le dioxygène apporté par la respiration, et des nutriments : les **glucides** (sucres et féculents) et les **lipides** (corps gras).
- Les **protides**, nutriments bâtisseurs, participent à la construction de l'organisme.
- L'**eau** et les **sels minéraux** qui y sont dissous sont utilisables par l'organisme sans transformation.

LE DOCUMENT CLÉ

▷ Une expérience historique

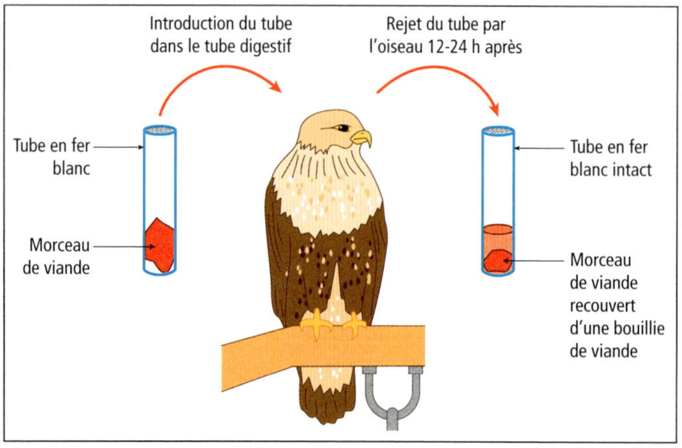

1. **Expliquer.** En 1752, Réaumur fait avaler à une buse (oiseau rapace) un petit tube métallique grillagé aux deux bouts, et contenant un morceau de viande. Vingt-quatre heures plus tard, le tube est vomi par l'animal. Le tube a gardé sa forme, aucune trace de frottement n'est visible à sa surface. Le morceau de viande qui était à l'intérieur s'est transformé en une bouillie blanchâtre.

2. **Conclure.** Le morceau de viande, contenu dans le tube, a été transformé, sans action mécanique mais par une action chimique au niveau du tube digestif.

S'ENTRAÎNER

1 Vrai ou faux ?

Coche la case qui convient.

	V	F
a. La digestion commence dans la bouche.	❑	❑
b. La digestion est mécanique et chimique.	❑	❑
c. Les enzymes qui interviennent dans la digestion sont fournies par l'alimentation.	❑	❑
d. L'eau est un aliment dont la digestion donne de l'énergie à l'organisme.	❑	❑
e. Des micro-organismes (microbes) participent à la digestion.	❑	❑

2 Une expérience de digestion

À l'aide des informations fournies par le document clé page de gauche :

a. Précise le nom des substances responsables de la transformation de la viande.

....

b. Afin de compléter l'expérience de Réaumur, on fait avaler à la buse une petite éponge, que l'on récupère pour en extraire le liquide contenu dans son estomac. On y place un morceau de viande, comme le montre le schéma ci-dessous.

Dessine le récipient et son contenu une dizaine d'heures plus tard.

Début d'expérience

c. Explique ce résultat.

....

....

3 Une bonne habitude à prendre

Les parents conseillent souvent à leurs enfants de prendre le temps de bien mâcher la nourriture. **Explique l'importance de ce conseil pour une bonne digestion.**

....

....

....

4 Rôle de l'intestin grêle

Certaines personnes doivent subir une intervention chirurgicale au cours de laquelle on leur enlève une grande partie de l'intestin grêle. Elles peuvent alors mener une vie presque normale, à condition de compléter leur repas par des comprimés composés uniquement de nutriments.

Propose une explication.

....

....

....

....

5 CONTRÔLE EXPRESS

Observe le schéma ci-dessous et complète-le selon les consignes.

a. Indique sur le schéma, par des flèches de couleur, le trajet des aliments dans le tube digestif.

b. Précise le lieu des transformations mécaniques (écrasement) et celui des transformations chimiques (réduction en nutriments).

....

....

....

....

c. Indique par des flèches d'une autre couleur le lieu de passage des nutriments dans le sang.

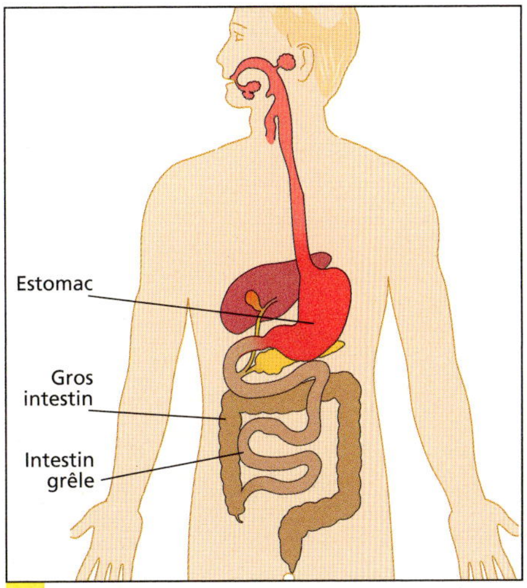

L'appareil digestif.

Corrigés p. 36 du livret.

10 Les principaux mécanismes de la reproduction humaine

RETENIR

1 / Transmettre la vie

- La **puberté** s'accompagne de transformations physiques et psychologiques.
- Les **testicules** du garçon produisent en continu des **spermatozoïdes**, petits, nombreux, mobiles, dans un liquide, le sperme, émis par le pénis.
- Les **ovaires** de la fille libèrent un **ovule** de façon cyclique. À chaque cycle, l'utérus se prépare à une grossesse éventuelle. Si celle-ci n'a pas lieu, la paroi de l'utérus se dégrade : ce sont les règles.

MOTS CLÉS

✔ **Gamète :** cellule reproductrice mâle (spermatozoïde) ou femelle (ovule).

✔ **Fécondation :** union d'un gamète mâle et d'un gamète femelle, donnant une cellule-œuf.

2 / Rencontre des gamètes et développement de l'embryon

- Lors d'un **rapport sexuel**, l'éjaculation libère les spermatozoïdes dans le vagin de la femme.
- Ils remontent dans l'utérus, et s'ils rencontrent un ovule dans l'une des trompes, il peut y avoir **fécondation**, par un unique spermatozoïde. La cellule-œuf qui en résulte se divise, donnant un **embryon**.
- Puis les organes se forment, et l'embryon devient **fœtus**. Après 9 mois de grossesse, c'est l'**accouchement**.

MINI INTERRO

1. Donne le nom des gamètes mâles et des gamètes femelles.
2. Précise le nom de l'organe dans lequel se développe l'embryon.

3 / Responsabilité et transmission de la vie

- Si les organes reproducteurs sont fonctionnels dès la puberté, la **maturité** nécessaire à l'éducation d'un enfant ne s'acquiert que progressivement.
- Différentes **méthodes contraceptives** permettent d'éviter une grossesse. Parmi celles-ci, le préservatif masculin protège d'**infections sexuellement transmissibles** (IST) comme le sida.

LE DOCUMENT CLÉ

▷ Le placenta, organe de communication entre la mère et l'embryon

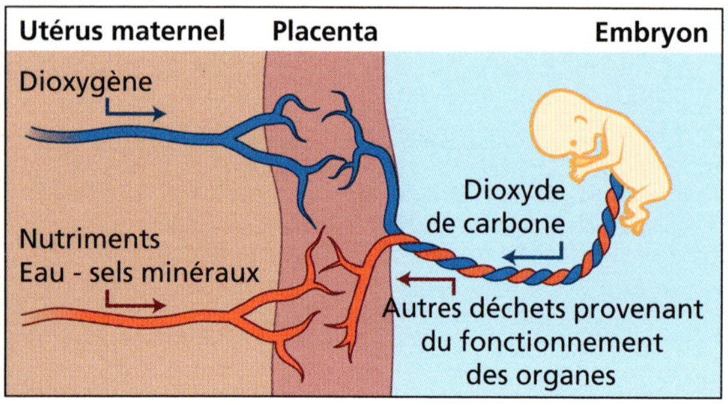

1. **Expliquer.** Environ une semaine après le rapport sexuel, lorsqu'il y a eu fécondation, l'embryon s'implante dans la paroi de l'utérus : c'est la nidation. Il s'y développe grâce à un organe particulier qui se forme pour assurer les échanges entre la mère et l'embryon : le placenta. Celui-ci subsiste pendant toute la grossesse et sera éliminé peu après l'accouchement. Le sang de la mère et celui de l'embryon ne se mélangent jamais.

2. **Conclure.** C'est au niveau du placenta que passent les nutriments du sang de la mère vers celui de l'embryon, et les déchets dans le sens inverse.

S'ENTRAÎNER

1 Vrai ou faux ?

Coche la case qui convient.

	V	F
a. Tout rapport sexuel débouche sur une grossesse.	❑	❑
b. En l'absence de grossesse, chaque cycle de la femme est marqué par les règles.	❑	❑
c. La fécondation concerne un seul spermatozoïde et un seul ovule.	❑	❑
d. Le sang maternel passe dans l'embryon pour le nourrir.	❑	❑
e. Dès la puberté, un rapport sexuel peut déboucher sur une grossesse.	❑	❑

2 Des gamètes à l'enfant

Écris une phrase utilisant les mots ci-dessous et retraçant dans l'ordre logique la transmission de la vie, de la formation des gamètes à la naissance d'un enfant.

grossesse • cellule-œuf • spermatozoïde • fécondation • accouchement • ovule • fœtus • embryon.

3 Étymologie : le choix des mots

a. « Puberté » vient du latin *pubes*, qui signifie poil. Justifie en une phrase l'origine du mot puberté.

....

....

b. « Adolescence » vient du latin *adulescere*, qui veut dire grandir. Justifie l'origine du mot adolescence.

....

....

4 Les échanges mère-embryon

a. À l'aide du document clé page de gauche, explique pourquoi il est fortement recommandé à une femme enceinte de ne consommer ni alcool ni tabac.

....

....

....

b. Décalque le document clé et illustre cette explication par une flèche légendée sur le schéma.

SVT

5 CONTRÔLE EXPRESS

À l'aide du document ci-dessous, indique la localisation des événements suivants :

Fabrication des spermatozoïdes • Émission du sperme • Fabrication des ovules • Libération des ovules • Fécondation • Nidation de l'embryon • Développement de l'embryon.

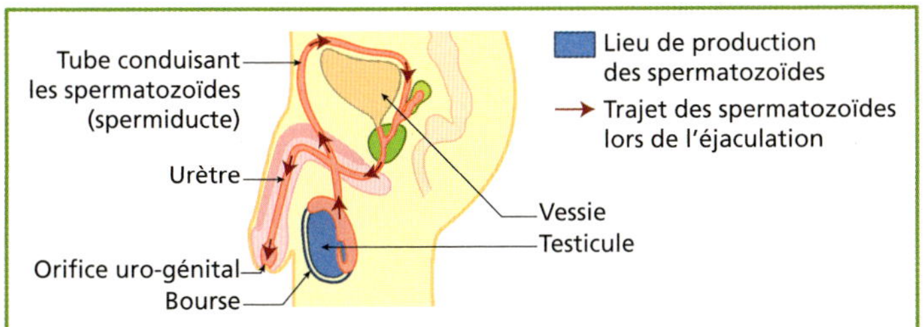

L'appareil reproducteur de l'homme

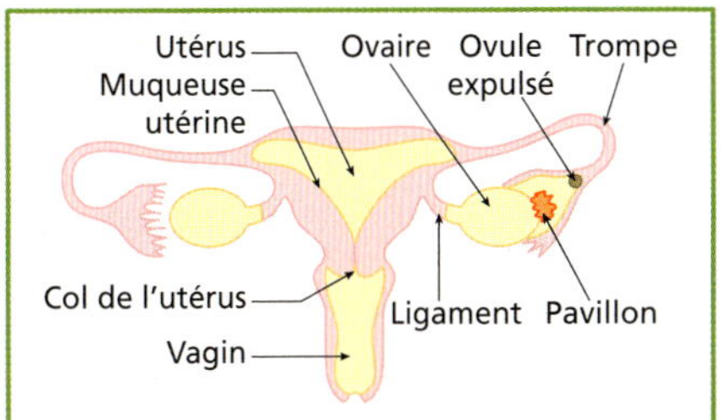

L'appareil reproducteur de la femme

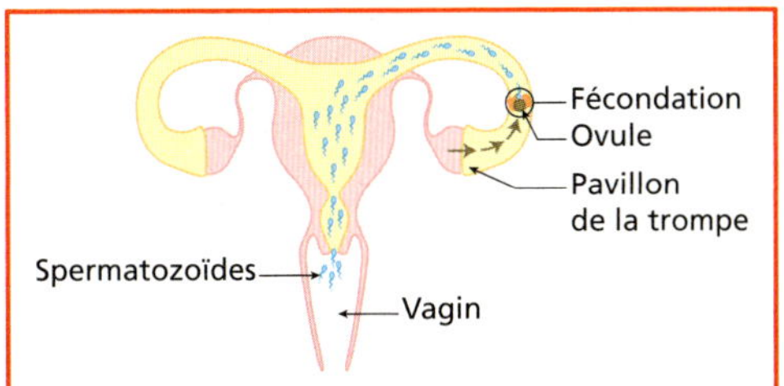

La fécondation

Corrigés p. 37 du livret.

Physique-Chimie
Technologie

			DATE	ÉVALUATION

Physique-Chimie

Organisation et transformations de la matière

1	Décrire les propriétés et les états de la matière	186		
2	Mesurer le volume, la masse et la température	188		
3	Mener des activités expérimentales pour caractériser les mélanges	190		
4	Caractériser les changements d'états de la matière	192		

Mouvement et interaction

5	Décrire le mouvement d'un objet	194		

Des signaux pour observer et pour communiquer

6	Distinguer les différents types de signaux	196		
7	Distinguer les sources primaires et les objets diffusants	198		
8	Exploiter la propagation rectiligne de la lumière	200		

L'énergie et ses conversions

9	Schématiser les circuits électriques	202		
10	Distinguer circuit en série et circuit en dérivation	204		
11	Mesurer une tension électrique dans un circuit	206		
12	Mesurer l'intensité du courant dans un circuit	208		

Technologie

13	Construire une gare moderne	210		
14	Favoriser le travail collaboratif	212		
15	Adapter son habitation à l'environnement	214		

1 Décrire les propriétés et les états de la matière

RETENIR

Dans la vie quotidienne comme en sciences, on manipule des objets, on utilise des substances. Ces matières présentent des avantages (léger, solide...) et des limites. Prenons le temps de définir et de classer quelques propriétés importantes.

1 / Propriétés physiques

- Une **propriété physique** est une propriété que nous pouvons observer (à l'œil nu ou à l'aide de mesures) sans modifier la nature de la substance.
- Les propriétés physiques peuvent être **mesurées** par des appareils (thermomètre, balance, etc.) : point de fusion, point d'ébullition, densité, etc. Certaines d'entre elles peuvent être **perçues** par les sens : couleur, texture, dureté, etc.

MOT CLÉ

✓ **États de la matière :** la matière peut exister sous trois états : solide, liquide ou gaz.

2 / Propriétés chimiques

Les **propriétés chimiques** permettent d'identifier une substance pure à l'aide d'une réaction chimique qui changera la nature de la substance. Elles décrivent la réaction d'une substance avec d'autres substances chimiques.

Exemple : la combustibilité (réaction d'une substance avec le dioxygène).

3 / États de la matière

- La matière peut exister sous trois états : **solide**, **liquide** ou **gaz** (exemple de l'eau : glace, eau liquide, vapeur d'eau).
- Chaque état dépend de 2 paramètres : la **température** et la **pression**.
- Comparons les propriétés de chaque état pour voir celles qui les distinguent :

	Solide	Liquide	Gaz
Compression	Non	Non	Oui
Forme propre	Oui	Non	Non
Volume propre	Oui	Oui	Non

Remarque : le terme « propre » signifie indépendant du récipient dans lequel est placée la substance.

MINI INTERRO

1. Quels sont les trois états de la matière ?
2. Peut-on modifier le volume d'un liquide ?
3. La transformation de l'eau en glace est-elle physique ou chimique ?

LA MÉTHODE

▷ Distinguer masse et volume

Attention à ne pas confondre la notion de masse et la notion de volume.

L'air contenu dans ce ballon occupe un volume important, mais la masse de l'air est très faible.

La masse d'une bille en plomb est très élevée, mais son volume est très faible.

S'ENTRAÎNER

1 L'eau dans tous ses états

Indique par une croix l'état de l'eau dans les différentes situations.

Substance	Solide	Liquide	Gaz
Pluie			
Neige			
Grêle			
Verglas			
Buée			
Vapeur			
Rosée			

2 Vrai ou faux ?

Coche la bonne réponse.

	V	F
a. Un gaz occupe tout l'espace et n'a pas de volume propre.	❑	❑
b. Lorsque je déplace un liquide d'un bécher à une éprouvette, il conserve le même volume.	❑	❑
c. Lorsque je saisis un solide, celui-ci conserve sa forme.	❑	❑

3 Propriétés physiques caractéristiques

Associe les mesures aux propriétés correspondantes, puis détermine l'identité de cet élément.

Mesure	Propriété physique
100 °C	Densité
0 °C	Point d'ébullition
1 g/m^3	Point de fusion

4 Questions pour un champion

Je suis une matière qui est, par nature, dure à l'état solide.

Je suis conducteur de la chaleur et de l'électricité.

Je suis un ....

5 Propriété physique ou chimique ?

Coche les bonnes réponses.

Propriété	Physique	Chimique
Solidité	....	....
Conductivité à la chaleur	....	....
Inflammable	....	....
Transparence à la lumière	....	....

6 CONTRÔLE EXPRESS

Recherche des éléments qui justifient l'appartenance du sable aux solides, mais aussi aux liquides.

....

....

....

....

....

....

....

....

....

....

....

Phys.-Chimie

Corrigés p. 37 du livret.

2 Mesurer le volume, la masse et la température

RETENIR

En cuisine, les recettes indiquent souvent les quantités nécessaires en grammes. Mais pour les liquides ou les poudres, on parle de cuillères à soupe ou de verre mesureur. À quoi correspondent réellement ces mesures ?

1 / Mesure du volume

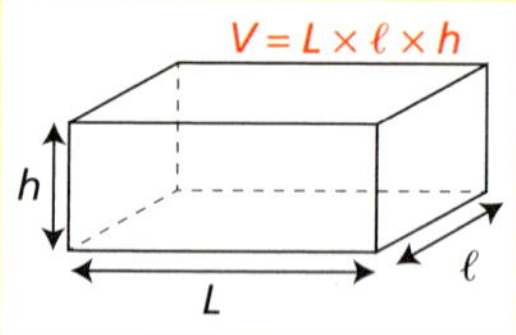

- Le **volume** correspond à l'espace occupé par une substance (liquide, solide ou gazeuse). Il existe des formules de calcul de volume de différents solides (cube, cylindre, etc.).

- Pour mesurer le volume d'un liquide, on peut utiliser différents récipients : une **éprouvette graduée** (bonne précision), un bécher, un erlenmeyer, une fiole jaugée, etc.

- L'unité légale de volume est le **mètre cube (m^3)**, mais pour les liquides, on utilise couramment une autre unité : le **litre (L)**.

Correspondances entre unités : 1 m^3 = 1 000 L ; 1 dm^3 = 1 L ; 1 cm^3 = 1 mL.

2 / Mesure de la masse

- La **masse** représente la **quantité de matière** que contient un objet ou une substance. La masse d'un objet se mesure avec une **balance**.
- L'unité légale de la masse est le **kilogramme (kg)**. L'unité usuelle de masse au laboratoire est le **gramme** (1 kg = 1 000 g).

3 / Mesure de la température

- Pour mesurer une température, on utilise un **thermomètre**.
- L'unité courante de température est le **degré Celsius (°C)**. Mais, ce n'est pas l'unité légale, qui est le **kelvin (K)**, utilisée uniquement par les scientifiques.

MOTS CLÉS

- ✓ **Masse :** quantité de matière que contient un objet ou une substance.
- ✓ **Volume :** espace occupé par un objet ou une substance.
- ✓ **Unité légale :** unité de mesure officielle.

MINI INTERRO

1. Lorsque je comprime un gaz, je modifie son volume ou sa masse ?
2. Lorsque je fais fondre un glaçon, sa température change mais sa masse varie-t-elle ?
3. Combien de cm^3 dans 1 litre ?

LA MÉTHODE

▷ Lire les graduations pour mesurer un volume

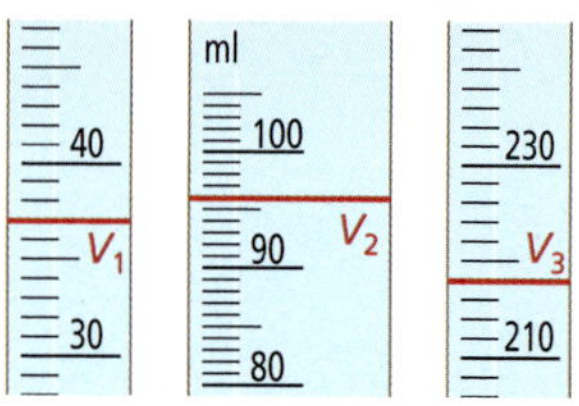

Attention, tous les récipients ne sont pas gradués de façon identique. Les deux de gauche sont gradués de 1 mL en 1 mL, alors que celui de droite est gradué de 2 mL en 2 mL. Il faut toujours vérifier !

On lit donc V_1 = 37 mL, V_2 = 96 mL et V_3 = 218 mL.

S'ENTRAÎNER

1 Définition

Complète le tableau à l'aide de la liste suivante : masse, volume, espace, matière, g ou kg, m^3 ou L.

Grandeur	Représentation	Unité
....	....	....
....	....	....

2 Problème d'unités

Es-tu capable de convertir les données suivantes ?

1,2 L = ... mL

50 g = ... kg

0,2 kg = ... g

450 mL = ... L

0,3 m^3 = ... L

25,6 mL = ... cm^3

3 Ça roule !

Propose deux techniques pour déterminer le volume d'une grosse bille de verre.

a. Pour l'une d'elles, tu ne disposes que de ta règle.

....

....

....

....

....

....

....

b. Pour la seconde, tu dois utiliser une éprouvette graduée.

....

....

....

....

....

....

....

4 Masse d'un litre d'eau

On a voulu vérifier qu'un litre d'eau a une masse de 1 kg. Voici trois étapes.

a.

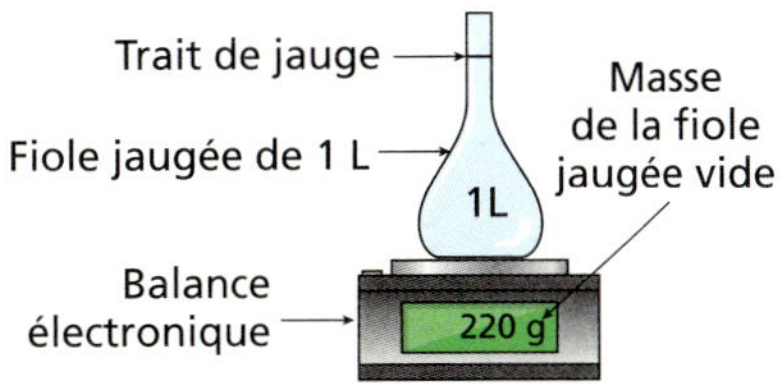

b.

c.

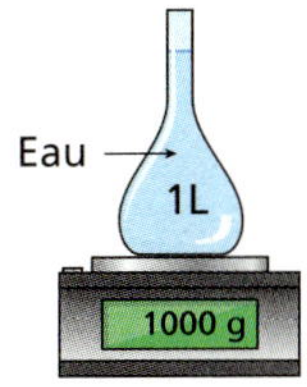

Le procédé est-il correct ?

....

....

....

....

5 CONTRÔLE EXPRESS

J'ai rassemblé les résultats de mesures concernant différents liquides.

	Eau	Huile	Éthanol
Masse (g)	70	54	79
Volume (mL)	70	60	100

Quel est le liquide le plus « léger » ?

....

....

....

Phys.-Chimie

Corrigés p. 37 du livret.

3 Mener des activités expérimentales pour caractériser les mélanges

RETENIR

Tu sais réaliser des mélanges et tu es aussi capable de les observer et de les décrire. Profitons-en pour faire un point de vocabulaire. Ensuite, petit défi : comment séparer les différents constituants d'un mélange ?

1 / Corps pur et mélange

- Un **corps pur** est une substance formée d'un seul constituant.
Exemples : sucre, sel, dioxygène, etc.

- Un **mélange** est une substance contenant plusieurs constituants différents.
Exemples : eau salée, jus d'orange, eau minérale, lait, air, etc.

MOTS CLÉS

✓ **Corps pur** : substance formée d'un seul constituant.

✓ **Mélange** : substance contenant plusieurs constituants différents.

2 / Mélanges homogènes ou hétérogènes

- Un mélange est **homogène** si on ne distingue pas les constituants à l'œil nu.
Exemple : jus de pomme.

- Un mélange est **hétérogène** si on distingue à l'œil nu différents constituants.
Exemple : jus d'orange pressé (pulpe et jus).

3 / Miscibilité de deux liquides

- Deux liquides sont **miscibles** s'ils forment un mélange homogène (eau et sirop). Ils sont **non miscibles** (ou **immiscibles**) s'ils forment un mélange hétérogène (eau et huile).

MINI INTERRO

1. Une eau minérale est-elle un corps pur ou un mélange ?
2. Pour séparer l'huile et l'eau d'un mélange, quelle technique semble la plus adaptée ?

4 / Dissolution et solubilité

- On peut aussi **dissoudre** un solide ou un gaz (le **soluté**) dans l'eau (**solvant**). Le mélange homogène obtenu est une **solution**.

- La **solubilité** correspond alors à la quantité maximale de soluté qui peut être dissoute dans un solvant donné.

LA MÉTHODE

▷ Connaître les techniques de séparation d'un mélange

- On utilise principalement deux méthodes pour séparer les constituants d'un mélange hétérogène :
– la **filtration** : le liquide qui traverse le filtre est le filtrat ; les particules solides les plus grosses restent dans le filtre ;

– la **décantation** : si on laisse reposer un mélange hétérogène, on peut séparer les 2 phases avec une ampoule à décanter.

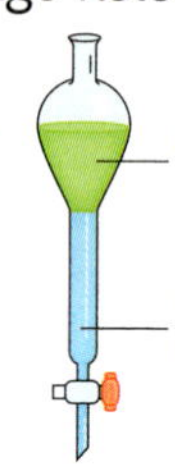

- La **distillation** permet de séparer les constituants d'un mélange homogène (voir le chapitre suivant).

S'ENTRAÎNER

1 Corps pur ou mélange ?

Complète le tableau par oui ou par non.

Substance	Corps pur	Mélange
Eau du robinet	....	....
Eau gazeuse	....	....
Air	....	....

2 Rédaction

a. Propose une phrase qui explique le principe de la filtration en utilisant les mots : mélange, hétérogène, solide, liquide, particules.

....

....

....

....

....

....

b. Propose une phrase qui explique le principe de la décantation en utilisant les mots : mélange, hétérogène, miscibles, liquide.

....

....

....

....

....

....

3 Mélange huile + eau + acétone

L'acétone est un produit qui peut dissoudre les résines, les huiles, etc. Il est également très soluble dans l'eau.

À partir de ces informations, complète le tableau suivant en cochant les bonnes cases.

Mélange	Homogène	Hétérogène
Eau-acétone		
Eau-huile		
Huile-acétone		

4 Eau minérale

Voici une étiquette d'eau minérale.

Analyse moyenne en mg/L

Calcium	Ca^{2+}	36	Hydrogénocarbonate	HCO_3^-	263
Magnésium	Mg^{2+}	22	Chlorure	Cl^-	4
Sodium	Na^+	22	Sulfate	SO_4^{2-}	4
Potassium	K^+	1,5	Nitrate	NO_3^-	< 1

Résidu sec à 180 °C : 260 mg/L pH = 7,7

a. Cette eau minérale est-elle un corps pur ?

....

....

b. Que signifie l'expression « résidu sec » ?

....

....

5 Eau du robinet

Après avoir versé un peu d'eau du robinet dans une coupelle, on a chauffé la coupelle jusqu'à ce qu'il n'y ait plus d'eau. On observe un dépôt blanc à l'intérieur de la coupelle.

Que peux-tu en conclure ?

....

....

....

....

6 CONTRÔLE EXPRESS

a. À ton avis, l'air est un corps pur ou un mélange ? Vérifie ta réponse par une recherche sur Internet avec les mots-clés « composition » et « atmosphère ».

....

....

b. Rédige un petit texte qui répond à la question : « Quelle est la composition de l'atmosphère ? »

....

....

....

....

Corrigés p. 38 du livret.

Caractériser les changements d'états de la matière

RETENIR

Tu connais désormais quelques propriétés de certaines substances et tu es capable de caractériser et de séparer des mélanges. Il te reste à comprendre ce qui se passe lorsqu'on modifie la température d'un corps…

1 / Changements d'état de l'eau

MOT CLÉ

✓ **Changement d'état :** passage d'un état à un autre état.

- L'eau peut exister sous trois états : solide, liquide et gaz.
- L'état sous lequel se trouve l'eau dépend de deux paramètres : la **température** et la **pression.**

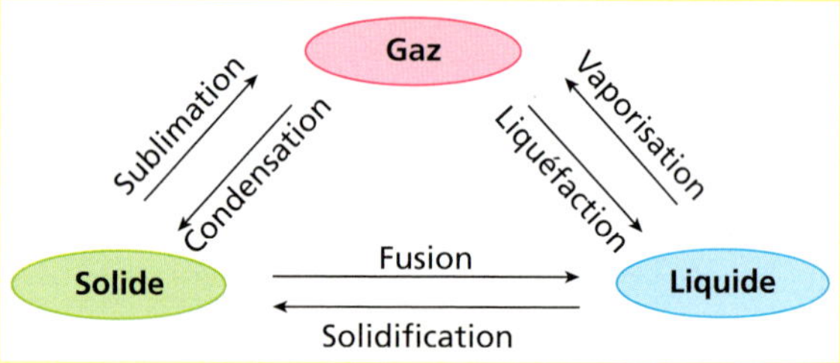

- Quand la matière passe d'un état à un autre, on dit qu'il y a **changement d'état.**
- Les températures de changement d'état sont spécifiques à chaque substance : la température de fusion (ou de solidification) de l'eau est de 0 °C ; la température de vaporisation (ou de liquéfaction) de l'eau est de 100 °C.

2 / Conservation de la masse

Lors d'un changement d'état, le nombre de particules reste le même, bien que leur agencement ait été modifié : **la masse se conserve.**

LA MÉTHODE

▷ Étudier la solidification de l'eau douce

La température initiale de l'eau liquide est de 12 °C. En refroidissant cette eau, sa température va chuter. Lorsque $T = 0$ °C (à 1,5 min), les premiers cristaux de glace se forment. À 4,5 min, la dernière goutte d'eau gèle (on observe un palier à 0 °C pendant la solidification). Puis, la glace continue de se refroidir ($T < 0$ °C).

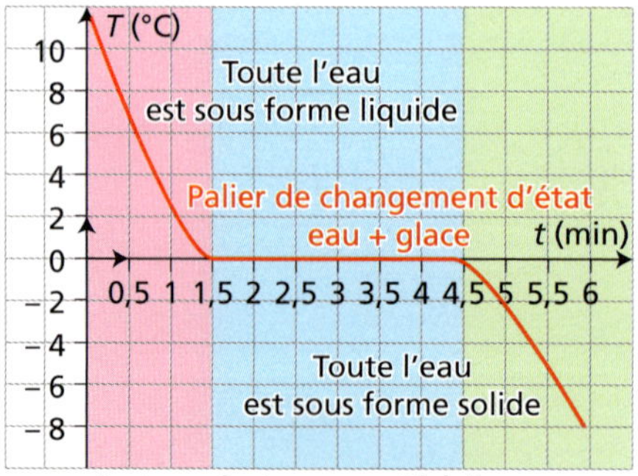

La température caractéristique de solidification de l'eau pure est $T = 0$ °C.

MINI INTERRO

1. Quels sont les trois états de l'eau ?
2. Lorsque l'eau se solidifie, elle devient plus lourde. Vrai ou faux ?

S'ENTRAÎNER

1 Modèle particulaire

Indique l'agencement des particules pour chaque état.

	Solide	Liquide	Gaz
Ordonnées	X	....	....
Désordonnées	....	X	X
Rapprochées	X	X	....
Espacées	....	....	....
Liées	X	....	....
Non liées	....	....	X
Peu liées	....	X	....

2 Conservation de la masse ou du volume

On s'intéresse aux gaz contenus dans quatre flacons.

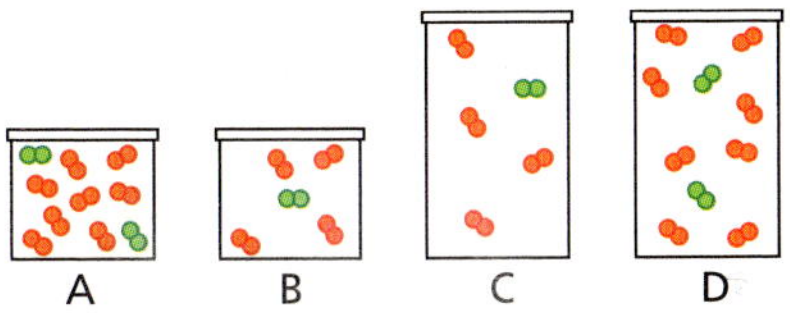

a. Peux-tu les classer selon leurs masses ?

Oui, B = C < D ≤ A

b. Peux-tu les classer selon leurs volumes ?

Oui, A = B < C = D

3 Distillation d'un jus d'orange

Je souhaite extraire l'eau contenue dans un jus d'orange grâce à une technique appelée « distillation ».

Peux-tu en décrire le principe ?

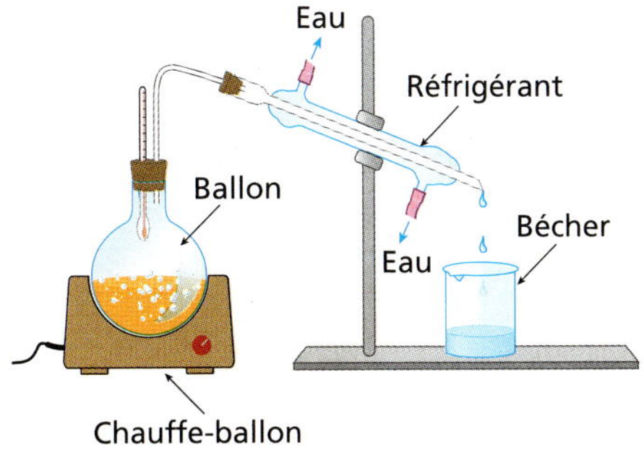

4 CONTRÔLE EXPRESS

Voici une courbe d'évolution de la température de fusion de la glace.

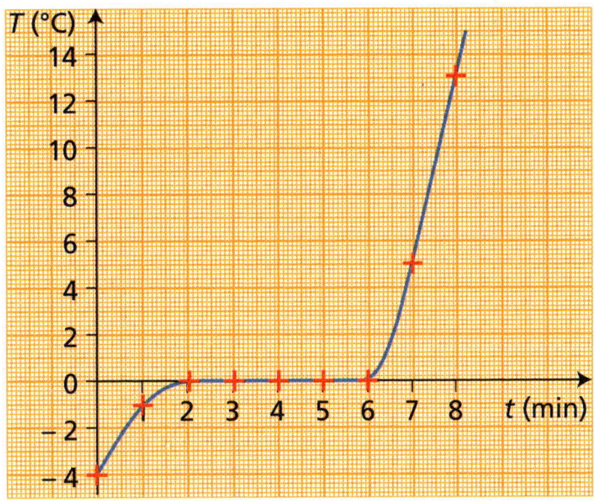

a. Quelle est la température initiale de la glace ?

– 4

b. À quel instant, la première goutte d'eau se forme-t-elle ?

c. Que se passe-t-il à partir de la 6e minute ?

d. Combien de temps dure la fusion de la glace ?

5 min

Corrigés p. 38 du livret.

Phys.-Chimie

5 Décrire le mouvement d'un objet

RETENIR

Tu es sur le trottoir et tu regardes passer un bus. Quel est le mouvement des passagers du bus ? Les passagers sont immobiles par rapport au bus (ils sont assis), mais en mouvement horizontal par rapport au trottoir. En fait, tout dépend du référentiel !

1 / Mouvement et référentiel

- La notion de mouvement est relative au **référentiel** par rapport auquel on l'étudie. Il en existe deux principaux :
  – le **référentiel terrestre** constitué par la Terre (et tout ce qui est fixe par rapport à la Terre : le référentiel du laboratoire). Ce référentiel est adapté à l'étude des mouvements des objets sur la Terre ;
  – le **référentiel géocentrique**, adapté à l'étude du mouvement de la Lune et des satellites de la Terre.

MOTS CLÉS

✓ **Référentiel :** objet par rapport auquel le physicien étudie un mouvement.

✓ **Trajectoire :** ensemble des positions successives d'un objet au cours du temps.

✓ **Vitesse moyenne :** quotient de la distance parcourue *d* par la durée du parcours *t*.

2 / Trajectoire et mouvement

- Tout objet en mouvement suit une **trajectoire.** La trajectoire d'un point mobile est l'ensemble des positions occupées par ce point au cours du mouvement.

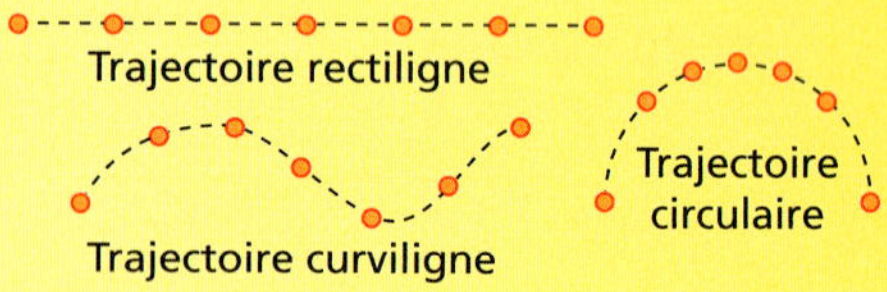

3 / Vitesse moyenne et vitesse instantanée

- La **vitesse instantanée** se mesure à un moment précis du déplacement.
- La **vitesse moyenne**, par contre, se calcule sur une **durée**. C'est le quotient de la distance parcourue *d* par la durée *t* du parcours : $v = \frac{d}{t}$.
- L'unité officielle de la vitesse est le **mètre par seconde (m/s)**.

LA MÉTHODE

▷ Décrire un mouvement à l'aide d'un diagramme vitesse-temps

Voici un diagramme qui représente l'évolution de la vitesse d'un objet en mouvement en fonction du temps. Pour décrire son mouvement, on observe trois phases :

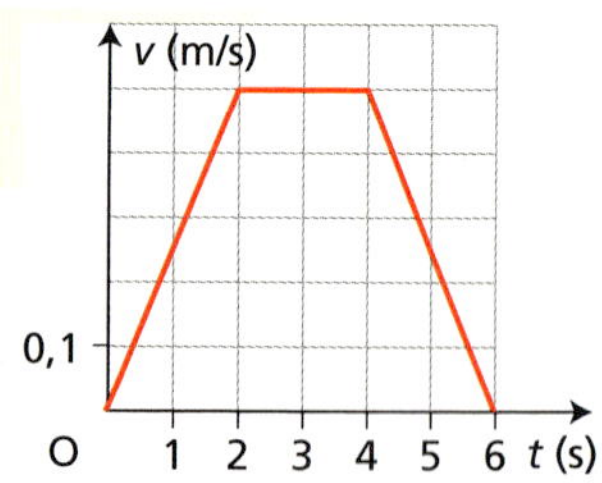

0 s à 2 s : la vitesse augmente	2 s à 4 s : la vitesse est constante	4 s à 6 s : la vitesse diminue et devient nulle
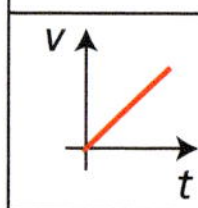 Mouvement accéléré	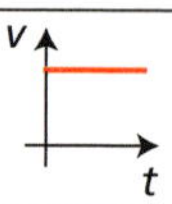 Mouvement uniforme	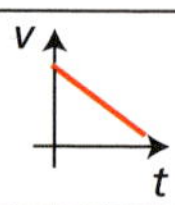 Mouvement ralenti

MINI INTERRO

1. Quel référentiel faut-il utiliser pour étudier le mouvement d'une fusée ?
2. Quel est le mouvement d'un objet en chute libre ?

S'ENTRAÎNER

1 Question de mouvement

Voici trois diagrammes de la vitesse d'un objet en fonction du temps :

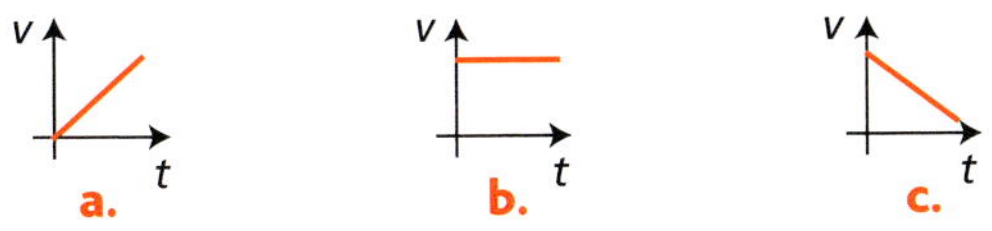

Lequel correspond à un mouvement accéléré, un mouvement uniforme et un mouvement ralenti ?

....

....

....

....

....

2 La bonne trajectoire

Associe la trajectoire avec le bon mouvement.

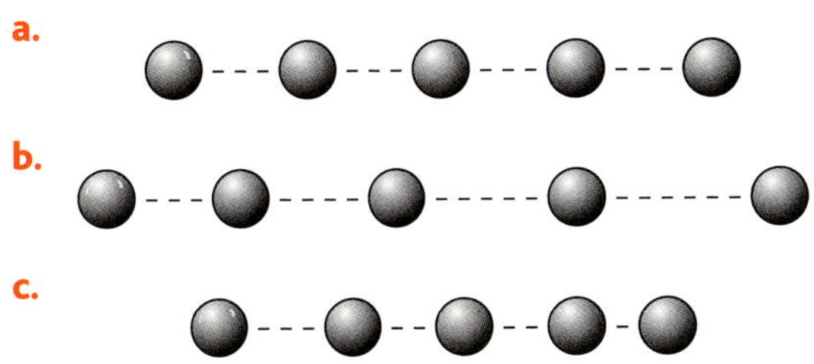

1. Mouvement rectiligne ralenti.
2. Mouvement rectiligne accéléré.
3. Mouvement rectiligne uniforme

3 Référentiel

Un bus se déplace lentement. Un passager A est assis dans le bus. Une seconde personne B marche dans le bus et fait des signes à son copain C qui est resté sur le trottoir. B marche dans le bus pour rester à la hauteur de C.

Qui est en mouvement par rapport à qui ?

Complète le tableau par oui ou par non.

	A	B	C	Bus	Trottoir
A					
B					
C					
Bus					
Trottoir					

4 Histoire de trajet

Une voiture met 3 h 30 pour aller de Rennes à Paris (soit environ 350 km).

a. Lors du trajet, le mouvement a-t-il été uniforme ?

....

....

....

b. Quelle est la vitesse que l'on peut calculer sur ce trajet ?

....

c. Le conducteur a-t-il fait un excès de vitesse ?

....

5 CONTRÔLE EXPRESS

Observe bien le diagramme ci-dessous d'un objet qui se déplace sur un axe horizontal.

a. Peux-tu décrire les différentes phases de ce mouvement rectiligne ?

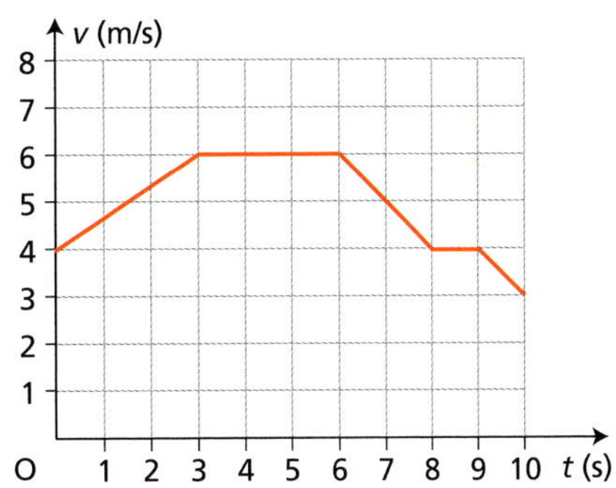

....

....

....

....

....

....

....

....

....

b. L'objet s'est-il arrêté ?

....

....

Corrigés p. 38 du livret.

6 Distinguer les différents types de signaux

RETENIR

Il existe de multiples façons de communiquer : signal radio, signal optique, signal sonore, etc. Petite explication générale sur ces différents types de signaux.

1 / Signal

- Un **signal** est une information donnée par un **émetteur** et transmise à destination d'un **récepteur**.
- Il en existe de nombreux types : **signaux sonores** (voix, détonations), **optiques** (signaux de fumée, mouvement), **lumineux** (couleur, intermittents), **radio** (radiodiffusion, talkie-walkie), **électriques** (télécommunications, électronique).
- Les signaux se propagent *via* des ondes particulières.

MOTS CLÉS

✓ **Propagation :** manière dont les ondes se « déplacent » dans l'espace.

✓ **Onde :** perturbation qui se déplace dans l'espace.

✓ **Signal :** information transmise par un type d'ondes.

2 / Ondes mécaniques ou électromagnétiques

Il existe deux grands types d'ondes.

- Les **ondes mécaniques**, qui mettent en mouvement leur environnement (les vagues agitent la mer, les tremblements de terre secouent le sol) ; l'énergie est transmise par ce mouvement. Elles ne peuvent se propager que **dans de la matière** : l'air, le sol, l'eau, etc. (par exemple, le son ne peut pas se propager dans l'espace car il n'y a pas d'air !).

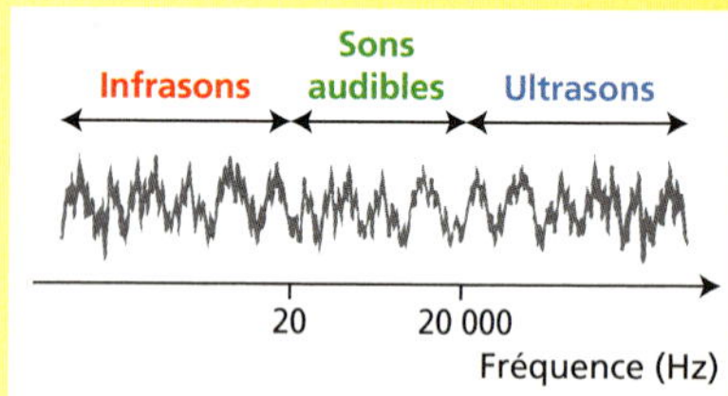

- Les **ondes électromagnétiques**, qui n'interagissent pas mécaniquement avec leur environnement. Elles peuvent se propager **dans le vide** (lumière du Soleil, ondes radio des smartphones) **et dans la matière** (lumière du Soleil à travers une vitre).

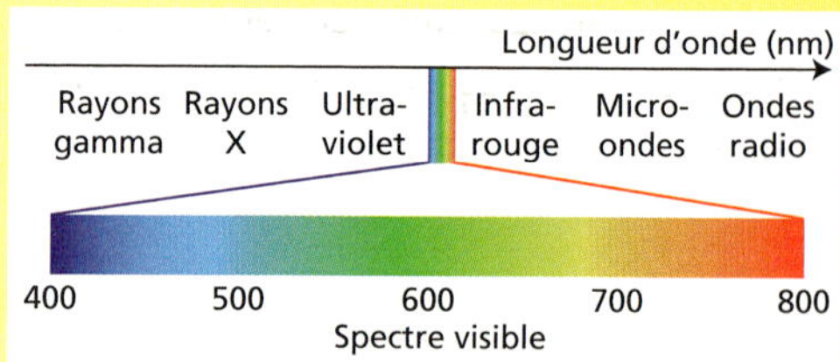

LA MÉTHODE

▷ Comprendre la notion de propagation d'une onde

- En donnant une courte impulsion au ressort, je crée une **perturbation** locale. Cette perturbation se transmet, constituant une onde qui se propage.

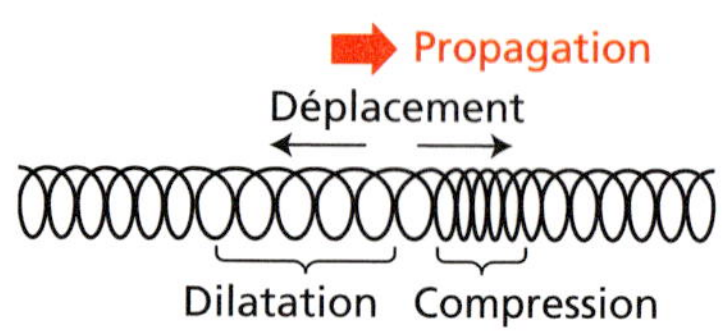

- L'onde (ici mécanique) se propage avec une vitesse v le long du ressort sans déplacement de celui-ci (il reste sur place). C'est pourquoi on parle de propagation et non de déplacement. Cette onde transporte l'**énergie mécanique** liée au mouvement.

MINI INTERRO

1. Quelles ondes se déplacent dans le vide ?
2. Des astronautes peuvent-ils communiquer entre eux sur la Lune ?

S'ENTRAÎNER

1 Électromagnétique ou mécanique ?

Pour chaque signal, précise si l'onde est de type électromagnétique ou mécanique.

Signal	Type d'ondes
Lumière	....
Vibration	....
Radio	....
Son	....

2 Milieu de propagation

Indique les milieux dans lesquels le signal peut se propager.

	Matériaux			
Signal	**Air**	**Eau**	**Vide**	**Métal**
Lumière	....	....	....	....
Son	....	....	....	....

3 Alarme

Beaucoup de systèmes d'alarme et de signalisation combinent des signaux lumineux et sonores.

Explique pourquoi ces deux éléments sont complémentaires.

....

....

....

....

....

....

....

....

....

....

4 Émetteur ou récepteur ?

Voici une liste de dispositifs qui utilisent les ondes radio pour communiquer.

Sont-ils émetteurs ou récepteurs de signaux ?

Dispositif	Émetteur	Récepteur
Poste radio	....	....
Enceinte bluetooth	....	....
Téléphone mobile	....	....
Four micro-ondes	....	....
Antenne-relais	....	....
Parabole TV	....	....

5 CONTRÔLE EXPRESS

Un sonar est un appareil utilisant les propriétés particulières de la propagation du son dans l'eau.

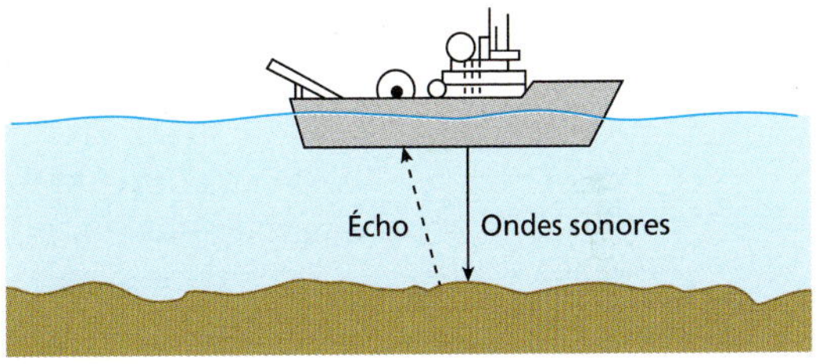

Explique comment cette technologie peut être un dispositif utile pour la navigation et la pêche.

....

....

....

....

....

....

....

....

Phys.-Chimie

Corrigés p. 38 du livret.

7 Distinguer les sources primaires et les objets diffusants

RETENIR

Chaque jour, nous recevons la lumière du Soleil. La nuit, c'est la Lune qui prend en partie le relais. Pourtant, il existe une différence fondamentale entre ces deux objets célestes…

1 / Sources de lumière

- On appelle **source primaire**, toute source qui **produit sa propre lumière** (Soleil, braises, filament d'une lampe).

- On appelle **objet diffusant**, tout objet qui **renvoie de la lumière.** Il n'est donc visible que s'il est éclairé par une autre source (Lune, écran de cinéma…). La **diffusion** est un phénomène au cours duquel un corps renvoie la lumière reçue **dans toutes les directions.**

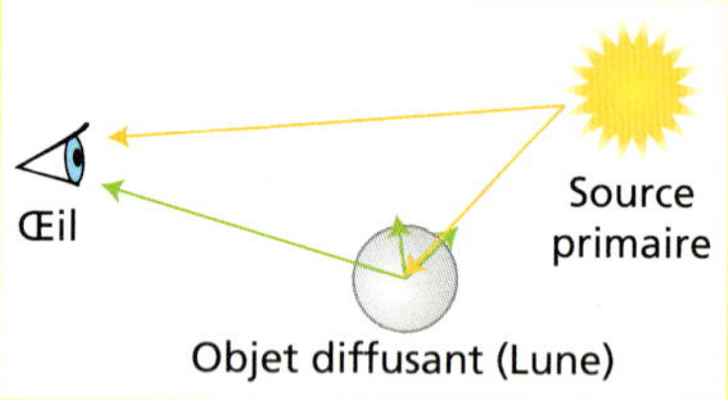

2 / Conditions de visibilité

- Pour voir un objet, il faut que la lumière pénètre dans l'œil de l'observateur. Pour voir un objet diffusant, il faut donc qu'il soit éclairé par une source primaire et que sa lumière diffusée pénètre dans l'œil de l'observateur.

- Un objet **transparent** laisse passer la lumière qu'il reçoit. Un objet **opaque** ne laisse pas passer la lumière, il la renvoie. Un objet **translucide** (papier-calque) laisse passer une partie de la lumière.

MOTS CLÉS

✓ **Source primaire :** source qui produit sa propre lumière.

✓ **Objet diffusant :** objet qui diffuse la lumière qu'il reçoit.

LA MÉTHODE

▷ Comprendre l'origine de la couleur des objets

- La lumière du Soleil est **blanche** et contient toutes les couleurs du **spectre visible**.
- En combinant les **trois couleurs primaires** : **rouge**, **vert**, **bleu**, on obtient toutes les nuances de couleur. Les écrans d'ordinateur et les projecteurs de cinéma utilisent ce procédé.

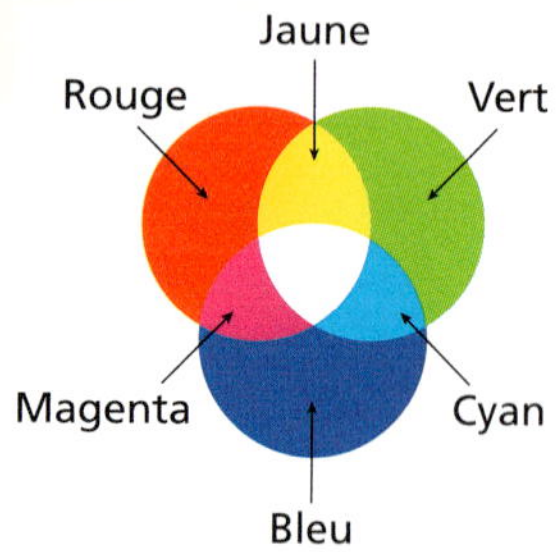

- Les objets colorés diffusent (ou absorbent) une partie de la lumière et des couleurs qu'ils reçoivent.
Exemple : un objet jaune diffuse le rouge et le vert qu'il reçoit, mais absorbe toujours le bleu.

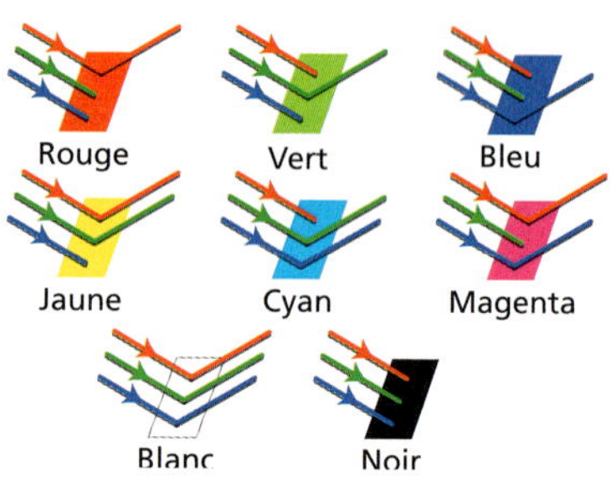

MINI INTERRO

1. Les planètes sont-elles des sources primaires ?
2. Quelles sont les trois couleurs primaires ?

S'ENTRAÎNER

1 Source primaire ou objet diffusant ?

Coche la bonne case dans le tableau pour chaque objet.

Objet	Source primaire	Objet diffusant
Pomme		
Jupiter		
Nuage		
TV allumée		
TV éteinte		

2 Couleurs primaires et secondaires

Place les couleurs primaires sur le schéma.

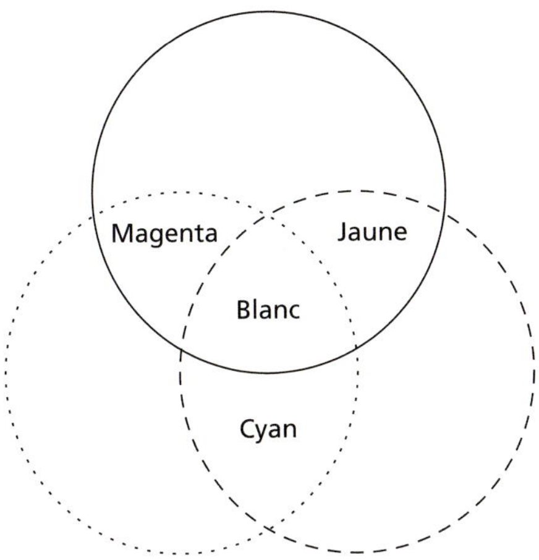

3 Propriétés des matériaux

Pour préparer un théâtre d'ombres, il faut classer les matériaux selon leurs propriétés.

Complète le tableau en cochant les bonnes cases.

Matériaux	Transparent	Translucide	Opaque
Bois			
Plastique			
Toile			
Carton			
Calque			

4 Une bonne blague

Dans l'obscurité, j'éclaire le drapeau français avec un spot jaune.

Comment va-t-il apparaître ?

5 CONTRÔLE EXPRESS

a. Un filtre de couleur empêche le passage de la lumière de couleur complémentaire à sa propre couleur.

Indique les couleurs primaires transmises ou bloquées.

Couleur du filtre	Couleurs primaires transmises	Couleurs primaires bloquées
Rouge		
Bleu		
Jaune		

b. La lumière émise par un superbe ciel bleu intense est formée essentiellement de rayons bleus et très peu de rayons rouges et verts.
Les nuages blancs correspondent à un mélange de 33 % de bleu, 33 % de vert et 33 % de rouge.
La solution pour faire des photos noir et blanc est d'utiliser un filtre appelé filtre de contraste.

Quel filtre peux-tu lui proposer : bleu ou jaune ?

Corrigés p. 38 du livret.

8 Exploiter la propagation rectiligne de la lumière

RETENIR

Le 20 juin 2021 est annoncée la prochaine éclipse partielle du Soleil visible en France. Mais que va-t-il donc se passer ce jour-là ? Lis la suite pour en connaître un rayon sur le sujet !

1 / Propagation rectiligne de la lumière

- Dans un milieu transparent et homogène comme l'air ou le vide, la lumière se propage en ligne droite : on dit que sa **propagation est rectiligne**.
- Le trajet de la lumière peut être modélisé par des demi-droites munies d'une flèche indiquant le sens de propagation : les **rayons lumineux**.
- Un **faisceau de lumière** est constitué d'une infinité de rayons lumineux provenant d'une même source. Les bords du faisceau lumineux sont représentés par ses rayons limites.

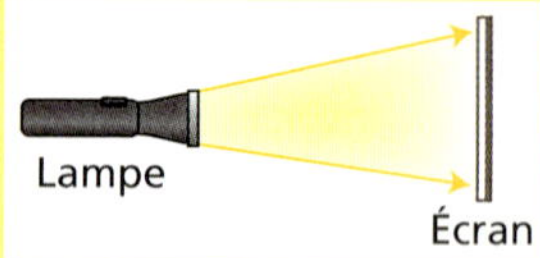

MOTS CLÉS

✔ **Rayon :** trajet suivi par la lumière pour aller d'un point à un autre.

✔ **Source ponctuelle :** source de petite dimension assimilable à un point.

2 / Formation des ombres

- Une **source ponctuelle** est une source lumineuse de très petite dimension par rapport à celle de l'objet. Vue depuis l'objet, tout se passe comme s'il n'y avait qu'un point qui émet de la lumière.

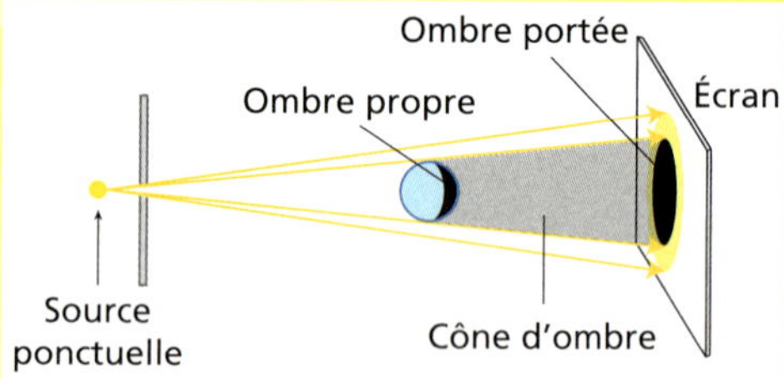

- Une partie seulement de l'objet est éclairée : la zone sombre de l'objet opaque est appelée **ombre propre**. Sur l'écran, la partie non éclairée est appelée **ombre portée**. Entre l'écran et la sphère, il y a le **cône d'ombre**.

LA MÉTHODE

▷ Déterminer les zones d'ombre et de pénombre

- La plupart des sources réelles ne sont pas ponctuelles : on dit qu'elles sont **étendues**.
- L'ombre d'un objet éclairé par une source étendue est plus ou moins nette à cause d'une pénombre qui l'entoure. La **pénombre** est cette zone partiellement éclairée située autour de l'ombre portée.

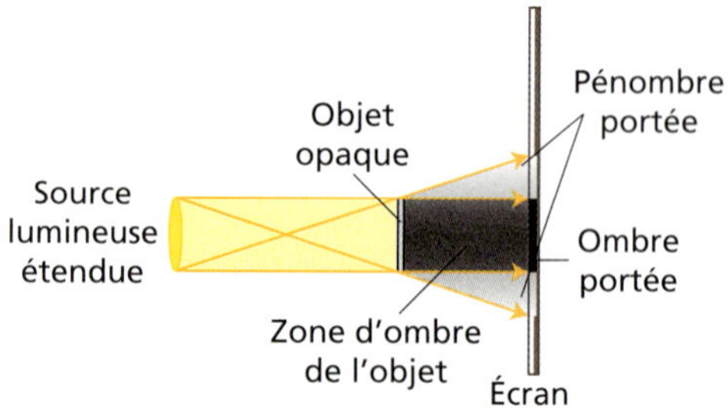

- Pour déterminer les zones d'ombre et de pénombre, il faut tracer les rayons lumineux partant des extrémités de la source étendue.

MINI INTERRO

1. Comment vérifier que la lumière se propage en ligne droite ?
2. Comment représente-t-on les rayons lumineux ?
3. Quel type de source permet d'observer une pénombre ?

1 Zone d'ombre

Que voit l'observateur lorsqu'il regarde par le trou A ? B ? C ?

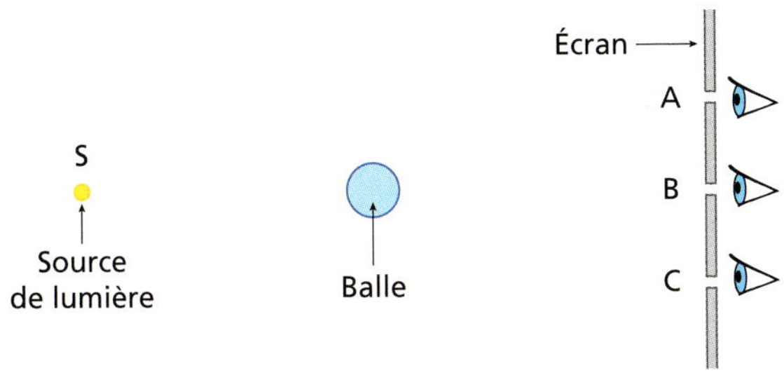

2 Source ponctuelle ou étendue ?

Voici une lampe de poche. Elle est équipée d'une ampoule à filament. Tu veux l'utiliser au laboratoire pour étudier les ombres.

Est-ce une bonne idée ?

3 Rayon laser

Que peux-tu répondre à l'affirmation « la lumière est invisible » ?

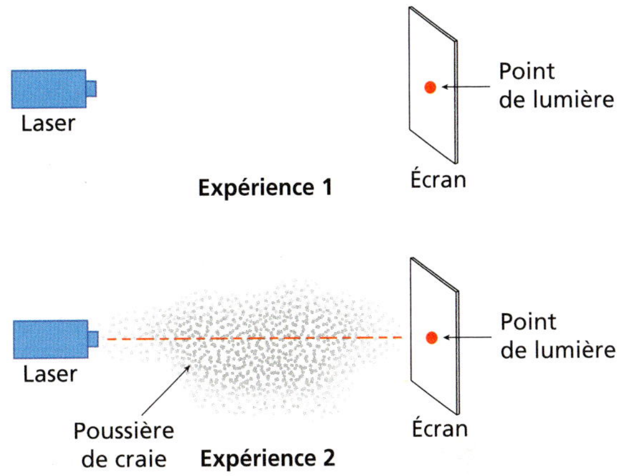

4 CONTRÔLE EXPRESS

Peux-tu prévoir ce qui se passe sur l'écran ?

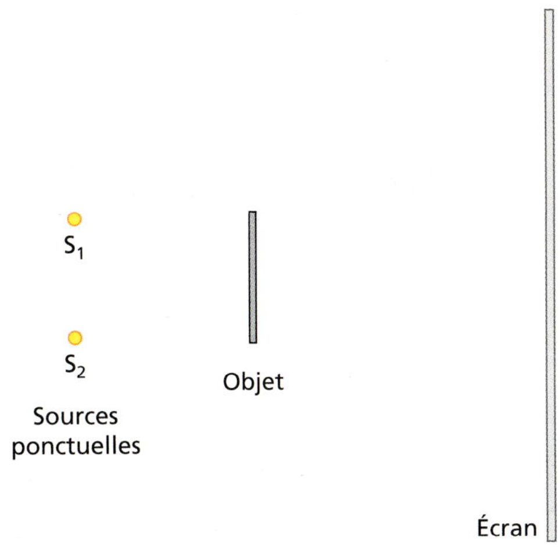

Corrigés p. 39 du livret.

9 Schématiser les circuits électriques

RETENIR

Tu es capable de faire briller une lampe avec une pile et des fils de connexion. Cette année, tu vas être amené à utiliser de nouveaux composants et à réaliser des montages plus complexes.

1 / Les circuits électriques

- Un circuit électrique est un assemblage d'au moins deux composants (**dipôles**) : un **générateur** (une pile généralement) et un **récepteur** (ampoule, moteur, etc.). Le générateur produit de l'énergie électrique. Le récepteur convertit l'énergie électrique qu'il reçoit en une autre forme d'énergie (lumière, mouvement, chaleur).
- Les **fils de connexion** véhiculent l'énergie électrique dans le circuit.
- Un **interrupteur** assure l'ouverture (le courant ne passe pas) ou la fermeture (le courant passe) du circuit électrique.
- Par convention, le courant électrique circule **de la borne + vers la borne –** du générateur.

MOTS CLÉS

✓ **Dipôle :** composant possédant deux bornes.

✓ **Symbole :** dessin simplifié représentant un composant électrique.

✓ **Schéma :** représentation graphique d'un circuit respectant des règles précises.

2 / Schématiser un circuit

- Afin que tous les physiciens du monde puissent se comprendre, des règles ont été fixées pour représenter les circuits. On a donc défini :
  - des **symboles** associés à chaque composant d'un circuit ;
  - des **règles** précises pour schématiser correctement les montages électriques.
- Les principaux symboles rencontrés au collège sont :

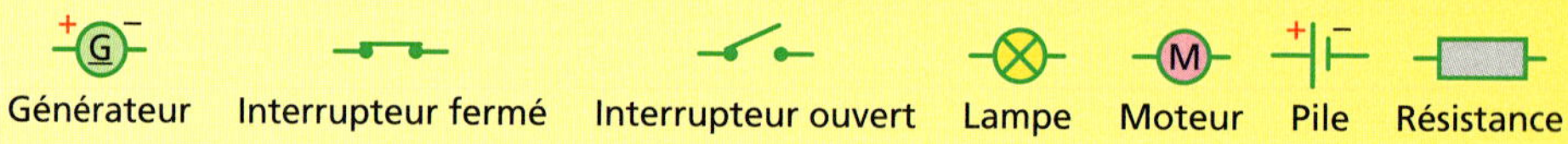

LA MÉTHODE

▷ Représenter schématiquement un circuit électrique

Pour faire un bon **schéma**, il faut commencer par « dessiner » la pile (enfin, son symbole), sans oublier de noter la borne + et la borne –. On peut ensuite partir de la borne + par exemple et représenter dans l'ordre les dipôles présents sur la boucle du circuit. Attention, les fils de connexion sont toujours représentés par des traits horizontaux et/ou verticaux.

Montage électrique	Schéma correspondant (à compléter)
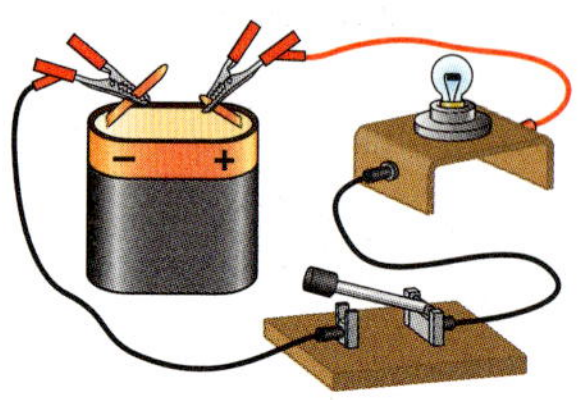	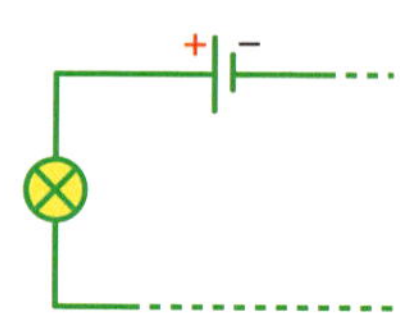

MINI INTERRO

1. Quel est l'intérêt d'utiliser des symboles et des schémas pour représenter des circuits ?
2. Quel est le point commun entre une lampe, un moteur et une résistance ?
3. Quel dipôle permet de laisser passer ou non le courant dans un circuit ?

S'ENTRAÎNER

1 Identifier des symboles

Es-tu capable de nommer les symboles suivants ?

Précise lesquels sont des récepteurs et lesquels sont des générateurs.

2 Test de matériaux

Pour tester certains matériaux, on réalise le montage suivant.

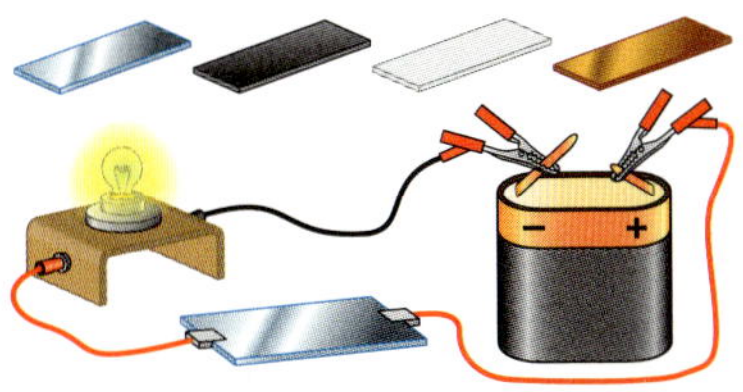

Voici les résultats.

Matériau	Éclat de l'ampoule
Bois	Non
Aluminium	++
Graphite	+
Fer	++

Que peux-tu en conclure sur les propriétés de ces quatre matériaux ?

3 Compléter un schéma

Voici un circuit composé d'une pile, de trois lampes et de 4 fils de connexion.

Termine le schéma.

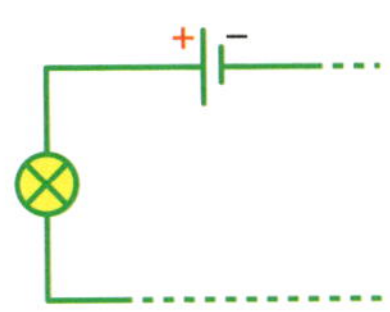

4 Interrupteur avant ou après ?

Voici deux montages qui se ressemblent. Seule la position de l'interrupteur a été modifiée.

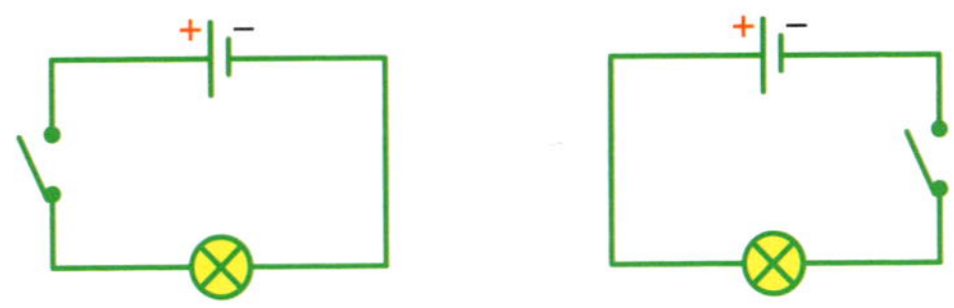

Montage 1 — Montage 2

a. Que va-t-il se passer dans chacun de ces montages si l'on ferme l'interrupteur ?

b. Que peux-tu conclure sur la position de l'interrupteur dans ces circuits ?

5 Un nouveau dipôle : la DEL

Une DEL est un dipôle qui ne laisse passer le courant électrique que dans un seul sens. On dit alors que ce dipôle est polarisé car son fonctionnement dépend de son sens de branchement.

Diode — Diode électroluminescente (DEL)

Lorsqu'une diode laisse passer le courant électrique, on dit qu'elle est branchée dans le **sens passant** (montage 1) ; si elle l'empêche de passer, on dit qu'elle est dans le **sens bloquant** ou non passant (montage 2).

Montage 1 — Montage 2

Dans certains appareils sensibles (par exemple un robot), une DEL dite « de protection » est placée juste après la batterie.

Diode de protection

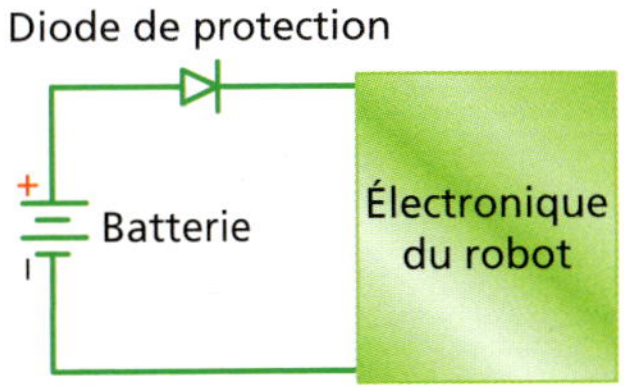

Quel est son intérêt, selon toi ?

6 CONTRÔLE EXPRESS

Observe bien les montages suivants.

Repère leurs différences, puis représente leurs schémas correspondants.

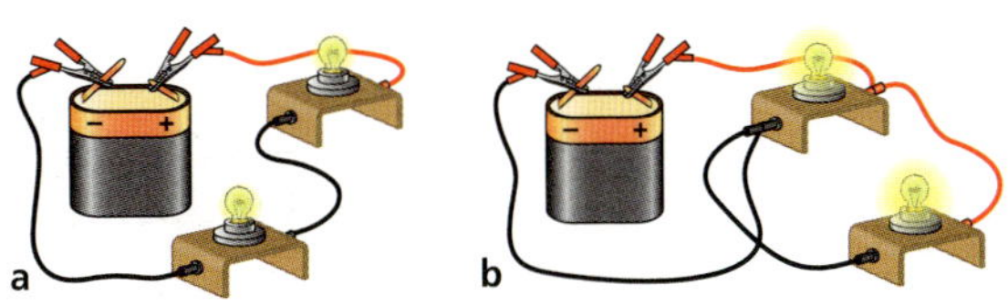

Corrigés p. 39 du livret.

Phys.-Chimie

10 Distinguer circuit en série et circuit en dérivation

RETENIR

Pour faire briller deux lampes dans un circuit, il y a deux façons de les associer : elles peuvent être branchées en série ou en dérivation. Pour comprendre les différences entre les deux, observe et compare bien les deux montages suivants.

1 / Lampes en série

- Dans ce montage, les deux lampes se « suivent » : elles sont placées sur la même **boucle de circuit**. On dit que les deux lampes sont branchées **en série**.

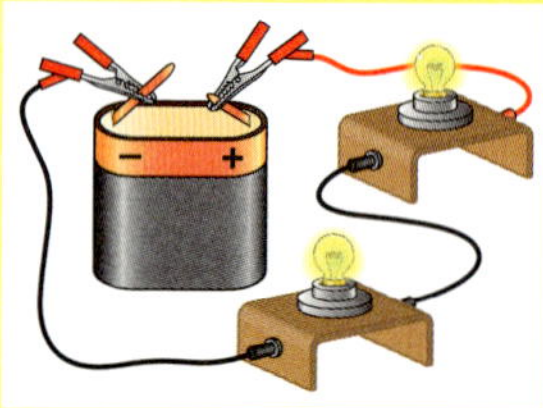

- Inconvénients du circuit en série :
  – les lampes brillent faiblement ;
  – si l'une des lampes ne fonctionne plus, le courant ne circule plus dans le circuit et l'autre lampe s'éteint !

2 / Lampes en dérivation

- Dans ce montage, les deux lampes ne se « suivent » plus. Le circuit est formé de **deux boucles** : chaque lampe est directement reliée à la pile. On dit que les lampes sont branchées **en dérivation**.

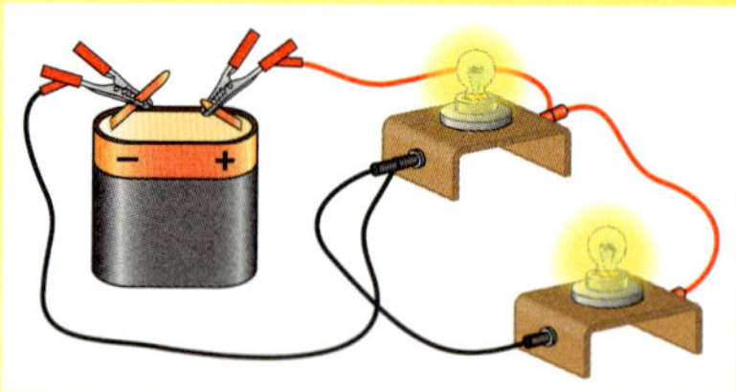

- Avantages du circuit en dérivation :
  – les deux lampes brillent mieux qu'en série ;
  – si l'une des lampes ne fonctionne plus, l'autre continue de briller car elle est directement reliée au générateur.

MOTS CLÉS

✓ **Boucle :** circuit (ou branche de circuit) fermé.

✓ **Circuit en série :** circuit dont les composants appartiennent à la même boucle.

✓ **Circuit en dérivation :** circuit électrique composé de plusieurs boucles.

LA MÉTHODE

▷ Représenter schématiquement les deux types de circuit électrique

Deux lampes en série	Deux lampes en dérivation
Pour un circuit en série, on place le générateur et les différents éléments sur la même boucle. 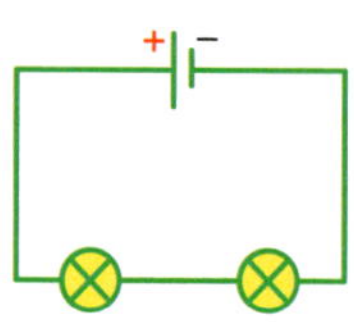	Pour un circuit en dérivation, chaque élément est placé dans une boucle avec le générateur. 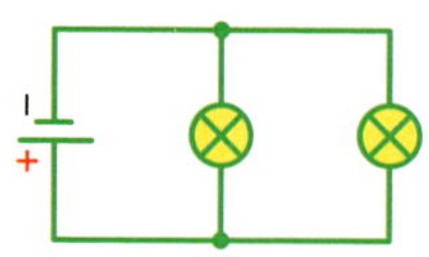

MINI INTERRO

1. Dans un circuit en série, que se passe-t-il si l'une des lampes grille ?
2. Pourquoi le montage en dérivation est-il plus intéressant ?

S'ENTRAÎNER

1 En série ou en dérivation ?

Pour chaque montage, indique si les deux lampes sont branchées en série ou en dérivation.

a.

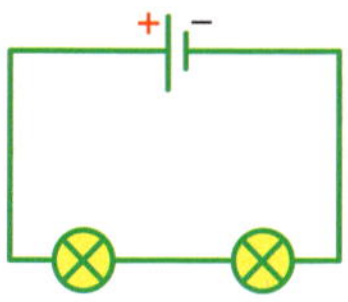

b.

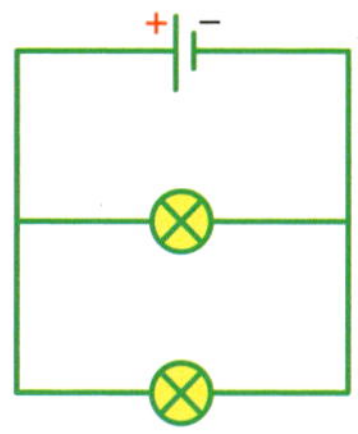

c.

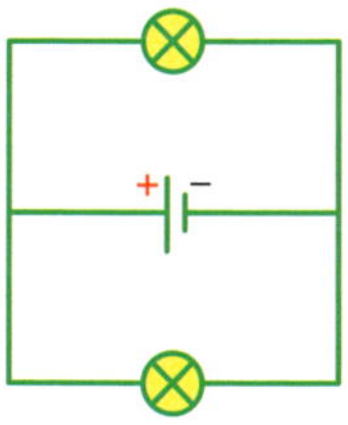

d.

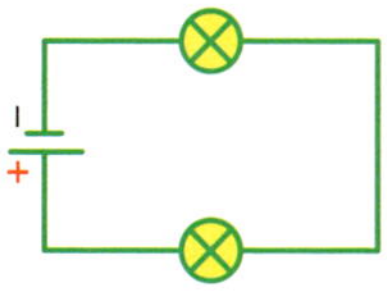

2 Circuits et schémas

Les deux montages suivants sont chacun composés de trois lampes.

Représente les deux schémas correspondants.

a.

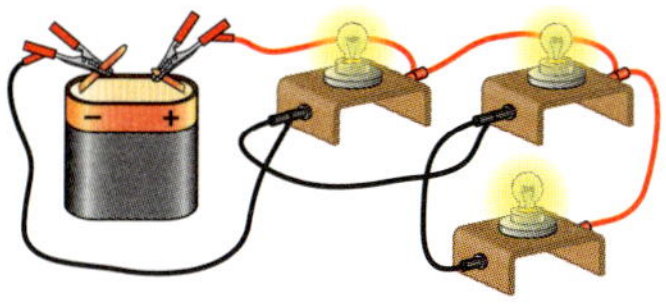

b.

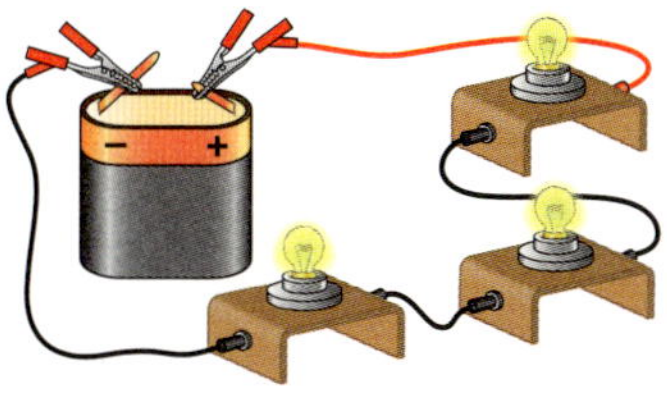

3 Attention à l'interrupteur !

Si on ouvre l'interrupteur, les lampes A et B, branchées en dérivation, s'éteignent. Il faudrait le déplacer pour qu'il puisse commander uniquement la lampe A et laisser la lampe B briller.

Où faut-il le mettre ?

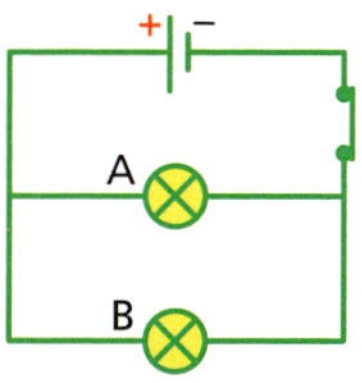

4 À la maison

Chez toi, il y a des appareils électriques qui fonctionnent souvent en même temps.

À ton avis, tous ces appareils sont-ils branchés en série ou en dérivation ?

....

....

....

....

5 À l'aide !

Passionné de modèles réduits, Jules a fabriqué une maquette de voiture. Pour équiper ce bolide d'un moteur et d'un système d'éclairage, il fait appel à toi.

Voici ses consignes :
– les phares peuvent être allumés même si le moteur est éteint (et inversement) ;
– si un phare ne fonctionne plus, l'autre doit rester allumé ;
– on commande les deux phares en même temps.

Représente le schéma qui correspond aux consignes (avec une seule pile).

Rappel : symbole du moteur : 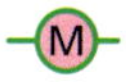

6 CONTRÔLE EXPRESS

Quels interrupteurs faut-il fermer pour faire briller uniquement la lampe B ?

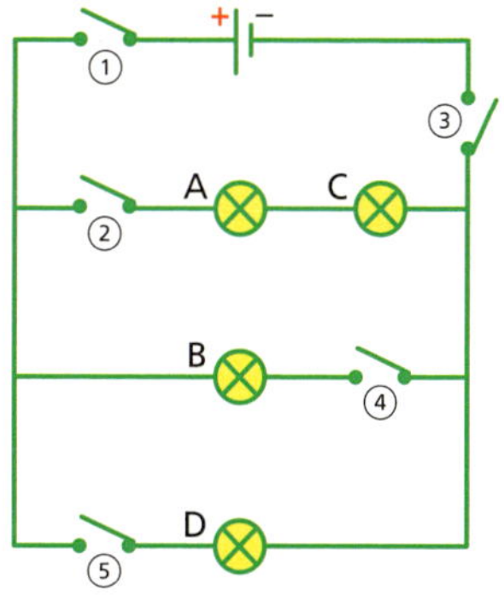

....

....

....

....

....

Corrigés p. 39 du livret.

11 Mesurer une tension électrique dans un circuit

RETENIR

Tu as vu que deux lampes branchées en série brillent moins que deux lampes branchées en dérivation. Pourtant, dans les deux situations, le circuit est alimenté par la même pile. Nous allons maintenant voir pourquoi…

1 / Mesure de la tension électrique : le voltmètre

- La **tension électrique** (notée ***U***) est une grandeur se mesurant entre deux bornes d'un dipôle (générateur, récepteur). Elle s'exprime en **volts (V)**.
- Les récepteurs (lampes, moteur, etc.) ont une **tension nominale** : pour pouvoir fonctionner normalement, le générateur doit délivrer une tension correspondant à cette tension nominale.
- La tension électrique se mesure à l'aide d'un appareil appelé **voltmètre** de symbole –(V)–. Il se branche **en dérivation** aux bornes d'un dipôle (récepteur ou générateur).

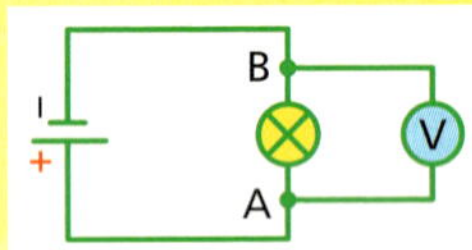

MOTS CLÉS

- ✓ **Tension électrique :** grandeur se mesurant entre deux bornes d'un dipôle.
- ✓ **Volt :** unité de mesure de la tension (symbole V).
- ✓ **Voltmètre :** appareil de mesure d'une tension, à brancher en dérivation.

2 / Lois des tensions dans un circuit

On suppose que la tension nominale des lampes est de 6 volts.

Montage	Deux lampes en série	Deux lampes en dérivation
Schéma	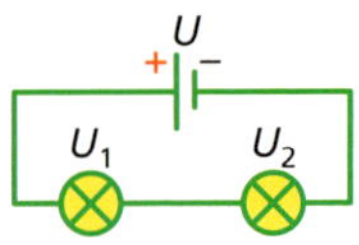	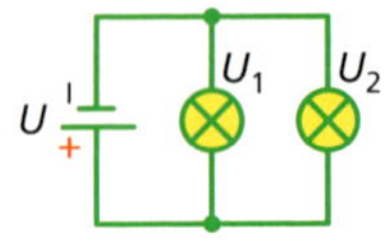
Résultats	$U = 6$ V ; $U_1 = 3$ V ; $U_2 = 3$ V	$U = 6$ V ; $U_1 = 6$ V ; $U_2 = 6$ V
Commentaire	Chaque lampe ne reçoit qu'une partie de la tension délivrée par la pile. Elles brillent donc faiblement.	Chaque lampe reçoit la tension délivrée par la pile. Elles brillent donc normalement.
Loi	$U = U_1 + U_2$	$U = U_1 = U_2$

MINI INTERRO

1. Comment se branche un voltmètre, en série ou en dérivation ?
2. Deux lampes en série brillent davantage que deux lampes en dérivation : vrai ou faux ?

LA MÉTHODE

▷ Utiliser le mode voltmètre d'un multimètre

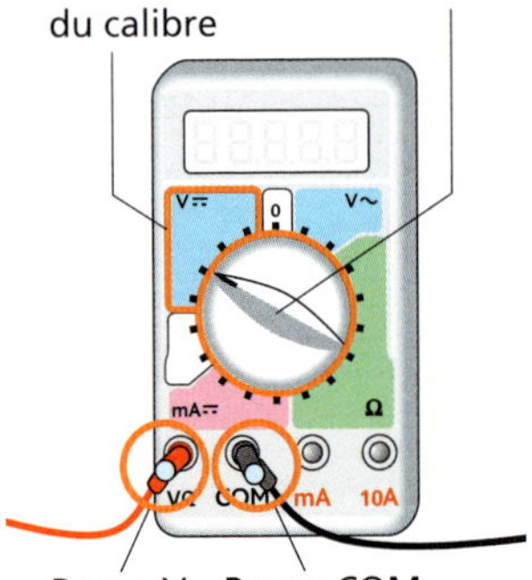

1. Il faut toujours placer le sélecteur sur un calibre supérieur à la mesure supposée (20 V continu, en classe).
2. Placer un fil noir sur la borne COM et un fil rouge sur la borne V.
3. Relier au circuit par un fil de connexion rouge la borne V (sur la borne du dipôle par laquelle entre le courant).
4. Relier au circuit par un fil de connexion noir la borne COM (sur la borne du dipôle par laquelle sort le courant).
5. Si la mesure est inférieure à la valeur du calibre suivant (2 V), on peut alors modifier le sélecteur pour obtenir une valeur plus précise.

S'ENTRAÎNER

1 Texte à trou

Complète le texte suivant.

La tension électrique est une grandeur qui s'exprime en .... , en l'honneur d'Alessandro Volta, inventeur de la première pile en 1800. La lettre associée à la tension est .... On mesure une tension à l'aide d'un .... qui se branche toujours en .... aux bornes du dipôle.

2 Branchement du voltmètre

Un camarade te demande conseil. Il sait qu'il faut respecter des consignes pour utiliser un multimètre en mode voltmètre (sans l'endommager !).

a. Peux-tu lui rédiger un protocole précis ?

....

....

b. À ton avis, que se passe-t-il s'il inverse, par erreur, les deux fils de connexion ?

....

....

3 Problème de tension

Sidonie imagine le schéma suivant, avec une lampe dont la tension nominale est de 6 V, une résistance et une pile de 4,5 V. Elle sait que $U = U_1 = U_2$, mais quelles valeurs vont afficher les voltmètres V, V_1 et V_2 : 4,5 V ou 6 V ?

Qu'en penses-tu ?

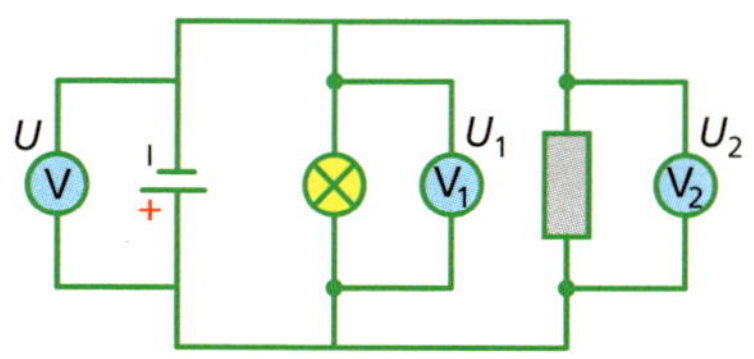

....

....

....

....

....

4 Attention, danger !

Voici une série de mesures de tension effectuée par le professeur. La pile délivre une tension de 6 V. Observe attentivement les schémas et les mesures.

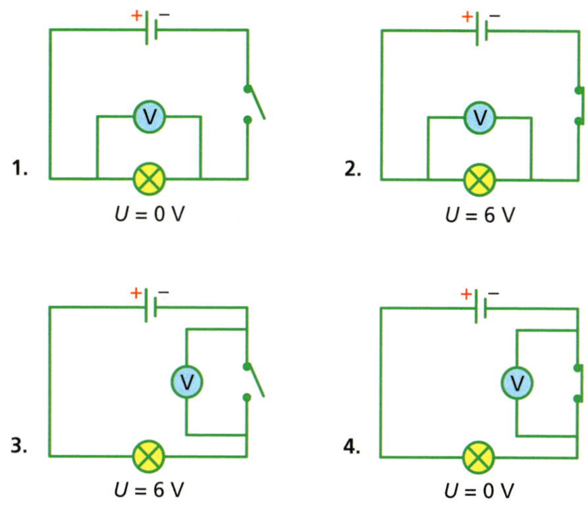

a. Dans les situations 1 et 2, les mesures de tensions aux bornes de la lampe te semblent-elles logiques ?

....

....

b. Analyse maintenant les situations 3 et 4. À l'affirmation : « Lorsqu'un circuit est ouvert, la tension est nulle dans tout le circuit », que peux-tu répondre ?

....

....

5 CONTRÔLE EXPRESS

Voici trois montages. Les lampes L_1, L_2 et L_3 sont identiques (tension nominale 3 V). Dans les trois cas, le générateur délivre une tension de 3 V.

Pour chaque situation, indique l'éclat de chaque lampe : brille normalement, brille faiblement (sous-tension) ou risque de griller (surtension).

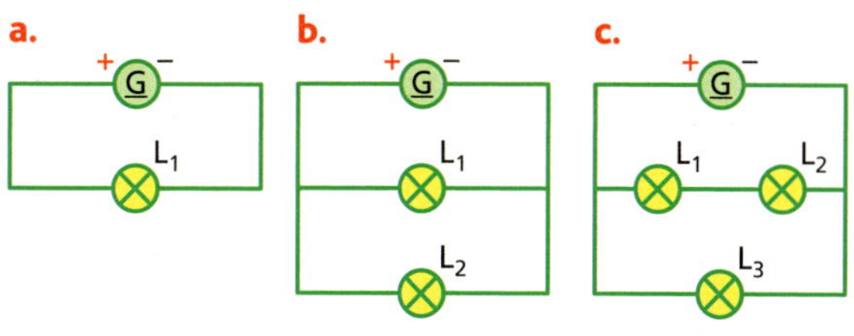

Phys.-Chimie

Corrigés p. 40 du livret.

12 Mesurer l'intensité du courant dans un circuit

RETENIR

Grâce aux mesures de tension électrique dans les circuits, nous avons un début d'explication concernant la différence d'éclat entre les lampes branchées en série et en dérivation. Mais que se passe-t-il au niveau du courant électrique ?

MOTS CLÉS

- **Intensité du courant :** grandeur mesurant le débit de courant qui circule en un point du circuit.
- **Ampère :** unité de mesure de l'intensité (symbole A).
- **Ampèremètre :** appareil de mesure de l'intensité du courant, à brancher en série.

1 / Mesure de l'intensité du courant électrique : l'ampèremètre

- **L'intensité du courant électrique** (notée ***I***) est une grandeur qui mesure le débit d'électricité qui circule en un point du circuit. Elle s'exprime en **ampères (A)**.
- *Rappel* : par convention, dans un circuit, le courant circule **de la borne + vers la borne –**.

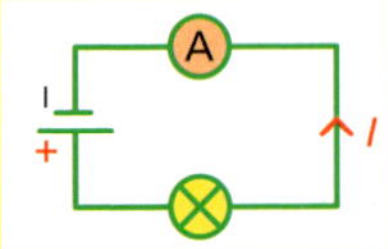

- L'intensité du courant se mesure à l'aide d'un appareil appelé **ampèremètre**, de symbole –(A)–. Il se branche **en série** avec le dipôle (juste avant ou après).
- Utilisation du mode ampèremètre d'un multimètre :
  1. mettre le sélecteur sur 10 A ;
  2. placer un fil (noir) sur la borne COM et un autre (rouge) sur la borne 10 A.

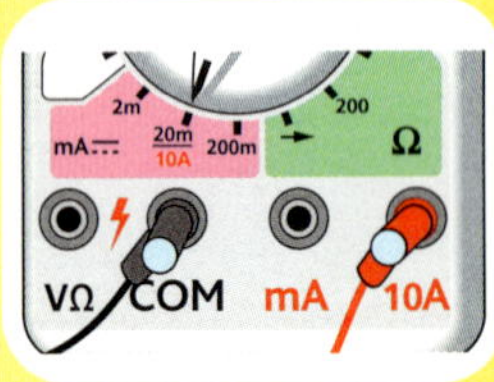

2 / Lois des intensités dans un circuit

On suppose que la tension nominale des lampes est de 6 volts.

Montage	Deux lampes en série	Deux lampes en dérivation
Schéma	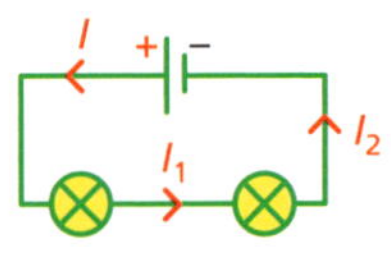	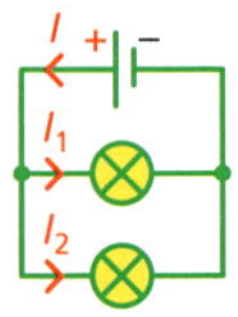
Résultats	$I = 0{,}6$ A ; $I_1 = 0{,}6$ A ; $I_2 = 0{,}6$ A	$I = 1{,}8$ A ; $I_1 = 0{,}9$ A ; $I_2 = 0{,}9$ A
Commentaire	L'intensité du courant est la même dans toute la boucle de circuit. L'intensité avant et après un dipôle est donc identique.	L'intensité dans la branche principale est égale à la somme des intensités des courants dans chaque branche.
Loi	$I = I_1 = I_2$	$I = I_1 + I_2$

MINI INTERRO

1. L'ampèremètre se branche-t-il en série ou en dérivation ?
2. Deux lampes en série ont-elles la même intensité lorsqu'elle brillent ?
3. Comment représente-t-on le sens du courant électrique sur un schéma ?

LA MÉTHODE

▷ Ajouter un ampèremètre dans un circuit

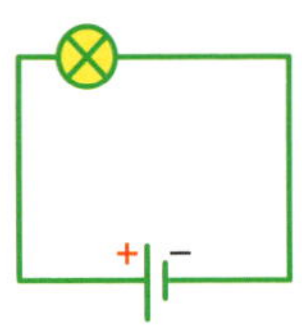	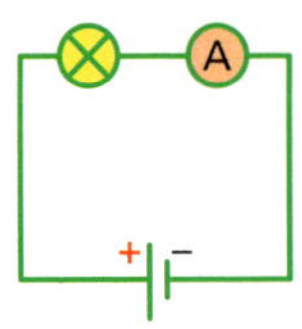	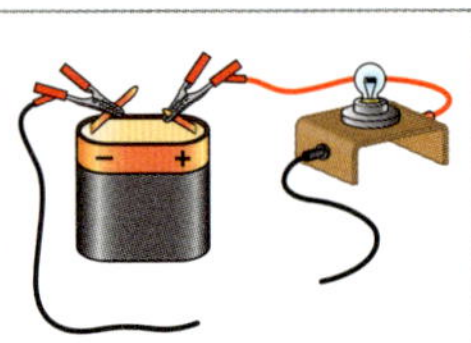	Un ampèremètre se branche **en série**. Cela veut dire qu'il faut ouvrir le circuit et intercaler l'ampèremètre entre les deux fils.

S'ENTRAÎNER

1 Texte à trous

Complète le texte suivant.

L'.................. du courant électrique en un point du circuit représente le .... du courant électrique en ce point. L'unité est l'.................. (symbole ......), choisie en l'honneur du physicien français André-Marie Ampère. Pour mesurer l'intensité du courant électrique en un point du circuit, on utilise un .... que l'on branche en .... au point considéré. La lettre ...... désigne l'intensité du courant électrique.

2 Position de l'ampèremètre

Je voudrais mesurer l'intensité du courant qui traverse la lampe. J'hésite entre les deux propositions indiquées sur le montage pour placer l'ampèremètre.

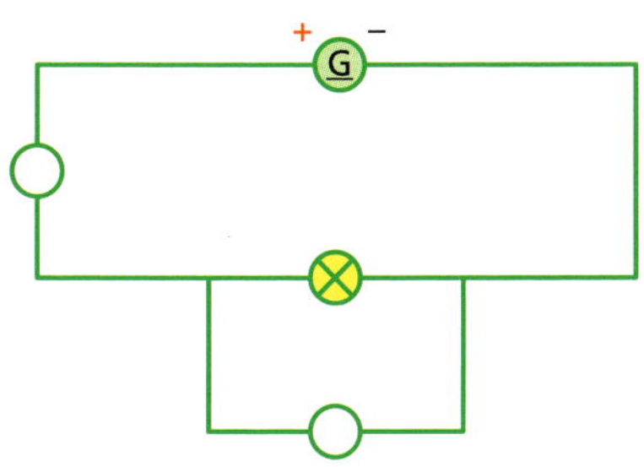

Peux-tu m'aider dans mon choix ?

....

....

....

....

3 Vrai ou faux ?

Coche la case qui convient.

	V	F
a. Pour ajouter un ampèremètre dans un circuit, il faut ajouter un fil supplémentaire.	❑	❑
b. Un ampèremètre peut être placé avant ou après le dipôle, à partir du moment où il est bien placé en série avec le dipôle.	❑	❑
c. Lorsque j'ignore la valeur de la mesure, je dois mettre le sélecteur sur 10 A.	❑	❑

4 Voyage « Ampère inconnu »

Voici un montage composé d'une pile qui délivre 6 V, d'un interrupteur, d'une lampe L_1 (tension nominale 6 V, 0,2 A) et d'une lampe L_2 (tension nominale 6 V).

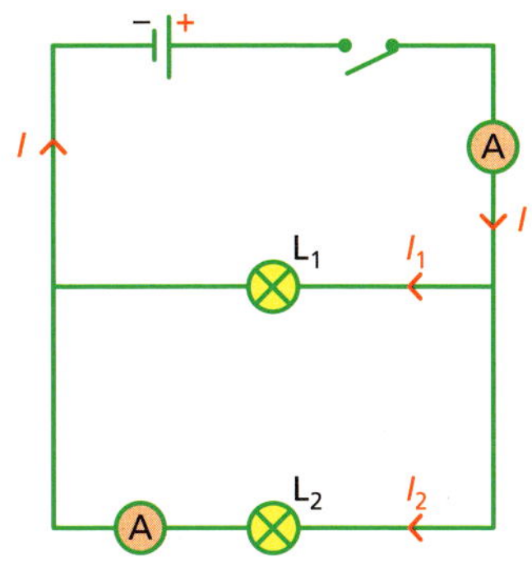

a. Dans cette configuration, peux-tu prévoir les valeurs affichées par les deux ampèremètres ?

....

b. On ferme l'interrupteur. Sur l'ampèremètre en série avec L_2, on peut lire $I_2 = 0{,}3$ A.
Que va afficher l'autre ampèremètre ?

....

c. On dévisse la lampe L_1. (Rappel : pas de danger pour une tension continue de 6 V). Cela va-t-il changer quelque chose pour les ampèremètres ?
Argumente ta réponse.

....

5 CONTRÔLE EXPRESS

Selon sa position dans le circuit, l'ampèremètre affiche soit 0,2 A soit 0,4 A.

Pour chacune de ses positions, peux-tu donner la valeur de l'ampèremètre ?

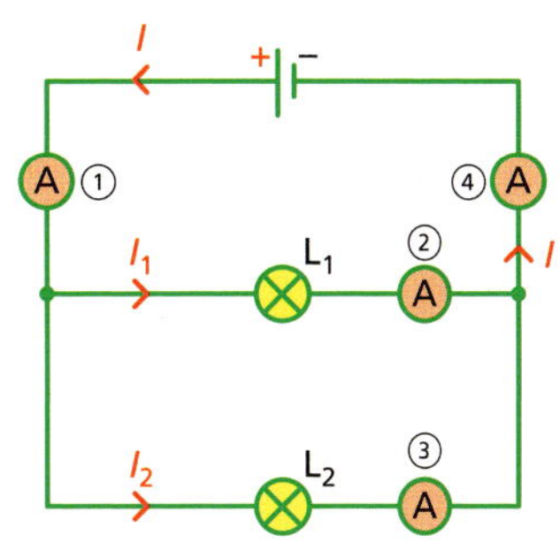

....

....

Corrigés p. 40 du livret.

Phys.-Chimie

13 Construire une gare moderne

LE PROBLÈME

Les tracés spécifiques des lignes à grande vitesse (LGV) nécessitent la création de nouvelles gares à proximité des grandes villes. Comment concevoir ces nouvelles gares pour qu'elles répondent à la fois à des exigences humaines et environnementales ?

LES DOCUMENTS

▷ La gare d'Avignon TGV

MOTS CLÉS

✓ **Cahier des charges :** document regroupant les besoins et les contraintes d'un projet.

✓ **Contrainte :** obligation à respecter.

✓ **Besoin :** situation de manque.

✓ **Intermodalité :** coordination de plusieurs modes de transport.

Doc. 1 Vue aérienne de la gare d'Avignon TGV, construite en 2001.

Contraintes environnementales	Besoins à satisfaire
• Tracé de la LGV à proximité de la ville d'Avignon • Respect du paysage (espace naturel et patrimonial) • Risque d'inondation (proximité du Rhône) • Climat méditerranéen (fort ensoleillement, vent violent : mistral)	• Intermodalité (voies d'accès, parking, gare routière) • Sécurité des usagers (zone de transit sécurisée, confort…) • Espace de services et loisirs (salle d'attente, boutiques…)

Doc. 2 Le cahier des charges du projet de nouvelle gare.

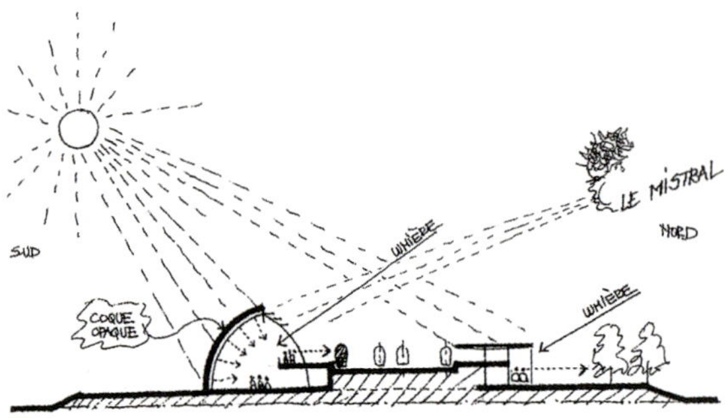

Doc. 3 Croquis des contraintes climatiques.

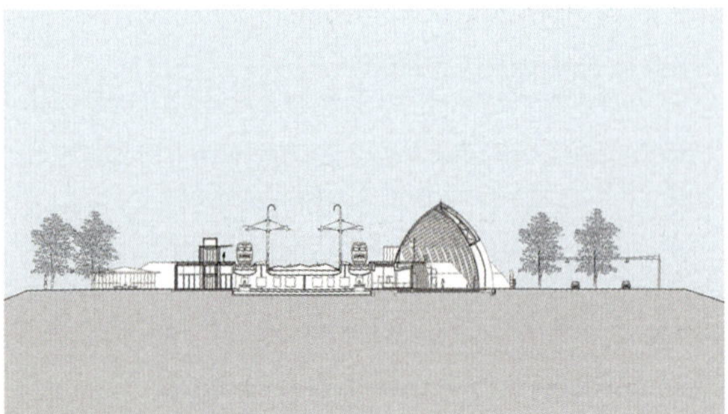

Doc. 4 Coupe transversale de la nouvelle gare.

TECHNOLOGIE

S'ENTRAÎNER

1 Observer

Coche la ou les bonnes réponses.

a. Sur le document 1, on remarque :

❑ des parkings ❑ des montagnes
❑ une voie cyclable ❑ un fleuve

b. Le document 3 donne des solutions :

❑ aux contraintes climatiques
❑ au besoin d'intermodalité
❑ au risque d'inondation

2 Analyser

Pour chaque élément de conception , retrouve la contrainte en t'aidant du document 2.

1. Environnement géographique

a. Emplacement peu urbanisé, sur un terrain non accidenté, proche de la ville d'Avignon.

→ La gare doit se situer ....

b. Terrain non inondable, en hauteur.

→ La gare doit éviter ....

c. Utiliser des matériaux et des couleurs en harmonie avec le cadre naturel.

→ La gare doit s'intégrer dans ....

2. Usages

d. Prévoir une structure d'attente et/ou de transit à l'abri du passage des trains.

→ La gare doit assurer ....

e. Prévoir un parking directement desservi et une gare routière, tous deux suffisamment dimensionnés.

→ Les voyageurs doivent pouvoir changer facilement de ....

f. Prévoir une zone fermée à l'abri de la chaleur et du vent, insonorisée, avec des services et boutiques.

→ Les voyageurs doivent pouvoir ....

3 Nature et architecture

Relie les différents éléments naturels aux solutions conceptuelles apportées.

4 Déduire

Coche les bonnes réponses.

a. La conception apporte des ❑ obligations ❑ solutions ❑ contraintes. On en déduit des choix technologiques.

b. À l'extérieur, l'emplacement permet ❑ un accès facile ❑ une jolie vue grâce aux dessertes routières.

c. La gare est à l'abri des crues du Rhône et des rivières proches car l'ensemble se trouve ❑ enterré ❑ surélevé ❑ éloigné, en particulier les voies ferrées.

d. À l'intérieur, l'espace est ❑ ouvert ❑ fermé et offre une zone agréable de transit aux passagers.

e. Une partie de la structure est vitrée afin de se protéger ❑ du vent ❑ du soleil, tout en respectant le paysage.

f. L'autre partie opaque protège ❑ du vent ❑ du soleil. Elle est conçue en couleur claire avec des matériaux naturels et nobles (bois et acier).

5 CONCLURE

Complète la conclusion à l'aide des termes de la liste suivante : *contraintes • projet • paysage • cahier des charges • services • besoins*

Dans un projet de gare moderne, les .... environnementales et les .... humains doivent être identifiés dans un .... Les choix de conception apportent les solutions nécessaires à l'avancement du .... La gare n'est pas seulement un espace de voyage mais s'intègre dans un .... et offre des .... aux usagers.

Corrigés p. 40 du livret.

14 Favoriser le travail collaboratif

LE PROBLÈME

Comment concevoir un espace de travail qui permette d'être efficace et de collaborer avec des personnes à distance ? Quels sont les éléments de sécurité des données à mettre en place pour travailler en toute sérénité ?

LES DOCUMENTS

▷ La sécurité des données

MOTS CLÉS

✓ **Réseau public/privé :** connexion informatique accessible à tous (réseau public) ou restreint à des utilisateurs identifiés (réseau privé).

✓ **Télétravail :** travail à distance nécessitant une connexion sécurisée entre le travailleur et l'entreprise.

- La **confidentialité** des données est nécessaire au bon fonctionnement d'une entreprise.
- Les employés des entreprises ont parfois besoin de **travailler à distance.**
- La connexion à un **réseau public** (ex : wi-fi dans une gare, un hôtel…) présente un **risque** : les données peuvent être visibles par des personnes extérieures.
- Les réseaux informatiques doivent être **sécurisés** afin de protéger les données des entreprises et les données personnelles.

▷ Le bureau du futur

Doc. 1 Exemple de poste de travail à domicile moderne.

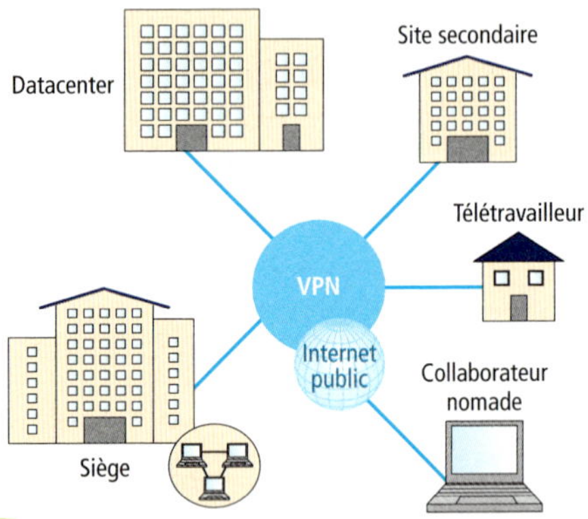

Doc. 2 Pour l'entreprise, un réseau sécurisé de type VPN (*Virtual Private Network*, réseau privé virtuel).

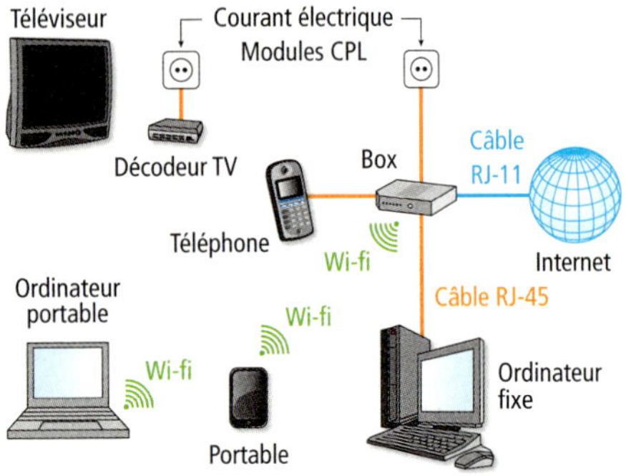

Doc. 3 Pour la maison, des connexions adaptées aux usages.

Différentes technologies de communication

- **CPL** (courant porteur en ligne) : procédé qui utilise les câbles électriques domestiques d'un bâtiment pour transmettre les données informatiques.
- **Wi-fi** (*wireless fidelity*) : technologie de réseau sans fil (par ondes radio) qui connecte des appareils informatiques entre eux sur une distance limitée (quelques mètres).
- **Bluetooth :** technologie de réseau sans fil (par ondes radio) qui connecte des appareils entre eux sur une courte distance (quelques centimètres).

S'ENTRAÎNER

1 Se connecter

À l'aide des informations de la page précédente, relie les technologies aux types de transmission.

Wi-fi ○	○ sans fil (ondes radio)
CPL ○	
Bluetooth ○	○ filaire (câble)
VPN ○	

2 Observer

Coche la ou les bonnes réponses.

a. Sur le document 1, on identifie :

❑ un lieu de vie

❑ un lieu pour jouer aux jeux vidéos

❑ un lieu de travail

❑ un bureau moderne dans un immeuble luxueux

b. Le document 2 met en évidence des lieux de travail différents d'une entreprise où :

❑ les travailleurs ne se voient plus puisqu'ils ne sont jamais au bureau de l'entreprise.

❑ les travailleurs sont reliés par le réseau professionnel qui les connecte à l'entreprise.

❑ les travailleurs utilisent le réseau Internet public pour se connecter au réseau de l'entreprise.

3 Les bons réseaux

Trouve les réseaux appropriés aux situations.

a. Un travailleur se rend à un rendez-vous dans la salle de réunion d'un grand hôtel. Pour présenter son travail confidentiel dont les informations se situent sur un serveur de l'entreprise, il connecte son ordinateur à un réseau ❑ public ❑ sécurisé.

b. Le lendemain, ce même travailleur reste à la maison car son fils est malade. Il se connecte chez lui pour faire un achat personnel avec ❑ le wi-fi ou le CPL ❑ un réseau sécurisé VPN.

c. Le soir, il doit assister à une réunion confidentielle mais il ne peut sortir de chez lui. Il envoie des documents professionnels à distance en utilisant ❑ l'Internet ❑ un réseau sécurisé VPN.

d. Un collaborateur demande urgemment un fichier confidentiel. Hubert qui se trouve alors dans un centre commercial utilise ❑ le wi-fi du centre commercial ❑ un réseau sécurisé VPN pour se connecter au réseau sécurisé de l'entreprise et envoyer par courriel l'information confidentielle.

4 Déduire

Coche les bonnes réponses.

a. Le télétravail permet de gagner en performance tout en améliorant le travail ❑ individualiste ❑ collaboratif.

b. Pour être mis en œuvre, le bureau de travail est alors réduit à un poste informatique qui doit disposer d'un ❑ wi-fi ❑ réseau sécurisé afin de garantir la confidentialité des échanges.

c. Le bureau nomade permet de s'installer dans un site secondaire de l'entreprise et de ❑ travailler ❑ surfer avec toutes les fonctionnalités ergonomiques de son bureau dédié.

5 CONCLURE

Complète la conclusion à l'aide des termes de la liste suivante : *Internet • Bluetooth • connexion • sécurisée • wi-fi • virtuel*

Le fait de disposer d'un bureau .... permet de travailler à différents endroits tout en restant en contact avec le reste de l'entreprise par l'intermédiaire d'une connexion .... disponible à tout moment.

Pour échanger des informations confidentielles, il est facile de créer une .... sécurisée à partir d'une liaison .... publique. Chez soi, il est parfois possible de travailler pour l'entreprise sans installer une connexion filaire dédiée. Pour cela, on peut utiliser une connexion sans fil de type .... La souris sans fil est connectée à l'ordinateur par une connexion de type .... dont la couverture est limitée à quelques centimètres.

Corrigés p. 40 du livret.

15 Adapter son habitation à l'environnement

LE PROBLÈME

Un toit doit être solide, isolant, adapté au climat, mais également durable et respectueux du paysage. Comment concilier ces fonctions particulières ?

LES DOCUMENTS

Les fonctions d'un toit

MOTS CLÉS

✓ **Ergonomie :** étude visant à adapter un objet technique pour en faciliter l'usage (confort, efficacité).

✓ **Esthétique :** étude des formes et des matériaux les mieux adaptés à un objet technique et à son usage.

Caractéristique d'un toit	Fonction	Réponse technique
Solide	Résistance au vent	Fixations, poids, protections spécifiques (extrémités relevées…)
Isolant	Isolation thermique	Composition isolante végétale ou minérale (bois, pierre)
Adapté au climat	Mise hors d'eau (et de la neige)	Pente guidant l'eau hors de la zone à protéger
Esthétique	Mimétisme avec le paysage	Toit végétal en zone herbacée, en pierre locale en zone pierreuse
Durable	Protection des générations futures	Utilisation de matières premières renouvelables
Économique	Facilité de construction	Matériaux locaux et réutilisables
Habitable	Lieu de vie	Luminosité et aménagement (toit-terrasse, chien-assis, fenêtre)

Doc. 1 Fonctions d'un toit et réponses techniques adaptées à l'environnement.

Les régions et leurs toits

Doc. 2 Toit en ardoise en Bretagne : une pente forte et des pignons protecteurs.

Doc. 3 Toit en chaume et lauze en montagne, dans le Vercors : un matériau local et économique.

Doc. 4 Toit en tuile canal dans le Sud de la France : un matériau économique sur un toit à faible pente.

Doc. 5 Yourte kazakhe : un matériau isolant et une structure démontable.

TECHNOLOGIE

S'ENTRAÎNER

1 Vrai ou faux ?

Observe le document 2 et coche la bonne réponse.

	V	F
a. Le toit est protégé par des pignons.	❑	❑
b. Le toit peut s'envoler.	❑	❑
c. Les matériaux sont modernes.	❑	❑
d. L'eau de pluie aura du mal à s'écouler.	❑	❑

2 Observer les contraintes

À quoi sont adaptés les toits des documents 2 à 5 ?

toit en ardoise breton ○	○ aux exigences esthétiques
toit bâché kazakh ○	○ aux fortes pluies
toit en chaume alpin ○	○ au mode de vie nomade
toit en tuile « romaine » ○	○ à la rudesse climatique (vent, pluie, neige, gel)

3 Observer les choix techniques

Sur les documents 2 à 5, à quelles contraintes sont reliés les choix techniques ?

précipitations ○	○ extrémités protégées
richesse naturelle locale ○	○ structure démontable
vent ○	○ inclinaison forte
nomadisme ○	○ composition minérale ou végétale

4 Analyser

Complète les phrases suivantes.

a. Par fort ensoleillement, il est nécessaire pour se protéger de la chaleur que le toit soit un isolant ....

b. Par fortes pluies, il est nécessaire que le toit guide l'eau ....

c. Par vent fort, il est nécessaire que le toit ne s'envole pas et donc qu'il soit ....

5 Comprendre

Recherche sur Internet des explications aux faits suivants.

a. Les paysans du Vercors privilégient l'utilisation de matériaux comme la chaume, les Kazakhs le feutre, les Méditerranéens la terre cuite, les Bretons l'ardoise.

b. Une maison norvégienne typique a un toit végétal.

c. Quel type de toit est traditionnel dans ta région ? Explique sa forme et le choix des matériaux.

6 Déduire

Coche les bonnes réponses.

a. La réponse technique d'un objet offre une ❑ solution ❑ alternative à un ou plusieurs problèmes identifiés par les concepteurs.

b. Dans le cas des toits, l'aspect ❑ économique ❑ technique et social oriente la solution la plus accessible pour tous les usagers.

c. L'utilisation de matériaux ❑ locaux ❑ idéaux et en quantités disponibles facilite l'atteinte d'un bon rendement efficacité/coût.

d. Dans un souci de durabilité, les concepteurs favorisent l'utilisation de matières premières ❑ renouvelables ❑ réutilisables.

e. Les critères esthétiques sont liés à une adaptation au ❑ climat ❑ paysage.

7 CONCLURE

Complète la conclusion à l'aide des termes de la liste suivante : *développement* • *fonctions* • *local* • *renouvelables* • *environnement* • *matières premières* • *ergonomiques* • *climatiques*

Un objet technique est d'autant plus efficace qu'il s'adapte à son .... Cela suppose que les réponses techniques aux .... à remplir doivent prendre en compte des paramètres ...., esthétiques, ... et d'approvisionnement .... Les constructions qui respectent les objectifs d'un .... durable offrent des réponses techniques utilisant des .... disponibles et ....

Corrigés p. 41 du livret.

Anglais

Plus d'entraînement sur
www.hatier-entrainement.com

Anglais

			Date	Évaluation
1	*Be, have, there is/there are*	218		
2	Présents simple et en « *be* + *ing* »	220		
3	L'expression du futur	222		
4	Les adjectifs, comparatifs, superlatifs	224		
5	Le nom, dénombrables, indénombrables	226		
6	La possession, pronoms personnels et réfléchis	228		
7	Prétérit simple, verbes irréguliers	230		
8	Quelques quantifieurs indéfinis, l'exclamation	232		
9	Les modaux	234		
10	Le prétérit en « *was/were* + *ing* »	236		
11	Les mots interrogatifs	238		
12	Gérondif, impératif	240		

Pour t'entraîner À L'ORAL

Cette partie de l'ouvrage est associée à des ressources audio, signalées par ce pictogramme 🎧 et disponibles sur le site www.editions-hatier.fr.

1. Dans la zone de recherche du site, tape « Tout savoir » et sélectionne le livre de 5ᵉ.
2. Clique sur l'onglet « Ressources à télécharger » et choisis : ANGLAIS 5ᵉ.
3. Télécharge le répertoire contenant tous les sons.
4. Joue les sons correspondant au chapitre que tu étudies.

Be, have, there is/there are

RETENIR

jacket

1 / *Be*

- ***Be*** renseigne sur **ce que l'on est** (âge, nom, nationalité).

I **am** at home (I'**m**). She **is** here (She'**s**).
Are you with Paul? He **is not** (**isn't**) in the house.
Are your parents at home? Yes, they **are**. **Is** Sarah your teacher? No, she **isn't**.

- Plusieurs expressions se construisent avec ***be*****, à l'inverse du français.**

I'm twelve. J'ai douze ans. I'm lucky. J'ai de la chance.
I'm hungry/thirsty. J'ai faim/soif. I'm cold/hot, warm. J'ai froid/chaud.

trousers

2 / *Have*

- ***Have*** est **tantôt un auxiliaire, tantôt un verbe régulier.**
- ***Have got*** exprime **ce que l'on possède.** Peter **has got** one brother and five sisters.

– **Forme affirmative** : *I, you, we, they* ***have got****. / He, she, it* ***has got****.*
– **Forme interrogative** : ***Have*** *I, you, we, they* ***got****? /* ***Has*** *he, she, it* ***got****?*
– **Forme négative** : *I, you, we, they* ***have not got****. / He, she, it* ***has not got****.*
– **Forme contractée** : ***I've got****, I* ***haven't got****. / He'****s got****, he* ***hasn't got****.*

skirt

- ***Have*** **peut aussi se traduire par « prendre, faire »...**

Léa never has breakfast in the morning. Léa ne prend jamais de petit-déjeuner le matin.
We all had a good time at the party. Nous nous sommes bien amusés à la fête.

Have se conjugue alors avec l'auxiliaire *do* : **Do** you **have** a bath in the morning?

3 / *There is/there are*

blouse

- *There is, there are* expriment **ce qu'il y a.**

There is a bird on your bike. **There are** five pigeons on the balcony.

- *There* ***is*** est suivi d'un **singulier**. *There* ***are*** est suivi d'un **pluriel**. Si le premier mot de la liste est au singulier on emploie *there is*. **There is** a lorry and two cars.

UN PEU DE VOCABULAIRE

shoes

▷ Family

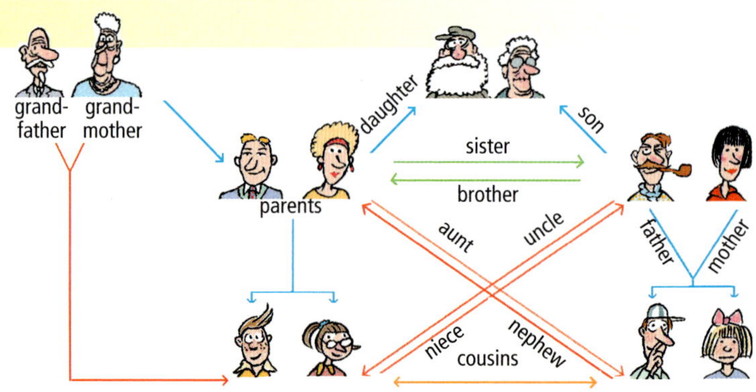

socks

S'ENTRAÎNER

1 Quiz

Relie la phrase à la forme de *be* ou *have* qui convient.

a. I … very hungry: I want to … lunch now.	has
b. My sister … ten.	are, am
c. She … a piano lesson on Saturday.	are
d. … you cold? No, I … very warm.	am, have
e. My friends … hungry and thirsty.	is

2 *Be*

Complète les phrases suivantes avec *be* (forme pleine).

a. I .... very tired today.

b. It .... ten o'clock.

c. My parents .... in Australia.

d. John .... not at school today.

e. We .... better than them.

3 *Have got* ou *has got* ?

Complète avec *have got* ou *has got* (formes affirmative ou interrogative).

a. Keith .... a headache.

b. .... Paula .... a MP3 player?

c. My best friend .... a boyfriend.

d. .... you .... time for us?

e. I .... short hair.

4 Réponses brèves

Réponds en donnant des réponses brèves.

a. Is Peter a journalist? No, ...

b. Are the Smiths your neighbours? Yes, ...

c. Is it new? Yes, ...

d. Is this her dog? Yes, ...

e. Are we late? No, ...

5 Comment dirais-tu que… ?

a. Tu as de la chance.

....

b. Ton frère prend des cours de guitare.

....

....

c. Jane a faim et soif.

....

d. Tu t'amuses avec tes amis.

....

e. Tu dînes tôt.

....

6 Test de vocabulaire

Complète les phrases avec le bon vêtement.

a. Put on your ...., it's cold outside.

b. Don't walk on the grass with your ....

c. My .... are too long.

d. Put white .... with these shoes, it is more comfortable.

e. Look at this girl, I think her .... is beautiful.

7 CONTRÔLE EXPRESS

Complète avec *there is* ou *there are* à la forme qui convient.

a. .... a pen and two books on the table.

b. .... ten roses in the vase.

c. .... a cake for you in the fridge.

d. .... many students in the meeting room.

e. .... someone in the garage.

f. .... any tomatoes in the fridge?

g. .... a teacher and three pupils in the classroom.

h. .... any milk in the fridge?

Corrigés p. 41 du livret.

2 Présents simple et en « *be + ing* »

RETENIR

1 / Le présent simple

- Le présent simple sert à **décrire des actions habituelles**, à parler de **vérités**, de **faits permanents**, de **généralités**.

  Bridget **works** every day. It **rains** a lot in autumn. He **likes** tea.

- À la **forme affirmative**, on utilise la **base verbale** à toutes les personnes (ne pas oublier le « **s** » à la **3e personne du singulier**).

  I **sing**, you **sing**, he/she/it **sings**, we **sing**, you **sing**, they **sing**.

- Aux **formes interrogative et négative**, on utilise l'auxiliaire ***do***, ou ***does*** (**3e personne du singulier**).

  Do you **sing**? **Does** he **sing**? He **does not** (**doesn't**) **sing**. We **do not** (**don't**) **sing**.

- **Réponses brèves :**

  Do you **live** in Manchester? Yes, I **do**. **Does** Tim **smoke**? No, he **doesn't**.

- *Often* (souvent), *sometimes* (quelquefois), *always* (toujours), *never* (jamais), *usually* (habituellement) se placent avant le verbe, mais toujours après *be*.

2 / Le présent en « *be + ing* »

- Pour parler d'une **action** qui est **en train de se dérouler**, on emploie le présent en « *be + ing* ». It **is raining**. = Il pleut.
  - **Forme affirmative** : Sujet + auxiliaire *be* + base verbale + *ing* : Paul **is dancing**.
  - **Forme interrogative** : **Is** Nat **cooking**?
  - **Forme négative** : Pam **is not** (**isn't**) **cleaning** her room.
  - **Réponses brèves** : **Is** Fred **painting**? Yes, he **is**.

    Are Paul and Jennifer **watching** TV? No, they **aren't**.

3 / Les *question tags*

You don't smoke, **do you**? It is raining, **isn't it**?
Your sister works in a bank, **doesn't she**? The sun isn't shining, **is it**?

UN PEU DE VOCABULAIRE

▷ The house

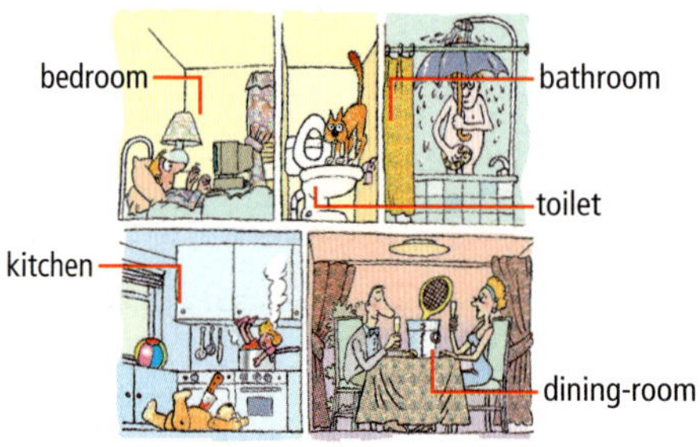

chair

sofa

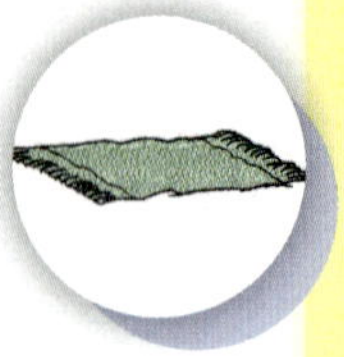
carpet

armchair

picture

bookcase

ANGLAIS

S'ENTRAÎNER

1 Quiz

Coche la case qui convient.

a. Michael ❑ is living ❑ lives in New York.

b. Brian ❑ has ❑ is having lunch in the kitchen now.

c. I'm at the airport; I ❑ wait ❑ am waiting for my flight.

2 Présent en *be + ing*

Mets les phrases suivantes aux formes interrogative et négative.

a. Pamela is playing the piano.

b. Her friends are drinking tea.

c. She is taking a picture.

d. The athlete is running.

e. Your teacher is speaking with mine.

3 Présent simple

Mets les phrases suivantes aux formes interrogative et négative.

a. Tom likes classical music.

b. You buy the newspaper every morning.

c. Pat often sleeps late.

d. He speaks Chinese.

e. Your friends live in London.

4 Réponses brèves

Donne des réponses brèves à ces questions.

a. Are you playing with your dog? Yes, ...

b. Does Barbara swim? No, ...

c. Is Maureen writing a letter? Yes, ...

d. Do your parents go out at night? Yes, ...

5 Présent simple ou en *be + ing* ?

Mets le verbe entre parenthèses au temps qui convient.

a. Look! Mark .... fast. (run)

b. Samantha .... glasses. (wear)

c. They can't come, they .... their homework. (do)

d. I .... chocolate. (love)

e. He always .... me late at night. (call)

6 Comment dirais-tu que... ?

a. Tu n'aimes pas les oignons.

....

b. Il est tard : tu attends l'autobus.

....

c. Ta mère est en train de dormir.

....

d. Peter est souvent en retard.

....

7 Test de vocabulaire

Regarde bien le dessin page de gauche et réponds aux questions suivantes.

a. Where is the computer?

....

b. Where is the cat?

....

c. Where are the toys?

....

d. Where is the umbrella?

....

e. Where is the tennis racket?

....

8 CONTRÔLE EXPRESS

Complète avec *do*, *does*, *is* ou *are*.

a. .... you playing or .... you working?

b. .... he help you? No, he ....n't.

c. The cat .... running after the puppy.

d. We .... not play cards.

e. .... you travel alone?

Corrigés p. 41 du livret.

3 L'expression du futur

RETENIR

1 / Les différentes constructions

carrots

- ***Be going to*** **+ base verbale**

L'auxiliaire ***be*** se conjugue au présent. *Going to* et la base verbale sont invariables. Cette expression sert à exprimer une action qui va se dérouler dans un futur proche, ce qu'on a l'intention de faire, ou pour prédire un événement.

Look! She**'s going to jump**. I**'m going to leave**. It**'s going to snow**.

cabbage

- ***Be*** **+ verbe +** ***ing***

La construction *be* + verbe en *ing* peut servir à exprimer le futur. Le sujet est un être animé. La phrase doit contenir un complément de sens futur.

Jane **is coming** tonight. We**'re leaving** next week.

- ***Will*** est un auxiliaire modal qui sert à exprimer le futur.

– Forme affirmative : *will* (ou *'ll*) + base verbale.

We**'ll call** you tomorrow. Chris **will have** a party next Saturday.

– Forme interrogative : *will* + sujet + base verbale.

Will you take the train tomorrow? Prendras-tu le train demain ?

mushroom

– Forme négative : *will not* (*won't*) + base verbale.

Sam **won't sleep** here. Sam ne dormira pas ici.

2 / Réponses brèves

Are they going to help us? **Yes, they are.** Will you call me tomorrow? **Yes, I will.**

3 / *Question tags*

lettuce

Helen is going to dance, **isn't she**? Mary won't spend too much money, **will she**?

UN PEU DE VOCABULAIRE

▷ Food, meals

cucumber

cauliflower

S'ENTRAÎNER

1 Quiz

Ces phrases sont-elles au présent ou au futur ? Coche la bonne case.

	présent	futur
a. He is going to the market.	❑	❑
b. They are going to read.	❑	❑
c. She is coming.	❑	❑
d. She is coming at 5.	❑	❑
e. I am going to swim.	❑	❑

2 Les trois futurs

Donne les trois futurs possibles.

Exemple : I / help you / tomorrow.
→ I'll help you tomorrow. / I'm going to help you tomorrow. / I am helping you tomorrow.

a. We / invite the Taubers / for Christmas

....

....

....

....

b. She / take the train / tonight

....

....

....

....

c. They / go / to Spain / next August

....

....

....

....

3 Formes interrogative et négative

Mets les phrases suivantes à la forme interrogative puis à la forme négative.

a. They'll be at home later.

b. She is having a cello lesson tomorrow.

c. Paul is going to open the door.

d. I'll go to the concert next week.

e. We're coming tonight.

4 Comment dirais-tu que… ?

a. Il va pleuvoir.

....

b. Peter arrive ce soir.

....

c. Tu voyageras seul(e) l'année prochaine.

....

d. Tu pars à Londres demain.

....

e. Je t'appellerai jeudi.

....

5 Test de vocabulaire

Observe le menu page de gauche et écris ce que cet homme a mangé aujourd'hui.

a. For breakfast he had ....

....

b. For lunch he had ....

....

c. For dinner he had ....

....

6 CONTRÔLE EXPRESS

Choisis la réponse brève qui convient.

a. Is he going to come?	○	○	No, he isn't.
b. Will Sarah travel with us next year?	○	○	Yes, they will.
c. Are you leaving tonight?	○	○	Yes, she will.
d. Is he going to dive?	○	○	No, he isn't.
e. Will the journalists interview him tomorrow?	○	○	Yes, I am.

Corrigés p. 41 du livret.

4 Les adjectifs, comparatifs, superlatifs

RETENIR

1 / L'adjectif qualificatif

- **L'adjectif accompagne le nom et en précise le sens.** Il est **épithète** ou **attribut**. Attention ! L'adjectif épithète se place avant le nom.

  I like your **blue** car. J'aime ta voiture bleue. → épithète
  Paul is **tall**. Paul est grand. → attribut

- L'adjectif est **invariable.** The boy is **young**. The teachers are **young**.

- Les **adjectifs de nationalité** prennent une majuscule.

  Mr Sassila doesn't like **Chinese** restaurants.

- L'adjectif peut être **composé** : a **light-grey** car (une voiture gris clair).

- Certains adjectifs précédés de *the* ont un **rôle de collectif**. Le verbe qui suit est au pluriel : The young like music. Les jeunes aiment la musique.

autumn

2 / Les comparatifs

- Le **comparatif d'égalité** se forme en mettant *as* de chaque côté de l'adjectif.

  Jane is **as nice as** Mary. Peter isn't **as tall as** Matt.

- Pour former le **comparatif de supériorité** :
  – adjectif court + *-er* + *than*. This building is **higher than** your house.
  Attention ! big → bigger • heavy → heavier.
  – *more* + adjectif long + *than* : Her car is **more expensive than** yours.

winter

3 / Le superlatif de supériorité

- Pour le former :
  – *the* + adjectif court + *-est*. He is **the nicest** boy of the class.
  – *the most* + adjectif long. This is **the most interesting** book I have ever read.

- Attention ! Il existe des comparatifs et des superlatifs **irréguliers** :

  good → **better, the best** • bad → **worse, the worst** • far → **farther, the farthest.**

spring

UN PEU DE VOCABULAIRE

summer

▷ Days, months

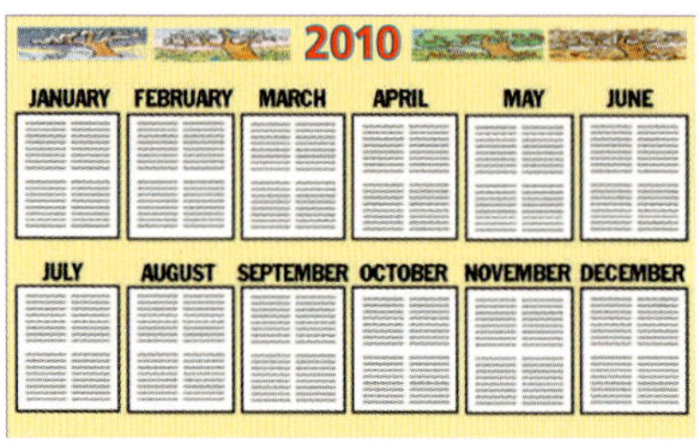

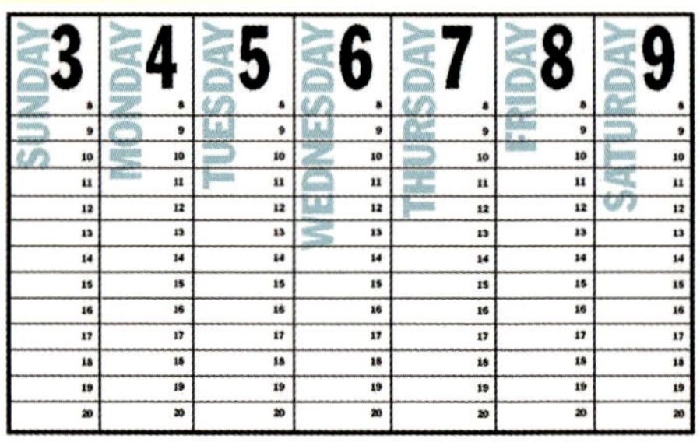

ANGLAIS

S'ENTRAÎNER

1 Quiz

Trouve la nature de l'adjectif.

a. The heavy bag is behind the door. ○
b. These flowers are lovely. ○
c. This garden is big. ○
d. I don't like this expensive dress. ○
e. These girls are tall. ○

○ épithète
○ attribut

2 Mets les mots dans le bon ordre

a. is / new / she / pullover / wearing / a / today.

....

....

b. dirty / my / dark / -grey / skirt / is.

....

c. today / hot / is / sunny / it / and.

....

d. American / interesting / is / this / film.

....

e. and / looks / tired / old / she.

....

3 Superlatif

Mets ces phrases au superlatif.

a. My dog / fast / in town.

....

b. Bill / nice / of the class.

....

c. These shoes / expensive / in the shop.

....

....

d. August / hot / month of the year.

....

e. This restaurant / good / in town.

....

f. Peter B. / bad / singer.

....

Corrigés p. 42 du livret.

4 Comparatif

Construis des phrases avec les éléments donnés.

Exemple : Lucas / nice / interesting / Paul
→ Lucas is nicer and more interesting than Paul.

a. This restaurant / small / expensive / that one
b. My teacher / tall / elegant / yours
c. Mum / slow / careful / Dad
d. Elephants / big / dangerous / birds
e. Ellen / young / beautiful / Mary

5 Comment dirais-tu que… ?

a. Les Anglais roulent à gauche.

....

b. Tu aimes les vestes bleu marine.

....

c. Les Italiens aiment chanter.

....

d. Il faut aider les pauvres.

....

6 Test de vocabulaire

Inscris ton emploi du temps dans la grille de la page de gauche et construis des phrases comme dans l'exemple donné.

Exemple : I have English on Monday and Thursday.

....

7 CONTRÔLE EXPRESS

Construis le plus de phrases possible au comparatif ou au superlatif concernant ces coureurs. Observe bien le dessin. Utilise les adjectifs suivants : *fast, slow, good, bad.*

Exemple : Matt runs faster than Paul. Matt is the fastest.

5 Le nom, dénombrables, indénombrables

guitar

violin

cello

drums

trumpet

conductor

RETENIR

Le nom désigne une personne, un animal ou une chose.

1 / Les deux catégories de nom

- Les **dénombrables** = ce que l'on peut compter. Ils peuvent se mettre au pluriel.
  a window → windows • a tree → trees

La plupart des dénombrables prennent un *s* au pluriel.

- Les **indénombrables** = ce que l'on ne peut pas compter. Ils ne peuvent pas se mettre au pluriel : milk, sugar, rice, money, time.

2 / Le pluriel des noms

- Certains dénombrables forment leur pluriel **en *es*** (prononcé IZ).
  – mots terminés par *s*, *x*, *sh*, *ch* : dresses, buses, taxes, boxes, brushes, matches.
  – quelques mots terminés par *o* : tomatoes, potatoes, mais pianos.
  – mots terminés par une consonne + *y* : hobbies, babies, families, ladies, stories.

- La plupart des mots terminés par *f*, *fe*, *lf* forment leur pluriel **en *ves***.
  leaf → leaves • wife → wives • knife → knives • shelf → shelves.

- Certains noms ont des pluriels **irréguliers**. man → men • woman → women • child → children • foot → feet • tooth → teeth • mouse → mice • penny → pence.

3 / Cas particuliers

- *People* est toujours suivi d'un verbe au pluriel et ne prend pas d'*s* quand il signifie « des gens », « du monde ». There **were many people** at the post office.

- *Hair*, *luggage*, *furniture* sont toujours suivis d'un verbe au singulier. Ils sont invariables. My **hair is** too short. Your **luggage is** heavy. This **furniture is** expensive.

- *Trousers*, *pyjamas* sont toujours au pluriel. His **trousers are** dirty.

- *Fish*, *fruit* sont généralement au singulier. I must buy **some fruit**.

- Dans un **nom composé**, c'est le deuxième élément qui prend la marque du pluriel. Certains s'écrivent en un seul mot. taxi-drivers, toothbrushes, weekends

UN PEU DE VOCABULAIRE

▷ Jobs

doctor

dentist

actor

baker

butcher

grocer

postman

nurse

policeman

waiter

cook

mechanic

S'ENTRAÎNER

1 Quiz

Les noms suivants sont-ils dénombrables (D) ou indénombrables (I) ? Coche la bonne case.

	D	I		D	I
a. pepper	❏	❏	b. computer	❏	❏
c. window	❏	❏	d. milk	❏	❏
e. sugar	❏	❏	f. time	❏	❏
g. money	❏	❏	h. orange	❏	❏
i. radio	❏	❏	j. bag	❏	❏
k. glass	❏	❏	l. meat	❏	❏
m. book	❏	❏	n. water	❏	❏
o. bread	❏	❏	p. chair	❏	❏

2 Pluriel des noms

Donne le pluriel des mots suivants.

a. baby .... b. leaf ....
c. foot .... d. man ....
e. woman .... f. mouse ....
g. child .... h. match ....
i. brush .... j. dress ....
k. box .... l. tooth ....

3 Pluriels réguliers et irréguliers

Mets ces mots au pluriel puis place-les dans la bonne colonne.

mother • bus • baby • car • window • match • potato • boy • bag • box • piano

Réguliers	Irréguliers

4 *Is* ou *are* ?

Complète les phrases suivantes.

a. .... your trousers on your bed?
b. His furniture .... very beautiful.
c. You should go to the hairdresser; your hair .... too long.
d. There .... many people in the meeting-room.
e. .... your mother's luggage ready?

5 Comment dirais-tu que... ?

a. Ton pantalon est neuf.
....
b. Il y a du monde au cinéma.
....
c. Tes cheveux sont longs.
....
d. Les moutons de ton oncle mangent dans le pré.
....
....
e. Tu dois acheter des tomates et des pommes de terre.
....
....

6 Test de vocabulaire

Complète ces phrases avec un nom de métier.

a. The .... sells bread and cakes.
b. The .... sells meat, chicken and sausages.
c. The .... makes good dishes *(plats)*.
d. The .... repairs cars.
e. The .... sells eggs, milk, sugar and cheese.

7 CONTRÔLE EXPRESS

Forme neuf mots composés en reliant un élément de la colonne A à un élément de la colonne B.

A	B
apple o	o paper
sitting o	o end
home o	o book
rain o	o room
copy o	o tree
week o	o work
news o	o driver
taxi o	o chair
arm o	o coat

Corrigés p. 42 du livret.

6 La possession, pronoms personnels et réfléchis

RETENIR

1 / Les différentes manières d'exprimer la possession

- Les **déterminants possessifs** sont toujours suivis d'un nom (mais ne s'accordent pas avec lui) : **my** cat, **your** cat, **his/her** cat, **its** ball, **our** pen, **your** pen, **their** pen.
Attention ! À la troisième personne du singulier, il faut choisir en fonction du possesseur : **his** name (le nom du garçon) ; **her** name (le nom de la fille) ; **its** name (le nom d'un animal ou d'un objet).

- Le **cas possessif.** La possession est exprimée au singulier par *'s* suivi d'un nom sans déterminant : Mary**'s** dog. Le possesseur est placé en premier. Au pluriel, le *s* du cas possessif disparaît mais l'apostrophe demeure : the teachers**'** room.
Lorsque le pluriel est irrégulier, on emploie *'s* : the post**men's** bikes.

- *Whose* **interroge sur l'appartenance.**

  Whose watch is this? It's Bill's watch. À qui est cette montre ? C'est la montre de Bill.
  On peut répondre : It's **Bill's** ou It's **his** watch. C'est sa montre.

- Les **pronoms possessifs** remplacent le groupe nominal : *mine, yours, his, hers, its, own, ours, yours, theirs.* It's my key. → It's mine.

2 / Les pronoms personnels

- **Sujets** : *I, you, he, she, it, we, you, they.*
- **Compléments** : *me, you, him, her, it, us, you, them.* Il se place toujours après le verbe : You must help **her**.

3 / Les pronoms réfléchis

- *Myself, yourself, himself, herself, itself, ourselves, yourselves, themselves.*
- On les emploie lorsque le sujet et le complément représentent la même personne : I am looking at **myself**. Je me regarde.
Ils servent aussi à insister sur le sujet : I did it **myself**. Je l'ai fait moi-même.

UN PEU DE VOCABULAIRE

▷ School

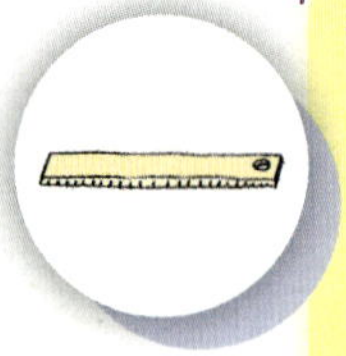
ruler

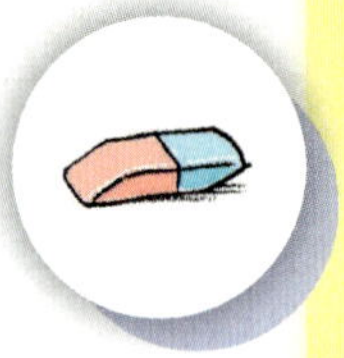
rubber

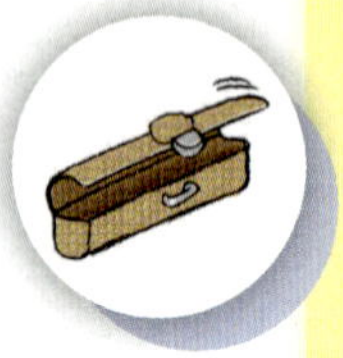
pencil case

pencil

pen

schoolbag

ANGLAIS

S'ENTRAÎNER

1 Quiz

Coche le bon pronom personnel.

a. She writes to Paul every day; I'm sure she loves
❑ her. ❑ him.

b. I don't understand this exercice; can you help
❑ me? ❑ us?

c. Give ❑ she ❑ her some money for the bus.

d. My friends are late, I am waiting for
❑ us. ❑ them.

e. Don't disturb ❑ him, ❑ me, I am watching an interesting film.

2 Déterminants possessifs

Complète les phrases suivantes avec un déterminant possessif.

a. Betty put .... socks under the bed.

b. I work with the Johnsons and .... cousins.

c. My mother and I would like to invite you to .... country house.

d. I can't come, ... car has broken down.

e. Chuck is alone in .... bedroom.

3 Réponds négativement et complète

Exemple : Is it Maureen's bag? (Susan)
→ No, it isn't. It's Susan's.

a. Is it the Brown's cottage? (the Carters)

....

b. Are they your parents' neighbours? (my friends)

....

c. Is it Alice's piano? (Elton)

....

4 Cas possessif

Donne toutes les réponses possibles.

Exemple : Whose car is it? (Brian)
It's Brian's car. It's Brian's. It's his car. It's his.

a. Whose baby is it? (Alicia)

b. Whose bikes are they? (John)

c. Whose radio is it? (Mr Bond)

d. Whose flowers are they? (Jessica)

e. Whose glass is it? (Mike)

5 Comment dirais-tu que... ?

a. Ces jouets sont les tiens.

....

b. Ta mère est l'amie de Paula.

....

c. John s'est coupé ce matin.

....

d. Tu l'aimes (en parlant de Melissa).

....

e. Jim t'aidera demain.

....

6 Test de vocabulaire

Associe chaque mot au dessin qui le représente. Pour trouver le mot mystérieux, reporte la lettre placée à côté du dessin de chaque objet dans la case correspondante.

1. bag
2. pupil
3. pen
4. book
5. blackboard
6. pencil case
7. copybook
8. teacher

The mysterious word is:

1	2	3	4	5	6	7	8

7 CONTRÔLE EXPRESS

Ajoute le pronom réfléchi qui convient.

a. Bill cut ....

b. Susan took these pictures ....

c. I made this cake ....

d. The babies are looking at .... in the mirror.

e. We enjoyed .... at the party.

Corrigés p. 42 du livret.

7 Prétérit simple, verbes irréguliers

RETENIR

Le prétérit est un **temps du passé**.

1 / *Be*

- Le verbe *be* prend **deux formes au prétérit** : *was* au singulier, *were* au pluriel.
I was, you were, he/she/it was, we were, you were, they were.

The President **was** in Texas last week.

- **Forme interrogative :** **Were** you tired yesterday?
- **Forme négative :** I **was not** (**wasn't**) tired yesterday.
- **Réponses brèves :** Were you happy? Yes, I **was**. Was she in Scotland? No, she **wasn't**.

2 / Le prétérit des verbes réguliers

- Il se forme en ajoutant *-ed* à la base verbale à toutes les personnes :

rain → **rained** ; listen → **listened**.

Attention à la prononciation : les verbes qui se terminent par le son [d] ou [t] auront leur prétérit en [id] : land → **landed** • want → **wanted** • paint → **painted**.
Attention ! like → **liked** • carry → **carried** • marry → **married** mais play → **played**.

- **Forme interrogative :** Auxiliaire + sujet + base verbale + compléments
Did you watch TV yesterday?
- **Forme négative :** Sujet + auxiliaire + *not* + base verbale + compléments
She **did not** go to school yesterday.
- **Réponses brèves :** Did you like the film? Yes, I **did**.
- ***Question tags*** **:** He was late, **wasn't he**? Greg went to Italy last summer, **didn't he**?

3 / Le prétérit des verbes irréguliers

- Certains verbes ont un prétérit irrégulier, le même à toutes les personnes :
take → **took** • buy → **bought** • write → **wrote** • eat → **ate** • see → **saw** • have → **had**.

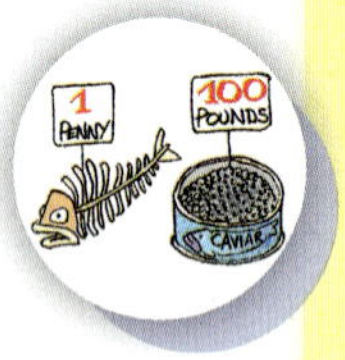

cheap/expensive

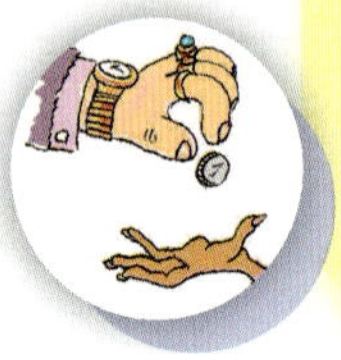
rich/poor

tall/short

old/young

UN PEU DE VOCABULAIRE

▷ Body, face

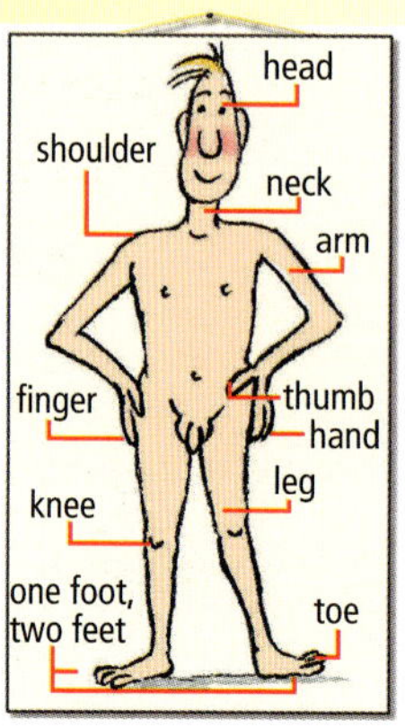

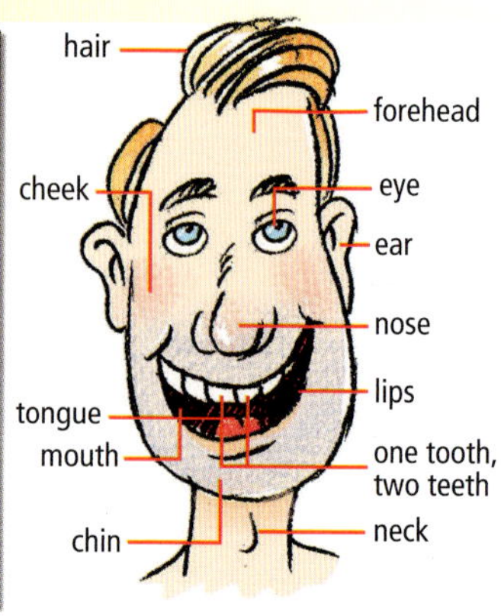

S'ENTRAÎNER

1 Quiz

Coche la case qui convient.

a. Helen and Paul ❑ was ❑ were very ill last week.

b. His friend ❑ was ❑ were nice with us.

c. My parents ❑ was ❑ were not at home when we arrived.

d. ❑ Was ❑ Were Paul's teacher patient with him?

e. ❑ Was ❑ Were you tired after the swimming lesson?

2 Forme interrogative

Mets ces phrases à la forme interrogative.

a. We bought her a nice present.

....

b. It was too cold there.

....

c. His parents took the plane.

....

d. She liked the perfume.

....

e. The tourists visited the castle.

....

3 Forme négative

Mets ces phrases à la forme négative.

a. My music teacher was late.

....

b. They drove to Dover.

....

c. It was too cold to swim.

....

d. They enjoyed their holidays.

....

e. Grandma watched TV late last night.

....

4 Comment dirais-tu que… ?

a. Tu as lavé ton vélo hier.

....

b. Ton frère est allé en Afrique l'année dernière.

....

c. Tu es né(e) en mars.

....

d. Tes amis ne t'ont pas téléphoné.

....

e. Il faisait très chaud.

....

f. Tu as rencontré ta meilleure amie ce matin.

....

g. Tu n'as pas aimé ce cadeau.

....

5 Test de vocabulaire

Complète avec la partie du corps dont il s'agit.

a. I can smell with my ....

b. I can hear with my ....

c. I can walk with my ....

d. I can touch with my..............................

e. I can see with my ....

f. I can eat with my..............................

6 CONTRÔLE EXPRESS

Mets les verbes entre parenthèses au prétérit (attention à la forme).

a. She .... not .... the film. (like)

b. William .... at the library with me last Saturday. (be)

c. My father .... late for dinner. (arrive)

d. .... you angry? (be)

e. It .... a lot in Ireland. (rain)

f. We .... not .... the plane last summer. (take)

Corrigés p. 42 du livret.

8 Quelques quantifieurs indéfinis, l'exclamation

RETENIR

snake

1 / Les quantifieurs indéfinis

- Ils expriment une **quantité ou un nombre approximatif.**

Grande quantité		
Dénombrable		**Indénombrable**
Many → **Many** chairs, books, people.		*Much* → **Much** milk, time, sugar, money.
A lot of → **A lot of** records, a **lot of** work.		
Quantité non définie (du, de la, des)		
Phrase affirmative	*Some* → There is **some** milk in the jug. There are **some** bottles here.	
Phrase interrogative	Réponse inconnue : *any*	Have you got **any** eggs?
	Réponse connue ou offre : *some*	Can I have **some** bread please? Would you like **some** tea?
Phrase négative	La phrase contient une négation : *any*	There aren't **any** envelopes.
	La phrase ne contient pas de négation : *no*	There are **no** envelopes.
Les composés suivent les mêmes règles d'emploi		
Personnes **Choses** **Lieux**	→ *somebody, anybody, nobody / someone, anyone, no one* → *something, anything, nothing* → *somewhere, anywhere, nowhere*	

zebra

hen

2 / L'exclamation

- *How* + adjectif ou adverbe : **How** nice he is! Comme il est gentil !
- *So* + adjectif ou adverbe : She is **so** nice! Elle est si gentille !
- *What* + groupe nominal (*what* est suivi de *a* ou *an* avec un dénombrable singulier) : **What a** good driver! Quel bon conducteur !

Mais : **What** great novels! Quels excellents romans ! (dénombrable pluriel)
What perfume! Quel parfum ! (indénombrable)

bird

ANGLAIS

UN PEU DE VOCABULAIRE

bear

▷ Town, country

monkey

S'ENTRAÎNER

1 Quiz

Coche la bonne réponse.

a. I need ❑ some ❑ any ❑ no more time to finish the exercices.

b. Are there ❑ some ❑ any ❑ no restaurants in the area?

c. Would you like ❑ some ❑ any ❑ no tea?

d. I must go to the bank. I have ❑ some ❑ any ❑ no money.

e. He hasn't got ❑ some ❑ any ❑ no stamps.

2 Composés de *some*

Complète ces phrases avec les composés de *some* puis mets-les à la forme interrogative.

a. I can hear some noise, there must be .... at the door.

....

....

b. Susan! Come here! I have .... for you.

....

....

c. My sisters are .... in the house.

....

....

d. There's .... on your nose.

....

....

e. Look! there's .... in the box.

....

....

3 L'exclamation : *what, how, so*

Complète ces phrases exclamatives.

a. This journalist is .... interesting!

b. .... beautiful flowers he brought me!

c. .... expensive this vase is!

d. .... a nice man she has met!

e. Paul Smith was .... famous in his town!

4 L'exclamation : *what, how*

Transforme ces phrases en phrases exclamatives.

a. His parents are tolerant. ....

b. Sarah runs fast. ....

c. This is a lovely house. ....

d. It was an interesting story. ....

....

e. Paul is nervous. ....

5 Les phrases exclamatives

Forme des phrases exclamatives avec les éléments donnés comme dans l'exemple.

Exemple : Room / dirty → What a dirty room! The room is so dirty!

a. Car / fast ....

b. Coffee / strong ....

c. Film / boring ....

d. Teachers / interesting ....

....

e. Neighbours / friendly ....

....

6 Test de vocabulaire

Quel est cet animal ?

a. It flies in the air: ....

b. It jumps in trees: ....

c. It gives milk: ....

d. It crawls: ....

e. It is big and strong: ....

7 CONTRÔLE EXPRESS

Place *many* ou *much* devant ces noms.

a. .... sugar

b. .... postcards

c. .... umbrellas

d. .... bottles of water

e. .... money

f. .... people

g. .... meat

h. .... time

i. .... water

j. .... records

Corrigés p. 42 du livret.

9 Les modaux

RETENIR

Les auxiliaires modaux modifient le sens des verbes qu'ils accompagnent.
– Ils sont suivis d'un verbe à l'infinitif sans *to* : He **can** speak Chinese.
– Ils ont la même forme à toutes les personnes : I **must** call her. He **must** call her.
– Ils se conjuguent sans *do* aux formes interrogative et négative :

Can you drive? You **mustn't** come now.

sleep

1 / *Can, can't, could*

• ***Can*** exprime :
– la capacité physique ou intellectuelle : She **can** drive. Elle sait conduire.
– la permission : **Can** I come in? Est-ce que je peux entrer ?
– la demande polie : **Can** you give me your pen? Peux-tu me donner ton stylo ?

dream

• ***Can't*** exprime :
– l'incapacité : I **can't** run fast. Je ne peux pas courir vite.
– l'impossibilité : I **can't** help you now. Je ne peux pas t'aider maintenant.
– l'interdiction : You **can't** travel alone. Tu ne peux pas voyager seul.

• ***Could*** (prétérit de *can*) exprime :
– la capacité dans le passé : I **could** sleep late before. Je pouvais me coucher tard autrefois.
– la demande polie : **Could** you help me? Pourriez-vous m'aider ?

sing

2 / Autres auxiliaires modaux

• ***Must*** ne s'emploie qu'au présent. Il exprime :
– l'obligation : You **must** do your homework. Tu dois faire tes devoirs.
– la forte probabilité : He **must** be sick. Il doit être malade.

• ***Mustn't*** exprime l'interdiction : You **mustn't** run. Tu ne dois pas courir.

• ***Needn't*** (= *don't have to*) exprime l'absence d'obligation : You **needn't** run. = You don't have to run. Tu n'as pas besoin de courir.

• ***May*** exprime la probabilité : He **may** come. Il se peut qu'il vienne.

walk

UN PEU DE VOCABULAIRE

fly

▷ Means of transport

run

S'ENTRAÎNER

1 Quiz

Complète les phrases suivantes avec *can*, *can't*, *must*, *mustn't*.

a. It's midnight; you ..... go to sleep. ○	○ can
b. I don't have a car, I ..... drive you home. ○	○ can't
c. I'm an English teacher; I ..... understand my American family. ○	○ must
d. You're too young, you ..... drink alcohol. ○	○ mustn't
e. Your mother is tired; you ..... help her. ○	

2 *Needn't* ou *mustn't* ?

Complète ces phrases.

a. I have watered the flowers; you .... do it.

b. This is a hospital room; you .... make noise.

c. We .... hurry, we're early.

d. The speed is limited; you .... drive fast.

e. You .... finish today, we'll do it tomorrow together.

3 Donne des réponses brèves

a. Can you drive? No, ...

b. Can he open the window? Yes, ...

c. Must they come in? Yes, ...

d. Must you wear a jacket? Yes, ...

4 Exprimer la probabilité

Utilise *may* pour transformer ces phrases.

Exemple : We'll probably come at 6. → We may come at 6.

a. She will probably be late.

b. Perhaps it will snow.

c. I'll probably go to New York.

d. Perhaps they'll buy a new house.

e. He'll probably get married in June.

f. Perhaps Paul will bring a cake.

5 Conseiller

Ton ami Luis est malade. Quels conseils lui donnes-tu pour se soigner ?
Utilise les termes suivants : *doctor* • *medicine* • *to stay in bed* • *to go outside* • *to take the temperature* • *to catch cold*

– *You must stay at home.*
– *You mustn't go to school.*

6 Comment dirais-tu que... ?

a. Il se peut que vous déménagiez.

b. Tu ne peux pas conduire la voiture de ton père.

c. Ton frère doit passer un examen d'espagnol.

d. Jane n'est pas là ; elle doit être malade.

e. Tu n'as pas besoin de l'appeler, il arrive.

7 Test de vocabulaire

Complète ces phrases avec le verbe qui convient.

a. I .... early; I go to bed at 9.

b. You must .... to catch the bus.

c. Birds .... in the sky.

d. I always .... when I sleep.

e. Elton John .... well.

8 CONTRÔLE EXPRESS

Relie chaque phrase à la notion qu'elle exprime.

a. I can't speak German. ○	○ interdiction
b. He can lift 50 kilos. ○	○ permission
c. You mustn't drive fast. ○	○ capacité
d. I must clean the room. ○	○ obligation
e. Can I open the door? ○	○ incapacité
f. You needn't repeat. ○	○ probabilité
g. She may come. ○	○ absence d'obligation

Corrigés p. 43 du livret.

10 Le prétérit en « *was/were + ing* »

RETENIR

1 / Formation

- Le prétérit en « *was/were + ing* » se forme ainsi : *be* au prétérit + base verbale + *ing*. Il correspond à l'imparfait français.

  They **were eating** fish and chips. Ils mangeaient du poisson frites.
  She **wasn't watching** TV. Elle ne regardait pas la télévision.
  Was it **raining**? Pleuvait-il ?

on

2 / Emploi

- Le prétérit en « *was/were + ing* » s'emploie pour décrire des actions qui étaient **en cours dans le passé**.

  My father **was repairing** his bike, my mother **was reading**, my sister **was playing** and I **was doing** my homework!

in

- On l'emploie aussi souvent **en opposition avec le prétérit simple** :
  – une action ayant une certaine durée se déroule dans le passé (verbe au prétérit en « *was/were + ing* ») ;

  Mary **was cooking** when the first guests **arrived**.

  – une autre action se produit (verbe au prétérit simple).

  When I **saw** him he **was speaking** with the Maths teacher.

under

- **Réponses brèves.**

  Was Henry driving? **No, he wasn't.**
  Were the Wilsons playing cards? **Yes, they were.**

between

UN PEU DE VOCABULAIRE

▷ Sports/free time

in front of

behind

S'ENTRAÎNER

1 Quiz

Relie la question à la réponse brève associée.

a. Was Pamela waiting for the bus? ○	○ Yes, they were.
b. Were your friends dancing? ○	○ No, she wasn't.
c. Was Mary shopping? ○	○ Yes, they were.
d. Were the Browns laughing? ○	○ No, he wasn't.
e. Was he sleeping? ○	○ No, she wasn't.

2 Quel prétérit ?

Mets les verbes suivants soit au prétérit simple soit au prétérit en « *was/were* + *ing* ».

a. What you (do) when you (see) Jane?

b. They (park) the car; suddenly they (hear) an explosion.

c. I (do) the gardening when I (see) a strange animal near the tree.

d. You (speak) to the teacher yesterday?

e. No, I (can) not, he (talk) to the headmaster.

3 Questions-réponses

Construis des questions et donne les réponses correspondantes.

Exemple : Paul / do / watch TV (what)
→ What was Paul doing? He was watching TV.

a. Jane / wear / wear a red dress (what)

b. Chris / help / help our neighbour (who)

c. Sarah / do / swim (what)

4 Comment dirais-tu que… ?

a. Tu faisais du roller quand tu es tombé(e).

....

b. Tu dînais quand la porte s'ouvrit.

....

c. Tu dormais quand ton frère t'a réveillé(e).

....

5 Les deux prétérits

Légende ces dessins en utilisant le prétérit simple et en « *was / were* + *-ing* ».

a.

b.

c.

d.

6 Test de vocabulaire

Regarde attentivement les dessins et dis les activités que ces personnages aiment ou n'aiment pas pratiquer.

a. Matthew likes .... ; he doesn't like ....

b. Carol likes .... ; she doesn't like ....

7 CONTRÔLE EXPRESS

Mets ces verbes au prétérit en « *was/were* + *ing* ».

a. Jim .... the gate. (paint)

b. Susan and her sister .... to school. (walk)

c. Matthew and I .... the old castle. (visit)

d. My brother .... our little sister. (look after)

e. Mr Bryne .... his car. (wash)

Corrigés p. 43 du livret.

11 Les mots interrogatifs

RETENIR

Les mots interrogatifs servent à **interroger**, à **poser des questions**.

green

1 / *Wh- questions*

- ***What*** interroge :
  - sur les choses : What are these?
  - sur l'action : What is he looking at?
- ***Who*** interroge sur une personne : Who will come with us? Who does she like?
- ***Whose*** interroge sur l'appartenance : Whose umbrella is it?
- ***When*** interroge sur le temps : When will you call him?
- ***Which*** interroge sur le choix : Which shoes do you like?
- ***Where*** interroge sur le lieu : Where do you work?
- ***Why*** interroge sur la cause : Why are you sad?

black

2 / Questions avec *how*

- ***How*** interroge sur la manière : How can I do it?
- ***How old*** interroge sur l'âge : How old is Fred?
- ***How many*** interroge sur le nombre : How many roses do you want?
- ***How much*** interroge sur :
  - le prix : How much is it?
  - la quantité + indénombrable : How much money have you got?
- ***How far*** interroge sur la distance : How far is the station?
- ***How long*** interroge sur la durée : How long will he stay?

red

3 / Pronom interrogatif accompagné d'une préposition

- Il faut rejeter la préposition en fin de question, après le verbe.

  What are you waiting **for**? Qu'attends-tu ?

  What is he looking **for**? Qu'est-ce qu'il cherche ?

pink

UN PEU DE VOCABULAIRE

grey

▷ Numbers

1 one	2 two	3 three	4 four	5 five
6 six	7 seven	8 eight	9 nine	10 ten
11 eleven	12 twelve	13 thirteen	14 fourteen	15 fifteen
16 sixteen	17 seventeen	18 eighteen	19 nineteen	20 twenty
30 thirty	40 forty	50 fifty	60 sixty	70 seventy
80 eighty	90 ninety	100 one hundred	200 two hundred	300 three hundred

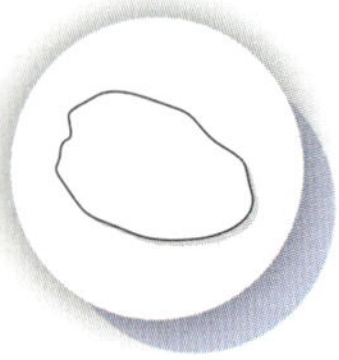

white

S'ENTRAÎNER

1 Quiz

Relie la question à la réponse associée.

a. Who is Emma?	It's mine.
b. Where do you live?	Fine.
c. How much is it?	In London.
d. How is he?	50 euros.
e. Whose bag is it?	She's my niece.

2 Formuler des questions

Pose des questions sur les mots soulignés.

a. William is Ann's son.

....?

b. He goes to Rome twice a year.

....?

c. I've bought two interesting books.

....?

d. It usually takes twenty minutes to go to the airport.

....?

e. Paul lives ten miles from here.

....?

f. The bike cost 100 pounds.

....?

g. My parents went to London for Christmas.

....?

3 Questions-réponses

Trouve les questions associées à ces réponses. N'oublie pas la préposition.

a. ....?

They are interested in music.

b. ....?

She is waiting for the train.

c. ....?

John comes from California.

d. ....?

I'm listening to the radio.

e. ....?

I'm looking for a pen.

4 Comment demanderais-tu à Jane... ?

a. Quand elle est née

....

b. Où elle habite

....

c. Pourquoi elle est triste aujourd'hui

....

d. Si elle habite loin de la gare

....

e. Quel est son sport préféré

....

f. Combien d'amis elle a invités à sa fête d'anniversaire

....

5 Test de vocabulaire

Écris en chiffres.

a. two hundred + twenty five + twelve =

....

b. fifty two – thirteen – eight =

....

Écris en lettres.

c. 132 ....

d. 588 ....

e. 305 ....

6 CONTRÔLE EXPRESS

Complète avec un des mots interrogatifs suivants :
who • which • whose • how much • how far • how long • how many.

a. .... records are these?

b. .... did you pay for it?

c. .... questions did he ask you?

d. .... is your school from the bus station?

e. .... is Mr Garfell?

f. .... does it take you to go home?

g. .... dress do you prefer? The blue one or the red one?

Corrigés p. 43 du livret.

12 Gérondif, impératif

RETENIR

1 / Le gérondif

tulip

- Le gérondif peut se traduire en français par un nom ou un infinitif. Il se forme ainsi : base verbale + *ing*. ski → skiing • read → reading • come → coming.

- **Le nom verbal** est formé à partir de la base verbale + *ing*. Il se traduit en français par un infinitif ou par un nom. I like **swimming**. J'aime la natation (nager).

- **Verbes** + **gérondif**. Certains verbes tels que *love*, *like*, *enjoy*, *dislike*, *prefer*, *hate* sont suivis du gérondif. He **loves swimming**. She **hates dancing**.

poppy

- **Expressions construites avec un gérondif**

  I **don't mind doing** it. Cela ne me dérange pas de le faire.
  I **can't stand running** in the rain. Je ne supporte pas de courir sous la pluie.
  What about going to the restaurant? Et si on allait au restaurant ?
  It's no use crying. Cela ne sert à rien de pleurer.

- **Prépositions** + **gérondif**

  After working he went out.
  She isn't **interested in doing** it.
  I am **fond of cooking**.
  I'm **fed up with repeating**.

lily of the valley

2 / L'impératif

L'impératif est utilisé pour **donner des ordres ou interdire.**

- **À la 2e personne**, formé avec la base verbale. Put the book on the table.

- **Forme négative** : Don't go out.

- **Aux autres personnes** : *Let* + complément + base verbale.

  Let's (us) go to the theatre. Allons au théâtre. → Proposition (et non un ordre).

daffodil

UN PEU DE VOCABULAIRE

Dates

Ann was born on April 1st.
Harry was born on April 3rd.
Griffin was born on April 12th.
Mary was born on April 30th.

Hours

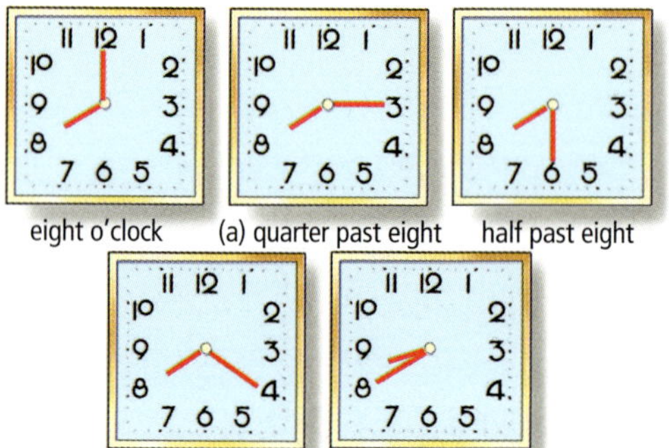

eight o'clock — (a) quarter past eight — half past eight — twenty past eight — twenty to nine

waterlily

daisy

S'ENTRAÎNER

1 Quiz

Coche la forme verbale qui convient (infinitif ou gérondif).

a. I enjoy ..... a bath.
❑ to have ❑ having

b. Would you like ..... with us?
❑ to stay ❑ staying

c. ..... is good for your body.
❑ To swim ❑ Swimming

d. I'd like ..... to the cinema.
❑ to go ❑ going

e. I like ..... in the forest.
❑ to walk ❑ walking

2 Exprimer le goût

Regarde ces dessins. Dis ce que ces personnages aiment faire. Utilise les verbes *like*, *love*, *enjoy*.

a.

....
....

b.

....
....

c.

....
....

d.

....
....

e.

....
....

3 Gérondif

Transforme ces phrases en utilisant le gérondif.

Exemple : I ski well. (like) → I like skiing.

a. She drives every day. (enjoy)

b. Paul cooks a lot. (love)

c. Fred usually rides his bike to school. (prefer)

d. I don't peel onions. (hate)

e. They play cards in the evening. (like)

4 Impératif négatif

Mets ces phrases à l'impératif négatif, ceci afin d'exprimer une interdiction.

Exemple : She is walking on the grass.
→ Don't walk on the grass!

a. John is eating a big cake before dinner.
→ .... !

b. Paul is watching television late.
→ .... !

c. The children are playing in the rain.
→ .... !

d. Julia is climbing on the roof.
→ .... !

e. He is parking in the garden.
→ .... !

5 Test de vocabulaire

What time is it?

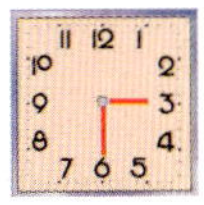

a. .... **b.** .... **c.** ....

6 CONTRÔLE EXPRESS

Transforme ces phrases qui suggèrent des activités.

Exemple : What about eating? → Let's eat!

a. What about going to the concert?
→ .... !

b. What about playing tennis?
→ .... !

c. What about riding a bike?
→ .... !

d. What about watching TV ?
→ .... !

e. What about painting?
→ .... !

Corrigés p. 43 du livret.

Espagnol

Plus d'entraînement sur
www.hatier-entrainement.com

ESPAGNOL

DATE | ÉVALUATION

1 Le présent de l'indicatif. Les pronoms sujets. Les verbes pronominaux 244

2 *Ser* et *estar* 246

3 Le présent de l'indicatif : les verbes à diphtongue et à affaiblissement 248

4 Les articles. Le genre et le nombre 250

5 Les adjectifs. La phrase interrogative 252

6 Les adverbes de lieu. Les adjectifs démonstratifs. Les emplois de *hay* 254

7 Le présent des verbes en *-go*. La numération jusqu'à 30 256

8 Le passé composé. L'imparfait 258

Pour t'entraîner À L'ORAL

Cette partie de l'ouvrage est associée à des ressources audio, signalées par ce pictogramme et disponibles sur le site www.editions-hatier.fr.

1. Dans la zone de recherche du site, tape « Tout savoir » et sélectionne le livre de 5e.
2. Clique sur l'onglet « Ressources à télécharger » et choisis : ESPAGNOL 5e.
3. Télécharge le répertoire contenant tous les sons.
4. Écoute les sons correspondant au chapitre que tu étudies.

1 Le présent de l'indicatif. Les pronoms sujets. Les verbes pronominaux

RETENIR

1 / Conjugaison des verbes réguliers

- On forme le présent de l'indicatif en ajoutant au radical du verbe les terminaisons suivantes :
  - pour les verbes en **-ar** : *-o, -as, -a, -amos, -áis, -an* ;
    Hablo con mi profesor. Los niños **cantan** una canción.
  - pour les verbes en **-er** : *-o, -es, -e, -emos, -éis, -en* ;
    Juan **come** caramelos. Vosotros **bebéis** agua.
  - pour les verbes en **-ir** : *-o, -es, -e, -imos, -ís, -en*.
    Tú **vives** en Madrid. Mis hermanos y yo **partimos** mañana.

2 / Les pronoms sujets

	Singulier	Pluriel
1re pers.	yo (*je*)	nosotros (*nous*)
2e pers	tú (*tu*)	vosotros (*vous*)
3e pers.	él /ella / usted (*il, elle, vous de politesse*)	ellos / ellas / ustedes (*ils, elles, vous de politesse*)

- Leur emploi n'est pas obligatoire car la terminaison du verbe suffit à indiquer la personne. **(Yo) estudio** en mi cuarto. **(Nosotros) caminamos** mucho. **(Él) es** grande.

3 / Les verbes pronominaux

- À l'infinitif, le pronom se place à la fin du verbe : *llamar**se**, levantar**se**, duchar**se***, etc.
- À l'indicatif, il précède le verbe (comme en français).

	Singulier	Pluriel
1re pers.	me	nos
2e pers	te	os
3e pers.	se	se

(Yo) **me llamo** Cristina. (Nosotros) **nos levantamos** temprano.

MINI INTERRO

1. Conjugue le verbe *estudiar* au présent.
2. Quelle personne utilises-tu pour traduire le « vous » de politesse en espagnol ?
3. Comment diras-tu « Elle s'appelle Elena » en espagnol ?

COMMUNIQUER

Se présenter

Carmen se rend à un entretien d'embauche.

–**Buenos días**, soy Carmen Calderón, vengo por el anuncio.
–**Mucho gusto**, soy Eduardo López, el director. Comencemos: ¿**habla idiomas**?
–**Hablo** inglés y un poco de francés.
–¿**Escribe** bien en inglés?
–Sí, mi madre es **americana**.
–¡Perfecto! ¿**Quiere** trabajar con nosotros?
–¡Por supuesto!

MINI DICO

- ✓ **anuncio:** petite annonce
- ✓ **mucho gusto:** enchanté(e)
- ✓ **hablar:** parler
- ✓ **idiomas:** langues
- ✓ **quiere:** voulez-vous
- ✓ **por supuesto:** bien sûr

S'ENTRAÎNER

1 Quiz

Coche le pronom sujet qui convient.

a. ❑ Yo ❑ Él ❑ Vosotros ... bebo agua.

b. ❑ Tú ❑ Ella ❑ Nosotros ... compra frutas.

c. ❑ Yo ❑ Usted ❑ Vosotros ... está cansado.

d. ¿ ❑ Tú ❑ Él ❑ Ellos ... lees el periódico?

e. ❑ Tú ❑ Ellos ❑ Vosotros ... miráis una película.

2 Conjugaison

Trouve l'infinitif des verbes conjugués et écris-le dans les parenthèses.

a. La profesora se llama (........................) Julia.

b. Juan vive (........................) en Alemania.

c. Vosotros coméis (........................) mucho chocolate.

d. Los alumnos cogen (........................) el tren en la estación de Atocha.

e. Yo me ducho (........................) todas las mañanas.

3 Traduction

Traduis les phrases suivantes.

a. Je m'appelle Sergio.

....

b. Il habite à Paris.

....

c. Comment t'appelles-tu ?

....

d. Nous parlons espagnol.

....

4 Se présenter

Complète le récit suivant.

Hola, ... Carla y .... en Roma. Mi hermana .... Alicia y mis padres .... Jorge y Beatriz. Ellos .... en Madrid. Yo .... medicina en la universidad y mi hermana .... como secretaria.

5 Test de vocabulaire

Relie le drapeau à la nationalité correspondante.

Drapeau		Nationalité
a. 	○	○ inglés
b. 	○	○ mexicano
c. 	○	○ español
d. 	○	○ francés

6 CONTRÔLE EXPRESS

Mets dans l'ordre les mots suivants pour faire des phrases correctes.

a. Letizia / la reina / se llama / de España

b. francés / el presidente / mucho / habla

c. de Santiago / chilena / soy

d. Berlín / vivo / en

e. estudiante / eres / Francia / en

VOCABULAIRE

Nacionalidades y oficios *(Nationalités et métiers)*

- Francia → francés/francesa
- Inglaterra → inglés/inglesa
- España → español/española
- México → mexicano/mexicana
- Cuba → cubano/cubana

- médico: médecin
- director(a): directeur(trice)
- profesor(a): professeur
- estudiante: étudiant(e)
- secretario(-a): secrétaire

Corrigés p. 44 du livret.

2 Ser et estar

RETENIR

Il existe deux verbes en espagnol pour traduire « **être** » : ***ser*** et ***estar***, mais ils s'utilisent de façon différente selon ce que l'on veut exprimer.

1 / Formes et emplois de *ser*

- Présent de l'indicatif : *soy, eres, es, somos, sois, son.*
- ***Ser*** s'emploie pour :
  – se présenter, présenter quelqu'un (nom, nationalité, profession) ;
  Soy Manuel. Marie **es** francesa. Mis padres **son** profesores.
  – décrire une personne ou un objet ;
  Juan **es** alto. Mi madre **es** simpática.
  La casa **es** grande. Tu camisa **es** blanca.
  NB : Avec la préposition *de*, *ser* permet de préciser la matière d'un objet.
  La puerta **es de** madera. La porte est en bois.
  – donner l'heure et la date ;
  Son las seis. Hoy **es** lunes.
  – indiquer un prix ou un nombre.
  Son tres euros. En mi casa **somos** seis.

2 / Formes et emplois de *estar*

- Présent de l'indicatif : *estoy, estás, está, estamos, estáis, están.*
- ***Estar*** s'emploie pour :
  – exprimer un état passager ;
  Mis amigos **están** contentos.
  – exprimer une action en train de se faire ;
  Estoy comiendo.
  – situer dans l'espace avec la préposition *en*.
  Madrid **está en** el centro de España.

MINI INTERRO

1. Récite la conjugaison du verbe *estar*.
2. Quel verbe utilises-tu pour donner l'heure ?
3. Tu es à la maison : diras-tu *Soy en casa* ou *Estoy en casa* ?

COMMUNIQUER

▷ Décrire quelqu'un

Juan et Marta discutent d'un nouveau professeur.

–Hola, Juan. ¿Sabes **quién es** la nueva profesora de historia?

–Hola, Marta. Sí, **es** la señora Rodríguez, ¿la conoces?

–No, **¿cómo es**?

–Es alta y delgada. **Tiene** el pelo rubio. **Está** siempre **en** la biblioteca.

–Ah, ahora sé quién es. ¿Es muy joven, no?

–Sí, a ver si es simpática también…

MINI DICO

- **pelo:** cheveux
- **rubio:** blond
- **siempre:** toujours
- **ahora:** maintenant
- **también:** aussi

S'ENTRAÎNER

1 Quiz

Relie les verbes aux phrases qui conviennent.

a. Tiene… ○	○ … en su casa.
b. Es… ○	○ … el pelo largo.
c. Están… ○	○ … morena y alta.
d. Son… ○	○ … muy tristes.
e. Estamos… ○	○ … las cuatro de la tarde.

2 Conjugaison

Complète en conjuguant *ser* ou *estar* à la personne qui convient.

a. La bandera francesa .... azul, blanca y roja.

b. Los alumnos .... en clase.

c. Tu camisa .... de algodón.

d. .... las 18:00.

e. Nosotros .... preparando una exposición.

f. Hoy .... miércoles.

3 Traduction

Traduis les phrases suivantes.

a. La voiture de mon père est grande et rouge.

....

b. La table est en bois, elle est très jolie.

....

c. Les enfants sont en train de manger des fruits.

....

Coup de pouce la voiture : *el coche* • la table : *la mesa*

4 Faire une description

Complète le dialogue suivant.

–Oye, Inés, ¿conoces a Pau Gasol?

–No, ¿.................... ....?

–Es un jugador de baloncesto.

–¿Y .... guapo?

–Pues depende de tus gustos: .... el pelo rizado, corto y castaño. .... alto y supersimpático. Y .... los ojos marrones.

–¡Pues qué bien, coincide con mis gustos!

Coup de pouce *baloncesto:* basketball • *rizado:* frisé • *castaño:* châtain • *alto:* grand

5 Test de vocabulaire

Complète avec les mots de l'encadré Vocabulaire.

a. La .... sirve para comer.

b. Las .... sirven para tocar (*toucher*).

c. Los .... sirven para ver.

d. Las .... sirven para oír (*entendre*).

e. La .... sirve para oler (*sentir*).

6 CONTRÔLE EXPRESS

Décris les cheveux et les yeux de Penélope.

....

....

....

....

VOCABULAIRE El cuerpo humano (*Le corps humain*)

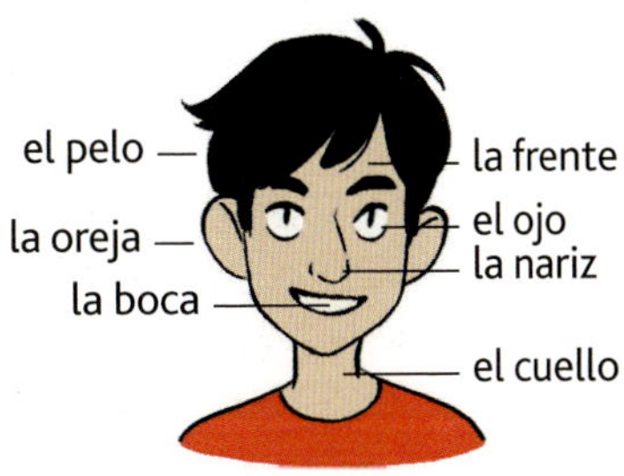

Corrigés p. 44 du livret.

3 Le présent de l'indicatif : les verbes à diphtongue et à affaiblissement

RETENIR

1 / Les verbes à diphtongue

- La diphtongaison a lieu aux trois personnes du singulier et à la 3e personne du pluriel :
  – le ***e*** devient ***ie*** : Carlos no **quiere** ir al cine.
  – le ***o*** devient ***ue*** : Los niños **vuelven** a casa a las cinco.

- Quelques verbes à diphtongue :

querer **(ie)** *(vouloir)*	pensar **(ie)** *(penser)*	perder **(ie)** *(perdre)*	volver **(ue)** *(revenir)*	poder **(ue)** *(pouvoir)*	contar **(ue)** *(compter/raconter)*
quiero	pienso	pierdo	vuelvo	puedo	cuento
quieres	piensas	pierdes	vuelves	puedes	cuentas
quiere	piensa	pierde	vuelve	puede	cuenta
queremos	pensamos	perdemos	volvemos	podemos	contamos
queréis	pensáis	perdéis	volvéis	podéis	contáis
quieren	piensan	pierden	vuelven	pueden	cuentan

2 / Les verbes à affaiblissement

- L'affaiblissement a lieu aux trois personnes du singulier et à la 3e personne du pluriel : le ***e*** du radical se transforme en ***i***. Mi mamá **sirve** la comida.

- Quelques verbes à affaiblissement :

pedir **(i)** *(demander)*	decir **(i)** *(dire)*	servir **(i)** *(servir)*	repetir **(i)** *(répéter)*
pido	digo	sirvo	repito
pides	dices	sirves	repites
pide	dice	sirve	repite
pedimos	decimos	servimos	repetimos
pedís	decís	servís	repetís
piden	dicen	sirven	repiten

MINI INTERRO

1. À quelles personnes se produit la diphtongue au présent de l'indicatif ?
2. Quelles voyelles sont remplacées et par quelles diphtongues ?
3. Quelle irrégularité caractérise les verbes à affaiblissement ?

COMMUNIQUER

▷ Parler des vêtements

Clara demande à sa mère de lui acheter des vêtements.

–Oye, mamá, necesito comprar ropa para este verano, no tengo nada que ponerme.
–Bueno, Clara, está bien. ¿Qué ropa **quieres**?
–Pues… necesito una falda, un vestido, tres camisetas, un bañador y dos camisas.
–**Pides** muchas cosas. **Piensa** bien, mira que no **puedo** gastar tanto dinero.
–Pero es lo que necesito, mamá.
–De acuerdo, Clara.

MINI DICO

- ✓ **necesito:** j'ai besoin
- ✓ **nada:** rien
- ✓ **ponerse:** se mettre
- ✓ **gastar:** dépenser
- ✓ **dinero:** argent

S'ENTRAÎNER

1 Quiz

Relie les verbes suivants avec « diphtongue » ou « affaiblissement » selon leur irrégularité.

a. pedir ○
b. pensar ○
c. poder ○
d. servir ○
e. repetir ○

○ diphtongue
○ affaiblissement

2 Conjugaison

Transforme les phrases suivantes selon l'exemple.
Ex. : *Podemos ir a la piscina.* → *(tú) Puedes ir a la piscina.*

a. Servimos las pastas bien calientes.
→ (ellos) ....

b. Sentís mucha alegría.
→ (tú) ....

c. Mi amigo quiere venir a casa.
→ (vosotros) ....

d. Juan cuenta una historia a su hijo.
→ (nosotros) ....

e. Volvemos en autobús.
→ (él) ....

3 Retrouver l'infinitif

Écris l'infinitif des verbes suivants.

a. entiendo → ....
b. pierdes → ....
c. empieza → ....
d. visten → ....

Coup de pouce *empieza:* il commence • *visten:* ils portent (un vêtement)

4 Comment sont-ils habillés ?

Décris comment sont habillés Pablo y Paloma.

Pablo lleva *(porte)*..........................
....
....
....

Paloma lleva ....
....
....
....

5 Test de vocabulaire

Relie chaque couleur au mot correspondant.

○ ○ negro
○ ○ azul
○ ○ rojo
○ ○ amarillo
○ ○ verde
○ ○ violeta

6 CONTRÔLE EXPRESS

Traduis les phrases suivantes en français.

a. Valeria lleva un vestido rojo.
b. La camisa de mi padre es azul.
c. Me pongo una camiseta blanca.
d. Ellos llevan pantalones negros.

VOCABULAIRE Los colores y la ropa *(Les couleurs et les vêtements)*

- amarillo: jaune
- azul: bleu
- blanco: blanc
- marrón: marron
- naranja: orange
- negro: noir
- rojo: rouge
- rosa: rose
- verde: vert
- violeta: violet
- las botas: les bottes
- la camisa: la chemise
- la camiseta: le t-shirt
- la chaqueta: la veste
- la falda: la jupe
- el jersey: le pull
- los pantalones: le pantalon
- el vestido: la robe
- los zapatos: les chaussures
- las zapatillas: les baskets

Corrigés p. 44 du livret.

4 Les articles. Le genre et le nombre

RETENIR

1 / Les articles définis et indéfinis

- L'article s'accorde **en genre et en nombre** avec le nom qui le suit.

Articles définis	singulier	pluriel
masculin	el	los
féminin	la	las

Articles indéfinis	singulier	pluriel
masculin	un	Ø
féminin	una	Ø

- Contrairement au français :
– on n'emploie pas d'article indéfini lorsque le nom est au pluriel ;
En la mesa hay manzanas y naranjas. Sur la table il y a des pommes et des oranges.
– on ne traduit pas « du » ou « de la » : Como pan. Je mange du pain.
– on n'emploie pas d'article défini devant les noms de pays ;
Francia es un país maravilloso. La France est un pays merveilleux.
– on utilise l'article défini pour donner l'heure : Es **la** una. Son **las** cuatro.

2 / Le genre : masculin et féminin

- En règle générale, la terminaison des noms obéit aux règles suivantes :

Masculins	Féminins	Invariables
• **terminés par** ***-o*** : el niño, el campo (exceptions : la moto, la mano...) • **terminés par** ***-or*** : el calor, el director (exception : la flor)	• **terminés par** ***-a*** : la niña, la mesa, la directora (exceptions : el problema, el mapa, el tema, el poeta...)	• **terminés par** ***-e*** (souvent) : el/la cantante • **terminés par** ***-ista*** : el/la periodista

- Le féminin se forme donc en remplaçant les **-o** par des **-a** ou en ajoutant un **-a** aux mots se terminant par ***-or***.

3 / Le nombre : singulier et pluriel

Singulier	Pluriel	Exemples
-a, -e, -o, -u	-s	las casa**s**, los juguete**s**, los cuerpo**s**, los menú**s**
consonne (*sauf* z), -í, -y	-es	la nación → las nacion**es** ; el rey → los rey**es**
-z	-ces	un lápiz → lápi**ces**

MINI INTERRO

1. Comment traduis-tu « du », « de » et « de la » en espagnol ?
2. Quel est le féminin des mots suivants : *profesor, alumno* ?
3. Comment formes-tu le pluriel du mot *feliz* ?

COMMUNIQUER

▷ Décrire la personnalité de quelqu'un

Une amie d'Ana lui demande de décrire le garçon idéal.

–Dime, Ana, ¿cómo es tu chico **ideal**?
–Pues además de **guapo**, tiene que ser **simpático**, **inteligente** y muy **deportista**.
–Pues yo prefiero los chicos **serios**, **trabajadores** y muy **responsables**.
–Entonces ¿te gustan los chicos **aburridos**?
–No, aburridos no, serios, pero con **sentido del humor**.

MINI DICO

✓ **además:** en plus
✓ **guapo:** beau
✓ **deportista:** sportif
✓ **sentido del humor:** sens de l'humour

S'ENTRAÎNER

1 Quiz

Relie les deux colonnes pour former des groupes nominaux bien accordés.

a. Una chica ○	○ simpáticos
b. Tres estudiantes ○	○ bueno
c. Amigos ○	○ inteligentes
d. Un director ○	○ redondas
e. Grandes mesas ○	○ guapa

2 Au féminin

Mets les phrases suivantes au féminin.

a. Es un chico inteligente y eficaz.

→ ....

b. Eres simpático y paciente.

→ ....

c. El profesor es bueno, pero muy exigente.

→ ....

d. Nosotros somos mexicanos.

→ ....

3 Choisir le genre

Indique si le nom est féminin ou masculin et donne sa traduction en français.

	M	F	Traduction
a. gato	❑	❑	....
b. casa	❑	❑	....
c. problema	❑	❑	....
d. señor	❑	❑	....
e. flor	❑	❑	....
f. estudiante	❑	❑	....

4 Décrire quelqu'un

Complète le dialogue en t'aidant des mots proposés.
rubia • guapa • amable • delgada • exigente • alta • seria • corto

–Hola, Sofía, ¿quién es la nueva profesora de historia?

–Es la señora Ramírez. Una señora ....,

.... y muy ....

–¿Es morena?

–No, es .... y tiene el pelo ....

–¿Y su carácter cómo es?

–Pues es muy .... y ....,

pero también es muy ....

5 Test de vocabulaire

Relie les mots aux dessins.

serio	alegre	malo	deportista
○	○	○	○
○	○	○	○

① ② ③ ④

6 CONTRÔLE EXPRESS

Traduis les phrases suivantes en français.

a. Quiero beber agua.

b. El profesor come frutas.

c. Tengo hermanos y hermanas.

d. Mario pone azúcar en su café.

VOCABULAIRE Los rasgos del carácter *(Les traits de caractère)*

- agradable: agréable
- alegre: gai
- bueno: gentil
- divertido: drôle
- generoso: généreux
- serio: sérieux
- antipático: antipathique
- triste: triste
- malo: méchant
- aburrido: ennuyeux
- egoísta: égoïste
- perezoso: paresseux

Corrigés p. 44 du livret.

5 Les adjectifs possessifs. La phrase interrogative

RETENIR

1 / Les adjectifs possessifs

	un seul objet possédé	plusieurs objets possédés
1re pers. sing. / pl.	mi / nuestro(-a)	mis / nuestros(-as)
2e pers. sing. / pl.	tu / vuestro(-a)	tus / vuestros(-as)
3e pers. sing. / pl.	su	sus

- Les adjectifs possessifs se placent avant le nom et s'accordent en nombre (et aussi en genre pour les 1re et 2e personnes du pluriel).
  Mi casa es grande. **Nuestra** escuela se llama Émile Zola. **Mis** libros están en la biblioteca.
- Ils peuvent être omis lorsqu'il n'y a pas de doute sur le possesseur.
  Deja **la** maleta en la habitación. Pose **ta** valise dans la chambre.

2 / La phrase interrogative directe

- Il existe deux formes de phrase interrogative directe :
  – ¿Mot interrogatif + verbe + sujet? ¿Dónde vive tu hermano?
  – ¿Verbe + sujet? ¿Viene su amiga?

Attention : n'oublie pas d'ouvrir l'interrogation par **¿**.

- Les principaux mots interrogatifs sont :

¿cuándo?	quand ?	¿cómo?	comment ?
¿dónde?	où ?	¿cuánto (-a, -os, -as)?	combien ?
¿qué?	que ?/ qu'est-ce que ?	¿cuál? / ¿cuáles?	quel(le) ?/ quel(le)s ?
¿por qué?	pourquoi ?	¿quién? / ¿quiénes?	qui ?

- Ils portent toujours un **accent écrit** et sont invariables, sauf *quién*, *cuál* et *cuánto* qui s'accordent en nombre (et en genre pour *cuánto*).
  ¿**Quién** tiene 3 euros? ¿**Quiénes** son los mejores alumnos?
  ¿**Cuál** es tu color preferido? ¿**Cuáles** son tus asignaturas preferidas?
  ¿**Cuántos** años tienes? ¿**Cuántas** puertas tiene esta casa?

MINI INTERRO

1. Comment dit-on « son » en espagnol ? Et « leur » ?
2. Tous les mots interrogatifs sont-ils invariables ?
3. Dans la phrase interrogative, on ne doit pas oublier…

COMMUNIQUER

▷ Parler de sa famille

Juan présente sa famille.

«En mi familia somos cinco: **mi** padre, **mi** madre, **mi** hermano mayor, Pedro, **mi** hermana menor, Carmen, y yo, que soy el del medio. **Mis** padres son muy severos, sobre todo con los videojuegos. **Mi** hermano Pedro cuida mucho sus cosas y **mi** hermana pequeña es caprichosa. Somos muy diferentes entre nosotros, pero nos llevamos muy bien y es lo que cuenta.»

MINI DICO

- ✓ **mayor:** aîné
- ✓ **menor:** benjamin
- ✓ **cuidar:** prendre soin de
- ✓ **caprichosa:** capricieuse
- ✓ **llevarse bien:** bien s'entendre

S'ENTRAÎNER

1 Quiz

Coche l'intrus dans chaque groupe de mots.

a. ❑ primo ❑ abuela ❑ camión ❑ hijo

b. ❑ brazo ❑ marido ❑ mujer ❑ tía

c. ❑ nieto ❑ amigo ❑ padre ❑ abuelo

d. ❑ hermana ❑ esposa ❑ enfermera ❑ prima

2 Les adjectifs possessifs

Transforme les phrases suivantes en employant l'adjectif possessif qui convient.
Ex. : *Es el coche de Vicente.* → *Es **su** coche.*

a. Son los abuelos de María.

→ ……………………………………………………………

b. Esos balones son de vosotros.

→ ……………………………………………………………

c. Es la secretaria del director.

→ ……………………………………………………………

d. Esas camisetas son de nosotros.

→ ……………………………………………………………

3 Poser des questions

Formule les questions permettant d'obtenir les réponses données.

a. Tengo 13 años.

→ ……………………………………………………………

b. Vivo en Alemania.

→ ……………………………………………………………

c. No, soy bajo y moreno.

→ ……………………………………………………………

d. Se llama Carlos.

→ ……………………………………………………………

4 Présenter sa famille

Complète le dialogue suivant.

–Hola, Luis, te presento a mi prima Julia.

–Hola, Julia, encantado (*enchanté*). ¿ …………………

………………… eres?

–Soy de Madrid.

–Julia está de vacaciones con sus ………………… y sus …………………

–Qué bien, ¿y ………………… ………………… sois?

–Somos cuatro: dos hermanos y dos …………………

5 Test de vocabulaire

Complète l'arbre généalogique de Salma.

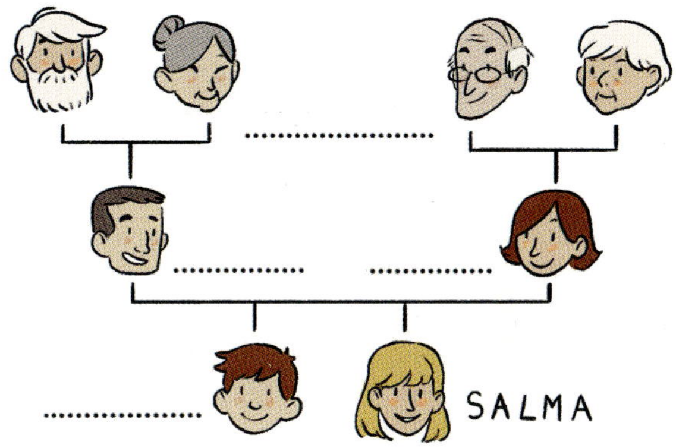

6 CONTRÔLE EXPRESS

Traduis les phrases suivantes en français.

a. ¿Cuántos hermanos sois?

b. Vuestra casa es magnífica.

c. Tu hermano es muy agradable.

d. Mis libros están en la mesa.

e. ¿Con quién vas al cine?

VOCABULAIRE La familia (*La famille*)

- el abuelo, la abuela: le grand-père, la grand-mère
- el padre, la madre: le père, la mère
- los padres: les parents
- el hijo, la hija: le fils, la fille
- el hermano, la hermana: le frère, la soeur
- el tío, la tía: l'oncle, la tante
- el primo, la prima: le cousin, la cousine
- el nieto, la nieta: le petit-fils, la petite-fille
- el marido / el esposo: le mari / l'époux
- la mujer / la esposa: la femme / l'épouse

Corrigés p. 44 du livret.

6 Les adverbes de lieu. Les adjectifs démonstratifs. Les emplois de *hay*

RETENIR

1 / Les adverbes de lieu

- ***Aquí/acá*** (ici) : à proximité de la personne qui parle.
  Mi maleta está **aquí**. Ma valise est ici.
- ***Ahí*** (là) : un peu plus éloigné de la personne qui parle.
  El árbol está **ahí**. L'arbre est là.
- ***Allí/allá*** (là-bas) : loin de la personne qui parle.
  La casa está **allí**, lejos. La maison est là-bas, loin.

2 / Les adjectifs démonstratifs

- Il y en a trois, qui correspondent chacun aux trois adverbes de lieu.
Ils s'accordent en genre et en nombre avec le nom qu'ils précèdent.

Adverbes de lieu	aquí/acá (*ici*)	ahí (*là*)	allí/allá (*là-bas*)
Adjectifs démonstratifs	este, esta estos, estas	ese, esa esos, esas	aquel, aquella aquellos, aquellas

Este libro me pertenece. Ce livre-ci m'appartient.
Esas gafas están rotas. Ces lunettes-là sont cassées.
¿De quién son **aquellos** zapatos? À qui appartiennent ces chaussures là-bas ?

- Il existe aussi un pronom démonstratif neutre singulier : ***esto*** / ***eso*** / ***aquello***.
  Esto es fantástico. Ça/Cela, c'est fantastique.
  Eso no es verdad. Ça/Cela, ce n'est pas vrai.
  Aquello estuvo maravilloso. Ça/Cela fut merveilleux.

3 / Les emplois de *hay*

- Il y a = ***hay***.
  Hay tres habitaciones en la casa. Il y a trois chambres dans la maison.
- Obligation impersonnelle : ***hay*** + ***que*** + infinitif = il faut + infinitif.
  Hay que tomar una decisión. Il faut prendre une décision.

MINI INTERRO

1. Combien d'adverbes de lieu y a-t-il en espagnol ?
2. Traduis la phrase : « Ce garçon-là est très sympathique ».
3. Qu'exprime *hay* en espagnol ?

COMMUNIQUER

▷ Décrire une maison

Alejandro décrit la maison de ses grands-parents.

«La casa de mis abuelos es muy grande y bonita. Está **aquí** cerca, en la ciudad. **Hay** cuatro habitaciones, un salón-comedor enorme, tres cuartos de baño y un jardín fantástico, lleno de plantas y flores. **Allí** solemos jugar todas las tardes con mis primos, **hay** mucho espacio y **eso** nos gusta porque podemos correr y jugar con el balón. **Esta** casa es la casa de mis sueños.»

MINI DICO

- cerca: près
- ciudad: ville
- lleno: plein
- solemos: nous avons l'habitude
- gustar: aimer

S'ENTRAÎNER

1 Quiz

Coche l'adverbe de lieu qui convient.

	aquí	ahí	allí
a. ¿Ves esa casa blanca … ?	❑	❑	❑
b. Aquel árbol … es muy grande.	❑	❑	❑
c. Dejo este libro … .	❑	❑	❑
d. … está ese ordenador.	❑	❑	❑
e. Pongo esta mochila … .	❑	❑	❑

2 Les adjectifs démonstratifs

Complète avec *ese* ou *esos*, puis mets l'ensemble au féminin.

a. .... niño → ....

b. .... amigos → ....

c. .... estudiantes → ....

d. .... profesores → ....

3 L'obligation impersonnelle

Transforme les phrases suivantes en obligation impersonnelle en utilisant *hay que*.

a. Los domingos mi madre limpia la casa.

→ ....

b. Todos los días vamos a la escuela.

→ ....

c. Los niños hacen deporte regularmente.

→ ....

d. Si llueve, cierra las ventanas.

→ ....

Coup de pouce *hacer deporte:* faire du sport • *cerrar:* fermer

4 Dans la chambre

Complète le dialogue en t'aidant des mots suivants.
cama • sillón • esos • bonita • allí • ahí • aquí • ese

–Oye, Marisa, tienes una habitación muy ....

–Pues sí, la .... que está .... es muy cómoda y el .... de ...., al lado de la puerta, también.

–Y .... rincón de ...., con todos .... cojines, es muy majo también.

Coup de pouce *rincón:* coin • *cojín:* coussin • *majo:* joli

5 Test de vocabulaire

Inscris les mots correspondant aux dessins.

a.

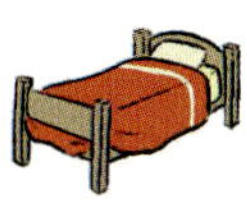

....

b.

....

c.

....

d.

....

6 CONTRÔLE EXPRESS

Traduis les phrases suivantes en français.

a. La casa de mis tíos es pequeña.

b. En esta habitación hay mucha luz.

c. Hay que poner el sofá en el salón.

d. El ordenador está ahí, en la mesa.

Coup de pouce *luz:* lumière

VOCABULAIRE La casa (*La maison*)

- el garaje: le garage
- la cocina: la cuisine
- el cuarto de baño: la salle de bain
- la habitación: la chambre
- el pasillo: le couloir
- las escaleras: les escaliers
- la puerta: la porte
- la ventana: la fenêtre
- la silla: la chaise
- el sillón: le fauteuil
- el sofá: le canapé
- el armario: l'armoire
- la cama: le lit
- la mesa: la table
- la ducha: la douche

Corrigés p. 44 du livret.

7 Le présent des verbes en -go. La numération jusqu'à 30

RETENIR

1 / Les verbes en *-go*

- Au présent, la première personne du singulier se termine parfois en ***-go*** :

salir (sortir) → salgo   poner (mettre) → pongo   hacer (faire) → hago

Hago los deberes. Je fais mes devoirs.
Pongo la mesa. Je mets la table.

- Certains verbes comme ***tener*** et ***venir*** peuvent être doublement irréguliers :
– 1re personne du singulier en *-go* ;
– diphtongue aux 2e et 3e personnes du singulier et à la 3e personne du pluriel.

Tengo hambre. J'ai faim.
Mis padres **vienen** mañana.
Mes parents viennent demain.

tener *(avoir)*	**venir** *(venir)*
tengo	vengo
tienes	vienes
tiene	viene
tenemos	venimos
tenéis	venís
tienen	vienen

MINI INTERRO

1. Récite la conjugaison de *hacer* et *tener*.
2. Quelle irrégularité autre que *-go* ont les verbes *tener* et *venir* et à quelles personnes ?
3. Comment diras-tu en espagnol : *Marta a cinq ans* ?

2 / La numération de 0 à 30

0 : *cero*
1 : *uno*
2 : *dos*
3 : *tres*
4 : *cuatro*
5 : *cinco*
6 : *seis*
7 : *siete*
8 : *ocho*
9 : *nueve*
10 : *diez*
11 : *once*
12 : *doce*
13 : *trece*
14 : *catorce*
15 : *quince*
16 : *dieci**séis***
17 : *diecisiete*
18 : *dieciocho*
19 : *diecinueve*
20 : *veinte*
21 : *veintiuno*
22 : *veinti**dós***
23 : *veinti**trés***
24 : *veinticuatro*
25 : *veinticinco*
26 : *veinti**séis***
27 : *veintisiete*
28 : *veintiocho*
29 : *veintinueve*
30 : *treinta*

COMMUNIQUER

Parler du temps et des saisons

Isabel et Romina sont à la plage en plein mois de janvier, en Argentine.

–Es muy raro para mí estar en la playa en el mes de enero, **hace mucho calor**.
–Pues sí, Isabel, aquí en enero es verano, hay que acostumbrarse.
–Yo generalmente por estas fechas **hago esquí** en los Pirineos. En España **estamos en invierno** y **hace mucho frío**. Pero prefiero el otoño, cuando hace **fresco**.
–¿Ah sí?, pues yo prefiero la **primavera**, cuando los árboles florecen y **hace buen tiempo**.

MINI DICO

- **raro:** bizarre
- **acostumbrarse:** s'habituer
- **hace calor/frío/fresco:** il fait chaud/froid/frais
- **hace buen tiempo:** il fait beau

ESPAGNOL

S'ENTRAÎNER

1 Quiz

Relie les mois à la saison correspondante.

a. enero	primavera
b. julio	verano
c. mayo	otoño
d. febrero	invierno
e. agosto	
f. octubre	

2 Les nombres et les dates

Écris les dates suivantes en toutes lettres.
Ex. : *18/03 → dieciocho de marzo*

a. 23/12 : ....

b. 21/09 : ....

c. 26/07 : ....

d. 22/11 : ....

e. 29/06 : ....

f. 15/01 : ....

3 Le présent de l'indicatif

Conjugue les verbes entre parenthèses au présent.

a. Pablo (tener) .... el pelo largo.

b. Mis amigos (venir) .... a mi casa para jugar con los videojuegos.

c. Yo (hacer) .... mis deberes.

d. Yo (salir) .... a pasear en bicicleta todas las tardes.

e. ¿Tú (venir) .... este fin de semana?

Coup de pouce *el pelo:* les cheveux • *la tarde:* l'après-midi

4 ¿Qué tiempo hace?

Regarde la carte et décris la météo.

En Sevilla ...

En Barcelona ...

En Madrid ...

Coup de pouce nuageux : *nublado* • pleuvoir : *llover* • il fait soleil : *hace sol* • degré : *grado*

5 Test de vocabulaire

Retrouve dix mois de l'année cachés dans la grille.

E	M	A	Y	O	N	L	E	E	D
N	A	G	J	N	O	U	N	R	R
L	R	O	Z	U	E	B	E	B	T
I	Z	S	R	U	L	E	R	U	V
R	O	T	J	U	N	I	O	T	K
B	A	O	L	I	F	G	O	C	S
A	O	R	E	R	B	E	F	O	D
E	R	B	M	E	I	T	P	E	S

6 CONTRÔLE EXPRESS

Traduis les phrases suivantes en espagnol en écrivant les nombres en toutes lettres.

a. Aujourd'hui, il fait quinze degrés à Madrid.

b. Mes amis viennent chez moi à onze heures.

c. Son professeur a vingt-sept ans.

d. Ton anniversaire est le trente août.

VOCABULAIRE Los meses y las estaciones (*Les mois et les saisons*)

- **enero**: janvier
- **febrero**: février
- **marzo**: mars
- **abril**: avril
- **mayo**: mai
- **junio**: juin
- **julio**: juillet
- **agosto**: août
- **septiembre**: septembre
- **octubre**: octobre
- **noviembre**: novembre
- **diciembre**: décembre
- **la primavera**: le printemps
- **el verano**: l'été
- **el otoño**: l'automne
- **el invierno**: l'hiver

Corrigés p. 45 du livret.

8 Le passé composé. L'imparfait

RETENIR

1 / Le passé composé

- Formation du passé compoosé : ***haber*** au présent de l'indicatif + **participe passé**.

Hoy **he comprado** un libro muy interesante.
Esta mañana no **hemos bebido** leche.
Han salido por este lado.

- Formation du participe passé :

– verbes en *-ar* : radical + ***-ado*** — compr-**ar** → compr**ado**
– verbes en *-er* et *-ir* : radical + ***-ido*** — beb-**er** → beb**ido** ; sal-**ir** → sal**ido**

- Quelques participes passés irréguliers :

abrir (ouvrir) → *abierto* — *decir* (dire) → *dicho* — *escribir* (écrire) → *escrito*
hacer (faire) → *hecho* — *poner* (mettre) → *puesto* — *ver* (voir) → *visto*

¿**Habéis abierto** la puerta?
José **ha escrito** una carta a su madre.

2 / L'imparfait de l'indicatif

- Formation de l'imparfait :

– verbes en ***-ar*** : radical de l'infinitif + *-aba, -abas, -aba, -abamos, -abais, -aban*
– verbes en ***-er*** ou ***-ir*** : radical de l'infinitif + *-ía, -ías, -ía, -íamos, -íais, -ían*

Cuando **caía** la tarde **cenaba** con mis amigos en la playa.
Quand la nuit tombait, je dînais avec mes amis sur la plage.

- Il n'y a que 3 verbes irréguliers à l'imparfait :

– ***ser*** : *era, eras, era, éramos, erais, eran* ;
– ***ir*** : *iba, ibas, iba, íbamos, ibais, iban* ;
– ***ver*** : *veía, veías, veía, veíamos, veíais, veían.*

Durante el día **íbamos** siempre al mar.

MINI INTERRO

1. Quel auxiliaire permet de former le passé composé en espagnol ?
2. Cite trois participes passés irréguliers en espagnol.
3. Quels sont les trois verbes irréguliers à l'imparfait de l'indicatif ?

COMMUNIQUER

Parler de ce que l'on a fait

De retour au collège, Diego et Lucía se racontent leurs vacances.

–Hola, Diego, ¿cómo **has pasado** las vacaciones este verano?

–Muy bien, **hemos ido** al mar con mi familia ¿y tú, Lucía?

–Yo este año no **he tenido** mucha suerte, nos **hemos quedado** todo el verano en Madrid porque mi padre se **ha puesto** malo y no **hemos podido** salir de vacaciones. Bueno, cuéntame qué **habéis hecho**.

–Pues por las mañanas nos **levantábamos** tarde, luego **íbamos** a la playa donde **pasábamos** todo el día y por las noches **salíamos** de fiesta.

–Pero ¡qué bien!, veo que lo **habéis pasado** fenomenal.

MINI DICO

- **suerte:** chance
- **malo:** malade
- **cuéntame:** raconte-moi

S'ENTRAÎNER

1 Quiz

Coche l'intrus.

a. ❑ he ido ❑ habéis hecho ❑ estamos ❑ has viajado

b. ❑ cantaba ❑ han comido ❑ veían ❑ íbamos

c. ❑ este año ❑ hoy ❑ esta noche ❑ vacaciones

d. ❑ hablado ❑ visto ❑ vivido ❑ bebido

2 Le passé composé

Conjugue les verbes entre parenthèses au passé composé.

a. El viento (abrir) .... la ventana.

b. Mis amigos (salir) .... de fiesta este fin de semana.

c. Mi madre (ir) .... de compras a un centro comercial.

d. ¿Qué (tú, hacer) .... durante las vacaciones?

e. ¿(Vosotros, dormir) .... bien?

3 L'imparfait

Réécris les phrases suivantes à l'imparfait.

a. Mis amigos son muy divertidos.

→ ....

b. Pienso muchas cosas agradables de él.

→ ....

c. ¿A qué hora empiezas tus clases de tenis los sábados?

→ ....

d. Juan ve mucho la televisión.

→ ....

4 Passé composé ou imparfait ?

Complète le récit avec l'imparfait ou le passé composé.

Estas navidades mi familia y yo (ir) .... a la montaña. Todas las mañanas (nosotros, esquiar) .... hasta el mediodía. Luego (almorzar: *déjeuner*) ...., (descansar) .... un poco y (volver) .... a salir. (Ser) .... unas vacaciones maravillosas.

5 Test de vocabulaire

Relie le sport au dessin qui convient.

el tenis ○ ○ 

el fútbol ○ ○ 

el esquí ○ ○ 

el baloncesto ○ ○ 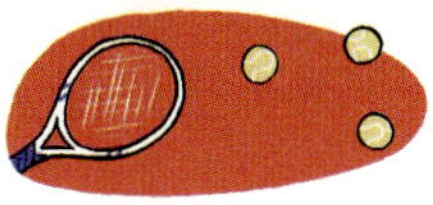

6 CONTRÔLE EXPRESS

Traduis les phrases suivantes en français.

a. Diego jugaba al tenis todos los fines de semana.

b. Ha escuchado música toda su vida.

c. Veíamos dos películas al día.

d. He ido al concierto de un grupo de rock.

VOCABULAIRE El ocio (*Les loisirs*)

- bailar: danser
- cantar: chanter
- escuchar música: écouter de la musique
- ir al cine: aller au cinéma
- jugar a los videojuegos: jouer aux jeux vidéo
- leer: lire
- ir de compras: faire du shopping
- navegar por internet: surfer sur internet
- tocar un instrumento (piano, guitarra, violín, etc.): jouer d'un instrument (piano, guitare, violon, etc.)
- sacar fotos: prendre des photos
- ver la tele: regarder la télé

Corrigés p. 45 du livret.

Vers la 4^{e}

	DATE	ÉVALUATION

Vers la 4e

Français	262		
Mathématiques	264		
Histoire-géographie et EMC	266		
Sciences de la vie et de la Terre	268		
Physique-chimie	270		
Anglais	272		
Espagnol	274		

Test Bilan

français

Date ....

Pour chaque question, coche la ou les cases qui conviennent.

Corrigés p. 45 du livret.

Grammaire

1 • Il n'est pas venu car il ne s'est pas réveillé.
La phrase comprend :
❒ deux indépendantes juxtaposées
❒ deux indépendantes coordonnées
❒ une principale et une subordonnée

2 • Madeleine porte un foulard *à pois jaunes*.
Quelle est la fonction de l'expression en italique ?
❒ GN ❒ COI ❒ complément du nom

3 • **a. Après *J'aimerais que*, il faut employer :**
❒ l'indicatif ❒ le subjonctif ❒ l'impératif
b. Parce que le fait exprimé par la proposition qui suit est :
❒ certain
❒ l'objet d'un ordre
❒ souhaité et donc incertain

........./4

Orthographe

4 • Elle nous a tous étonné... par sa rapidité.
Comment s'écrit le participe passé ?
❒ étonnée ❒ étonnés ❒ étonnées

5 • Tes chaussures ...... n'iront pas du tout avec ces collants ...... !
Comment s'écrivent les adjectifs de couleur ?
❒ oranges / roses
❒ orange / rose
❒ orange / roses

6 • Il ...... a pas ...... s'inquiéter pour lui : il ...... sort toujours très bien.
Choisis les trois formes permettant de compléter correctement la phrase.
❒ ni / à / sans
❒ n'y / a / sans
❒ n'y / à / s'en

........./3

Conjugaison

7 • **À l'indicatif présent, 2e personne du singulier, tous ces verbes se terminent par un *s*, sauf :**
❒ aimer ❒ pouvoir ❒ finir ❒ vaincre

8 • **Quelle est la forme du verbe *aller* au subjonctif présent, 3e personne du pluriel ?**
❒ ils aillent ❒ ils allèrent ❒ ils iraient

9 • Tous les jeunes ont vu le film.
Que devient la phrase à la voix passive ?
❒ Tous les jeunes avaient vu le film.
❒ Le film est vu par tous les jeunes.
❒ Le film a été vu par tous les jeunes.

........./3

Lexique

10 • **Quel mot ne fait pas partie de la famille de mots formés sur le radical *man-* (« main ») ?**
❒ manœuvre ❒ manuscrit
❒ manuel ❒ pyromane

11 • **Dans quel mot le suffixe *-ard* n'a pas de valeur péjorative ?**
❒ faiblard ❒ montagnard
❒ nullard ❒ pleurnichard

........./2

Lire et écrire

12 • **Dans un récit au passé, le passé simple sert à exprimer :**
❒ les actions au premier plan
❒ les faits d'arrière-plan
❒ le futur dans le passé

13 • **Dans une pièce de théâtre, les indications scéniques sont également appelées :**
❒ des répliques ❒ des apartés ❒ des didascalies

14 • **Qu'est-ce qui caractérise la poésie ?**
❒ La poésie est toujours en vers.
❒ Dans un poème, le langage n'est pas seulement un instrument de communication.
❒ La poésie est un genre littéraire qui n'est plus pratiqué.

........./3

L'année prochaine en français

Le programme de français en 4e te permet de progresser en lecture, écriture, compréhension et expression orale. Tu continues à apprendre le fonctionnement de la langue et à former ta culture littéraire et artistique.

Lecture

- Tu liras des œuvres autour des thèmes suivants : **1.** Dire l'amour ; **2.** Individu et société ; **3.** La fiction pour interroger le réel ; **4.** Informer, s'informer, déformer ? ; **5.** La ville.
- Ces thèmes seront liés à l'écriture, l'histoire des arts... Tu pourras les aborder dans le cadre des EPI (Enseignements pratiques interdisciplinaires).

Expression écrite et orale

- En 4e, tu rédigeras des textes plus longs et plus complexes. Il s'agira souvent d'**écrits d'invention** (récit, scène de théâtre, poème...) et tu pourras aussi participer à des **textes collectifs**.
- À l'oral, tu t'entraîneras à l'expression des **sentiments**, des **sensations** et du **jugement argumenté**.

→ POUR BIEN DÉMARRER :
***Écrire un récit**, p. 52-53 ;*
***Écrire un dialogue**, p. 54-55.*

Grammaire

- Tu approfondiras l'étude de la **phrase complexe** en apprenant à distinguer les subordonnées circonstancielles (temps, cause, conséquence, but, comparaison).
- Tu découvriras la notion de **discours indirect**.
- Tu reviendras sur le **mode subjonctif** dont tu étudieras les différents emplois.
- Enfin, tu t'initieras à d'autres types d'approches grammaticales : la **grammaire de l'énonciation**, en analysant la présence de l'énonciateur dans l'énoncé, et la **grammaire du texte**, à travers l'étude des connecteurs (ou mots de liaison).

→ POUR BIEN DÉMARRER :
***La phrase complexe (2) : les subordonnées**, p. 20-21 ;*
***Les compléments de phrase**, p. 14-15 ;*
***Le subjonctif**, p. 36-37.*

Orthographe

- L'objectif est que tu maîtrises en fin de 4e toutes les **règles d'accord sujet-verbe**.
- Concernant les formes verbales, tu poursuis l'étude des **verbes du 3e groupe**.

→ POUR BIEN DÉMARRER :
***L'accord du verbe avec le sujet**, p. 22-23 ;*
***L'accord du participe passé**, p. 24-25 ;*
***Les verbes du 3e groupe**, p. 32-33.*

Lexique

- En 4e, tu reverras les notions lexicales acquises et tu les appliqueras à différents **domaines lexicaux, plus abstraits** que les années précédentes : vocabulaire des sentiments et du jugement ; vocabulaire des genres et registres littéraires.
- Après la comparaison et la métaphore, tu découvriras de nouvelles **figures de style** : l'antithèse, l'hyperbole, les figures de l'ironie...

→ POUR BIEN DÉMARRER :
***Le sens des mots**, p. 44-45 ;*
***La formation des mots**, p. 46-47.*

Test • Bilan mathématiques

Date ....

Pour chaque question, coche la ou les cases qui conviennent.

Corrigés p. 45 du livret.

Nombres et calculs

1 • Le nombre 2016 est :

☐ divisible par 2
☐ un multiple de 5
☐ un multiple de 9

2 • En effectuant le calcul A = 10 × (35 – 16 ÷ 2), je trouve :

☐ 45 ☐ 270 ☐ 242

3 • Je compare $\frac{3}{5}$ et $\frac{14}{25}$:

☐ $\frac{3}{5} < \frac{14}{25}$ ☐ $\frac{3}{5} = \frac{14}{25}$ ☐ $\frac{3}{5} > \frac{14}{25}$

4 • En effectuant le calcul B = – 25 + 12 – 7 – (– 8), je trouve :

☐ – 12 ☐ – 21 ☐ – 2

5 • Le nombre 5 est solution de l'équation :

☐ $3x - 8 = 7$
☐ $8x - 6 = 2x + 4$
☐ $5(x + 2) = 35$

......../5

Gestion de données

6 • Dans un magasin, le prix des oranges est proportionnel aux kilogrammes d'oranges achetés. J'achète 2 kg d'oranges et je paie 4,60 €. **Combien coûte le kg d'oranges ?**

☐ 4,60 € ☐ 9,20 € ☐ 2,30 €

7 • Sur une carte à l'échelle 1/50 000, 15 cm représentent en réalité :

☐ 75 cm ☐ 7,5 km ☐ 750 m

8. On interroge les élèves d'une classe de 30 élèves et 27 répondent qu'ils possèdent un téléphone portable. **Quelle fréquence cela représente-t-il ?**

☐ 90 % ☐ 27 % ☐ 30 %

9 • On lance un dé équilibré à 6 faces et on regarde la face obtenue. **Quelle est la probabilité d'obtenir un chiffre supérieur ou égal à 2 ?**

☐ $\frac{4}{6}$ ☐ $\frac{2}{6}$ ☐ $\frac{5}{6}$

......../4

Géométrie Grandeurs et mesures

10 • Si trois points distincts A, B et M sont tels que MA = MB, alors le point M :

☐ est le milieu du segment [AB].
☐ appartient à la médiatrice du segment [AB].
☐ est le centre d'un cercle passant par les points A et B.

11 • Quelle est la figure qui a au moins quatre axes de symétrie et un centre de symétrie ?

☐ le carré ☐ le rectangle ☐ le cercle

12 • Lorsque l'on fait couper deux droites par une même droite sécante, on obtient :

☐ 4 paires d'angles correspondants.
☐ 4 paires d'angles alternes-internes.
☐ 2 paires d'angles alternes-internes.

13 • Si un triangle a deux angles de 60° chacun, alors :

☐ il est équilatéral.
☐ son 3e angle mesure 60°.
☐ On ne peut pas savoir.

14 • Si un quadrilatère a ses côtés de même longueur, alors ce quadrilatère est un :

☐ carré
☐ losange
☐ parallélogramme

15 • Un parallélépipède a une aire de base de 45 cm² et une hauteur de 6 cm. **Son volume est :**

☐ 90 cm³
☐ 270 cm³
☐ On ne peut pas savoir.

16 • J'ai parcouru 50 km à la vitesse moyenne de 100 km/h et 25 km à la vitesse moyenne de 75 km/h. **Au total, j'ai roulé pendant :**

☐ 70 min ☐ 50 min ☐ 1,2 h

......../7

L'année prochaine en mathématiques

En 4e, les grands thèmes de mathématiques sont les mêmes que ceux de 5e, mais les notions abordées évoluent.

Nombres et calculs

- Tu apprendras à calculer avec des **nombres relatifs** (multiplication, division) et des **quotients**.

→ POUR BIEN DÉMARRER :
***Règles de priorité**, p. 64-65 ;*
***Additionner et soustraire des nombres relatifs**, p. 70-73.*

- Tu te perfectionneras en calcul littéral. Tu découvriras comment **résoudre une équation**.

→ POUR BIEN DÉMARRER :
***Calcul littéral**, p. 74-75.*

- Tu apprendras à utiliser les **puissances de 10** pour manipuler les grands nombres.

Organisation et gestion de données

- Tu calculeras la **moyenne pondérée** ou la **médiane** d'une série statistique.

→ POUR BIEN DÉMARRER :
***Statistiques**, p. 80-81 ;*
***Diagrammes et histogrammes**, p. 82-83.*

- Tu apprendras à déterminer une **quatrième proportionnelle**, à l'aide du « produit en croix ». Tu utiliseras des **représentations graphiques** pour reconnaître une situation de proportionnalité.

→ POUR BIEN DÉMARRER :
***Proportionnalité**, p. 76-77 ;*
***Pourcentages et échelles**, p. 78-79.*

- Tu poursuivras le travail sur les **probabilités**, que tu relieras aux fréquences.

→ POUR BIEN DÉMARRER :
***Hasard et probabilité**, p. 84-85.*

Grandeurs et mesures

- Tu approfondiras l'étude des grandeurs mesurables avec l'introduction de la notion de **grandeur composée** (aire, volume, vitesse moyenne, débit…).

→ POUR BIEN DÉMARRER :
***Périmètres, aires, volumes**, p. 104-105 ;*
***Durées**, p. 106-107.*

- Tu calculeras le volume d'une **pyramide** ou d'un **cône**.

Espace et géométrie

- Tu apprendras à te **repérer** sur une sphère (latitude, longitude).

→ POUR BIEN DÉMARRER :
***Repérer des points**, p. 90-91 ;*
***Parallélépipèdes, cylindres et sphères**, p. 102-103.*

- Tu étudieras deux nouvelles transformations du plan : la **translation** et la **rotation**.

→ POUR BIEN DÉMARRER :
***Parallélogrammes**, p. 100-101 ;*
***Symétrie centrale**, p. 88-89.*

- Tu découvriras le fameux **théorème de Pythagore** et la notion de **racine carrée**. Le **cosinus** d'un angle sera introduit.

→ POUR BIEN DÉMARRER :
***Triangles (1) et (2)**, p. 96-99.*

Algorithmique et programmation

- Tu continueras à développer tes compétences en vue d'écrire et d'exécuter un **programme simple**.

→ POUR BIEN DÉMARRER :
***Écrire et exécuter un programme simple**, p. 108-109 ;*
***Programmer le tracé de figures**, p. 110-111.*

Pour chaque question, coche la ou les cases qui conviennent.

Corrigés p. 45 du livret.

Histoire

1 • Quel titre porte l'empereur byzantin ?
☐ Le sultan ☐ Le césar ☐ Le basileus

2 • Avec quel événement débute le calendrier musulman ?
☐ L'hégire en 622
☐ La mort de Mahomet en 632
☐ Le début de la dynastie omeyyade en 661

3 • Sur quel territoire a régné Soliman dit « le Magnifique » ?
☐ Le Saint Empire ☐ L'empire romain
☐ L'empire ottoman

4 • Dans quel style sont souvent construites les églises en Occident du xe au xiie siècle ?
☐ style roman ☐ style gothique
☐ style de la Renaissance

5 • À quel événement correspond l'année 1492, généralement choisie pour marquer la fin du Moyen Âge ?
☐ La découverte de l'Amérique par Christophe Colomb
☐ La prise de Constantinople par les Turcs
☐ L'invention de l'imprimerie

6 • Quel courant chrétien apparaît en Europe au xvie siècle ?
☐ Le catholicisme ☐ L'orthodoxie
☐ Le protestantisme

7 • Qu'est-ce qu'un « roi absolu » ?
☐ Un roi qui ne peut pas être contesté.
☐ Un roi qui a le pouvoir dans tous les domaines.
☐ Un roi qui partage son pouvoir avec une assemblée.

......../7

Géographie

8 • Combien y a-t-il d'habitants sur Terre aujourd'hui ?
☐ 6,7 milliards ☐ 7,3 milliards ☐ 7,9 milliards

9 • Laquelle de ces énergies n'est pas renouvelable ?
☐ Le pétrole ☐ L'électricité hydraulique
☐ La biomasse

10 • Quelle activité consomme le plus d'eau ?
☐ Le tourisme ☐ L'industrie ☐ L'agriculture

11 • Que permet une agriculture durable ?
☐ Assurer des revenus suffisants aux agriculteurs
☐ Produire suffisamment pour nourrir les populations
☐ Ne pas polluer l'eau, l'air ou les sols

12 • Quelles sont les conséquences du réchauffement climatique ?
☐ Une augmentation du niveau des océans
☐ Une augmentation du nombre de réfugiés climatiques
☐ Une augmentation du nombre de cyclones

13 • Comment évolue la superficie de la forêt dans le monde ?
☐ Elle augmente. ☐ Elle stagne.
☐ Elle diminue.

14 • Quels sont les risques industriels parmi ces propositions ?
☐ L'explosion d'une usine
☐ Un cyclone ☐ Une marée noire

......../7

EMC

15 • Quelle identité figure sur les documents officiels ?
☐ L'identité légale
☐ L'identité personnelle
☐ L'identité numérique

16 • De quand date la Déclaration des droits de l'homme et du citoyen ?
☐ 1789 ☐ 1848 ☐ 1989

17 • Quelles formes de discriminations sont interdites par la loi ?
☐ raciales ☐ sexistes ☐ homophobes

18 • Comment assurer la sécurité de tous face aux risques majeurs ?
☐ En sanctionnant les comportements dangereux.
☐ En mettant en place des mesures de prévention.
☐ En construisant des logements dans des zones à risques.

......../4

L'année prochaine en histoire-géo et EMC

En 4e, le programme d'histoire s'étend de la fin des Temps modernes (XVIIIe siècle) au début de l'époque contemporaine (XIXe siècle).
En géographie, tu abordes le processus de mondialisation contemporaine.

Histoire

- Tu étudieras le XVIIIe siècle sous différents angles : la diffusion des idées dans l'**Europe des Lumières**, les évolutions politiques menant à la **Révolution française** et au **Premier Empire**, l'enrichissement de la façade atlantique s'appuyant sur la **traite négrière** et l'**esclavage**.

→ POUR BIEN DÉMARRER :
***Bouleversements culturels et religieux en Europe (XVe-XVIIe siècles)**, p. 130-131 ;*
***Le roi absolu de droit divin en France**, p. 134-135.*

- Au XIXe **siècle**, l'Europe connaît une **industrialisation** inédite qui fait évoluer à la fois la politique et le monde du travail. Les pays européens renforcent leurs **conquêtes coloniales** mais voient leurs populations émigrer.

→ POUR BIEN DÉMARRER :
***L'émergence d'une nouvelle société urbaine en Occident (XIe-XVe siècles)**, p. 124-125.*

- Tu découvriras aussi les bouleversements sociaux du XIXe **siècle :** la question du **droit de vote**, la **place des femmes** dans une société qui les exclut de la vie politique, les réformes de la **IIIe République** qui instaure l'école obligatoire et la séparation des Églises et de l'État.

Géographie

- Le monde **s'urbanise** à grande vitesse depuis 1945. Plus de la moitié de l'humanité habite les villes, il s'agit d'un fait majeur qui caractérise la mondialisation. La connexion des villes aux **réseaux de la mondialisation** crée des différences entre celles qui sont bien intégrées et celles qui restent à l'écart.

→ POUR BIEN DÉMARRER :
***La croissance démographique et ses effets**, p. 138-39.*

- Tu étudieras les **mouvements migratoires** à l'intérieur des continents et d'un continent à l'autre. Quant au **tourisme international**, il constitue désormais un mouvement de population massif dont les effets sont considérables.

- Parmi les espaces transformés par la mondialisation, tu exploreras **les mers et les océans** comme espaces de peuplement (littoraux) et d'activités économiques (ressources, transports…). Tu t'intéresseras aussi au **territoire des États-Unis** et au **continent africain**.

→ POUR BIEN DÉMARRER :
***Le changement global et ses effets géographiques (2)**, p. 150-151.*

EMC

- Tu travailleras par exemple sur les notions de **diversité**, de sentiment d'appartenance et de respect mutuel.

- Tu étudieras la **justice** : ses fonctions, ses principes (par exemple les droits de la défense), son fonctionnement avec différents types de tribunaux, etc.

→ POUR BIEN DÉMARRER :
***Quels sont mes droits ?**, p. 156-157 ;*
***L'égalité entre les citoyens est-elle une réalité en France aujourd'hui ?**, p. 158-159.*

- Tu réfléchiras aux **libertés,** mais aussi aux limites qu'on peut leur poser. Tu comprendras le rôle du citoyen et les façons dont tu peux **participer à la démocratie**.

→ POUR BIEN DÉMARRER :
***Quelles sont nos responsabilités en matière de sécurité ?**, p. 160-161.*

- Tu approfondiras l'idée d'engagement en étudiant le rôle et le fonctionnement des **associations**, ainsi que le bénévolat.

Test Bilan

SVT

Date ....

Pour chaque question, coche la ou les cases qui conviennent.

Corrigés p. 45 du livret.

La planète Terre, l'environnement et l'action humaine

1 • Les plaques lithosphériques :

❒ sont limitées par les grands fleuves du monde : Mississipi, Amazone, Nil, etc.
❒ sont des portions de la croûte terrestre.
❒ se déplacent les unes par rapport aux autres.

2 • Les sources d'énergie qu'utilise l'Homme :

❒ sont uniquement le charbon, le pétrole, le gaz naturel.
❒ sont en quantité limitée, ce qui explique l'importance des économies d'énergie.
❒ sont, pour certaines d'entre elles, considérées comme inépuisables.

3 • L'Homme doit être responsable et gérer les ressources de la planète :

❒ en veillant à remettre le site en état après exploitation d'une ressource.
❒ en limitant les prélèvements d'animaux et de végétaux pour permettre leur reproduction.
❒ en refusant toute consommation d'animaux.

......../3

Le vivant et son évolution

4 • Le dioxygène de la respiration chez les animaux est :

❒ apporté aux organes par le sang.
❒ principalement utilisé par le sang.
❒ indispensable au fonctionnement des organes.

5 • Dans une plante chlorophyllienne :

❒ l'eau circule dans des vaisseaux, comme le sang chez les animaux.
❒ l'eau et les sels minéraux puisés dans le sol arrivent jusqu'aux feuilles.
❒ la sève assure le transport de matière dans tous les organes.

6 • Les êtres vivants :

❒ doivent disperser leurs œufs pour assurer le peuplement du milieu.
❒ peuplent le milieu grâce à la reproduction.
❒ se reproduisent uniquement grâce au déplacement des individus adultes.

7 • La parenté entre les êtres vivants est :

❒ visible, par exemple par le fait que tous sont constitués de cellules.
❒ une histoire inventée, car « l'Homme ne descend pas du singe » !
❒ le résultat de leur transformation progressive au cours des temps géologiques.

......../4

Le corps humain et la santé

8 • Le fonctionnement des organes :

❒ nécessite un apport de nutriments et de dioxygène.
❒ se manifeste particulièrement la nuit.
❒ varie selon l'activité.

9 • Les nutriments :

❒ proviennent de l'alimentation.
❒ fournissent de la matière et de l'énergie à l'organisme.
❒ passent directement de l'intestin aux organes utilisateurs.

10 • Dans l'espèce humaine :

❒ les spermatozoïdes sont produits par les testicules, et les ovules, par les ovaires.
❒ la reproduction n'est possible qu'à partir de l'âge de 20 ans environ.
❒ tout rapport sexuel conduit à une fécondation, donc à une grossesse.

......../3

L'année prochaine en SVT

En 4e, le programme de SVT s'organise autour des trois grands thèmes suivants, comme en 5e et 3e.

La planète Terre, l'environnement et l'action humaine

- Tu étudieras la **dynamique interne** du globe terrestre, mais aussi la **dynamique externe** des masses d'eau et d'air. Tu sauras reconnaître les aléas et **risques naturels** (séismes, cyclones...). Tu connaîtras les mesures de prévention ou d'adaptation possibles.

→ POUR BIEN DÉMARRER :
***La Terre, planète active**, p. 164-165.*

- Tu poursuivras l'étude de l'exploitation et de la gestion des **ressources naturelles** par l'Homme. Tu découvriras le fonctionnement des **écosystèmes** à l'échelle de la planète et l'impact des activités humaines sur la biodiversité.

→ POUR BIEN DÉMARRER :
***Des ressources naturelles exploitées par l'Homme**, p. 166-167 ;*
***Gérer la planète**, p. 168-169.*

Le vivant et son évolution

- Après avoir étudié en 5e le **transport de matière** (animal et végétal) au niveau des organes, tu t'intéresseras en 4e au niveau des tissus et des cellules.

→ POUR BIEN DÉMARRER :
***Le transport de matière dans un organisme animal**, p. 170-171 ;*
***Le transport de matière dans une plante chlorophyllienne**, p. 172-173.*

- Tu étudieras les relations entre le phénotype et le génotype d'un individu, afin de comprendre la **diversité génétique**.

→ POUR BIEN DÉMARRER :
***La parenté des êtres vivants**, p. 176-177.*

Le corps humain et la santé

- Tu maîtriseras les connaissances liées à l'adaptation du **système cardiovasculaire** lors d'un effort musculaire. Tu découvriras le fonctionnement du **système nerveux**.

→ POUR BIEN DÉMARRER :
***Activité et fonctionnement de l'organisme**, p. 178-179.*

- Tu poursuivras l'étude des **besoins nutritionnels** et des groupes d'aliments.

→ POUR BIEN DÉMARRER :
***Les besoins nutrionnels**, p. 180-181.*

- Tu t'intéresseras au **monde bactérien** et aux causes de l'infection d'un organisme.

- Tu étudieras le rôle des hormones dans la **puberté** et le développement des organes reproducteurs.

→ POUR BIEN DÉMARRER :
***Les principaux mécanismes de la reproduction humaine**, p. 182-183.*

Test Bilan

physique-chimie

Date ....

Pour chaque question, coche la ou les cases qui conviennent.

Corrigés p. 46 du livret.

Organisation et transformations de la matière

1 • a. Un gaz est :
❒ compressible ❒ déformable

b. La vapeur d'eau est :
❒ visible ❒ invisible

c. Dans un nuage, l'eau peut être à l'état :
❒ solide ❒ liquide ❒ gazeux

2 • a. Le volume d'un liquide se mesure avec :
❒ une balance
❒ une éprouvette graduée

b. La masse d'un liquide s'exprime en :
❒ millilitres ❒ grammes

3 • a. L'eau salée est :
❒ un corps pur ❒ un mélange

b. Le mélange eau + huile est :
❒ homogène ❒ hétérogène

4 • a. Dans un gaz, les particules sont :
❒ espacées ❒ en contact

b. Lors de la solidification de l'eau, la masse :
❒ augmente ❒ se conserve ❒ diminue

......../9

Mouvement et interaction

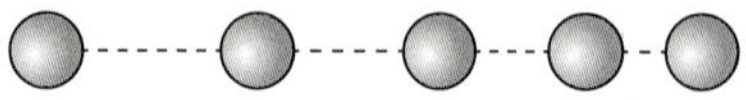

5 • a. Le mouvement rectiligne de cette bille est :
❒ accéléré ❒ uniforme ❒ ralenti

b. Si le compteur indique 45 km/h, il s'agit d'une :
❒ vitesse instantanée
❒ vitesse moyenne

......../2

Des signaux pour observer et pour communiquer

6 • a. Les ondes sonores sont des ondes :
❒ électromagnétiques ❒ mécaniques

b. Une onde électromagnétique peut se déplacer :
❒ dans la matière ❒ dans le vide

7 • a. Jupiter est :
❒ une source primaire ❒ un objet diffusant

b. Les trois couleurs primaires sont :
❒ rouge, vert et bleu ❒ jaune, cyan et magenta

8 • a. Un rayon de lumière est :
❒ visible ❒ invisible

b. Dans quel cas peut-on observer une zone de pénombre ?
❒ avec une source ponctuelle
❒ avec une source étendue

......../6

L'énergie et ses conversions

9 • a. Les lampes et les moteurs sont :
❒ des récepteurs ❒ des générateurs

b. Par convention, dans un circuit fermé, le courant électrique circule :
❒ de la borne + vers la borne – du générateur
❒ de la borne – vers la borne + du générateur

10 • a. Sur ce montage, les deux lampes sont :

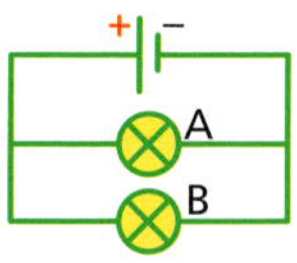

❒ en série ❒ en dérivation

b. Si la lampe B grille, la lampe A :
❒ reste allumée ❒ s'éteint

11 • a. L'unité de mesure de la tension est :
❒ le volt ❒ l'ampère ❒ le watt

b. Le voltmètre se branche toujours :
❒ en série
❒ en dérivation

12 • a. Sur ce montage, les ampèremètres sont :
❒ correctement branchés
❒ mal branchés

b. L'intensité qui passe dans les lampes est :
❒ la même partout
❒ différente selon les lampes

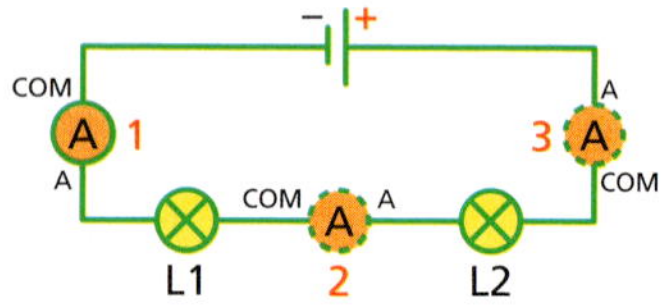

......../8

L'année prochaine en physique-chimie

Le programme de physique-chimie s'organise autour de quatre grands thèmes qui sont approfondis chaque année.

Organisation et transformations de la matière

- Tu approfondiras tes connaissances sur la structure de l'Univers et du Système solaire. Tu apprendras à représenter l'**infiniment petit**, au niveau des atomes et des molécules.

→ POUR BIEN DÉMARRER :
***Décrire les propriétés et les états de la matière**, p. 186-187.*

- Tu seras capable d'identifier des **espèces chimiques** et tu sauras modéliser une transformation chimique. Tu découvriras aussi comment identifier le caractère **acide ou basique** d'une solution.

→ POUR BIEN DÉMARRER :
***Caractériser les changements d'états de la matière**, p. 192-193.*

Mouvements et interactions

- Tu sauras exploiter la relation entre distance, vitesse et durée pour mieux **décrire le mouvement** d'un objet dans un référentiel. Tu seras aussi amené à **représenter graphiquement** l'évolution du mouvement.

- Tu apprendras à modéliser une action mécanique par une **force** pour expliquer le mouvement ou l'équilibre d'un système.

→ POUR BIEN DÉMARRER :
***Décrire le mouvement d'un objet**, p. 194-195.*

L'énergie et ses conversions

- Tu étudieras la relation entre **tension et intensité** et tu sauras distinguer tension alternative et tension continue. Tu pourras définir la **puissance** nominale d'un appareil électrique.

- Tu apprendras à connaître les **dangers** de l'électricité et les règles de **sécurité**.

→ POUR BIEN DÉMARRER :
***Mesurer une tension électrique dans un circuit**, p. 206-207.*
***Schématiser les circuits électriques**, p. 202-203.*

Des signaux pour observer et pour communiquer

- Tu découvriras les propriétés des **signaux** lumineux et sonores et comprendras quelles applications on peut faire des **ondes** dans la **vie quotidienne**.

→ POUR BIEN DÉMARRER :
***Distinguer les différents types de signaux**, p. 196-197.*

Et en technologie...

- À partir de besoins identifiés, tu devras imaginer comment leur **apporter des solutions**. Tu essaieras aussi de matérialiser des idées en intégrant une **dimension design**.

- Tu apprendras à comparer et analyser les objets et systèmes techniques et tu pourras décrire leur **impact sur la société et sur l'environnement**. Tu découvriras les bonnes pratiques de l'usage des objets communicants.

- Tu analyseras le fonctionnement et la structure d'un objet. En utilisant une modélisation tu apprendras à **simuler le comportement d'un objet**.

- Tu apprendras à traiter, mettre au point et exécuter un programme avec plusieurs variables d'entrée et de sortie.

Test • Bilan

anglais

Date ....

Pour chaque question, coche la case qui convient.

Corrigés p. 46 du livret.

Le groupe nominal

1 • John and Jane are 12 years old. John is as old .... Jane.
☐ as ☐ than ☐ the more

2 • Your furniture .... too modern!
☐ are ☐ is ☐ has got

3 • Whose key is it? It's Emma's. It's ....
☐ her ☐ his ☐ hers

4 • Would you like .... more bread?
☐ any ☐ some ☐ no

5 • .... difficult the exercise was!
☐ How ☐ So ☐ What

6 • My brother Sam is .... pupil in his classroom.
☐ the younger
☐ the youngest
☐ the most young

7 • Comment dirais-tu que tu travailles avec eux ?
☐ I work with her.
☐ I work with they.
☐ I work with them.

........./7

Le groupe verbal

8 • Look at the children; they .... so hungry and thirsty.
☐ have ☐ are ☐ have got

9 • Does Elton live here?
☐ No, he doesn't live.
☐ No, he does.
☐ No, he doesn't.

10 • Peter has got a new dog, ...?
☐ hasn't he ☐ has he ☐ hasn't he got

11 • .... you start school tomorrow?
☐ Are ☐ Will ☐ Are going

12 • .... you at home yesterday?
☐ Did ☐ Were ☐ Was

13 • Those clouds are dark. It .... rain.
☐ must ☐ may ☐ can

14 • Lucas .... when his sister ....
☐ was playing ... came in
☐ played ... came in
☐ played ... was coming in

15 • Call me before ....
☐ to leave ☐ leave ☐ leaving

16 • Comment dirais-tu qu'il pleut souvent en automne ?
☐ It is often raining in autumn.
☐ It rains often in autumn.
☐ It often rains in autumn.

17 • Comment dirais-tu que Raphael ne viendra pas demain ?
☐ Raphael won't come tomorrow.
☐ Raphael can't come tomorrow.
☐ Raphael will come tomorrow.

........./10

La phrase

18 • .... is the teacher waiting ....?
☐ What ... for ☐ What ... at ☐ Who ... at

19 • Randy was born .... April 30th.
☐ in ☐ at ☐ on

20 • Comment dirais-tu que Romane parle bien anglais ?
☐ Romane speaks English good.
☐ Romane speaks well English.
☐ Romane speaks English well.

........./3

L'année prochaine en anglais

Les nouveaux programmes d'anglais s'appuient sur le CECRL (Cadre européen commun de référence pour les langues). Dans ce cadre, l'apprentissage de l'anglais est organisé autour de cinq grandes activités de communication avec des niveaux gradués de A1 à C2.

En 4e, tu es censé atteindre le niveau A2/A2+. Voici ce que cela signifie, pour chaque activité de communication.

Écouter et comprendre

- Tu devras être en mesure de comprendre des instructions simples pour te déplacer.
- Si on te raconte une histoire simple, tu pourras **en saisir le sens général**.
- Tu devras être capable de reconnaître si on parle de faits présents, passés ou futurs.

Réagir et dialoguer

- Tu apprendras à dialoguer sur des situations courantes, à communiquer des informations et des idées.
- Tu seras capable de réagir à des propositions (accepter, refuser, exprimer tes goûts et opinions).
- Au téléphone, tu pourras **te faire comprendre par ton interlocuteur**.

→ POUR BIEN DÉMARRER :
***Les mots interrogatifs**, p. 238-239.*

Parler en continu

- Tu devras être capable de t'exprimer de façon simple sur des sujets variés.
- Tu apprendras à **raconter une histoire**, à décrire un objet, une expérience.
- Tu seras également capable de faire une annonce ou de présenter un projet.

→ POUR BIEN DÉMARRER :
***Les temps**, p. 220-223, 230-231, 236-237 ;*
***L'exclamation**, p. 232-233.*

Lire et comprendre

- Tu devras être en mesure de **trouver des informations** dans un document informatif : article de journal simple, site internet…
- Tu apprendras également à comprendre un texte narratif et à suivre le déroulement d'une histoire.

→ POUR BIEN DÉMARRER :
***Les modaux**, p. 234-235.*

Écrire

- Tu utiliseras tes connaissances lexicales et grammaticales pour écrire **un récit, une description ou un court essai**.
- Tu apprendras à mettre en forme des notes prises pendant une conversation téléphonique.
- Tu acquerras les moyens de corriger tes erreurs.

→ POUR BIEN DÉMARRER :
***Le gérondif**, p. 240-241 ; **Le nom, dénombrables, indénombrables**, p. 226-227.*

Test Bilan
espagnol

Date ....

Pour chaque question, coche la ou les cases qui conviennent.

Corrigés p. 46 du livret.

Le groupe nominal

1 • .... viaja en tren.
❐ Ella ❐ Usted ❐ Nosotros

2 • Quels sont les mots féminins ?
❐ problema ❐ mesa ❐ casa
❐ profesora ❐ poema ❐ tema

3 • Comment traduirais-tu : « Je mange du pain » ?
❐ Como pan. ❐ Como el pan. ❐ Como un pan.

4 • Quel est le pluriel de *lápiz* ?
❐ lápiz ❐ lápizes ❐ lápices

5 • Es la casa de Juan :
❐ Es la casa de él.
❐ Es su casa.
❐ Es suya casa.

6 • Pongo este libro ....
❐ aquí ❐ ahí ❐ allí

7 • Comment traduirais-tu : « J'aime ce vélo-là » ?
❐ Me gusta esta bicicleta.
❐ Me gusta esa bicicleta.
❐ Me gusta aquella bicicleta.

......../7

Le groupe verbal

8 • Lola .... muy bien.
❐ cantas ❐ canto ❐ canta

9 • ¿Qué hora es?
❐ Son las seis. ❐ Están las seis.

10 • Lesquels de ces verbes diphtonguent ?
❐ pasar ❐ volver ❐ querer
❐ pedir ❐ poder ❐ mentir

11 • Lesquels de ces verbes s'affaiblissent ?
❐ pedir ❐ servir ❐ cantar
❐ comer ❐ partir ❐ vivir

12 • Comment dirais-tu qu'il faut faire du sport ?
❐ Debes hacer deporte.
❐ Tienes que hacer deporte.
❐ Hay que hacer deporte.

13 • Quels verbes se terminent par *-go* à la première personne du singulier au présent de l'indicatif ?
❐ venir ❐ meter ❐ salir
❐ poner ❐ hacer ❐ doler

14 • Lequel de ces verbes est régulier à l'imparfait ?
❐ ver ❐ partir ❐ ir ❐ ser

15 • Quel est l'auxiliaire du passé composé en espagnol ?
❐ tener ❐ haber ❐ ser

16 • Parmi les participes passés suivants, lequel est irrégulier ?
❐ escrito ❐ vivido ❐ pedido
❐ estado ❐ tenido ❐ creído

17 • Comment dirais-tu que tu as changé de voiture ?
❐ Ha cambiado el coche.
❐ He cambiado el coche.
❐ Has cambiado el coche.

......../10

La phrase

18 • Comment demanderais-tu l'âge de quelqu'un ?
❐ ¿Cuántos años habes?
❐ ¿Qué años tienes?
❐ ¿Cuántos años tienes?

19 • Coche la phrase interrogative directe.
❐ ¿Dónde vive tu madre?
❐ Dime dónde vive tu madre.
❐ Donde vive tu madre.

20 • Lequel de ces mots interrogatifs est invariable ?
❐ cuánto ❐ cómo ❐ quién ❐ cuál

......../3

L'année prochaine en espagnol

L'apprentissage de l'espagnol est organisé dans le cadre du CECRL (Cadre européen commun de référence pour les langues) autour de cinq grandes activités de communication, avec des niveaux gradués de A1 à C2.

En LV2, la deuxième année permet d'atteindre le niveau A1. Voici ce que cela signifie, pour chaque activité de communication.

Écouter et comprendre

- L'objectif est que tu saches en fin d'année :
– suivre des instructions orales ;
– **comprendre une conversation simple** sur un sujet familier.

- Tu apprends ainsi à identifier le sujet et les points essentiels d'une conversation.

Réagir et dialoguer

- Tu devras être en mesure de **participer à une conversation** portant sur des situations de la vie quotidienne ou faisant appel à l'imaginaire.

- Ta production pourra être brève, comporter des hésitations, mais tu devras **réussir à te faire comprendre**.

→ POUR BIEN DÉMARRER :
***La phrase interrogative**, p. 252-253.*

Parler en continu

- Dans la prise de parole en continu, les énoncés sont plus complets que dans l'expression orale en interaction.

- Tu devras être capable de **te présenter**, de décrire ton lieu d'habitation et de **parler des gens que tu connais**.

→ POUR BIEN DÉMARRER :
***Le présent de l'indicatif**, p. 244-245 ; **Ser et estar**, p. 246-247.*

Lire et comprendre

- Tu devras parvenir à :
– **comprendre globalement** un récit, un dialogue, une lettre familière ;
– **repérer des éléments précis** dans un texte.

→ POUR BIEN DÉMARRER :
***Les temps du passé (le passé composé, l'imparfait)**, p. 258-259.*

Écrire

- Le travail d'expression écrite se caractérise par des activités courtes et fréquentes.

- Tu devras apprendre à **construire des énoncés simples mais cohérents**, par exemple à faire le portrait de ta famille.

→ POUR BIEN DÉMARRER :
***Les articles**, p. 250-251 ; **Les adjectifs**, p. 252-253.*

Connaître le monde hispanophone

- L'approche culturelle fait découvrir d'autres réalités qui aident à la compréhension de la langue et enrichissent le domaine lexical.

- Tu devras **t'approprier des mots et des expressions** concernant l'origine, les loisirs, les métiers et **savoir les employer** dans les situations de communication de la vie quotidienne.

→ POUR BIEN DÉMARRER :
***Nationalités et métiers**, p. 245 ; **Les loisirs**, p. 259.*

Table des illustrations

16		ph ©	AISA / Leemage
17		ph ©	Gusman / Leemage
22		ph ©	Fototeca / Leemage
27		Coll.	Archives Hatier
29		ph ©	Jean-Gilles Berizzi / RMN
33		ph ©	Hervé Lewandowski / RMN
45		ph ©	Los Angeles County Museum of Art, CA, USA / The Bridgeman Art Library
51		ph ©	The Bridgeman Art Library
114		ph ©	San Vitale, Ravenna, Italy / Bridgeman Images
115		ph ©	Jon Arnold Images / Hemis.fr
117	g	ph ©	Gérard Degeorge / Akg-images
117	d	ph ©	The Art Archive / Egyptian Museum Cairo / Gianni Dagli Orti
118		ph ©	BnF, Manuscrits (Latin 6 823 fol 2)
119		Coll.	Archives Hatier
120		ph ©	Josse / Leemage
121		ph ©	Michel de Wismes
122		ph ©	Daniel Arnaudet / RMN
123	g	ph ©	Electa / Leemage
123	hd	ph ©	Nicolas Thibaut / Photononstop
123	bd	ph ©	Pascal Lemaître / Centre des Monuments Nationaux, Paris
124		ph ©	BnF, Arsenal
126		ph ©	Paris, Archives nationales / Archives Hatier
127		ph ©	Akg-images
128		ph ©	Josse / Leemage
129		ph ©	Roland et Sabrina Michaud / akg-images
130		ph ©	Bianchetti / Leemage
131		ph ©	Franck Raux / RMN
132		ph ©	Hervé Champollion / Akg-images
133		ph ©	René-Gabriel Ojéda / RMN
134		ph ©	RMN (Château de Versailles) / D.R.
135		ph ©	Christian Jean / RMN (Château de Versailles)
140		ph ©	Yann Arthus Bertrand / Hemis.fr
143	1	ph ©	Alain Majchrowicz / Age Fotostock / Hoa Qui / Gamma-Rapho
143	2	ph ©	Alfred Buellesbach / Visum-Réa
143	3	ph ©	Jarry-Tripelon / Top / Gamma-Rapho
143	4	ph ©	François Perri / Réa
145		ph ©	Murat Tueremis / Laif Réa
147		ph ©	Philippe Huguen / AFP
149	g	©	COP21.gouv.fr
149	d	ph ©	Martin Chouraqui
151		ph ©	Clément Martin / Réservoir photo
152		ph ©	REUTERS / Digital Globe / Handout
153		ill ©	Direction générale de la sécurité civile et de la gestion des crises / Virginie Pourchoux
154		ph ©	Guillaume PERRET / Opale / Leemage
156		©	Item 7 Inc
161		©	Délégation à la sécurité et à la circulation routières
164		ph©	Mainichi Shimbun / Reuters
166		ph©	Jean-Marc BRUNET / Naturimages
167		ph©	Stephen Meese / Shutterstock
168		ph©	SYLVAIN / COLORISE
169		ph ©	J. Breton / Biosphoto
179		ph©	CHASSENET / BSIP
210	h	ph©	ph.guignard / air-images.net
210	b	sch	Architectes : JM. Duthilleul, F. Bonnefille, E. Tricaud © SNCF-AREP
212	hg	ph©	Lived In Image / Gettyimages
214	hg	ph©	AGE / PHOTONONSTOP
214	hd	ph©	PNRV
214	bg	ph©	GIRAUDOU Laurent / hemis.fr
214	bd	ph©	Veniamin Kraskov / Shutterstock
Livret			
1		ph ©	Andrey Popov – Fotolia
2		ph ©	Christopher Futcher / iStock
7		ph ©	contrastwerkstatt / Fotolia
9 à 10		ph ©	Christian Schwier / Fotolia

Maquette de principe : studio Favre & Lhaïk

Mise en pages : STDI

Cartographie et schémas : Légendes Cartographie, STDI, Philippe Bouillon

Illustrations : Juliette Baily, Sylvain Frécon, Daniel Guerrier, Juliette Laurent, Volker Theinhardt

Pictogrammes : Gabriel Rebufello

Iconographie : Hatier illustration

Édition : Hannah-Belle Abdullah, Catherine de Bernis, Dulce Gamonal, Stéphanie Herbaut, Anne Peeters, Raphaël Tomas, assistés d'Oriale Faulhaber

Achevé d'imprimer par Loire Offset Titoulet à Saint-Etienne - France

Dépôt légal : 99781-5/01 - avril 2016

L'Union européenne

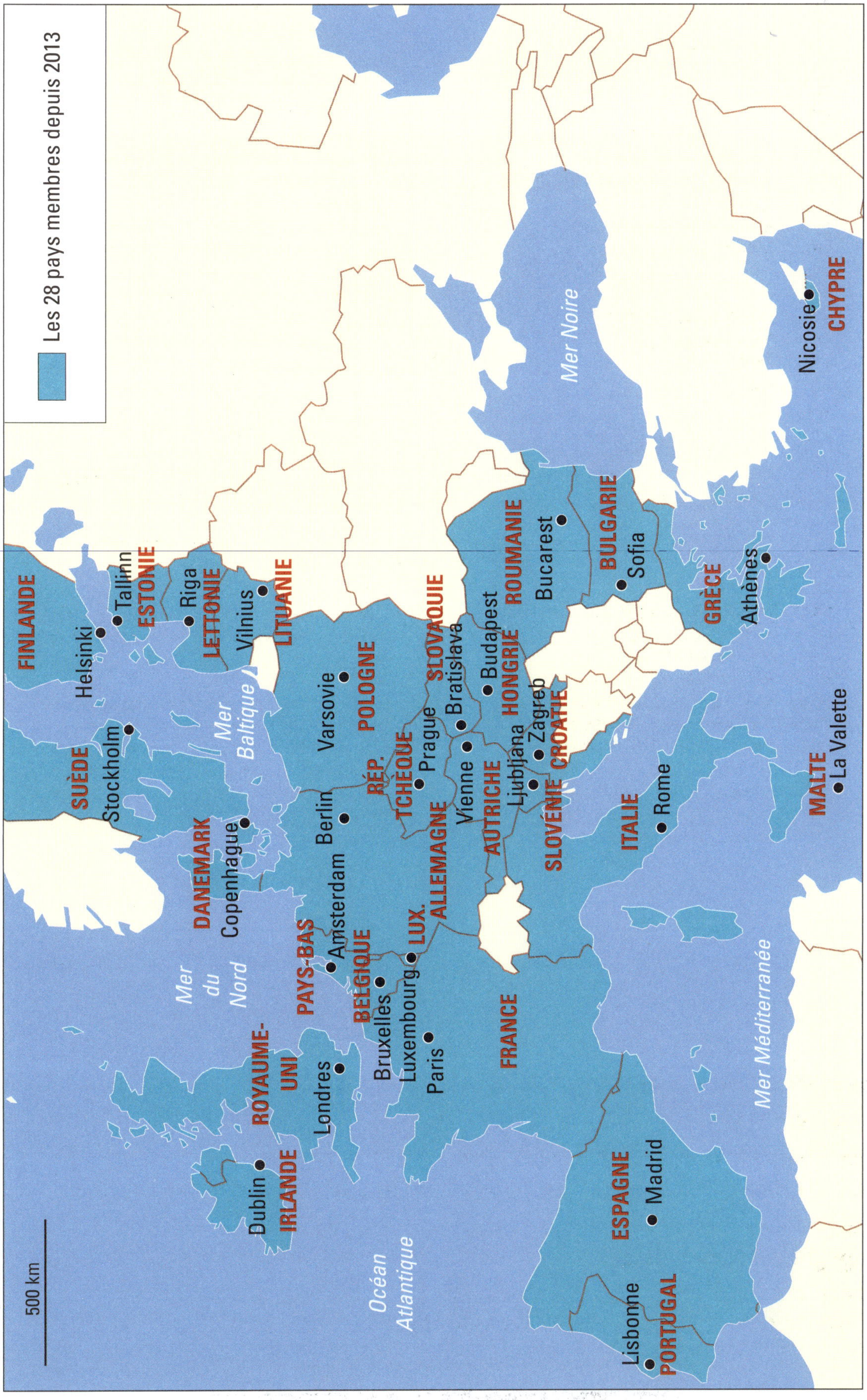

Les États du monde